Hans Bentzien

Meine Sekretäre und ich

Hans Bentzien

Meine Sekretäre und ich

NEUES LEBEN

ISBN 3-355-01452-4

Schutzumschlag: Hans-Eberhard Ernst
Lithographie: Reproanstalt/Neumünster
Layout und Satzherstellung: psb – presse service berlin GbR
Druck und buchbinderische Weiterverarbeitung:
Druck- und Verlagsanstalt Wiener Verlag GmbH

Am Beispiel um die Vorgänge des Fernsehfilms »Geschlossene Gesellschaft«, über die ich in diesem Buch berichte, ist es für den Leser aufschlußreich, wie der allgegenwärtige Geheimdienst nach dem Brief des Vorsitzenden des Fernsehens der DDR, Heinz Adameck, der nach einer Vorführung des Rohschnittes Anfang September 1979 an, Joachim Herrmann, Sekretär des ZK der SED, geschrieben wurde, eine Untersuchung einleitete.

IM Lorenz und IM Ruth waren Angestellte des Fernsehens aus dem Bereich, die am Ende der Dokumentation erwähnte, nicht namentlich genannte »inoffizielle Quelle« ist ein Mitunterzeichner des gegen die Ausbürgerung Biermanns gerichteten Papiers. Er besaß (und besitzt) das Vertrauen vieler Künstler, die seine kreative Mitarbeit sehr schätzten, genauso wie das Ministerium für Staatssicherheit.

Ich habe dem Verlag die Vollmacht für die Veröffentlichung erteilt. In den vom Original übernommenen Texten wurden keine Korrekturen vorgenommen.

15.9.78

Werter Genosse Herrmann!

Nach der Voraufführung der Rohfassung des Fernsehfilms "Geschlossene Gesellschaft" habe ich veranlaßt, daß die Endfertigung nicht freigegeben wird, weil darin die gesellschaftlichen Verhältnisse in der DDR grob entstellt werden.

In einer Geschichte voller Aggressionen und Brutalitäten wird der Eindruck suggeriert, daß unsere Gesellschaft zwar wachsenden Wohlstand produziert, menschliches, familiäres Glück aber angeblich nicht gedeihen kann. Die Konflikte einer Ehe werden zurückgeführt auf die angeblich ständig steigende Hektik unseres Landes, auf die Isoliertheit des einzelnen Menschen, der mit seinen Problemen immer weniger fertig wird - und dies unabhängig von der Gesellschaftsordnung.

Autor des Filmes ist Klaus Poche, Regie führt Frank Beyer, die Hauptrollen spielen Armin Müller-Stahl und Jutta Hoffmann, Dramaturgen sind Eva und Heinz Nahke.

Die Bestätigung des Drehbuches erfolgte durch Genossen Hans Bentzien (Stellvertreter für Dramatische Kunst). Seine Begründung zur Aufnahme dieses Films in den Spielplan dramatischer Fernsehwerke und die mehrmalige Information während der Dreharbeiten, daß es sich um eine zwar zugespitzte, aber normale Ehegeschichte handele, entsprach nicht den Tatsachen.

Ich habe entschieden, daß dieser Film im DDR-Fernsehen nicht gesendet wird. Die begonnene Auseinandersetzung mit Genossen Bentzien und im Schöpferkollektiv des Films wird von uns zu Ende geführt.

Da es möglich ist, daß diese Angelegenheit von Klaus Poche oder Frank Beyer in die öffentliche Auseinandersetzung hineingebracht wird, halte ich es für notwendig, Dich zu informieren.

Mit sozialistischem Gruß
H. Adameck

Hauptabteilung XX Berlin, 6.10.1978

Information

Durch den IM "Ruth" wurde zur Situation im Bereich Dramatische Kunst im Fernsehen der DDR folgendes erarbeitet:

Im ersten Halbjahr 1978 erfolgte die Produktion des Filmes "Geschlossene Gesellschaft". Autor: Klaus Poche, Regisseur: Frank Beyer, Hauptdarsteller: Jutta Hoffmann und Armin Müller-Stahl.

Bei den genannten Personen handelte es sich um Unterzeichner einer gegen die Ausbürgerung Biermanns gerichtete sogenannte Protesterklärung.

Am 28.7.1978 wurde im DDR-Fernsehen die Rohfassung des Filmes "Geschlossene Gesellschaft" vorgeführt. Daran nahmen neben dem Autor Klaus Poche und Regisseur Frank Beyer der Vorsitzende des Fernsehens der DDR, Heinz Adameck, der stellv. Leiter Abt. Agitation beim ZK der SED, Eberhard Fensch und der Parteisekretär des Fernsehens der DDR, Hans Schäfer, teil.

Laut Einschätzung der Leitung des Fernsehens der DDR ist der vorliegende Film gegen die gesellschaftlichen Verhältnisse der DDR gerichtet und kann aufgrund seiner politisch-ideologischen Mängel im DDR-Fernsehen nicht gezeigt werden. Dem IM wurde bekannt, daß vor der Einschätzung der Leitung des Fernsehens der DDR Hans Bentzien sich gegenüber den Schöpfern zu dem Film bekannte und ihn als gut bezeichnete. Dieses ist auch aus der Einschätzung, die Bentzien am 2.8.1978 erarbeitet hat, ersichtlich. Bentzien ist darin bemüht, die negativen Seiten des Filmes abzuschwächen und bezeichnet ihn als ein humanistisches Werk mit einigen Übertreibungen.

Schon während der Entstehung des Filmes, wo im Szenarium einige Mängel und falsche Verhaltensweisen ersichtlich wurden, hat Bentzien darauf Einfluß genommen, um gewisse Veränderungen durch die Schöpfer des Filmes zu erreichen. Bentzien hat auch die Bereichsleitung über den Vorgang nicht informiert, sondern im Stillschweigen gehalten. Bentzien hat den IM ebenfalls nicht informiert.

Der Kameramann Strobel, Hartwig machte nach der Durcharbeitung des Szenariums den Regisseur Frank Beyer auf einige Szenen aufmerksam, die politisch-ideologisch falsch sind. Beyer erklärte, daß der Film zur Produktion freigeben ist und von der Leitung gebilligt wurde.

Aufgrund der politischen Fehleinschätzung des Bentzien zu dem Film fand mit ihm durch den Leiter der Abt. Agitation beim ZK der SED, Heinz Geggel, den Vorsitzenden der Fernsehens der DDR, Heinz Adameck, und den Parteisekretär des Fernsehens der DDR, Hanns Schäfer, eine Aussprache statt. Bentzien wurde seine falsche politisch-ideologische Führungslinie aufgezeigt und nachgewiesen. Dieses betrifft jedoch nicht nur den Film "Geschlossene Gesellschaft". Bentzien bezeichnet auch bei dieser Aussprache den Film als ein humanistisches Werk, der eine Ehegeschichte zeigt, wo der Entfremdungsprozeß, der sich auch im Sozialismus zeigt, widerspiegeln wird.

Am 5.10.1978 wurde durch die Zentrale Parteileitung im Fernsehen der DDR nochmals mit Bentzien gesprochen. Bei dieser Beratung bezeichnete er den Film

"Geschlossene Gesellschaf" als nicht sendefähig.

Durch das falsche politische Verhalten des Bentzien, in dem er Beyer nach der ersten Vorführung seine Zustimmung zu dem Film gegeben hat und ihn jetzt als nicht sendefähig bezeichnet, ist Beyer deutlich gemacht worden, daß die staatliche Leitung und die Partei den Film als nicht sendefähig bezeichnet. Bentzien erscheint also nach wie vor als der Mann, der eigentlich als Verbündeter von Poche und Beyer betrachtet werden kann, aber als Leiter an Weisungen gebunden ist. Er versucht nicht, die Schöpfer heranzuführen, er vertieft die Spaltung zwischen der Partei und ihnen.

In einem internen Gespräch sagte Bentzien zur Quelle, daß der Film "Geschlossene Gesellschaft" unsere Gesellschaft ist.

Der IM schätzt ein, daß Bentzien vor allem solche Autoren fördert, die ihm diese "kaputte Welt" zeigen.

Bentzien hat bekannte Autoren wie Helmut Sakowski, Benito Wogatzki, Karl-Georg Egel, die bislang die Fernsehkunst bestimmt haben und zu dem positiven Kern der Schriftsteller gehören, die Verträge gekündigt, um sie zu "zwingen", intensiver zu arbeiten und in kürzeren Zeitabständen produktionsreifere Stücke abzuliefern. Mit solchen Festlegungen kann man nach Meinung des IM keine tiefgründigere Kunstwerke schaffen.

Die Quelle schätzt ein, daß Bentzien einige politische Unklarheiten besitzt. Er hat Zweifel an der Einheit unserer Wirtschafts- und Sozialpolitik. Er unterstützt Autoren, die ebenfalls solche Ansichten haben.

Hauptabteilung XX Berlin, 9. 10. 1978

Information

über Hans Bentzien, stellvertretender Vorsitzender des Komitees für Fernsehen der DDR und Leiter des Bereiches Dramatische Kunst.

Inoffiziell wurden im Zusammenhang mit der Auseinandersetzung um den Fernsehfilm "-Geschlossene Gesellschaft" folgende Aktivitäten und Verhaltensweisen des Bentzien bekannt:

Auf Veranlassung von Bentzien erfolgte im ersten Halbjahr 1978 die Produktion dieses Filmes, dessen Schöpfer und Hauptdarsteller die operativ bekannten Beyer, Frank - Regisseur, Poche, Klaus - Autor, Hoffmann, Jutta - Schauspielerin, Müller-Stahl, Armin - Schauspieler sind.

Der jetzt vorliegende Film ist laut Einschätzung der Leitung des DDR-Fernsehens gegen die gesellschaftlichen Verhältnisse der DDR gerichtet und deshalb nicht sendefähig.

Während der Produktion hat Bentzien die inhaltlichen Probleme dieses Projektes vor den Mitgliedern des Komitees für Fernsehen und dem Leitungskollektiv des Bereiches Dramatische Kunst vorsätzlich verschwiegen.

Bedenken, die der Kameramann Hartwig Strobel zu politisch-ideologisch falschen Aussagen des Drehbuches gegenüber Frank Beyer äußerte, wurden unter Berufung auf die Entscheidung von Bentzien zurückgewiesen.

Am 28.7.1978 wurden von Beyer im DDR-Fernsehen eine Vorführung der Rohfassung des Filmes "Geschlossene Gesellschaft" organisiert. Daran nahmen u.a. Genosse Heinz Adameck - Vorsitzender des Komitees für Fernsehen der DDR, Genosse Eberhard Fensch - stellvertretender Leiter der Abt. Agitation beim ZK der SED, Hans Bentzien und die Schöpfer des Filmes teil.

Unmittelbar nach dieser Vorführung bekannte sich Bentzien im internen Gespräch gegenüber Beyer und Poche zur vorliegenden Fassung des Filmes und erklärte, daß er sich entsprechend seiner Funktion für die Aufführung des Filmes ausgesprochen hat.

Trotz der erfolgten Kritik durch die Genossen Adameck und Fensch sowie der erteilten Weisung an Bentzien, notwendige wesentliche Veränderungen am Film zu veranlassen, bezeichnete Bentzien in einer Beratung am 29.7.1978 mit den Filmschöpfern diesen Film als "ein humanistisches Anliegen, in dem lediglich einige Übertreibungen enthalten seien".

In dieser Beratung forderte Frank Beyer ultimativ die Aufführung des Filmes und zeigte zunächst keine Bereitschaft zur Änderung.

Nachdem Bentzien nur geringfügige Änderungen vorgeschlagen hatte, die sich lediglich auf die Szene bezogen, in der eine Frau von Kindern mit roter Farbe besudelt wurde, bat Frank Beyer um Bedenkzeit.

Bentzien beauftragte Eva Nahke, Dramaturgin, entsprechende Veränderungen am Drehbuch vorzunehmen, obwohl ihm bekannt war, daß Eva und Heinz Nahke, Dramaturg, in der politisch-ideologischen Bewertung des Filmes mit Beyer und Poche völlig übereinstimmten.

Nach der Aussprache mit Bentzien im ZK der SED fand am 5.10.1978 eine Beratung der Zentralen Parteileitung im DDR-Fernsehen statt, in der Bentzien offensichtlich unter dem Eindruck der ihm nachgewiesenen politisch schädlichen Leitungsmethoden erstmalig den Film "Geschlossene Gesellschaft" als nicht sendefähig bezeichnete.

Ebenfalls auf Veranlassung von Bentzien und mit Zustimmung von Jürgen Faschina, Chefdramaturg, wurde ein zweiter Filmstoff von Poche unter dem Titel "Sonderbare Tage" in den Plan 1978 aufgenommen. Die inhaltlichen Probleme und Aktivitäten dieses Vorhabens wurden von Bentzien gleichfalls verschwiegen. Die Mitglieder des Komitees für Fernsehen wurden erst darauf aufmerksam, als von Faschina für Poche eine Reise nach Westberlin zur Materialsammlung für diesen Film beantragt wurde.

Dieses Vorhaben mit seiner gesellschaftsschädigenden Aussage konnte deshalb noch rechtzeitig verhindert werden. Poche jedoch hatte Kenntnis davon, daß dieser Film, durch die Leitung des DDF-Fernsehens bestätigt, Bestandteil des Planes 1978 war.

Inoffiziell wurde eingeschätzt, daß Bentzien durch sein Verhalten eine politische Situation geschaffen hat, die die oppositionellen Kräfte wie Poche, Beyer u.a. in ihrer Haltung bestärkt, anstatt sie für eine gesellschaftlich nützliche Tätigkeit zu gewinnen.

Beyer, Poche u.a., die nur darauf warten, daß ihre Filme angegriffen werden, haben durch Bentzien Fakten in die Hand bekommen, die den progressiven Kräften eine Auseinandersetzung mit ihnen fast unmöglich machen.

Laut inoffizieller Einschätzung wurde durch das Verhalten Bentziens vor und während der Auseinandersetzung mit ihm sichtbar, daß er durch seine Selbstherrlichkeit und Spontanität in seinen Entscheidungen das Prinzip des demokratischen Zentralismus ständig verletzt. Er führt Entscheidungen aus, ohne sie im Leitungskollektiv zu beraten und den Mitgliedern des Komitees vorzuschlagen.

Das Wesen der von Bentzien "nicht erkannten oder absichtlich verfolgten" politisch schädigenden Linie besteht laut internen Hinweisen darin, daß Bentzien

- Zweifel an der Einheit von Wirtschafts- und Sozialpolitik unserer Partei hat,
- solche Autoren fördert, die diese Zweifel auch haben und deren dem Sozialismus fremde Kunst als "objektive Widerspiegelung unserer gesellschaftlichen Realität" verteidigt,
- progressive Autoren wie Helmut Sakowski, Benito Wogatzki und Karl-Georg Egel unter dem Vorwand Verträge kündigt, "sie zu zwingen, intensiver zu arbeiten" und
- ständig versucht, zu testen, wieweit er gehen kann in der "Kritik an der Gesellschaft im Sozialismus".

Nach vorliegenden internen Hinweisen ist nach den Auseinandersetzungen mit Bentzien für den Bereich Dramatische Kunst im DDR-Fernsehen eine komplizierte Situation entstanden. Progressive Kräfte befürchten, daß Bentzien "entweder ein sehr labiler Leiter wird oder einer, der nach allen Seiten um sich schlägt", um sich zu beweisen.

Aus intern bekannt gewordenen Äußerungen des Kameramannes Strobel geht hervor, daß die Personen um Poche und Beyer, die den Fernsehfilm "Geschlossene Gesellschaft" verteidigen, eine "nicht zu unterschätzende Konzentration darstellen und jetzt des öfteren zusammentreffen". Zu Einzelheiten hat sich Strobel nicht geäußert.

Hauptabteilung XX Berlin, 31.10.1978

Information

Fernsehfilm "Geschlossene Gesellschaft"

Während eines internen Gesprächs mit dem Vorsitzenden des Staatlichen Komitees für Fernsehen, Genossen Adameck, teilte dieser mit, daß die Entscheidung der Leitung des DDR-Fernsehens, den Fernsehfilm "Geschlossene Gesellschaft" zur Sendung freizugeben, keinesfalls als ein Nachgeben vor negativen Kräften bzw. als Kompromiß gegenüber den Schöpfern bezeichnet werden darf.

Genosse Adameck brachte während der Abnahme gegenüber Beyer und Poche deutlich zum Ausdruck, daß er sich mit den Grundpositionen, die in diesem Film eingenommen werden, nicht einverstanden erklären kann und die Diskussion dazu auf alle Fälle weitergehen muß. Die Festlegung, den Film zu senden, wurde aus der taktischen Erwägung heraus getroffen, um zu erwartende negative Reaktionen seitens der Schöpfer des Filmes und weiterer Kulturschaffenden zu verhindern. Der Film soll am 29.11.1978, 21.30 Uhr, im I. Programm gesendet werden.

Gleichzeitig mit dieser Entscheidung wurden konkrete Festlegungen getroffen, um zu verhindern, daß derartige negative Werke künftig im DDR-Fernsehen entstehen.

Durch die Leitung wird der Sendeplan des Bereichs Dramatische Kunst einer genauen Prüfung unterzogen, um Szenarium und Drehbücher mit zweideutiger Aussage zu beseitigen.

Genosse Adameck hat persönlich das Szenarium "Franziska Linkerhand" gelesen, was von Frank Beyer als Nächstes verfilmt werden sollte. Er hat daraufhin die weitere Arbeit an diesem Vorhaben sofort gestoppt.

In seiner Aussage ist der geplante Fernsehfilm gegen das Wohnungsbauprogramm gerichtet. Die DDR-Wirklichkeit wird verzerrt dargestellt, es treten fast ausschließlich "gebrochene" Menschen auf. Die Hauptheldin sieht alle ihre Ideale durch die "Realität" des Lebens zunichte gemacht.

In einem kurzen Gespräch mit dem Minister für Kultur, Genossen Hoffmann, stellte Genosse Adameck fest, daß dieser die gleiche Auffassung zur "Franziska Linkerhand" hat. Genosse Hoffmann hatte die Aufführung des Schweriner Theaters in Berlin gesehen. Er will dafür sorgen, daß keine weiteren Bühnen in der DDR das Stück übernehmen.

In einer Beratung beim Mitglied des Politbüros, Genossen Joachim Hermann, wurde festgelegt, den Leiter des Bereiches Dramatische Kunst unter ständiger Kontrolle zu halten, da er als eine Potenz der negativen Kräfte im Fernsehen anzusehen ist.

Genosse Adameck konnte mehrfach feststellen, wie Genosse Bentzien versucht, sich nach wie vor aus der ideologischen Auseinandersetzung in seinem Bereich herauszuhalten. Vor allem gegenüber seiner Leitung versucht er, die festgestellten Mängel des Filmes "Geschlossene Gesellschaft" zu vertuschen. Er tritt den Schöpfern des Filmes auch nicht bei deren Versuchen entgegen, diesen Film noch weiter zu popularisieren.

Beyer und Poche wollten zum Beispiel eine Pressevorführung in einem Filmtheater durchführen. Die Leitung des DDR-Fernsehens will das nicht, Bentzien jedoch vertritt nicht die Meinung der Leitung, sondern verweist auf untergeordnete Funktionäre, die darüber zu befinden hätten.

Die Parteileitung und staatliche Leitung des DDR-Fernsehens wollen vor allem die Parteiwahlen zur ideologischen Stärkung des Bereichs Dramatische Kunst ausnutzen, indem offen über festgestellte ideologische Mängel in einzelnen Werken, wie zum Beispiel "Polizeiruf 110" und "Geschlossene Gesellschaft" gesprochen wird.

Genosse Adameck teilte mit, daß auf Grund der Hinweise unseres Organs und in Abstimmung mit Genossen Joachim Hermann die Fernsehansagerin Maria Moese kurzfristig abgelöst und mit einer anderen Aufgabe betraut werden soll.

Abteilung XX/7 Potsdam, 6. November 1978
ger-kn

Tonbandabschrift
Quelle: IMV "Lorenz"

Vorgänge im Fernsehen der DDR um die Produktion des Films "Geschlossene Gesellschaft", Autor: Klaus Poche, Regisseur: Frank Beyer

Schon bei der Abnahme des Szenariums "Geschlossene Gesellschaft", ein Stoff, der zuvor bei der DEFA in der Zentralen Parteileitung abgelehnt worden ist, kam es zu größeren Auseinandersetzungen innerhalb der Parteileitung der Dramatischen Kunst.

Die Produktion wurde nur unter bestimmten Vorbehalten und Auflagen freigegeben. Diese Dekontrolle der Auflagen war insofern aber illusorisch, als die beiden für das Vorhaben verantwortlichen Mitarbeiter, die Dramaturgin Eva Nahke und der verantwortliche Chefdramaturg Heinz Nahke, in der Zeit der Produktion das Fernsehen verlassen haben. Der Rohschnitt wurde Ende Juni mehreren leitenden Gremien des Fernsehen vorgeführt. Wie schon dokumentiert, hat Frank Beyer mehr oder weniger die Leitung des Fernsehens erpreßt, indem er den Antrag gestellt hat, mit seiner Frau eine vierwöchentliche Reise nach der Bundesrepublik und den Benelux-Ländern zu machen. Er hat keinen Hehl daraus gemacht, daß diese Reise der Autor Jurek Becker für ihn in Westgeld finanzieren würde, und daß er dafür die hier befindliche Familie Beckers finanziell unterstützt.

Nach der Rohschnittabnahme wurde der Bereichsleiter Hans Bentzien vom Vorsitzenden des Komitees, Gen. Adameck, beauftragt, eine Stellungnahme zu machen, die ein klares Nein oder Ja enthalten sollte. Der Gen. Bentzien ist über 3 Monate jeglicher Stellungnahme zu diesem Film ausgewichen. Er hat mehrere Briefe an den Vorsitzenden geschrieben, in denen er nicht direkt Ja und Nein zu diesem Film gesagt hat, sondern in dem er Vorschläge gemacht hat, zu welcher Uhrzeit und wann dieser Film aufgeführt werden sollte im Fernsehen der DDR, außerdem hat er zunächst den Vorschlag gemacht, diesen Film mit der nötigen finanziellen Abgeltung an den Gen. Pehnert, Filmminister im Ministerium für Kultur, weiterzugeben, da Bentzien der Meinung sei, dies sei ein Kinofilm und kein Fernsehfilm und gehöre ohnehin ins Kino. Nachdem alle Versuche des Gen. Adameck gescheitert waren, seinen Bereichsleiter Hans Bentzien zu einer klaren Stellungnahme aufzufordern, begann vor etwa vier Wochen eine sehr ernste Auseinandersetzung zwischen Bentzien und Adameck. Diese Auseinandersetzung nahm nur die "Geschlossene Gesellschaft" zum Anlaß, und es wurden dem Gen. Bentzien im Zusammenhang mit dem Plan 79 sehr harte Fragen gestellt, wie seine kulturpolit. Konzeption für die Dramatische Kunst aussehen würde. Im Laufe dieser Diskussion bestand innerhalb der Leitung des Fernsehen, also des Komitees, angefangen vom Gen. Adameck bis zu den einzelnen Bereichsleitern bis einschließlich auch der Abt. Agitation, vertreten vor allem in den Diskussionen von dem Gen. Fensch und Schäfer, eine eindeutige Haltung, diesen Film nicht im Fernsehen der DDR zu zeigen. Die Diskussionen mit dem Gen. Bentzien umspannten einen Zeitraum von 14 Tagen bis 3 Wochen und wurden zunächst vom Gen. Adameck sehr hart angegangen, unterstützt von der Abt. Im ZK von dem Gen. Fensch bzw. dem Gen. Geggel auch.

Dabei ging es vor allem darum zu gewährleisten, daß Heinz Adameck und Hans Bentzien sich auf eine gemeinsame Linie in der Kulturpolitik festlegten. Nach einer dieser Sitzungen mit dem Komitee stieg der Gen. Bentzien in seinen Dienstwagen und sagte zu seinem Fahrer: "Ich bin ein toter Mann." Diese Äußerung war natürlich am nächsten Tag sofort im ganzen Fernsehen bekannt. Auf Grund dieser sehr harten Auseinandersetzungen, zu denen man sagen muß, daß ein schwächerer Charakter als Bentzien sicher diese nicht überlebt hätte, war eigentlich für alle Beteiligten klar, daß der Film nicht gesendet würde. In diesem Zusammenhang sei auch noch einmal darauf hingewiesen, daß zur gleichen Zeit mit der Produktion dieses Films Klaus Poche einen Roman beim Mitteldeutschen Verlag geschrieben hat, bei dem das Resultat der Entwicklung dieses Stoffes in den Mittelpunkt der Handlung gesetzt wird, und das Resultat heißt, das Fernsehen der DDR wird diesen Film nicht senden. Als die Auseinandersetzungen zwischen dem Komitee und dem Gen. Bentzien ihren Höhepunkt erreicht hatten und der Gen. Bentzien ziemlich laut und eindeutig allen, die es hören wollten, sagte, er werde diese Funkton nicht weiter ausüben, ist es zu einem Gespräch zwischen den Gen. Hermann, Adameck und Bentzien gekommen. Wie weit Hans Schäfer, der Parteisekretär des Fernsehens, dabei war, ist mir nicht bekannt.

Bei diesem Gespräch hat wohl der Gen. Adameck stark zurückstecken müssen, und ihm ist klar gesagt worden, er könne sich nicht aus der Verantwortung entlasten, daß dieser Film beim Fernsehen der DDR produziert worden ist. Bentzien und Adameck wurden von dem Gen. Hermann sehr ernsthaft aufgefordert, eine gemeinsame Linie für ihr kulturpolit. Vorgehen zu finden. Nach diesem Gespräch beim Gen. Hermann ist es dann auch in mehreren Parteiveranstaltungen zu gemeinsamen Willenserklärungen von Bentzien und Adameck gekommen, Willenserklärungen von Bentzien, die sich auf eine Reihe von Richtigstellung bezogen über sein Vorgehen als Leiter. Der Gen. Bentzien, der noch vor einem Jahr bewährte Autoren wie Sakowski und Wogatzki sehr abfällig und abwertend behandelt hat, hat das revidiert, er hat auch wesentlich eindeutiger Stellung genommen zur kulturpolit. Grundaufgabe der Dramatischen Kunst. Außerdem war bis Anfang voriger Woche klar, daß alle entscheidenden Gremien und Leiter dagegen waren, den Film "Geschlossene Gesellschaft" im Fernsehen aufzuführen.

In der Zwischenzeit hat Frank Beyer den Film synchronisiert bzw. gemischt, so daß am Donnerstag vergangener Woche die Vorführung des nun fertigen Films stattgefunden hat. Es ist bekannt geworden, daß vor dieser Vorführung auch noch eine Extravorführung im ZK stattgefunden hat. Bei dieser Endabnahme des Films am Donnerstag trat nun eine große Überraschung für die Genossen des Fernsehens ein. Der Film wurde zur Sendung bestätigt, und der Sendetermin wurde bekanntgegeben, es ist der 29.11.1978.

Diese Entscheidung hat, soweit sie schon bekannt ist, zu einer großen Aufregung im Fernsehen geführt. Sehr viele parteiverbundene Genossen wissen nun überhaupt nicht mehr, was sie denken sollen. Der Gen. Bentzien, und das ist vielleicht das Komplizierteste und das Gefährlichste an dieser Situation, nimmt die Stellung ein, daß er der Meinung ist, diese Entscheidung offensichtlich verantwortlich getroffen vom Gen. Hermann, diese Entscheidung nimmt er als einen persönlichen Erfolg seiner Politik im Fernsehen und einen Mißerfolg der Idioten im Komitee, vor allem auch des Vorsitzenden, Adameck. Er drückt sich in dieser Frage erstaunlich direkt und bösartig aus, eine Frage, die über die politischen Dimensionen dieser Haltung hinausgeht, bis zum persönlichen Takt und bis zu der Frage, ob so ein Genosse mit einem anderen Genossen umgehen könnte.

Es besteht die große Gefahr, daß eine Reihe von Unterabteilungen des Bereichs Dramatische Kunst diese Entscheidung, den Film zu senden, so bewerten, daß sie vielleicht noch stärker als in der "Geschlossenen Gesellschaft" ein Zerrbild unserer Wirklichkeit über den Bildschirm bringen.

Zur "Geschlossenen Gesellschaft" muß gesagt werden, daß die Konzeption des Autors eindeutig und von ihm in keiner Weise verschleiert darauf hinausgeht, die Vereinzelung des Menschen, die Entfremdung des Menschen auch in unserem realen Sozialismus DDR groß auszustellen. Ja, es geht so weit, daß letztenendes sozusagen dieses unser Land die Entfremdung erst richtig erfunden hat. Das wird natürlich alles in persönlichen Beziehungen vermittelt und sicher ist das Buch bzw. Der Film zu als rein als Sendeabend auch mal zu verkraften, aber darum geht es ja gar nicht. Es geht ja gar nicht darum, ob dieser Film nun als ein Fernsehabend unter 350 des Jahres an der Wahrheit unseres Lebens vorbeigeht, sondern es geht einfach darum, daß eine Sendung dieses Films eine große Signalwirkung hat auf viele in unserem Leben gegenüber unzufriedenen Künstlern Gleiches zu tun, und wie das meist so ist, einen Film noch nach rechts zu überholen.

Innerhalb der Genossen des Fernsehens besteht über die Entscheidung, den Film aufzuführen, große Verwirrung, und niemand weiß so recht, wie er sich in Fragen neuer Stoffentwicklung usw. Verhalten soll. Es ist zwar von der Zentralen Parteileitung und von dem Gen. Adameck für alle Parteimitglieder verbindlich, eine Argumentation diese Entscheidung betreffend ausgegeben worden, bei der gesagt wird, dieser Film ist nicht zu vereinbaren mit unserer Kulturpolitik, aber ihn nicht zu senden wäre das größere Übel, weil die Gefahr bestünde, daß man dadurch Frank Beyer verlieren würde.

Ein sehr guter Freund Frank Beyers hat im Rias am Sonnabend die Katze aus dem Sack gelassen. Es ist Jurek Becker, mit dem Frank Beyer mehrere Filme gemacht hat. Jurek Becker hat dort, befragt von einer Westberliner Schulklasse, offen gesagt, daß er so eine Art Privatkrieg mit unserer Parteiführung führe und seine sehr aggressive Art und Weise, mit der er die Genossen angehe, könne er sich aus der Schwäche und dem Mangel an Entscheidungsfreude unserer Parteiführung leisten. Das Interessante ist, daß Becker sogar durchblicken ließ, daß er zwar jetzt in WB z.Z. wohnend mit einem DDR-Paß ausgestattet, seine meiste Zeit, wie sagte, in Ostberlin - er verbesserte sich dann - in der Hauptstadt der DDR zubringe, um dort mit seinen Freunden zu sprechen.

Es besteht also eine kluge und durchaus sehr wirksame Gruppe von Provokateuren, denen es durch diese Entscheidung gelungen ist, bis ins Fernsehen der DDR zentral einzudringen. Es möge daran erinnert werden, daß das tschechische Fernsehen in der Zeit der revisionistischen Führung unter Dubschek eine entscheidende Rolle gespielt hat, daß es soetwas gewesen ist wie das politische Zünglein an der Waage, und das in dem Moment, als das Fernsehen zu den Revisionisten überging, die Würfel gefallen waren. Es soll hier kein Vergleich gezogen werden, aber irgendeinmal hat es ja in der Tschechoslowakei auch im Fernsehen angefangen. Und irgendeinmal ist es dem Gegner gelungen, seine Ideologie im tschechischen Fernsehen unterzubringen.

So wie es jetzt im Fernsehen der DDR am 29.11. eine Sendung geben wird, von der bis zu dieser Entscheidung alle Verantwortlichen des Fernsehens bis auf den Gen. Bentzien überzeugt waren, daß der von Beyer geschaffene Film dem Sozialismus feindlich ist.

Vor allem muß noch einmal betont werden, welche Rolle jetzt der Gen. Bentzien spielt, der diese Entscheidung, den Film aufzuführen, über seine ihm unterstellten Leiter sofort und mit allen Mitteln publik werden zu lassen, ohne auf eine entsprechende Argumentation, von wegen kleinerem Übel oder so, Wert zu legen.

Für einen durchschnittlichen Fernsehmitarbeiter muß es zwangsläufig so aussehen, daß Bentzien persönlich eine Schlacht gewonnen hat, und der Gen. Adameck persönlich eine Schlacht verloren hat.

Ich halte das für eine ungeheuer gefährliche Angelegenheit, da es sich nicht um irgendein Kulturinstitut handelt, sondern um das entscheidende Massenmedium unseres Landes, welche auch bisher in seiner zentralistischen Praxis in einer klaren Weisungspraxis, gearbeitet hat und diese jetzt durch den Gen. Bentzien im Laufe seiner Tätigkeit immer mehr unterwandert worden ist.

Dabei spielt überhaupt keine Rolle, wie weit subjektive Ehrlichkeit oder nicht bei ihm vorhanden ist und wie weit er noch glaubt, dieselbe Linie der Partei zu vertreten wie der Gen. Adameck.

Sicher kann man über die Entscheidung, "Geschlossene Gesellschaft" zu senden oder nicht, geteilter Meinung sein. Über eines gibt es für meine Begriffe nur ein klares Nein: Es darf nicht herauskommen, daß dieser unserer Ideologie nicht entsprechende Filme sozusagen durch die erfolgreiche Tätigkeit des Gen. Bentzien gegenüber Dogmatikern und Hohlköpfen durchgesetzt worden ist.

gez. "Lorenz"

Abteilung XX/7 Potsdam, 5. Dezember 1978
gern-kn

Tonbandabschrift
Quelle: IMV "Lorenz" 4.12.178

Zur Situation im Fernsehen der DDR

Freitagmorgen wurde zunächst den Mitgliedern der Bereichsleitung, d.h. den Chefdramaturgen der einzelnen Abteilungen sowie für die Regisseure zuständigen künstlerischen Direktoren und dem Ersten Stellvertreter Bentzien, Krecek, mitgeteilt, daß vom 1. Dezember an der Gen. Bentzien wegen grober politischer Fehler als Bereichsleiter des Bereichs Dramatische Kunst abgesetzt worden ist.

Diese Entscheidung wurde begründet - das war aber auch alles, was den Genossen vor dem Sekretariatsbeschluß bekanntgegeben wurde. Es fiel auch kein selbstkritisches Wort des Gen. Adameck. Es wurde auch wenig zur Begründung dieses Beschlusses, was Bentzien betrifft, gesagt. Weiterhin wurde den Genossen mitgeteilt, daß der bisherige Leiter der Aktuellen Kamera, Erich Selbmann, ab Montag, den 4.12., den Bereich Dramatische Kunst übernimmt. Bei dieser Bekanntgabe war kein Vertreter der Abt. Agitation im ZK anwesend. Bei der folgenden Diskussion übten 2 Genossen Selbstkritik, und zwar der Gen. Krecek und der Gen. Nehring.

Der Gen. Krecek erklärte, daß er sich für die Filme "Ursula" und vor allem "Geschlossene Gesellschaft" verantwortlich fühlen würde. Es hätte ja nicht an Kritikern, vor allem des Buches "Geschlossene

Gesellschaft", innerhalb des Bereichs Dramatische Kunst gefehlt. Er hat mit diesen Kritikern gesprochen und wußte die Argumente, die sich jetzt offenbart haben und zu dieser doch sehr unangenehmen politischen Situation geführt haben. Ich glaube, daß diese Selbstkritik von Krecek ehrlich gemeint ist, und daß er durchaus sich für das, was da geschehen ist, auf eine Weise, wie es sich für einen Genossen gehört, verantwortlich fühlt. Gen. Nehring übte Selbstkritik für "Ursula", die ja in seiner Chefdramaturgie entstanden ist und bei der er vor allem die geistige Position erst spät, praktisch nach der Sendung, die die Schöpfer eingenommen haben, verstanden hat. Die Selbstkritik beider wurde verhältnismäßig freundlich aufgenommen, und niemand hat davon gesprochen, daß das Verhalten beider Genossen irgendwelche disziplinarische Maßnahmen der Partei nach sich ziehen würde. Dem o.g. Kreis hat sich der Gen. Adameck in einer Form gestellt, als ob er mit der ganzen Sache nichts zu tun habe, und als ob es nicht an seiner Verantwortlichkeit gelegen hätte, daß diese politischen Mißgriffe passiert sind. Die Diskussion war praktisch damit erschöpft und die eigentliche Diskussion über das Ausscheiden des Gen. Bentzien hat dann am Nachmittag in einer kurzfristig einberufenen erweiterten Parteileitungssitzung des Bereichs Dramatische Kunst stattgefunden. Erweitert war sie insofern, als an ihr alle gewählten Funktionäre des Bereichs, also auch Parteigruppenorganisatoren und gewählte Leitungsmitglieder einzelner Bereiche neugegründeter APOs teilnahmen. Auch hier war kein Vertreter der Abt. Agitation anwesend, außerdem haben der

Gen. Adameck, Vorsitzender des Komitees und der Gen. Schäfer, Sekretär des ganzen Fernsehens, nur z.T. daran teilgenommen.

Als Vertreter einer übergeordneten Leitung war einzig und allein ein Vertreter der KL Treptow anwesend, der nur einmal zu der ganzen Sache Stellung nahm, als die Genossen fragten, welche Konsequenzen denn das Ganze für Frank Beyer habe. Auf diese Frage hin erklärte er, man solle doch sehr vorsichtig vorgehen, denn man könne sich vor dem 30. Jahrestag keinen Skandal leisten.

Über diese Frage später noch mehr. Hier wurde von dem Beschluß des Sekretariats nur die Tatsache bekanntgegeben, daß der Gen. Bentzien wegen schwerer politischer Fehler seiner Funktion als Bereichsleiter enthoben sei. Auch hier wurde von der Leitung in keiner Weise die Rolle des Vorsitzenden, des Gen. Adameck, in der Frage der Verantwortlichkeit sowohl für das Senden dieser Filme, wie die Entwicklung dieser Filme, wie auch für die politische Linie Bentziens erwähnt. Dieser Umstand führte zu einer Reihe von Fragen und Reaktionen der einzelnen Genossen, die hoch interessant sind: zunächst einmal muß grundsätzlich gesagt werden, daß niemand in diesem Kreis von etwa 15 Genossen bedauert hat, daß Bentzien seiner Funktion enthoben wurde. Es gab niemanden, der es nicht verstanden hat, daß diese Maßnahme notwendig gewesen sei. Doch wurden im Anschluß daran eine Reihe von entscheidenden Fragen gestellt, die im folgenden aufgeführt werden sollen:

Ganz am Anfang sprach der Gen. Adameck, der sich nur auf polit. Fehler Bentziens bezog und seine Person völlig aus der Sache heraushielt. Er erklärte z.B., daß die Vernachlässigung von Autoren wie

Wogatzki und Sakowski von Bentzien als bewußte Politik zu betrachten sei. Er habe diese Autoren regelrecht diffamiert.

Weiterhin erklärte er, daß die zunehmenden Nacktszenen in den Produktionen der Dramatischen Kunst von Bentzien direkt gefördert worden wären. Weiterhin erklärte er, daß Bentzien eine besondere Vorliebe für Künstler wie Frank Beyer, wie Klaus Poche u.a. entwickelt habe und mit ihnen neben der generellen Sendepolitik eine eigene Linie machen wollte. Er bezog sich auf einzelne Aussprüche Bentziens, wie z.B. daß er gesagt hat, daß Filme unseres Fernsehens die Zuschauer betroffen machen müßten, und damit sei jetzt endgültig Schluß. Er bezog sich auch auf die Entwicklung und Adaption des Romans "Franziska Linkerhand" von der verstorbenen Brigitte Reimann und sagte in diesem Zusammenhang, mit welchem Buch auch immer, dieser Roman wird bei mir nicht über den Sender kommen.

Der Gen. Adameck weiß sehr wohl, daß von dem Projekt "Franziska Linkerhand" zwei sehr verschiedene Drehbücher vorliegen, eines vom Fernsehen der DDR, welches von Bentzien, so wie es war, ganz akzeptiert wurde, und das schwerwiegende politische Fehler enthielt, wie auch ein Szenarium von der DEFA, was sowohl von dem Parteisekretär Fritz Schulz als auch von Schäfer gelesen worden war und als ein möglicher Weg angesehen worden war. Diese lapidare Art, wie der Gen. Adameck jetzt sozusagen das Steuer herumreißen wollte, in sehr untaktischer und politisch gefährlicher Weise jetzt die Konsequenzen ziehen will, erregte unter den Genossen Widerspruch. Dieser Widerspruch führte zu einer Reihe von Fragen, die allerdings z.T. dann gestellt wurden, als der Gen. Adameck schon diese erweiterte Parteileitungssitzung verlassen hatte.

Die erste Frage wurde gestellt von den Gen. Hübner, Veth, und Jörn und betraf die Frage der Verantwortlichkeit. Der Gen. Jörn fragte, wer denn nun für das ganze Fernsehen und für die DDR schmerzlichen Selbsttore, wie er es nannte, verantwortlich sei. Er erklärte, man könne doch die Sache nicht so hinstellen, als ob das allein in Bentziens Verantwortung gelegen hätte. Er erwähnte in dem Zusammenhang auch die Aussagen Bentziens auf der gerade 4 Tage vergangenen APO-Wahlversammlung. In diesem Kreise war natürlich klar, daß der Gen. Bentzien zwar diese falsche revisionistische kulturpolitische Position mit Kräften vorwärtsgetrieben hat, daß aber natürlich die Verantwortlichkeit in der Kontrolle nicht vom Gen. Adameck zu lösen ist. Zu dieser Frage noch im Beisein des Gen. Adameck hat der Gen. Adameck nicht Stellung genommen.

Eine weitere Frage, die in diesem Zusammenhang kam, war die Frage nach den politischen Konsequenzen, die die ganzen Vorgänge im Fernsehen für den Gen. Frank Beyer haben werden. Die Genossen waren sich darüber einig, daß er die führende Figur in einer Fraktion sei, die unserem Fernsehen schwer geschadet hat und die auf einen offenen Antikurs gegen den sozialistischen Realismus und die Prinzipien unserer Kulturpolitik gerichtet sind. Sie waren sich darüber einig, daß es nicht anginge, daß eine personelle Veränderung, nämlich den Austausch des Gen. Bentzien mit dem Gen. Selbmann, schon etwas Entscheidendes ändern würde. Sie waren sich darüber einig, daß es sicher richtig gewesen wäre, während der Vorgänge um Biermann Frank Beyer schon die Frage zu stellen, ob er überhaupt noch Mitglied der Partei sein könnte oder nicht. Es müsse diese Frage unbedingt wiederholt werden. Damals hat man ihm eine Chance gegeben, wieder auf die Linie der Partei zu kommen, doch er hat - und das wissen in diesem Kreis alle Genossen - mit erpresserischen Mitteln bis zum Gen. Hermann hin diese revisionistische Linie weitergeführt, und er wurde zum Sprachführer einer Reihe von Genossen und Kollegen, die man durchaus im Bereich Dramatische Kunst als eine Fraktion betrachten kann. Zu diesen Genossen oder Kollegen gehört erst einmal Klaus Poche, es bestehen auch enge Verbindungen zwischen Frank Beyer und Egon Günther und seiner Frau Helga Schütz, die eine ganz konkrete Konzeption bei "Ursula" verfolgt hat. Auch darüber wurde in dieser Parteileitungssitzung gesprochen. Der Gen. Feth erwähnte, daß hier natürlich auch mangelnde marxistisch-ästhetische Bildung mit im Spiele sei, denn selbst ein so umstrittener Mann, wie Lukacz, habe sich klar über "Ursula" geäußert, es ist das einzige reaktionäre Werk, welches Gottfried Keller geschrieben hat. Es wurden also hier ganz klare Verantwortlichkeiten hergestellt, und der Gen. Nehring übte in diesem Zusammenhang noch einmal Selbstkritik.

Die Genn. Demuth, Dramaturgin im Bereich Dramatische Kunst, spitzte die Frage Frank Beyer so zu, daß sie erklärte, für sie ist das Kriterium der Glaubwürdigkeit einer neuen Politik, eines neuen politischen Anfangs im Fernsehen der DDR, ob Frank Beyer aus der ganzen Sache ohne jede Kritik und ungeschoren als Genosse herauskäme oder nicht. Dieser Meinung schlossen sich alle Genossen an, und in individuellen Gesprächen wurde immer wieder betont, sie werden sich nicht vergattern lassen, Frank Beyer etwa außerhalb der Diskussion zu halten, weil es bedeuten würde, daß die Ursache des Ganzen, nämlich die Erpressungspolitik Frank Beyers gegenüber hohen und höchsten Funktionären unserer Partei weiterginge, und wer einmal erpreßt würde, würde weiter erpreßt werden.

Die Genossen waren sich darüber einig, daß Ausgangspunkt und Endpunkt der Vorgänge um die "Geschlossene Gesellschaft" zweifellos die Tätigkeit Frank Beyers ist und war. Das hat überhaupt nichts damit zu tun, ihm die Möglichkeiten zu nehmen, am Fernsehen der DDR zu inszenieren, aber es wurde ganz klar auseinandergehalten, daß ein Genosse sein Statut einzuhalten habe, und wer das nicht tut, nicht mehr zur Partei gehöre. In diesem Zusammenhang erinnerte der Gen. Hübner daran, daß der Frank Beyer nach den Biermann-Ereignissen die Frage Auge in Auge in einer Parteileitungssitzung gestellt habe und ihm gesagt habe, wenn du nicht eindeutig Stellung nimmst zu deinem Fehler, den Biermann-Brief unterschrieben zu haben, gehörst du nicht mehr in die Partei. Damals hat Frank Beyer zu dieser Frage geschwiegen. Gen. Hübner ist der Meinung, man müsse ihm die Frage neu stellen, und man müsse den Zusammenhang zwischen seinem damaligen Verhalten und dem heutigen herstellen.

Der Genosse von der KL warnte in diesem Zusammenhang davor, diese Frage zu stellen, weil es nur neue Huddelei mit Frank Beyer dann geben würde vor dem 30. Jahrestag.

Das wurde von der Mehrheit der Genossen nicht akzeptiert.

Die Frage, den Gen. Erich Selbmann diese Funktion übernehmen zu lassen, wurde von den Genossen mit großem Ernst aufgenommen. Sie sind der Meinung, daß damit der Beweis erbracht wird, wie ernst es die Parteiführung mit dem Fernsehen und dem Bereich Dramatische Kunst nimmt. Es gab auch vor allem nach der erweiterten Parteileitungssitzung einige Vorbehalte gegenüber dem Gen. Erich Selbmann, die allein mit den menschlichen Möglichkeiten, die für ihn im Bereich Dramatische Kunst ja ganz neu sind. Es sind sicher andere Strukturen als in der Aktuellen Kamera, alles ist dort wesentlich differenzierter und zeitlich wie geldlich aufwendiger.

Mit Recht wurde vor allem von dem Gen. Schäfer gefordert, daß die Genossen alle überhaupt mögliche Unterstützung für Erich Selbmann geben müssen. Nun gibt es im Nachhinein in den Diskussionen der Genossen über die Frage des Ersten Stellvertreters für Erich Selbmann eine Reihe von Diskussionen. Vor allem wurde es abgelehnt bzw. wurde befürchtet, daß der Gen. Jürgen Faschina diese Erste-Stellvertreter-Funktion übernimmt. Es muß in diesem Zusammenhang auf Faschina eingegangen werden. Es ist nicht zufällig, daß nach dem Weggang der Eva Nahke, die als Chefdramaturg bzw. als stoffführender Dramaturg, den Stoff "Geschlossene Gesellschaft" entwickelt hat. Es steht in allen Plandokumenten des Fernsehens der DDR. Er hat genauso wenig wie Krecek gemerkt, was es mit diesem Stoff auf sich hat. Er hat keine Selbstkritik in diesem Zusammenhang geübt und will heute nichts mehr davon wissen, daß er die Verantwortung für die Entwicklung des Stoffes zumindest im Stadium der Produktion übernommen hatte. Viele Genossen sind der Meinung, daß Faschina erst einmal ausprobieren wollte, nach welcher Richtung hin sich die Waage neigt und daß er sozusagen mit zwei Rucksäcken auf die Wanderschaft gegangen ist. Die Genossen befürchten, daß ein Mann wie Faschina, der sich eine steile Karriere im Fernsehen erhofft, jetzt unter der neuen Leitung Gefahr laufen wird, eine Zensurstelle zu werden, die jedwede Freiheit im Sinne unserer Kulturpolitik einengt. In diesem Zusammenhang soll darauf hingewiesen werden, daß etwa 2 Tage nach "Ursula" im ganzen Fernsehen eine große Unsicherheit dadurch eingetreten ist, daß die einzelnen Komiteemitglieder in ihren Bereichen, wie vor allem in der Jugend, in der Unterhaltung sich bemühen, jeden tiefausgeschnittenen Busen aus den kommenden Programmbeiträgen zu entfernen. Das führt in den Schneideräumen - meistens mit parteilosen Frauen besetzt - zu großer Verwirrung und Gelächter. Überhaupt ist natürlich die Befürchtung laut geworden, daß in der nächsten Zeit das Pendel ins Gegenteil umschlägt, und daß Kleinigkeitenkrämerei wieder losgeht, wie sie niemand erhofft hat, da sie seit dem VIII. Parteitag im Fernsehen verschwunden ist. Man ist der Meinung, daß viele Augen mehr sehen können und daß jetzt viele mit größerer kritischer Aufmerksamkeit das Programm und auch die Bücher zum Programm lesen. Doch darf das nicht zu einem Gegenschlag führen, der die schöpferischen Möglichkeiten zerstört. Zu dieser Frage spielt auch etwas eine Rolle: Es wäre falsch, in der Dramatischen Kunst bis zu Strukturerwägungen wieder da anzufangen, wo man vor Bentzien war.

Eine Struktur wieder herzustellen würde vieles, was sich in der Zwischenzeit trotz Bentzien entwickelt hat, zerstören.

Eine Hauptfrage und auch eine gewisse Ratlosigkeit besteht darin, wie man dem Gen. Erich Selbmann helfen kann, daß er diesen Bereich möglichst schnell in den Griff bekommt. Notwendig sei, die Frage der ersten Stellvertretung schnell zu lösen. Ich würde nach Kenntnis des Gen. Krecek sagen, daß er durchaus in der Lage ist, diese Funktion zu übernehmen, und daß der Gen. Faschina als Chefdramaturg der gesamten Gegenwartsliteratur durchaus fähig ist, hier zu einer Wende zu kommen, wenn er genügend kontrolliert wird.

In diesem Zusammenhang habe ich mehreren Genossen gegenüber eine Frage bzw. einen Vorschlag gemacht, der sehr wichtig ist. Es gibt einen sehr bewährten ehemaligen Leiter des Bereichs Dramatische Kunst, der aber aus Gesundheitsgründen nicht mehr in der Lage ist, diesen Bereich wieder zu leiten. Das ist der Gen. Werner Fehlig. Werner Fehlig hat in den Anfängen der Dramatischen Kunst etwa vor 7 Jahren den Bereich ausgezeichnet geleitet, er wurde für die Entwicklung der Gegenwartsliteratur in diesem Bereich auch mit dem Nationalpreis ausgezeichnet. Ihm ist es zu verdanken, daß das Fernsehen Autoren, wie z.B. den Genossen Sakowski vom Förster zum namhaften Autor entwickelt. Ich habe den Vorschlag gemacht, den Gen. Fehlig, der jetzt eine Prognosegruppe im Fernsehen der DDR leitet und der auch oft mit Sonderaufträgen vom Gen. Adameck betraut wurde, für ihn Bücher zu analysieren, dieser Gen. beratend bei der Einarbeitung des Gen. Selbmann mitwirkt. Es hätte dies einen

Vorteil, daß er absolut frei ist von allen Verbindungen und Verbindlichkeiten, die Bentzien in den letzten Jahren mit seinen Mitarbeitern eingegangen ist, und daß hier ein erfahrener Mann, der die Produktion der Dramatischen innen und außen bis in alle Einzelheiten kennt, doch ein echter Berater für Erich Selbmann werden könnte. Im Zusammenhang mit diesen Ereignissen wurden immer wieder Fragen gestellt, wie es denn überhaupt zu dieser ganzen Entwicklung gekommen ist. Und immer wieder wurde natürlich eine Frage angesprochen: Ob nicht Politbüromitglieder, wie der Gen. Hermann und der für Kultur zuständige Gen. Hager eine Reihe von echten Gefahrenmomenten, die nun schon seit 2 Jahren die Genossen beschäftigen, verschlafen. In diesem Zusammenhang erklärte der Gen. Fritz Schulz, ob nicht die seit der Biermann-Affäre zugenommene Erpressungstätigkeit einzelner Künstler einmal und so schnell wie möglich zu Ende zu bringen sei. Es wurde in diesem Zusammenhang auch darauf hingewiesen, daß erst in jüngster Zeit der Sohn Erwin Geschonneks, Matti Geschonnek, der wegen seines Eintretens für Biermann aus der Fakultät der Sowjetischen Filmhochschule entfernt worden ist, ein Geliebter der hinlänglich bekannten Eva-Maria Hagen ist, daß dieser Matti G. jetzt für 2 Jahre ein Ausreisevisum nach Hamburg bekommen hat. Diese Praxis, die also Leute, wie den Hauptdrahtzieher für die ganzen Dinge um Frank Beyer, Jurek Becker, betrifft, weil er ja auch noch einen Paß unseres Landes besitzt, wird diese Praktik nicht im Laufe der Zeit dazu führen, daß immer mehr Künstler unsere Staats- und Parteiführung in diesem Sinne erpressen können. Bei Frank Beyer läßt sich in dem letzten Jahr ganz eindeutig nachweisen, daß bis zum Gen. Hermann hin alle Instanzen einschl. der Leitung des Fernsehens und der Leitung der DEFA unter Druck setzten wollte und unter Druck setzen konnte. Es sei in diesem Zusammenhang nur an den offenen Brief erinnert, in dem er seinen Werdegang in den letzten 10 Jahren so darstellt, als ob es ein einziger Leidensweg wäre, und wo er ja damit gedroht hat, diesen offenen Brief in der Westpresse zu veröffentlichen. Nicht, daß man ihn einfach und strikt aus der Partei geworfen hat, hat man immer wieder freundlich mit ihm diskutiert. Und das ist allen Genossen im Fernsehen, wie auch vielen Genossen in der DEFA bekannt, denn Frank Beyer hat ja daraus keinen Hehl gemacht, daß er so erpresserisch arbeitet. Dann hat er, als der Film "Geschlossene Gesellschaft" fertig war, einen Antrag zu laufen gehabt, nach WD, in die Benelux-Länder zu fahren, und hat den Antrag sozusagen als Brechstange dazu genutzt, um "Geschlossene Gesellschaft" zur Sendung zu bringen. Sie ist gesendet worden. Damit ist er, ob nun mit Kritik, die heute einsetzt, oder auch nicht, doch erst einmal der Sieger in dieser Erpressungsaktion gewesen.

In diesem Zusammenhang wurden auch bestimmte Leitungsmethoden des Gen. Adameck immer wieder erwähnt, der einen großen Unterschied macht zu einzelnen Spitzenleuten, die bei ihm alles machen können und die bei ihm hinfahren können, wo sie wollen, und die auch in finanzieller Hinsicht ganz anders behandelt werden, als normale Künstler. Die Genossen sind der Meinung, daß zumindest in der Parteiorganisation mit solchen Unterschieden Schluß gemacht werden muß, und daß jeder Genosse zunächst einmal vor dem Parteistatut gleich ist. Ohne Zweifel ist dieser elitäre Zug in der Leitungstätigkeit des Gen. Adameck außerordentlich gefährlich und muß korrigiert werden.

Erste Reaktionen auf die Künstler der DEFA sind unterschiedlich. Eine Reihe von Künstlern, selbst welche, die in Berlin wohnen, wußten überhaupt am 4.12. noch nicht, daß Bentzien abgesetzt worden ist. Christel Gräf, Dramaturgin der DEFA, die uns während der Biermann-Ausbürgerung manchen Kummer gemacht hat, weil sie erst nach umfangreichen Diskussionen dazu bereit war, eine Stellungnahme in unserem Sinne abzugeben, hat versucht, die "Geschlossene Gesellschaft" mit allen Mitteln herunterzuspielen und allein mit ästhetischen Maßstäben an die Sache heranzugehen. Sie erklärte mir, für sie sei die ganze Sache zu literarisch gewesen und das hätte zu dieser negativen Wirkung auf breiteste Kreise der Öffentlichkeit geführt. Ihr Mann schließt sich dieser Meinung an und versucht, sowohl Poches wie Beyers künstlerische Fähigkeiten, diesen Stoff in den Griff zu bekommen, in Frage zu stellen. Wie ich von Christel Gräfe hörte, ist auch Lothar Warnecke dieser Meinung und glaubt, die Frage sei nicht politisch, sondern mit künstlerischer Meisterschaft zu lösen. Im Gegensatz dazu, und da ist einfach aus zeitlichen Gründen eine größere Anzahl von Stimmen mir zugänglich geworden, gibt es eine sehr eindeutige Meinung, was den Film "Ursula" betrifft. Der Film "Ursula" wird von allen Künstlern, mit denen ich gesprochen habe, wegen seiner Unklarheiten und seiner bis zur Unverständlichkeit gehenden Konzeptionslosigkeit abgelehnt. Daß dahinter trotzdem eine uns feindliche Konzeption steht, wird nur von wenigen erkannt. Die meisten meinen, das sei eben ein Spaß mit Keller gewesen und meinen eine politische Bedeutung, geben allerdings zu, daß ja eine Koproduktion mit einem neutralen Land doch etwas mehr geistige Substanz haben müßte, als es diese "Ursula" hat. Die Absetzung Bentziens betreffend hüllt man sich, wie z.B. Fam. Gräf, in Schweigen. Man erklärt, man kenne die internen Vorgänge nicht und würde sich da kein Urteil erlauben.

Allerdings muß in diesem Zusammenhang erwähnt werden, daß es vor einem Jahr noch eine breite Front für Bentzien auch in der DEFA gegeben hat, die der Meinung war, Bentzien würde eine neue und für unser Land bedeutende Politik in der Dramatischen Kunst des Fernsehens machen und ihr eigener Generaldirektor, Dieter Mäde, wurde im Gegensatz dazu als ein Dogmatiker und primitiver Leiter diffamiert. Im Zusammenhang mit dem Film "Ursula" wird es natürlich umso unverständlicher, daß sozusagen der Gen. Hager dem Ehepaar Schütz/Egon Günther eine einjährige Ausreise nach der Schweiz bzw. BRD genehmigte gegen allen Protest der Leitung des Studios für Spielfilme, der Parteileitung des Studios für Spielfilme und gegen den Protest der zuständigen Abt. im Kulturministerium. In diesem Zusammenhang werden Stimmen laut, die erklären, der Gen. Hager sei sich wohl gar nicht über die Tragweite solcher Entschlüsse im klaren und überlasse es der sehr mächtigen Mitarbeiterin in seinem Sekretariat, der Genn. Hinkel, in solchen schwerwiegenden Entscheidungen allein zu entscheiden. In diesem Zusammenhang werden auch Stimmen laut, daß für die Genn. Hinkel der Genosse erst bei Egon Günther oder einem Akademiemitglied beginnt. Daß diese Leute gerade die Leute sind, die ständig bei der Genn. Hinkel verkehrt haben in den letzten 2 Jahren und nichts weiter getan haben, als diffamieren, ist vielen Genossen bekannt. Die ehrlichen Genossen tragen sich - wie alle anderen auch - mit dem Gedanken, Werke zu schaffen, die breiteste Kreise unserer Bevölkerung interessieren und die internationalen Charakter haben, denen wird es jedoch nicht einfallen, wegen jeder kleinsten Lappalie zur Genn. Hinkel zu rennen. Bei einigen Genossen hat sich gerade in dem letzten halben Jahr, bevor es zu diesem Eklat gekommen ist, die Meinung breitgemacht, man würde hier ja nur noch ernstgenommen werden von der Parteiführung, wenn man Werke schafft, die unseren real existierenden Soz. und unser Land diffamieren. So hat sich mir gegenüber z.B. der Gen. Erich Neutsch geäußert. Auch den Gen. Göhrlich habe ich vor einem viertel Jahr etwa mit großer Bitterkeit sprechen hören, wie er meinte, er habe nun wirklich seit der Biermann-Affäre soviel an politischer Arbeit investiert und oft seien ihm irgendwelche Leute bei Kurt Hager in den Rücken gefallen, ohne daß er direkt meinte, daß nun Kurt Hager selbst die Verantwortung dafür zuzuschreiben sei, aber weiß denn jemand, wieviel und wie gefiltert die Informationen auf seinem Tisch landen durch solche Leute wie die Genn. Hinkel.

Gez. "Lorenz"

Abteilung XX/7 Potsdam, 6. Dezember 1978

V o r s c h l a g
zur Prämierung des IMV "Lorenz", IV/577/70

"Lorenz" hat in direkter Auseinandersetzung mit politisch-negativen Kräften bzw. Opportunistischen im Bereich der Dramatischen Kunst des Fernsehens, unter den Schriftstellern und im Spielfilmstudio operativ bedeutsame Informationen erarbeitet, die geeignet waren, Maßnahmen in diesen Bereichen einzuleiten, die der weiteren Durchsetzung der staatlichen Kulturpolitik dienen. Bei seinem Einsatz bewies sich "Lorenz" erneut als politisch zuverlässig. Die Erledigung der ihm übertragenen Aufgaben erfolgte schöpferisch und mit hohem persönlichen Einsatz. Seine Berichterstattung war präzise.

Wegen seiner hervorragenden Leistungen wird vorgeschlagen, ihn mit einer Prämie von 300,- M auszuzeichnen.

Leiter der Abteilung

gez. Unrath
Oberstleutnant

gez. Gericke
Hauptmann

Hauptabteilung XX/7 Berlin, 29.5.1979

Information

Am 26.5.1979 fand auf dem Grundstück des Regisseurs Beyer, Frank, geb. Am: 26.5.1932 in Nobitz, wh.: 1017 Berlin, Strausberger Platz 1, Regisseur im Fernsehen der DDR, in Neureichenwalde anläßlich seines Geburtstages eine Feier statt.

Am Nachmittag besuchte eine zuverlässige, inoffizielle Quelle den Beyer auf dessen Wochenendgrundstück. Zu diesem Zeitpunkt befanden sich folgende Personen bei ihm:

Stefan Heym - Schriftsteller, und seine Ehefrau Inge Heym

Klaus Poche - Schriftsteller, und seine Ehefrau Helga Lappe, Dramaturgin im Fernsehen der DDR; Armin Müller-Stahl - Schauspieler, und seine Ehefrau Gabriele.

Die gegenwärtige Situation unter Kulturschaffenden bzw. die staatlichen Maßnahmen gegen Westjournalisten spielten in den Unterhaltungen der Anwesenden nur eine untergeordnete Rolle. Stefan Heym und Klaus Poche äußerten sich dahingehend, daß sie den Brief des Schriftstellers Dieter Noll an den Genossen Honecker als "hinterhältig" und "Denunziation" betrachten. Poche brachte zum Ausdruck, daß er sich mit diesem "Machwerk" nicht abfindet und an Noll bereits einen entsprechenden Brief verfaßt hätte. Diesen Brief wollte er aber noch mit Stefan Heym absprechen.

Auf die gegenwärtige Situation eingehend, gab Heym nur einen kurzen Kommentar und sagte, daß er wieder Recht behalten habe, denn wenn man in der DDR die Wahrheit sage und Recht hat, wird man bestraft.

Von der Quelle wird eingeschätzt, daß Stefan Heym einen etwas deprimierten Eindruck macht und vor den gegenwärtigen Problemen etwas resigniert.

Am späten Nachmittag gingen die Anwesenden den ehemaligen Leiter des Bereiches Dramatische Kunst im Fernsehen der DDR, Hans Bentzien, besuchen, der ebenfalls ein Grundstück in Neureichenwalde besitzt.

Der Hinweis von Heym, den Bentzien durch einen solchen Besuch doch nicht noch mehr zu kompromittieren und in Schwierigkeiten zu bringen, wurde von den übrigen Anwesenden nicht beachtet. Gegen 16.00 Uhr besuchten die Genannten gemeinsam Hans Bentzien in seinem Wochenendhaus.

Während der Gespräche ließen Poche und Müller-Stahl erkennen, daß sie Hans Bentzien wegen seiner gezeigten "aufrichtigen" Haltung Achtung entgegenbringen. Andererseits zeigte Heym eine gewisse Distanz zu ihm.

Als Gast wurde noch der Schriftsteller Jurek Becker aus Westberlin erwartet, der nach 17.30 Uhr bei Beyer eintraf.

Ende und Anfang

Die Sonne meinte es gut in diesem Sommer 1945. Große Teile der deutschen Kriegsmarine lagen am Strand von Fehmarn, genossen den Frieden und hungerten. Die Engländer hatten alle Boote zerschossen, damit kein Gefangener ans Festland kam. So war alle Hoffnung auf eine Flucht umsonst, es blieben nur die ewigen Gerüchte: Würden wir an der Seite der Engländer und Amerikaner doch noch gegen den Iwan ziehen? Die straffe militärische Organisation in der Gefangenschaft mit den alten hierarchischen Rängen und einer eigenen Militärpolizei, Verwaltung und Gerichtsbarkeit in unserer Inselgesellschaft sprachen dafür, die mangelnde Verpflegung dagegen; denn mit einer Dose Sauerkrautsuppe, in der noch ein paar Kohlfäden schwammen, Fettaugen aber nicht zu sehen waren, und drei eisenharten Schiffszwiebäcken am Tag schwanden unsere Kräfte mehr und mehr. Dazu kamen meine quälenden Gedanken an das Elternhaus. Wie würde es der Mutter gehen? Sie war noch zum Schippen zwangsverpflichtet worden und sollte den Ostwall in Hinterpommern stärken. Vater war mit seinen fünfzig Jahren noch eingezogen worden und schob in einem Lager bei Ludwigslust Wache. Er umkreiste einen Stacheldrahtzaun, der wiederum Ersatzteile schützte, die zu Schiffen gehörten, die längst untergegangen waren.

Es mußte etwas geschehen. Als ausgebildeter Volksschullehrer mit Notprüfung, die als 1. Lehrerprüfung galt, mußte doch auf Fehmarn etwas zu finden sein. So machte ich mich beim ständigen Wandergang mit Nahrungssuche auf den Weg in die Nähe des Schulhauses von Burg. Der Unterricht war im Frühsommer noch nicht wieder in Gang gekommen, doch ein alter Lehrer werkte im kleinen Schulgebäude. Ich kam gerade dazu, als seine Frau das Frühstück brachte. Als ich mich vorstellte und fragte, ob er etwas für mich zu tun hätte, sagte er: »Setz dich und hilf mir, beim Frühstücken und beim Arbeiten.« Das erste war kein Problem, die Sirupstulle hätte auch ohne den wunderbar heißen Muckefuck gemundet, das zweite war eine Auszeichnung. Ich durfte die verstaubten Schulbänke schrubben und abziehen, die Tintenflecke saßen dennoch zu tief, um sie ganz zu beseitigen.

Die anfangs stupid scheinende Arbeit erwies sich jedoch als außerordentlich interessant. Der alte Lehrer sehnte den Tag des Schulbeginns herbei und war dennoch unglücklich darüber. Er hatte seit 1937 keine Klasse mehr betreten. Als der Druck auf den ehemaligen Sozialdemokraten, in die Nazipartei einzutreten, zu groß wurde, ging er lieber mit 55 Jahren in einen anderen Beruf, als mit den Braunen zu paktieren. Aber die englische Besatzungsmacht hatte die Öffnung der Schule noch nicht erlaubt, jede Kleinigkeit mußte genehmigt werden.

Die Gespräche mit dem Alten wurden immer interessanter, erfuhr ich doch zum erstenmal etwas von der sozialistischen Weltanschauung eines aufrechten Mannes, der für sie eingestanden war. Er pries sich glücklich, daß er mit einem Nazileiter gemeinsam zur Schule gegangen war, was später dazu beigetragen hatte, daß er nicht »im Moor landete«, wie er die KZ-Haft nannte. Nunmehr wollte er sich für ihn einsetzen, der, von allen Ämtern entfernt, als Unperson galt.

Aber auch ich hatte etwas zu berichten. In unserer kleinen Eineinhalb-Zimmer-Wohnung in Greifswald übernachteten in den Jahren der Naziherrschaft öfter Arbeitskollegen meines Vaters, von denen mir gesagt wurde, daß sie in Peenemünde Arbeit bekämen, jedoch noch kein Quartier hätten. Das wurde wohl bald gefunden, denn die Leute verschwanden stillschweigend wieder, und Mutter machte ein erleichtertes Gesicht. Auch mir ging es dann wieder besser, denn ich konnte wieder auf dem Sofa schlafen, anstatt mich in den Betten der Eltern auf der Besuchsritze zu drücken. Wenn der Gast abends mit meinem Vater ein Bier trank, geschah das bei zugezogener Gardine, und das Gespräch wurde in gedämpftem Tonfall geführt, als ob sie vor mir und auch vor Mutter etwas zu verbergen hätten. »Wer weiß, was das bei euch für Gäste waren«, meinte der Lehrer, »man sprach nicht über alles mit jedem, und wenn dein Vater ein Geheimnis hatte, durfte er es dir doch nicht eröffnen. Er wird es dir wohl noch sagen.« Vielleicht, aber er täuschte sich.

Obwohl ich ein Gefangener war, galt ich doch als reich. Mein Reichtum bestand in einem Seesack mit Pfeifentabak, den ich noch am 8. Mai 1945, als wir in Kiel von Bord unseres Z 6, des Zerstörers »Theodor Riedel«, gingen, bis an den Rand vollgepackt hatte. Während die anderen auf dem Marsch nach Fehmarn ihre Winterunterhosen und schweren Seestiefel zur Freude der Einwohner nach rechts und links in den Straßengraben warfen, schritt ich mit meiner leichten Last unentwegt bis zum Ziel. Es war nur gut, daß ich niemandem von meinem Schatz berichtete, so konnte ich den Sack unversehrt in die Obhut der Lehrersfrau geben. Tabak war die neue Währung, und die gute Frau richtete es ein, daß ich bei einer Bauernfamilie für ein Päckchen Tabak eine Woche lang täglich eine Portion Bratkartoffeln und Kirschsuppe bekam. Erfreulich dabei war, daß sich ein rechtes Bratkartoffelverhältnis mit der Tochter anbahnte, die mir meistens die Portion brachte und sitzen blieb und zusah, wie es mir schmeckte. Manchmal legte sie auch ein Stück Fleisch dazu, aber das durfte niemand außer uns sehen.

Diese für einen jungen Mann von 18 Jahren höchst erfreuliche Verbindung entwickelte sich zu einer Jugendliebe, und die Gefangenschaft nahm erfreuliche Konturen an. Die geistige Seite der Verbindung mit dem alten Lehrer, dessen Name mir leider entfallen ist, nahm ebenfalls ihren Weg. Eines Tages brachte er aus seiner Wohnung einige Broschüren mit, die er mir zum Lesen empfahl. Es handelte sich um »Lohn, Preis, Profit«, »Lohnarbeit und Kapital« und um das »Kommunistische Manifest«. Er meinte nur: »Ihr Besitz konnte Kopf und Kragen kosten, ich hab' sie unter den Dielen verstaut.« Man sah es den Exemplaren aus dem Dietz-Verlag an, die waren bestimmt über 20 Jahre alt.

Eine neue Welt tat sich mir auf – während sich die Matrosen am Strand aalten – als ich zuerst im Manifest las und zu unterscheiden lernte, daß Sozialismus, von dem der Lehrer als erstrebenswertem Gesellschaftszustand sprach, durchaus nicht einheitlich aussah. Ja, es zeigte sich, daß sich seit 100 Jahren und mehr soziale Strömungen herausgebildet hatten, die sich alle sozialistisch nannten. Sogar einen feudalistischen Sozialismus gab es, und in ihm wieder einen pfäffischen. Der kleinbürgerliche Sozialismus, gar der deutsche, der sich wahr nannte, unterschied sich vom konservativen, und dieser vom kritisch-utopischen und vom Kommunismus. Da ich die vielen Namen und Beziehungen zwischen den Strömen nicht kannte, wandte ich mich verwirrt an meinen erfahrenen Freund. Auch er zeigte sich nicht auf der Höhe, verwies mich aber auf die wichtigste Erkenntnis, die ich vor allem verstehen müßte: daß es Bourgeois und Proletarier gäbe. Dort lägen die Quellen für alle Kämpfe, dort müsse erneut angesetzt werden. Die deutsche Bourgeoisie sei schuld am Krieg und an allem Elend, sie müsse entmachtet werden. »Das wird bei euch in der Ostzone wohl geschehen, hier bei uns hackt die englische Krähe der deutschen Krähe kein Auge aus, bei euch hat der Pieck das Sagen, der ist Kommunist.« Ein Kommunist hatte in der russischen Zone das Sagen? Ich dachte, daß Kommunisten international wirkten, stand es so nicht im Manifest? Beim erneuten Lesen kam ich an die Stelle, wo von der Entschiedenheit und treibenden Kraft der Kommunisten die Rede war. Sie zeigten sich überzeugt, daß sie die Herrschenden entmachten könnten. Abschaffung des Privateigentums, jeder darf nur das Eigentum besitzen, daß er selbst erarbeitet hat. Lohnarbeit schafft Kapital, darf aber nicht mitbestimmen. »Das ist nicht gerecht«, sagte mein Lehrer, »aber heute sieht alles noch verzwickter aus. In Preußen hat eine Regierung bestanden, die für die Kapitalisten gut regiert hat.« Das alles verstand ich nicht, so tröstete er mich damit, daß es vorbei sein müsse mit der Machtlosigkeit der einfachen Menschen. Daran sei nur die Spaltung der Arbeiterbewegung schuld, wenn sie überwunden sei, spiele es keine Rolle mehr, ob man von den Sozialdemokraten oder von den Kommunisten abstammte.

Wenn er doch nur Recht behalten hätte.

Mit den anderen Broschüren hatte ich noch mehr Schwierigkeiten. Die darin gestellten Fragen verstand ich kaum, die Sprache war anspruchsvoll, die Beweisführung abstrakt. Und doch spürte ich in meiner geistigen Not, daß hier der Ansatz für weitere Überlegungen liegen müßte.

Wenn man doch nur von dieser Insel käme. Vielleicht war die Möglichkeit, in einer ehemaligen Marinekapelle, die auf Tanz- und Unterhaltungsmusik zeitgemäß umgesattelt hatte, als Gitarrist oder Bassist mitzuspielen, aussichtsreich; vielleicht käme sie zu Konzerten aufs Festland. So heuerte ich dort an. Als Lehrer für Musik war ich gut ausgebildet und spielte manches Instrument, wenn auch nicht jedes besonders eindrucksvoll. »Caprifischer« hieß der Hit dieses Friedenssommers, immer wieder »Bella Marie«. Eines Tages bat uns der Wirt des Lokals, in dessen Saal wir probten, etwas früher zu schließen, »die mit dem Winkel« hatten eine Versammlung angemeldet. Sie kamen etwas früher und hörten erstaunt zu. Die öffentliche Versammlung diente der Verabschiedung von der Insel. Sie luden uns ein, und ich blieb zur Veranstaltung da.

Zum erstenmal erfuhr ich etwas von den KZ-Häftlingen des Lagers Neuengamme. Die Überlebenden der noch auf die »Kap Arkona« transportierten und von englischen Jagdbombern angegriffenen und versenkten Schiffe in der Lübecker Bucht waren zu einem Teil auch auf Fehmarn untergebracht worden. Nachdem sie zu Kräften gekommen waren, fuhren sie nun in ihre Heimat. Etwa fünfzig Personen saßen im Saal; einige kurze Reden, ein Dank an die Gemeinde Burg, dann zum Abschluß das »Lied der Moorsoldaten« von allen gesungen. Die Sache ging mir nicht aus dem Kopf. Wer waren diese Männer, wie kamen sie hierher, wieso wären sie beinahe ertrunken, wieso wurden die Schiffe, auf die sie verladen, mit denen sie versenkt werden sollten, von englischen Flugzeugen angegriffen? Die kurze Versammlung gab keine befriedigende Auskunft. Danach wurde ein Essen aufgetragen. Wir fünf von der Kapelle, die geblieben waren, fragten, ob wir Tafelmusik machen sollten, natürlich mit dem Hintergedanken, auch eine Mahlzeit zu bekommen. Aber der Sprecher lehnte dankend ab, Musik wäre nicht angemessen, sie wollten sich noch einmal unterhalten. So zogen wir fünf Musiker ab.

Zwei Zufälle brachten etwas Licht in meine Ratlosigkeit. Unerwartet spazierte ein schönes Mädchen am Strand entlang, begafft und sehnsuchtsvoll bestaunt von den Lords. Es war, ich traute meinen Augen nicht, Edith Kracht aus der heimatlichen Hermann-Lietz-Straße in Greifswald. Ich eilte auf sie zu, sie erkannte mich, da wir jahrelang zusammen gespielt hatten, und von ihr, die mit einem Flüchtlingstransport hier angekommen war, erfuhr ich zum erstenmal wieder von meiner Mutter. Sie sei als Hilfsschwester in der zu einem Militärlazarett umgewandelten Augenklinik tätig, und als sie aus Angst vor den Russen Mitte April abgezogen sei, habe sie Mutter, gesund und voller Sorge um Vater und mich, gesprochen. Wir redeten noch über vieles, sie wußte viel mehr von den zivilen Verhältnissen als ich, vor allem blieb haften, daß sie sich mit der Absicht trug, nach Hause zurückzukehren. Sie wußte nur noch nicht, wie sie über die streng bewachte Zonengrenze kommen sollte. Eines Tages war sie aus ihrem Dorf verschwunden. Sie würde Mutter bestimmt von unserer Begegnung berichten.

Als unsere Kapelle eines schönen Abends in Ostermarkelsdorf auftrat, spielte ich vor dem Konzert zur Einführung mit dem Pianisten und dem Klarinettisten. Da ich den großen Baß zupfte, übersah ich zunächst die Reihen erwartungsvoller Männer. Und dann erblickte ich in einer der vorderen Reihen meinen Vater. Auch er erkannte mich in diesem Moment, und wir stürzten aufeinander zu unter dem Hurra der Zuschauer, als sie merkten, was sich abspielte. Vater war auf dem Weg nach Hause, er mußte nur noch einen Lehrgang leiten, denn als qualifizierter Maurerpolier hatte er für seine Unterkunft, einen ehemaligen Rinderstall, angesichts der bald anbrechenden kalten Jahreszeit aus alten Ziegeln und Lehm einen funktionierenden Ofen gebaut. Der Verwaltung erschien das als Rettung vor dem Winter, und so hatte sie für Holstein bereits einen Kursus organisiert. Es sollte aufs Festland gehen. »Ich nehme dich mit als Handlanger.« Und so kam es, im Dezember setzten wir auf einem von englischen Soldaten begleiteten Kutter mit Passierschein auf das Festland über. In Neustadt/Holstein meldete sich Vater zur Entlassung, und da er über fünfzig war, durfte er mit dem ersten Zug in die sowjetische Besatzungszone. Ich aber blieb im Lager, wurde mehrfach von Werbern bedrängt, die Personal für die unter englischem Kommando fahrenden Minensuchboote brauchten, aber das wäre nur die Fortsetzung des Krieges unter etwas besseren Bedingungen für mich gewesen. Als ich aber dann erfuhr, daß man sich, sofern man in den Gebieten östlich der Oder zu Hause war, in die westlichen Zonen zur Entlassung melden konnte, ließ ich meinen Wehrpaß in der unergründlichen Latrine verschwinden und gab an, in Köslin gewohnt zu haben. Das klappte, und als ich die Tage bis zur Entlassung in einer zugigen Baracke untergekommen war, lag ich neben einem älteren Mann, der sich vor Schmerzen krümmte. Er hatte einen gewaltigen Durchfall, sein Zustand besserte sich nicht, weil er die selbst für einen Gesunden erbärmliche Verpflegung ausgehungert hinunterschlang. Ich nahm ihm eines Tages die Portion weg und tauschte sie gegen harten Zwieback, den ich ihm mit Kräutertee einflößte. Bei dieser Art von Nachbarschaft erfuhr ich, daß er aus Wieck bei

Greifswald stammte und Nachbar hieß. Dort hießen fast alle Fischer Nachbar und wurden daher mit Zahlen unterschieden. Ich glaube, er hieß Nachbar 11. Als er nun meinen Namen hörte, fragte er mit Nachdruck, ob ich der Sohn von Albert sei.

So erfuhr ich auf einer harten Pritsche in einem Lager bei Neustadt, daß er die bei uns logierenden Gäste, die mein Vater ihm nachts brachte, heimlich mit auf See nahm und sie bei Bornholm dänischen oder schwedischen Fischern übergab. Mit Kriegsbeginn schlief diese Art von Hilfe für Widerstandskämpfer und Verfolgte ein, da mein Vater kriegsverpflichtet in Peenemünde am Bau der Heeresversuchsanstalt für Raketen, »Hitlers Wunderwaffen«, arbeiten mußte. Nachbar hat uns nach seiner Rückkehr das Überleben leichter gemacht: jede Woche erhielten wir von ihm, trotz strenger russischer Hafenkontrolle, einen halben Sack Hering, den Mutter in allen Varianten zuzubereiten wußte.

Jetzt aber trennten wir uns, da ich mich nach Neumünster abmeldete, um mich dort zum Zimmermann umschulen zu lassen, und er, nunmehr mit halbwegs geheiltem Magen und Darm, ins heimatliche Wieck durfte.

Bei gelegentlichen Zusammenkünften habe ich später meinen Vater und auch Fischer Nachbar gefragt, warum sie dennoch die Gefahr auf sich nahmen. Außer einem »de Lüd wir'n doch in Not« habe ich nichts erfahren, mein Vater sagte nur auf dem Heimweg, ich solle das Fragen lassen, über so etwas gehöre sich nicht zu reden, das sei selbstverständlich gewesen. Er starb kurz nach der Wende; hätte er die heutigen Diskussionen der selbsternannten Widerstandskämpfer in den Nischen der DDR gehört, er hätte die Welt nicht mehr verstanden.

Als ich Anfang des Jahres 1946 schwarz über die grüne Grenze zu Hause ankam, war gerade mein Großvater gestorben. Der alte Kirchenmaurer hatte seinem Enkel zeitgemäß am Morgen noch einen Kaninchenstall gebaut und sich dann zum Sterben gelegt. Auf dem Weg ins Trauerhaus, Großvater lebte bei seiner Tochter, meiner Tante, ging Vater mit mir am Bankgebäude vorbei, in dem jetzt die KPD ihren Sitz hatte. Ich holte mir ein Anmeldeformular. Auch mein Vater war am Tag nach seiner Ankunft in die KPD eingetreten. Vor 1933 war er zwar aktiver Gewerkschafter, aber parteilos gewesen, obwohl er kommunistisch dachte, nunmehr gehörte es sich für ihn, daß er in die entschiedenste Partei eintrat.

Großvater lag auf seinem Sterbebett, ruhig und friedlich seine Züge. Er hatte zwei Kriege, die Inflation, die Weltwirtschaftskrise durchgemacht, seinen kleinen Baubetrieb verloren, aber er kroch noch in hohem Alter in den Greifswalder Kirchen herum und nahm mich als Kind mit. Ihm verdanke ich eine Grunderkenntnis für mein Leben. Als ich in St. Marien an dem großen Glockenrad stand und in den verwirrenden Balkenkonstruktionen Ordnung zu erkennen suchte, fragte ich ihn: »Opa, wo wohnt denn nun Gott?« In der Kirche müßte er doch wohnen. Ruhig entgegnete er: »Dort, siehst du, dort hinten auf dem Balken! Siehst du nichts?« Ich sah nichts. Und er fuhr in seiner einfachen Belehrung fort: »Viele behaupten, sie hätten ihn gesehen, aber das stimmt nicht, niemand weiß Genaues.« Ich bin weiter mit ihm in den Kirchen umhergeklettert, kenne St. Marien, St. Nikolai und St. Jacobi besser als die dort tätigen Pfarrer, aber wir sind nie wieder auf das Grundthema zu sprechen gekommen. Er schleppte mich, gegen den Willen meines Vaters, in den Konfirmandenunterricht, es könnte doch sein, ich würde etwas erfahren. Doch als ich merkte, daß der Pfarrer auch nichts darüber sagen konnte, sprang ich aus dem Fenster und verschwand. Trotzdem wurde ich konfirmiert, Großvater regelte das. Jetzt aber hätte ich mich gern noch einmal mit ihm unterhalten, ihm erzählt, welches Elend, wieviel tote Christen ich gesehen habe, die unter dem Segen der Priester mit gesegneten Waffen ins eigene Verderben und das ihrer überfallenen Gegner gezogen waren. Ich nehme an, es wäre nach seinem Sinn, daß ich nach dem letzten Besuch bei ihm zum Standesamt gehen würde und meinen Kirchenaustritt erklärte. Auch das gehörte zu der Konsequenz, die ich zu ziehen gewillt war.

Jede Art von Aberglauben und Heuchelei ist mir durch ihn zuwider geworden. Heute weiß ich, daß Religion nicht nur Opium ist, nicht irgendein Unsinn, sondern bei ihrer Entstehung auch andere Funktionen wirkten, die gemeinschaftsbildend waren und das Überleben des Stammes, später der Gemeinde erleichterten. Doch seitdem sie den Herrschenden dient, selbst ein Faktor der Herrschaft bis heute ist, hat sie für die Armen das Almosen, was nicht gering zu schätzen ist, aber für die Zukunft keine bleibende Bedeutung mehr. Die Gemeinden, die ihr Rückgrat waren, zerbröckeln, wohin man sieht, übrig bleiben oft ratlose Diener der Kirche mit wenig Besuchern.

Otto Sepke, der Kreissekretär der KPD, ein hagerer Mann in zusammengewürfelten Klamotten, sah sich meinen Antrag an. »Warum willst du Mitglied werden? Lehrer kannst du auch ohne Mitgliedschaft bei uns sein.« Ich antwortete etwas von »am Aufbau mithelfen«. »Gut, bist du auch bereit, mehr als deine Pflicht zu tun?« Sofort bejahte ich. Danach holte er aus seinem großen Schreibtisch ein abgegriffenes Liederbuch der Sozialistischen Arbeiterjugend. »Am Sonnabend nachmittag halte dich bereit, ein Auto wird dich abholen. Du sollst den Genossen die alten Lieder beibringen.« – »Aber ich kenne sie doch selber nicht.« – »Ich denke, du kannst Klavier spielen, oder?« – »Für einfache Ansprüche reicht es.« – »Na, dann bis Sonnabend.«

Aber da war noch etwas, was mich quälte. Am 20. April 1944, dem Geburtstag Adolf Hitlers, hatten wir unseren letzten Schultag, der mit der Zeugnisverteilung und einem Fahnenappell beendet wurde. Dann sprach der Leiter unserer Lehrerbildungsanstalt, Oberstudienrat Dr. Laude, davon, daß in schicksalsschweren Zeiten die Partei des Führers gestärkt werden müsse. Er erwarte von uns, daß wir ohne Zögern heute noch in die NSDAP eintreten würden. Danach wurden an den Klassentischen die Erklärungen ausgefüllt und sofort eingesammelt. Ich fragte Otto Sepke, ob ich, obwohl ich seitdem nichts davon gehört hätte, als Mitglied gelten müsse. »Hast du einen Ausweis erhalten?« Wir waren am nächsten Tag abgereist, um unser Praktikum in einer Schule mit Berliner Kindern, die ausgebombt waren, zu beginnen. Nach einem weiteren Vierteljahr kam die Einberufung zum Arbeitsdienst, und im September die Einberufung zur Kriegsmarine, dann Kriegsdienst und Gefangenschaft. »Wie alt warst du damals?« Ich war gerade siebzehn geworden. »Da ist nichts gewesen. Wir brauchen Lehrer. Melde dich beim Schulrat und erzähle ihm die Sache. Max Burwitz wird dich einstellen.«

Gesagt, getan. Ich ging gleich ins Rathaus, wo das Schulamt seinen Sitz hatte, wurde vorgelassen und eingestellt. Max Burwitz, ein Mann aus Stettin, war, ähnlich wie mein Lehrer aus Burg auf Fehmarn, damals entlassen worden und nun, als früherer Schulreformer, ein erfahrener Mann für die in Gang gebrachte

Schulreform, ein fördernder Freund seiner noch zu wenigen Lehrer. »Es ist gut, daß du Otto Sepke von der Sache erzählt hast. Er ist unbestechlich, kennt sich aus mit Menschen, hat lange Jahre in Buchenwald gesessen.« Heute weiß ich, daß er vielen Häftlingen das Leben rettete, weil er im Auftrag der illegalen Lagerleitung die Willkür der kriminellen Kapos eingeschränkt hat, sicher auch mit ungewöhnlichen Methoden. Wie hätte er sonst den Bütteln der SS beikommen sollen? Heute wäre er wohl von selbstgerechten Historikern angegriffen worden, doch für diese Leute kann man sowieso nur Verachtung übrig haben. Sie wollen den Gerechten die Ehre nehmen, weil sie Kommunisten waren, äußern sich aber nicht dazu, wenn ehemalige KZ-Aufseher hohe Pensionen erhalten. Ein Mann wie Sepke bestärkte meinen Entschluß, Mitglied der KPD geworden zu sein.

Der erste Tag als Lehrer führte mich in meine alte Fritz-Reuter-Schule in der Anklamer Straße, wo ich mich beim Rektor melden sollte. Es war Herr Villain, den ich noch aus meiner Volksschulzeit kannte. Villain war inzwischen Vorsitzender der CDU in Greifswald, aber früher bei weitem kein Demokrat gewesen. Im Gegenteil, er bewarb sich mehrfach um die Mitgliedschaft in der Nazipartei, aber man nahm ihn nicht, weil er den Freimaurern angehörte. Das hinderte ihn nicht, uns zurückzupfeifen, wenn wir statt »Heil Hitler« mit »Guten Morgen, Herr Lehrer« grüßten. Nun begrüßte er mich mit den Worten: »Da kommt doch der Bentzien, der immer unter der Bank gelesen hat.« Das konnte ich nicht bestreiten. Bei ihm hatten wir Religionsunterricht, die langweiligste Langeweile, dich ich je erlebte. Da war ein Heft mit den Abenteuern von Rolf Torring natürlich ganz etwas anderes.

Er wußte schon Bescheid, Max Burwitz hatte mich angekündigt, und daher war ich schon eingeplant. Er schickte mich in die Klasse 2b, bisher ohne Lehrer, just in den Klassenraum, in dem ich meine Schulzeit begonnen hatte. Sogar das Bild mit dem alten Raben auf dem Brunnenrand hing noch über dem Lehrertisch. Unterrichten machte mir Freude, aber es ging nicht nur um die Vermittlung des Lehrstoffs, die eigentlichen Probleme begannen danach. So stillte ich die Tränen eines kleinen Mädchens dadurch, daß ich ihre nackten Füße mit einem Tafellappen warmrieb. Es besaß keine Strümpfe. Am nächsten Tag hatten die

Kinder sechs Paar für sie mitgebracht. Das war ein Grund zu singen, und auch in den Stunden der Stromsperre holte ich meine Geige heraus, und wir sangen und schlugen den Takt mit den Tintenfaßdeckeln.

Mein erstes Gehalt brachte eine gedämpfte Überraschung, ich erhielt 155 Mark im Monat ausgezahlt. Zwar gab es eine Grundration auf Lebensmittelkarten, aber ein Brot kostete auf dem Schwarzmarkt 100 Mark!

Am Sonnabend nachmittag kam ein Opel P 4 vorgefahren und hupte, meine erste Autofahrt begann. Im Wagen saßen bereits Otto Sepke und Dr. Fritze, der Rektor des Gymnasiums und Vorsitzende der SPD des Kreises. »Hast du das Liederbuch? Ja, dann, los geht's!«

In Lühmannsdorf bei Wolgast war in einem verlassenen Gutshaus eine Parteischule eingerichtet worden, wo etwa dreißig Frauen und Männer beim Nachmittagskaffee und den unerläßlichen Sirupstullen auf Dr. Fritze und Otto Sepke warteten. Sofort nach der Ankunft begann eine Diskussion über das erste Thema dieser Woche, die Vereinigung. Ich war zum erstenmal in einem solchen Kreis und nicht in der Lage, Kommunisten und Sozialdemokraten auseinanderzuhalten. Es ging auch gar nicht mehr um die Frage, ob die Vereinigung der Arbeiterbewegung richtig sei, sondern um den richtigen Zeitpunkt. In diesem Zusammenhang erinnere ich mich an Differenzen: Sozialdemokraten drängten auf eine schnelle Vereinigung, Sepke vertrat die Meinung, es solle nichts übereilt werden.

Über die Vorsitzenden der beiden Parteien war nichts Genaues bekannt. Ein älterer Genosse erinnerte sich an Wilhelm Pieck. Er hatte ihn nach der Reichstagswahl im September 1930 in einer Berliner Versammlung gehört, wo er den Stimmengewinn der KPD, aber vor allem die außerordentlichen Stimmengewinne der NSDAP analysierte. Sie hatten mehr Stimmen (110) gewonnen, als sie Kandidaten (100) aufgestellt hatten. Als Schlußfolgerung daraus sei die Einheitsfront der Arbeiter gefordert worden. Bald darauf wurde Pieck versetzt, um in Moskau seine Partei bei der Kommunistischen Internationale zu vertreten. Und das, obwohl er bei den Arbeitern, aber auch bei Kleinbürgern Sympathien genoß. Ob das eine Art Strafversetzung gewesen sei, weil er stark auf die Einheitsfront gedrängt habe? Sepke wollte das nicht ausschließen, denn dadurch sei der Weg für den Einfluß des früheren Beobachters in Moskau, Neumann, und Remmele auf Ernst Thälmann frei geworden und damit für den sektiererischen Kurs »Schlagt die Faschisten, wo ihr sie trefft«, und darunter verstanden sie auch die Sozialdemokraten, die »Sozialfaschisten«.

Als Pieck dann 1932 von Thälmann zurückgeholt wurde, weil dieser erkannt hatte, daß mit dem Abgrenzungskurs verderbliche Folgen verbunden seien, wäre es schon zu spät gewesen. Die Aktionseinheit sei nicht mehr zum Zuge gekommen, trotz einiger Beispiele mit SPD-Genossen, die sie auch für richtig hielten, wie Franz Künstler in Berlin, der mit Walter Ulbricht gemeinsam Veranstaltungen bestritt. Für den erforderlichen politischen Generalstreik aber, der im Januar 1933 nötig gewesen sei, war diese Basis viel zu klein gewesen. Leider seien auch einige KPD-Mitglieder auf die braunen Lockrufe hereingefallen, die Zahlen hätten sich aber in Grenzen gehalten. Die KPD hatte etwa 300 000 Mitglieder gehabt, davon 200 000 zahlende.

Und wie reagierte die SPD auf den Wahlsieg der Nazis? Auf ihrem Parteitag in Leipzig hatte sie ihre Taktik ebenfalls überprüft und war zu dem Schluß gekommen, daß die Nazis nicht die Hauptgefahr wären. Den Kommunisten könne man nicht trauen, sie seien nur rotlackierte Faschisten. Kamen diese Beleidigungen von Rudolf Breitscheid oder von Kurt Schumacher? Für Sepke war das nicht wichtig. Nach seinen Erfahrungen im KZ gab es keinen Unterschied zwischen den Antifaschisten mit verschiedenen Parteibüchern mehr. Er berichtete davon, daß sich der Sohn des bekannten Sozialdemokraten Karl Kautsky, Benedikt, in Buchenwald für die solidarische Fürsorge bei den Kommunisten bedankt hatte. Später erfuhr ich, daß er für die Verbindung mit den 68 sozialdemokratischen Genossen im Lagerkomitee verantwortlich war. Aber darüber sprach Sepke damals nicht.

Der Reichstagsabgeordnete Wilhelm Pieck war also den Älteren noch bekannt, von Otto Grotewohl wußte man fast nichts. Er hatte in Braunschweig als Landtagsabgeordneter und als Minister gegen den aufkommenden Faschismus gekämpft. In den zwölf Jahren der Hitlerdiktatur hatte er sich als Kaufmann über Wasser gehalten. Er verkaufte Grudeherde und nutzte seine Besuche bei Kunden, um Verbindungen zu knüpfen. Natürlich stand er unter Polizeiüberwachung und sollte noch zum Volkssturm eingezogen werden. Mit einem Freund versteckte er sich, von einem SPD-Polizisten gewarnt, in einem Keller der Berliner Motzstraße. Nach dem Einmarsch der Russen begann er sofort mit der Parteiarbeit in der SPD und sprach als ihr Vertreter auf der ersten Parteiversammlung in der Hasenheide, und seitdem war die von ihm aufgeworfene Einheitsfrage in der Diskussion.

Am Rande sei bemerkt, daß ich die Polizeiakte Otto Grotewohls im niedersächsischen Staatsarchiv entdeckte und eine Kopie in das SED-Parteiarchiv bringen konnte. Wir hatten 1984 einen Fernsehfilm zu seinem 90. Geburtstag gedreht und waren auf die Quelle gestoßen. Trotz zweimaliger Verhaftung, besonders gefährdet nach dem mißlungenen Attentat auf Hitler 1939 (Hofbräuhaus in München durch den Kommunisten Johann Georg Elser), kam er aus Mangel an Beweisen frei. Er hatte auch wirklich nichts damit zu tun, man verdächtigte ihn, da auch er Feuerlöscher vertrieb, die durch einen kleinen Zünder ausgelöst wurden. Die Gestapo wußte auch so etwas. Alle Verhöre hat er mannhaft überstanden und über keinen seiner Genossen eine Auskunft gegeben. Ein Mann, dem man vertrauen konnte.

»Habt ihr hier ein Klavier?« fragte Sepke, obwohl er mit dem Rücken davor saß. Nun war es also an der Zeit, und ich begann mit dem dänischen Sozialistenmarsch: »Schon dämmert in der Ferne das Morgenrot«. Es ging besser, als ich dachte. Beim zweitenmal sangen schon alle mit. Dann folgten: »Brüder, seht die rote Fahne, weht uns kühn voran ...«, und bei »Brüder, in eins nun die Hände ...« wurde es feierlich. Die Genossen standen auf und reichten sich die Hände. An diese Minute mußte ich denken, als ich las, daß ein sächsischer Politiker, der auch Stellvertreter seines Vorsitzenden in der CDU ist, das Symbol der alten Arbeiterbewegung als »abgehackte Hände« diskreditieren wollte. Auch solchen »Politikern« wird es nicht gelingen, ihren Dreckkübel über Männer wie Otto Grotewohl auszukippen, denn von ihm stammte der Vorschlag für das Zeichen der Einheitspartei. Es tauchte zum erstenmal wohl auf einer sächsischen Arbeitervereinsfahne auf.

Ich war noch mehrmals in dieser Schule. Die Teilnehmer an diesen Lehrgängen wechselten alle zwei oder drei Wochen. Niemals habe ich etwas, auch außerhalb der Schule nicht, von einer

Zwangsvereinigung gehört. Mit unserem FDJ-Chor – inzwischen war der Jugendverband im März 1946 gegründet worden – sangen wir auf vielen Veranstaltungen beider Parteien. Meist schon feierten KPD und SPD zusammen, obwohl die Parteien noch gar nicht vereinigt waren. Es stimmt, daß die sowjetische Besatzungsmacht die Einheit der beiden Parteien mit allen Mitteln förderte, fast immer sprach ein Vertreter der Kommandantur in schwachem Deutsch zur Begrüßung, aber über allgemeine Floskeln hinaus äußerte er sich nicht. Auf Orts-, Kreis- und Landesebene habe ich nicht erlebt, daß irgendein ernstzunehmender Widerspruch erhoben worden wäre. Es ging immer um den Abschluß einer unseligen Zeit: Nie wieder Faschismus, nie wieder Krieg. Niemals wieder sollte die deutsche Arbeiterbewegung eine Niederlage durch Zwietracht erfahren. Es ging um den Aufbau einer neuen Zeit.

Begeistert haben wir jungen Leute uns dafür eingesetzt, denn es gab nur wenige Genossen aus der Zeit von vor 1933, in meiner kleinen Universitätsstadt nur acht Kommunisten und nur wenig mehr Sozialdemokraten. Viele warteten mit dem Eintritt bis nach der Vereinigung im April 1946. Wer das heute herunterzieht, hat andere Interessen; mit der wirklichen Bewegung der damaligen Zeit hat das nichts zu tun.

Trotz der harten Nachkriegszeit mit ihren unvorstellbaren Schwierigkeiten war es eine Zeit mit Aufbruchstimmung, die auch mich forderte: unterrichten, die Weiterbildung für die zweite Lehrerprüfung, die Proben und Einsätze im Jugendchor, die Instandsetzung der Boote und das Training am Wochenende im Ruderklub, abends Einsätze mit einer kleinen Tanzmusikkapelle, was ein zusätzliches Abendbrot, ein kleines Honorar und auf den Dörfern auch ein Stullenpaket einbrachte, so daß wir nur noch auf dem Lande spielen wollten. Das aber ging nicht. Schmidts Konzerthaus in der Wolgaster Straße verfügte über den größten Saal in Greifswald, und wenn der Wirt uns den für FDJ-Versammlungen kostenlos zur Verfügung stellen sollte, dann mußten auch wir ihm entgegenkommen, drängte Manfred Ewald, unser Kreissekretär der FDJ, späterer Vorsitzender des Turn- und Sportbundes in der DDR.

Und seine Forderung war unser Glück. In diesem Tanzsaal spielte gewöhnlich ein Pianist, der aber nicht den richtigen Drive hatte und daher bei den Tanzlustigen nicht besonders beliebt war, obwohl er immer den weißen Flieder und die dunkelroten Rosen blühen ließ. Wir kamen bei einem gemeinsamen Abend ins Gespräch, und es stellte sich heraus, daß er Kantor und Organist an einer katholischen Kirche in Stettin gewesen war. Tief unglücklich über sein Los, spielte er Tanzmusik, denn er hatte eine Familie mit vielen Kindern zu versorgen. Wir fragten ihn, ob er mit uns Stimmbildung und Chorproben machen wollte. Manfred Ewald zahlte – wo er nur das Geld auftrieb, wahrscheinlich bei Schulrat Burwitz – für ihn ein kleines Honorar, und unsere Mädchen strickten bei den Chorproben viele Strümpfe für seine vielen Kinder, natürlich aus alter, aufgeräufelter Wolle.

Eines Abends kam er zur Probe mit dem evangelischen Kirchenmusikdirektor Pflugbeil, der am Dom und in der Kirchenmusikschule der Universität wirkte. Im Krieg einen Arm verloren, half ihm seine Frau Anneliese, eine ausgezeichnete Cembalistin, beim Einstudieren. Er fragte uns, ob wir zu Ostern bei der Aufführung der Matthäus-Passion von J. S. Bach den Chor seiner Schule und des Doms verstärken wollen. Eine Schar von rund zwanzig guten Stimmen meldete sich. Noch mehr unserer Chorfreunde hätten gern mitgemacht, aber ihre Eltern erlaubten den beanspruchten Schülern nicht noch mehr abendliche Proben, das Abitur ging vor. FDJ und Kirchenchor, wie ging das zusammen? Unser Tenor Hänschen Lange schlug vor, daß wir in den neuen Blauhemden singen sollten, doch Max Burwitz belehrte uns, daß wir keinen Grund hätten, die Christen zu verärgern, das seien unannehmbare Methoden. Ein wenig bedauerte auch ich seine Meinung, aber aus anderem Grund. Es wäre schön gewesen zu zeigen, daß auch die Greifswalder FDJ den Anforderungen der Bachschen Gesänge gewachsen war.

Nach den intensiven Proben mit unserem Kantor war es dann Karfreitag so weit. Mit dem Schrei »Barrabam« befreiten wir uns von all dem Dreck und Elend unserer Zeit, wir waren glücklich: wie der Klang das Kirchenschiff füllte und die Besucher im überfüllten Raum Tränen in den Augen hatten, als zum Ende die Totenklage »Wir setzen uns in Tränen nieder ...« in feinstem Pianissimo verklang. Niemand ging, erst als Pflugbeil nach langer Zeit mit einer auffordernden Geste uns aus dem Altarraum schickte, löste sich die Erstarrung. Ich habe viele Aufführungen seitdem gehört, aber an unsere kommt nur noch die berühmte Aufnahme der Thomaner mit Peter Schreier und Theo Adam aus der Leipziger Nikolaikirche in den achtziger Jahren heran. Obwohl wir keine professionellen Sänger unter uns hatten, focht das Pflugbeil nicht an. Er forderte das Letzte und zwang uns zu einer nicht für möglich gehaltenen Leistung.

Als wir uns bei unserem katholischen Kantor bedanken und seiner Familie ein paar Brote bringen wollten, die der Vater einer Sängerin, ein Bäckermeister, spendiert hatte, fanden wir die Wohnung leer. Er schrieb uns, daß er in Fulda eine feste Anstellung gefunden habe.

Der Chorgesang brachte schöne Erlebnisse. Unsere Sänger waren im Wettstreit der Chöre Vorpommerns Sieger geworden und fuhren zum Endausscheid nach Meißen zum Jugendparlament. Für Hänschen Lange und mich gab es aber noch eine andere Aufgabe: Wir sollten im Doppelzweier ohne Steuermann auf der Elbe starten und möglichst gewinnen. Leider konnten wir vor dem Wettkampf nur einmal die Strecke abfahren. Die ungewöhnliche Strömung, die wir aus dem Training auf dem Ryck nicht kannten, stellte uns vor ungewohnte Aufgaben. So kamen wir schon schwer vom Start weg und fuhren unserem Gegner knapp hinterher, ohne die Chance, ihn zu besiegen. Da immer nur zwei Boote starten konnten, kam es auf die Zeiten an, und damit sah es nicht so schlecht aus, wir wurden Zweite und erhielten neben einer ehrenden Urkunde eine gute Mahlzeit im »Hamburger Hof«, dem Tagungslokal des II. Parlaments der FDJ. Es wurde auch höchste Zeit, denn nach dem Endspurt waren wir beide so erschöpft, daß es uns Mühe machte, nicht außenbords zu gehen. Das Schnitzel aber brachte uns wieder auf die Beine, so kamen wir noch rechtzeitig zum Sängerwettbewerb der Jugendchöre.

Der Saal der Albrechtsburg war, als wir ankamen, überfüllt. Ich suchte mir einen Hocker und setzte mich an eine Säule neben dem Fenster, um die anderen, vor uns auftretenden Chöre zu hören. In einer Pause zwischen zwei Darbietungen bemerkte ich, daß Wilhelm Pieck an der Säule stand und ruhig in den Saal schaute. Ich bot ihm meinen Platz an, und er nahm den schmalen Hocker mit seiner beträchtlichen Breite ein, während ich auf einem Sockel ein Plätzchen fand. Wie alle klatschte er bei guten Leistungen und war erfreut, was er an Qualität zu hören bekam. Dann war unser schärfster Konkurrent, der Schweriner Rundfunk-Jugendchor unter Fritz Höft an der Reihe. Er begann mit »Die Himmel rühmen des Ewigen Ehre ...« von Beethoven. Wie gebannt hörte Wilhelm dieses Preislied auf den allmächtigen Schöpfer. Dann rannen ihm Tränen über die Augen, die er nicht beachtete.

Was mag ihn so gerührt haben? Waren es die Gedanken an die vielen erschlagenen, von Liquidierungskommandos hingerichteten, in den Lagern von Feind und Freund umgekommenen Genossen, die vielen Opfer, die sich nicht wieder zurückmelden konnten nach den zwölf Jahren? War es der Eindruck unerschütterlichen Glaubens, der aus diesem Choral spricht? Dachte er an den alten Pförtner im Haus der Komintern, der ihn im Juni 1941 fragte, wie ein so kultiviertes Volk sein Land überfallen konnte, und dem er die Antwort schuldig bleiben mußte? Dachte er daran, daß auch er schuldig geworden war? Zwei Genossen von vielleicht tausend hatte er mit vielen Bemühungen aus den Klauen des NKWD zurückholen können, die anderen hatten als Parteifeinde zu gelten, obwohl alle wußten, daß sie keine sein konnten. Dachte er an die Kommunisten, die vor den Erschießungskommandos riefen: »Es lebe Stalin!«? Vielleicht kam ihm das Gespräch mit dem Feldmarschall Paulus im Kloster Susdal in den Sinn, zu dem er vier Autostunden über die vereisten russischen Straßen gefahren war, um ihn für das in Gründung befindliche »Nationalkomitee Freies Deutschland« zu gewinnen. Doch Paulus rechnete damit, daß ihn ein deutsches Spezialkommando des Admirals Canaris auch in diesem Versteck finden und befreien würde. Pieck wies ihn darauf hin, daß er in diesem Fall mit dem Strang rechnen müsse, denn er hatte kapituliert. Statt auf diese Weise zu sterben, solle er lieber dazu beitragen, daß viele deutsche Soldaten am Leben blieben. Doch damals hatte Pieck keinen Erfolg und fuhr die vier Stunden zurück. Sein Sekretär, Paul Wandel, berichtete, daß er ihn niemals wieder so niedergeschlagen gesehen hätte. »Die deutschen Generäle sind doch dümmer und volksfeindlicher, als ich dachte«, hat er gesagt.

Und nun, in diesem Burgsaal der Herzöge von Sachsen, schöpfte der hartgeprüfte Mann wieder Hoffnung und spuckte mir mit »toi, toi, toi« über die Schulter, als ich auf das Podest eilte – unser Chor war aufgerufen worden – und dann, als bester Chor der Ostzone, stimmten wir das in diesen Tagen entstandene Lied an: »Heut' ist ein wunderschöner Tag, die Sonne lacht uns so hell ...«, und alle sangen mit und waren gelöster, friedlicher Stimmung, auch Wilhelm, als er mit uns den Saal verließ. Er blieb bei uns, als alle auf dem Burghof blieben und auf die 900 Delegierten und Gäste warteten, die den Burgberg hochkamen, um an der Ehrung für die Opfer des Faschismus teilzunehmen. Von der Rede Paul Verners ist mir nichts im Gedächtnis geblieben, doch der Gesang »Unsterbliche Opfer, ihr sanket dahin ...«.

Der Antifaschismus war ein Grundwert unserer Generation, er wurde uns nicht lehrhaft vermittelt, wir erfuhren von ihm durch die Überlebenden und Davongekommenen und durch den Zustand in den Westzonen, wo die Nazis, auch erheblich belastet, wieder in Amt und Würden kamen und in einem Persilscheinverfahren zu Demokraten erklärt wurden. Das galt selbst für Richter und hohe Beamte. Der Prozeß mit den Urteilen gegen die Hauptkriegsverbrecher war schon verdrängte Vergangenheit. Viele der nach Nürnberg verurteilten Kriegsverbrecher kamen bald als haftunfähig heraus und nahmen ihre Wirtschaftspositionen wieder ein, als wäre nichts gewesen. Richter blieben unangetastet.

Ich habe nie davon erfahren, daß der Antifaschismus verordnet worden wäre, allerdings beschäftigte sich bereits im November 1946 der Zentralrat der FDJ in einer Diskussion über die moralischen und sittlichen Erziehungswerte damit, die Jugend stärker an der Umwälzung der Gesellschaft im antifaschistisch-demokratischen Sinne zu beteiligen. Darüber habe ich vor meinen jungen Lehrerkollegen mehrfach gesprochen, und wir waren uns einig, der Jugend den Weg zu einer neuen Gesellschaft zu weisen. »Das neue Leben muß anders werden ...«, hieß es in einem der neuen Lieder.

Wo gibt es heute eine vergleichbare Jugendorganisation, in der in Gemeinschaft gesungen und getanzt, Politik gemacht und fröhlich und naturverbunden gedacht und gelacht wird, zu der es die Jugend zieht? Die Verdächtigungen der Indoktrination fallen in sich zusammen, wenn die Realitäten ehrlich betrachtet werden. Und wenn es so leicht ist, Antifaschismus zu verordnen, dann sollte man das doch heute tun und wäre bald die Krokodilstränen über die Jugendszene der jungen Nazis los. Auch die weinerlichen Betrachtungen über den Werteverfall sind nichts wert, wenn man nicht zugleich jugendgemäße Politik macht, ein paar Mark für »Sozialexperimente« bringen nichts.

Die Idee von einer sicheren Zukunft muß her, ihr folgt der junge Mensch. Aber wer von den Erwachsenen hat sie schon, welche Partei äußert sie, welcher Politiker zieht mit der Jugend in die geschändeten Wälder, um aufzuräumen, wie wir damals aufs Land, um den Neubauern zu helfen, sei es auch dadurch, daß wir Kasernen und Gutsmauern einrissen und aus den Steinen neues Baumaterial gewannen. Wir hatten viele Sorgen, aber Zukunftsangst hatten wir nie! Es blieb nur eine wichtige Frage offen: Die Einheit des Vaterlandes, und sie hing kaum von uns ab.

Also fördern wir doch mit allen guten Mitteln den Antifaschismus unter der Jugend, und überhaupt, das kann doch nicht falsch oder gar der Demokratie entgegengesetzt sein. Aber es scheint als politische Methode zu gelten, den Antifaschismus heute auf die kleine Schar der Autonomen, die sowieso als Bürgerschreck fungieren, zu beschränken. Die Jugendorganisationen der Parteien, auch die ihnen nahestehenden, spielen im öffentlichen Leben keine erwähnenswerte Rolle, und so zieht sich die Jugend in die Langeweile und den Bierkonsum zurück, und jedes Jahr steigen die Klagen über die steigenden Zahlen der Alkoholiker, die immer jünger werden, Gewalt und Brutalität nehmen zu.

»... und der Zukunft zugewandt ...«

Die Wilhelm-Pieck-Straße in Berlin ist umbenannt. Warum? Wilhelm Pieck ist 1876 geboren, war nach vierjähriger Tischlerlehre auf die Wanderschaft gegangen und hatte sich auf diese Weise Lebenserfahrung und durch die Begegnung mit Zeitgenossen und Lesen seine revolutionäre Weltanschauung erworben. Er bereicherte sein Wissen an der Reichs-Parteischule der SPD in Berlin, hielt selbst Vorträge und wurde Referent im Parteivorstand für diese Hochschule seiner Partei. Er galt in seinen politischen Anfangsjahren in Bremen als redlich und konsequent, aber das waren andere Funktionäre auch. Die entscheidende Weichenstellung für den theoretischen Hintergrund seiner treuen Haltung war gewiß der Umgang mit den gebildeten Frauen und Männern seiner Partei, vor allem mit Franz Mehring und Rosa Luxemburg.

Seine Tochter, Elly Winter, beschreibt, wie sie als kleines Mädchen mit Vater und Mutter regelmäßig zu Eva und Franz Mehring zum Kaffee gingen, während Franz und Wilhelm über theoretische Fragen, die Revolution, den Klassenkampf und so weiter sprachen. Wahrscheinlich gaben diese Gespräche und das überdurchschnittliche Klavierspiel von Eva Mehring den Hintergrund für die Verehrung, welche die Künste im Hause Pieck erfuhren. Das ist bei weitem kein Widerspruch zu seiner harten, revolutionären Haltung in der Politik der Sozialdemokratie. Er gehörte zur linken Strömung, die gegen die Bernsteins und später auch gegen die Kautskys schrieben und sprachen, sich zwar nicht gegen Reformen, aber doch gegen den reformistischen Weg wandten. Das waren damals Themen, die die Partei heftig bewegten, heute weiß niemand mehr zu sagen, ob und welche Reformen die Sozialdemokratie am realen Kapitalismus noch vornehmen wollte oder will.

Wilhelm Pieck war ein Mitstreiter Karl Liebknechts, der im Reichstag 1914 den Kriegskrediten die Zustimmung versagte. Karl Liebknecht war ein Begründer des Spartakus-Bundes und wirkte unter den Soldaten im Sinne der Erkenntnis: »Der Hauptfeind steht im eigenen Land.«

Die Flucht Wilhelm Piecks 1917 aus der Kaiserarmee und seine illegale Tätigkeit in Holland, an der auch sein Sohn Arthur teilnahm, machten ihn bei den Herrschenden noch verhaßter. Bei der Revolution im November 1918 war er zur Stelle. Zu allen wichtigen Vorgängen nahm er im Sinne Liebknechts und Luxemburgs Partei und stand wie sie auf der Mordliste der reaktionären Freikorps, entkam den Mördern um ein Haar und übernahm in den wirren Entwicklungen der nachrevolutionären Zeit die Rolle des verläßlichen Rückgrats der gejagten Kommunisten. Als die USPD und die KPD sich vereinigten, hatte sich vieles gelohnt, aber nicht alle waren mitgegangen, Otto Grotewohl fand damals zu seiner alten SPD zurück, die Zeit war noch nicht reif für die große Einheit.

Wilhelm Pieck wird nicht aus dem Gedächtnis des Volkes verschwinden, da helfen auch kleinliche Attacken im nachhinein nicht. Er ist mein Sekretär.

Wilhelm Pieck nahm die Parteiführung der KPD 1935 auf sich, und als es Anzeichen gab, daß auch er nun an der Reihe sei, ging er ins Frankreich der Volksfront und begründete in Paris nicht nur das Auslandsbüro der KPD, sondern auch die Volksfrontpolitik, die sich auf dem VII. Weltkongreß und der Brüsseler Konferenz der KPD gegen die immer noch stark vertretenen Sektierer-Positionen in der Partei durchsetzte. Auch deshalb wurde er in die Leitung der Komintern gewählt, wo er neben den Parteien des Balkans und der Türkei auch für die Rote Hilfe verantwortlich zeichnete. Und wirklich, Wilhelm war die personifizierte Rote Hilfe. 1924 übernimmt er mit Clara Zetkin die Leitung der Roten Hilfe, 1937 wird er Vorsitzender der Internationalen Roten Hilfe. Das Kinderheim in Elgersburg (Thüringen), aus kleinsten Spenden erworben, ist ein Hohelied der Solidarität mit den Kindern verfolgter und umgebrachter Revolutionäre. Als erste Gäste zogen Mitte der zwanziger Jahre Waisen, Kinder ermordeter bulgarischer Genossen, ein. Bis jetzt konnten die Treuhand und die Unabhängige Parteienkommission diese Immobilie nicht an einen Einheitsgewinnler aus Bayern verscherbeln.

Wilhelm Pieck half vielen der Verfolgten, und doch konnte er nur zwei der im Moskauer Exil untergekommenen deutschen Genossen, den Gewerkschafter Paul Schwenk und den Hallischen Parteisekretär Bernard Koenen, einen meiner Sekretäre, aus den Klauen der Jeshowschen Tscheka zurückholen. Wie hat er sich im Verfolgungs- und Liquidierungswahn der dreißiger Jahre verhalten? Glaubte auch er an den weisen, allwissenden, gerechten Vater der Werktätigen, an Stalin? Sein Charakter und seine politischen Erfahrungen müßten eigentlich dagegen sprechen, aber Stalin vertraute ihm. Bei der historischen Klasse der Akademie der Wissenschaften in Moskau ist ein Dokument hinterlegt worden, aus welchem nicht nur das notorische Mißtrauen Stalins zu den westlichen Parteien in der Komintern und speziell zur deutschen Partei hervorgeht, sondern auch die Sonderstellung Wilhelm Piecks. Warum, ist ungeklärt.

Stalin, in der ersten Regierung unter Lenin Kommissar für die nationalen Angelegenheiten, hielt sich, nachdem er eine kleine Schrift über »Marxismus und nationale Frage« veröffentlicht hatte, für einen Fachmann in dieser komplizierten Angelegenheit. Ihm imponierte später, wie Hitler seinen »nationalen Sozialismus« praktizierte. Seine Gegner sperrte er in die KZ, die Mitläufer jubelten ihm zu und die Militärs paradierten lange und gern vor ihm. In der Sowjetunion ging das nicht so leicht vor sich. Stalin hatte es schwer, die denkenden Geister in seiner Partei auszuschalten. So sah er sich überall von Opposition gegen seinen Kurs umgeben, denn als zum Beispiel die Kollektivierung der Landwirtschaft und die gleichzeitige Beseitigung des Großbauerntums (Kulaken) in eine Ernährungskatastrophe mündeten, suchte er die Schuld nicht bei sich, sondern bei den Kritikern. Pieck hielt sich damit zurück. Er hatte keinen Grund, schon gar nicht am Beginn seiner zwölfjährigen Exilzeit, das Mutterland des Kommunismus zu kritisieren, und außerdem wußte er, daß alle wichtigen Genossen mit Horchern umgeben waren.

Kurz vor Beginn des Überfalls auf die Sowjetunion funkte der deutsche Kundschafter in sowjetischen Diensten, Richard Sorge, die genauen Daten für den Überfall der deutschen Faschisten von Tokio nach Moskau.

Am 17. Juni 1941 wurde der damalige Chef der Aufklärung, P. M. Fitin, mit Merkulow, dem damaligen Volkskommissar für Verteidigung, zu Stalin gerufen, um den am Vortag abgegebenen Bericht über die zahlreichen Signale der Aufklärer über einen bevorstehenden Überfall Hitlers auszuwerten. Stalin fragte nach den Quellen. »Dabei ging er im Zimmer hin und her und stellte verschiedene ergänzende Fragen, sog an seiner Pfeife und überlegte. Dann wandte er sich an mich und sagte: ›Hören Sie,

Genosse Chef der Aufklärung! Außer Wilhelm Pieck gibt es keinen Deutschen, dem man trauen kann. Ist das klar?‹ Ich (Fitin – H. B.) antwortete: ›Klar, Genosse Stalin.‹ Dann sagte er zu uns: ›Gehen Sie und überprüfen Sie alles noch einmal, und dann berichten Sie mir‹.«

Der Protokollant der Aussage Fitins, Professor Baidakow, fragte ihn daraufhin: »Wie haben Sie den Satz Stalins verstanden, daß man keinem Deutschen, außer Wilhelm Pieck, trauen dürfe?« Fitin antwortete für das Protokoll: »Unsere Quellen seien keine Kommunisten, sondern Mitglieder der faschistischen Partei und Wehrmachtsoffiziere, so daß es sich um Desinformationen handeln könne. Nachdem wir ins Volkskommissariat gefahren waren, bereiteten wir ein ausführliches, chiffriertes Telegramm nach Berlin vor, um eine Reihe von Fragen zu präzisieren. Eine Antwort kam nicht. Der Krieg brach aus.«

Auch den eigenen Vertrauensleuten mißtraute Stalin und umgab sich deshalb mit willfährigen Kreaturen. Aber die Militärs Timoschenko und Shukow sprachen ihn in der gleichen Sache an. 1967 gab Timoschenko zu Protokoll: »Er drehte sich ab, blätterte die Materialien flüchtig durch, warf sie achtlos auf den Tisch mit den Worten: ›Aber ich habe andere Dokumente.‹ Dabei zeigte er eine Mappe mit Papieren, die inhaltlich den unseren fast gleich waren, allerdings mit zahlreichen Kommentaren des Chefs der militärischen Aufklärung, Generalleutnant F. Golikow, versehen. Er kannte Stalins Meinung, in den nächsten Monaten würde es keinen Krieg geben, und war eifrig bestrebt, ihn zum Munde zu reden, und deshalb bezweifelte er die Wahrhaftigkeit und Echtheit aller dieser Meldungen.«

Wilhelm Pieck verfügte nicht über diese Details, aber schon in seinem Referat auf der sogenannten Berner Konferenz der KPD 1939, die in Draveils, südlich von Paris, stattfand, warnte er aus gutem Grund vor der bevorstehenden Kriegsgefahr. Nur Stalin glaubte nicht daran und schloß den Pakt mit Hitler vor dem Polenfeldzug 1939. Er vertraute seinem Erzfeind.

Wer unter diesen Umständen in der Komintern in Moskau arbeitete, konnte sich ausrechnen, wann das Mißtrauen auch auf ihn fiel. Man kennt die Zahlen nicht genau, aber es wird gesagt, daß von 1700 Kommunisten in der sowjetischen Emigration etwa 1000 durch die Tscheka vernichtet wurden. So war es für die

KPD im Krieg, in dem das Mißtrauen noch gesteigert wurde, eine günstige Fügung, daß die Partei sich in der politischen Arbeit unter den deutschen Kriegsgefangenen ab 1943 und nach der Schlacht um Stalingrad im »Nationalkomitee Freies Deutschland« engagieren durfte. Wilhelm Pieck wurde Vizepräsident; der Leiter der operativen Abteilung, in der alle praktischen, entscheidenden Fragen über den Fronteinsatz zusammenliefen, hieß Walter Ulbricht, der in einem anderen Sinne der Sowjetunion verpflichtet war, nämlich als hoher Tscheka-Offizier, wie berichtet wurde.

Wilhelm Pieck hatte eine enge Verbundenheit zur Sowjetunion seit der Oktoberrevolution. Aber schon vorher gab es Verbindungen mit russischen Revolutionären. Lenins, Plechanows und Schriften anderer waren ihm bekannt. In der Oktoberrevolution sah er die Hoffnung der Welt, aus den mörderischen Kriegen herauszukommen und das ersehnte Zeitalter des Friedens einzuläuten. Diese Hoffnung hat ihn am Leben erhalten und beflügelt, das große Wagnis einzugehen, einen antifaschistischen und demokratischen Staat auf deutschem Boden zu errichten. Doch die Zeichen standen nicht günstig.

Er hat zurückkehrende Emigranten im Herbst 1944 auf ihre Aufgaben in der Heimat vorbereitet. Seine Rededisposition ist frei von allem engstirnigen Anspruch auf die führende Rolle einer, seiner Partei oder ähnlichen Überhebungen. Er weiß, daß es schwer genug sein wird, überhaupt Antifaschisten zu finden. Die in die Heimat gesandten Kommunisten mit dem Auftrag, Verbindungen zu den Widerstandsgruppen herzustellen, sind in den meisten Fällen nicht angekommen oder haben keine Verbindung herstellen können, darunter auch sein Schwiegersohn, Theodor Winter. Es gibt keinerlei Nachricht von ihm, sein Schicksal ist ungewiß, verschollen. Sein Sohn Arthur arbeitet als Militärdolmetscher, auf Filmaufnahmen vom Mai 1945 sieht man ihn an der Seite Marschall Shukows im Bendlerblock, in der Reichskanzlei, am Schloß. Er trägt die Uniform eines Offiziers der Roten Armee. Später wird er die Luftfahrtgesellschaft der DDR leiten, die Interflug. Seine Tochter Eleonore ist mit einem Mann verheiratet, der als Offizier der Interbrigaden in Spanien gekämpft hat, sie selbst geht nach Jugoslawien, in das Land, in dem der als Abtrünniger abgestempelte Josip Broz Tito regiert, ausgestoßen aus der Gemeinschaft der Kommunisten. Als Tochter von Wilhelm Pieck, der in der Komintern mit Tito zusammengearbeitet hat, hat sie dessen Vertrauen und stellt die ersten staatlichen Beziehungen zu diesem Land in seiner Aufbauphase her. Heute ist es, nicht ohne Schuld der deutschen Außenpolitik, zerschlagen und blutet aus offenen Wunden. Gerade erwägt man ein Eingreifen deutscher Soldaten in die unüberschaubaren Kämpfe. Hat man auf den Gedenktafeln die Namen der von deutscher Wehrmacht erschossenen jugoslawischen Partisanen in den Städten und Dörfern nicht gelesen?

Noch zu Lebzeiten von Friedrich Engels ist Wilhelm Pieck in die SPD eingetreten, über 100 Jahre ist das her. Es gibt keinen Kampf in unserem Jahrhundert, den er nicht mitgefochten hat, und er stand immer auf der richtigen Seite, für die Rechte der Armen, Unterdrückten und Ausgebeuteten. Und das wird ihm nicht gedankt? Irgendwelche Berliner Senatsbürokraten sprechen ihm die Ehre ab? Wieviel Straßen und Plätze sind nach kaiserlichen Generälen benannt? Er hat die Opfer der Klassenkämpfe in Friedrichsfelde bestattet, den sozialdemokratischen Arbeitern über den Gräbern die Hände gereicht, zur Einheitsfront aufgerufen. Das ist der Grund für die Schande. Er war als Kommunist immer für die Einheit, sowohl der Arbeiterklasse als auch des Landes. 1946, in den Monaten nach der Befreiung, als bereits der Kalte Krieg seine Vorboten zeigte, sprach er mit Otto Grotewohl vor vielen Tausenden in westdeutschen Städten für Einheit und gerechten Frieden. Wie oft sind wir jungen Mitglieder mit Unterschriftenlisten von Wohnung zu Wohnung gelaufen und haben darüber aufgeklärt, daß eine einseitige Bindung der jeweiligen Zonen an die Militärblöcke unser Land zerreißen würde. Aber der Widerstand gegen die Trennungspolitik war im Westen nicht stark genug. In der Sozialdemokratie war der verderbliche Antikommunismus wieder eingezogen und jedwede Beschimpfung galt und gilt heute noch als Argument, mit dem man verteufeln darf.

Wenn eine Partei wie die PDS eine konsequente linke Politik anstrebt und für die Menschen im unteren Drittel der Gesellschaft eintritt, wird sie beschimpft, während die sogenannten demokratischen Parteien und die sie steuernden Unternehmerverbände eifrig mit Axt und Säge am Sozialstaat, an der sozialen

Komponente der sozialen Marktwirtschaft, die angeblich den Kapitalismus abgelöst hat, werkeln. Und sie tun das nicht mehr verdeckt, denn die DDR ist nicht mehr vorhanden und damit nicht mehr das Korrektiv, das man berücksichtigen mußte.

Wollte Pieck etwa eine Diktatur der Kommunisten, wie heute immer wieder die DDR genannt wird? Wer gibt sich schon die Mühe, nach den Wurzeln dieses Begriffes zu suchen? In ihren Frühschriften benutzen Marx und Engels den Begriff der Diktatur des Proletariats, die man an die Stelle der Diktatur der Bourgeoisie setzen müsse. Es hegelt noch sehr in ihrem Vokabular, aber es ist jedem sachlichen Betrachter klar, daß damit die Machtverhältnisse gemeint sind und keine Aussage über die Form der Herrschaft getroffen wurde. Die Schwierigkeit der Kommunisten bestand in ihrer Erfahrung mit der Weimarer Republik. Pieck war Mitglied des Berliner Abgeordnetenhauses, des Preußischen Abgeordnetenhauses, des Preußischen Staatsrates und des Reichstages. Er kannte die Mechanismen der parlamentarischen Demokratie von innen, und daher kannte er auch ihre Schwächen, das Eingreifen der Lobbyisten jeder Couleur, die Macht der Industriemanager und Großgrundbesitzer, er hatte keine Illusionen, was den Charakter der Wahlen angeht. Er setzte deshalb auf die Kraft der Straße, doch nie sieht man in der Pose des Rotfrontkämpfers, die Thälmann liebte. Immer korrekt gekleidet, demonstriert er ohne äußerliches Gehabe, immer bereit, mit den Schutzpolizisten zu sprechen, um Zusammenstöße zu vermeiden. Das war keine taktische Frage für ihn. Seit dem Gründungskongreß der KPD Ende 1918 gehörte er zu den Befürwortern einer Parlamentsfraktion, er weiß, daß man mit den Mitteln der bürgerlichen Demokratie einen starken Einfluß gewinnen kann und ahnt, wie schwer es ist, nicht nur aus einer Revolution siegreich hervorzugehen, sondern die Wege danach zu beschreiten.

Die ersten Jahre nach der Heimkehr 1945 aus dem Exil vergehen mit angestrengter Arbeit. Die Bodenreform wird von ihm eingeläutet, der Volksentscheid für die Enteignung der Nazi- und Kriegsverbrecher in Sachsen fordert Kraft. Die Einheit der Arbeiterklasse stand auf dem Programm. Die aus den Lagern und Zuchthäusern, aus der Emigration zurückgekehrten Antifaschisten müssen betreut und versorgt werden. Marion Gräfin York von Wartenberg berichtete mir bei Filmaufnahmen, wie sie von Wilhelm Pieck gewonnen wurde, im Magistrat von Groß-Berlin die Stelle für die Betreuung der Verfolgten des Naziregimes – VVN – aufzubauen. Dummes Sektierertum hat sie dann veranlaßt, nach Westberlin zu gehen und eine Richterstelle in der Jugendjustiz auszufüllen, um auf diese Weise einen Beitrag zur Bewältigung der Nachkriegsprobleme mit Jugendlichen zu leisten.

Es war eine breite Bündnispolitik angelegt und schon im Exil ausgearbeitet, sie betraf sehr stark Künstler und Wissenschaftler. Wilhelm Pieck betraute mit dieser Aufgabe seinen langjährigen Sekretär in der Komintern, Paul Wandel, einen technischen Ingenieur aus Süddeutschland, der die seltene Gabe besaß, integrierend zu wirken. Wo er auftrat, gewann er die Menschen für seine Ziele, die bürgerliche Intelligenz, die er ermunterte, die Universitäten zu eröffnen, die vielen oft noch an Selbstunterschätzung leidenden Kandidaten für die Neulehrerausbildung, aber auch die streikenden Zeiß-Arbeiter in Jena nach dem 17. Juni 1953 in der großen Halle des Südwerkes. Ohne Beschönigungen, offen und ehrlich wie sein Chef, vertrat er die Stärken und auch die Schwächen in der Politik der SED. Diese Haltung wurde honoriert mit Vertrauen in eine neue Politik.

»Das neue Leben muß anders werden« sangen und lebten wir in diesen Jahren. Die Jugend bekam einen Vertrauensbonus, an den heute nur noch wenig erinnert. Paul Wandel war der Meinung, daß jeder, der die Volksschule gut beendet und einen Beruf erlernt hatte, ein guter Lehrer werden könne. Schwächen in der Bildung könne man ausgleichen, es käme bei der Erziehung vor allem auf die Vorbildwirkung an. Auf diese einfache Erkenntnis baute er die Schulreform in der sowjetischen Zone, die als Ergebnis langer Bemühungen der Schulreformer in der Weimarer Republik anzusehen ist. Diese Männer holte er auf die Schaltstellen der Volksbildung, Oesterreich, Deiters, Thorhorst, und ein Adolf Reichwein wäre ganz sicher Volksbildungsminister in der DDR geworden mit seinen in Tiefensee praktizierten Grundsätzen. »Schaffendes Schulvolk«, seine Hauptschrift, die erste pädagogische Literatur, die mir mein neuer Rektor in die Hand drückte, wofür ich ihm heute noch dankbar bin.

Jede Art gesellschaftlicher Stelle war neu zu besetzen, die Ausbildung mußte auf neuer, antifaschistischer Grundlage erfolgen, und da ich noch sehr jung, gerade zwanzig war, beschleunigte ich das Prüfungsverfahren für die 2. Lehrerprüfung, soweit das von mir abhing, schrieb die geforderte Arbeit über »Das deutsche Volkslied im Unterricht« und beantragte die Abhaltung der Lehrprobe. Meine 4. Klasse stand wunderbar zu mir, sang ein bis dahin ihr nicht bekanntes Bergmannslied, das mir als Thema erst 10 Minuten vorher gegeben worden war, zweistimmig vom Blatt, das heißt von der Tafel. Ich griff die Gitarre dazu, und nach einer Stunde sangen die beiden Hälften der Klasse jeweils die andere Stimme, und mit dem Pausenzeichen hatten wir den Stoff erarbeitet. In der nächsten Stunde prüfte der Schulrat, leider nicht mehr Max Burwitz, er war inzwischen Oberbürgermeister von Greifswald geworden, sondern ein sektiererischer, immer finster blickender Mann namens Stephan, die Schüler meiner Klasse in den von mir unterrichteten Fächern nach Lehrplan. Sie wußten ganz gut Bescheid, gaben klare Antworten und somit wurde auf eine mündliche Prüfung verzichtet. Das war geschafft. Ich war jetzt vollausgebildeter Grundschullehrer, und auch das Gehalt war inzwischen angehoben worden; es hätte also auf der Leiter weitergehen können. Inzwischen hatte ich, natürlich im FDJ-Chor, meine Freundin und spätere Frau kennengelernt, eine Studentin, die bereits im Stettiner Carl-Loewe-Chor gesungen hatte und eine feste Stütze unserer Altstimmen war. Sie war bereits im Sommer 1945 Mitglied der KPD geworden, und als ich sie fragte, warum, antwortete sie nur: »Ich bin Flüchtling.«

Gisela studierte Medizin, aber wenn sie Blut sah oder in der Pathologie präparieren mußte, kippte sie regelmäßig um. Das ging natürlich nicht so weiter, und wir beschlossen, daß sie es mit der Pädagogik versuchen sollte. Der Lehrerbedarf sei bei weitem nicht gedeckt, in den Familien, die glücklich aus der Gefangenschaft zurückgekehrte Väter begrüßen konnten, wurden wieder Kinder geboren. Als der Wechsel für das andere Fach gerade für das Frühjahrssemester 1948 im Gange war, beschleunigte ein Zufall nicht nur den Fach-, sondern auch einen Ortswechsel.

Die Universität Greifswald besaß eigenen Wald und stellte den bedürftigen Professoren und Studenten etwas Holz zur Verfügung. Giselas Ofen in ihrem winzigen Zimmer hatte schon seit langem kein Brennmaterial gesehen, und so zogen wir nach Eldena mit einem aus Militärgerümpel selbstgebauten Handwagen, um die Hölzer aufzuladen. Wir fanden jedoch die bezeichnete Stelle mit der numerierten Zuteilung in dem weitläufigen Wald nicht und beschlossen, dann eben einen anderen Haufen aufzuladen. Es wurde schon dunkel, und wir wollten nicht unverrichteter Dinge nach Hause fahren. Unser Haufen müßte ja übrigbleiben. Als wir unser Gefährt beladen hatten – es blieb noch die Hälfte zurück –, kam wie bestellt der Förster. Wir hatten uns am Holz des Rektors vergriffen. Diebstahl, Meldung, Verhandlung. Nichts half, also Wechsel der Universität. Meine Freundin Gisela mußte nach Jena ziehen. Das gab auch für mich den Ausschlag, dort ein Studium aufzunehmen. Meine 1. und 2. Lehrerprüfung wurde zwar als Abitur anerkannt, aber Lehrer wurden nicht immatrikuliert, da sie nach einem Abkommen der damals bestehenden Länder in der sowjetischen Zone nicht von den Schulräten freigegeben wurden. Meiner hielt sich streng daran, und so fuhr ich nach Jena und traf in den Ferien tatsächlich einen zuständigen Dozenten der Gesellschaftswissenschaftlichen Fakultät. Der wackelte mit dem Kopf hin und her, denn meine Bewerbungsunterlagen lagen in Weimar. Er hatte die Ausnahmegenehmigung bereits beantragt, allerdings keine Hoffnung, daß ihr stattgegeben würde. Da er in Weimar wohnte, bestellte er mich zum nächsten Morgen vor das Volksbildungsministerium, ging mit mir zu dem zuständigen Referenten, der aber meine Akte auch nicht fand. So blieb ich vor der Tür sitzen, bis ich quälend auffiel und in den Aktenraum geführt wurde. Ich suchte nach meinen Unterlagen, und sie lagen wirklich unter den Stößen als letzter Ordner ganz unten links. Beharrlichkeit wurde belohnt – ich erneuerte den Antrag und fuhr wieder nach Jena. Dr. Schneider versprach, sich zu kümmern und schickte mich wieder nach Hause. Anfang September 1948 kam die Zulassung. Ich packte meine Seemannskiste, die Vater mir von einem Kollegen bauen ließ, und bestieg den Zug.

Wir sollten eine umfassende politische Bildung bekommen und waren für die Anforderungen des neuen Staates gründlich auszubilden. Die Studienzeit steckte voller Überraschungen, in jeder Beziehung. Anfang Oktober hing ein Anschlag am Brett: Alle FDJ-Mitglieder sollten sich am Sonntag zu einer Wanderung auf das »Luftschiff«, einen Höhenzug, treffen, um sich kennenzulernen. Wir waren aus allen Fakultäten etwa 35 Mädchen und Jungen. Natürlich wurden gleich die Funktionen verteilt. Gisela und ich erhielten, wie sollte uns das wundern, die Aufgabe, einen Chor zu gründen. Zwar gab es einen Universitätschor unter Walter Schönheit, einem ausgezeichneten Fachmann, aber er war für die Kulturarbeit dieser Art nicht verfügbar. Ich habe zuerst dort mitgemacht, aber die singenden Studenten waren mir zu konservativ, altes Bildungsbürgertum und recht distanziert und ablehnend. So gründeten wir einen FDJ-Chor, aus dem dann das Max-Reimann-Ensemble mit Orchester, Tanzgruppe und Jazzband entstand. Um in der künstlerischen Qualität mehr als nur mitzuhalten, probierten wir viel, fuhren am Wochenende nach Georgenthal ins Studentenheim und besaßen bald ein umfangreiches Repertoire.

Anfang Januar 1949 zogen an die hundert Freiwillige, nur auf einen Aushang hin, nach Unterwellenborn, um an der Aktion »Max braucht Wasser« teilzunehmen. Als wir eintrafen, sprach ein Mann von einem Tisch aus zu den Leipziger Studenten und Volkspolizisten, die vor uns angekommen waren. Es war Fritz Selbmann, alter KPD-Reichstagsabgeordneter, der die ganze Nazizeit im KZ überlebte, jetzt im Ministerrang für Wirtschaft, ein Mann nach unserem Geschmack. Er kündigte nur Arbeit, zugige Unterkünfte in unbrauchbaren Eisenbahnwaggons an, verlangte die Fähigkeit, aus herumliegendem nassen Holz ein paar Faßöfen zu heizen, aber er versprach, wenn die Leistungen den Erwartungen entsprächen, im besten Hotel Saalfelds eine große Fete mit den schönsten Mädchen des Landes. Er hat sein Wort gehalten und mit uns gefeiert, bis wir morgens in die Züge stiegen. Dazwischen lagen Wochen harter Arbeit im Kiesbett der Saale, ich spüre noch heute den Muskelkater im Rücken. Einer war unter uns, der war so jung und so schwach, daß ich als Brigadier ihn mit der Sauberkeit und Wärme in unserem Güterwagen betrauen mußte. Es war Günter Jahn, der spätere 1. Sekretär des Zentralrats der FDJ, Sohn eines Antifaschisten, während der Haft seines Vaters bei ihn schützenden Leuten untergebracht, unterernährter Abiturient aus Erfurt, unser Küken, aber von einem dauernden Optimismus, trotz aller Unbilden durch Regen, Kälte und dünne Suppen. Es ist vielleicht noch hinzuzufügen, daß wir keinen Pfennig für die Arbeit bekamen und auch niemand auf den Gedanken gekommen ist, etwas zu verlangen. Unsere Kommilitonen von der Medizinischen Fakultät verpflasterten uns und achteten darauf, daß immer heißer Tee da war.

Als in der Zeitung stand »Max hat Wasser«, saßen wir schon wieder in den Hörsälen. Ein neuer Professor war gekommen, Georg Klaus, und er wurde unser Idol. In Abwandlung eines bekannten Wortes kann man sagen: »Momentan waren wir alle Klausianer.« Klaus, ein Nordbayer, war noch jung, Mitte Dreißig, und hatte doch das Leben mit seinen furchtbaren Seiten bereits kennengelernt. Deutscher Jugendschachmeister, Student der Mathematik und Physik in Erlangen, war er als Jungkommunist der Taktik gefolgt, nach dem 30. Januar 1933 in den Organisationen der Nazis zu arbeiten. Als ihn, der mit seinem Freund in SA-Uniform durch Nürnberg ging, jemand erkannte, der von seiner kommunistischen Einstellung wußte, holte ihn die SA in die Burg, eines der sogenannten wilden KZ. Die Prügel haben ihn bald umgebracht, und als er in Dachau ankam, mußte er mühsam aufgepäppelt werden, aber nicht ohne gleichzeitig einen Beschluß der Parteigruppe zu erfüllen. Er kam in die Lagerbibliothek und mußte (und wollte) die Stichworte über Philosophie, Mathematik, Physik aus dem Großen Brockhaus auswendig lernen. Als er 1939 aus dem Lager entlassen wurde, hatte er die Dissertation fertig im Kopf.

Seiner Vorlesungen willen wäre ich beinahe bereit gewesen, meine Mitwirkungen im Quartett des Harmoniumspielers auf dem Jenaer Stadtfriedhof aufzukündigen. Wenn Beerdigungen waren, die zeitlich mit unserem Vorlesungsprogramm kollidierten, wurde es schwierig. Schwänzen oder verzichten? Wir sangen alles, was die Angehörigen bestellten, aus dem Gesangbuch, vom Blatt. Meistens kamen wir außer Atem an, der Spieler präludierte etwas länger, und dann ging es los: »Wenn ich einmal muß scheiden ...« Wir verdienten pro Kopf 20 Mark, die uns der Kantor, ein wegen seiner Mitgliedschaft in der NSDAP aus dem Schuldienst entlassener Lehrer, sofort auszahlte. Klaus bemerkte, daß ich oftmals etwas früher ging und etwas später kam. Als wir die Testate haben wollten, fragte er mich, wo ich während der Pause wäre, und ich berichtete von unserer Nebenbeschäftigung. »Wie hoch ist dein Stipendium?« Ich antwortete wahrheitsgemäß: »Einhundertzehn Mark im Monat.« – »Und was kostet die Bockwurst?« – »Fünf Mark in der HO.« – »Und wie hoch ist die Miete für deine Bude?« – »Fünfunddreißig Mark.« – »Dann darfst du weiter singen«, und ich erhielt mein Testat.

Obwohl er ein begnadeter Logiker war und somit in Konkurrenz zu dem Carnap-Schüler Linke trat, begann er eine Vorlesung über die Geschichte der Philosophie von der Antike bis zur Gegenwart. Ein kleiner Kreis von Studenten half ihm dabei, das Material vorzubereiten, darunter auch eine Zeitlang ich. Er brachte uns bei, wie wir Wesentliches von Unwesentlichem trennen konnten, und daß in den verschiedenen historischen Abschnitten die Elemente des Materialismus und der Dialektik in scheinbaren Nebenbetrachtungen, oftmals nur in Nebensätzen, versteckt waren. Im mittelalterlichen Streit der Nominalisten mit den Realisten erkannte ich den allgemeinen Zusammenhang der Dinge in der unglaublichen Formulierung: »Wenn der Hund mit dem Schwanz wackelt, erzittert die Sonne!« Ich gab ihm die Kladde mit diesem Satz, den er auch in der Vorlesung benutzte. Zuerst lachten einige Hörer, dann verwies er auf die Stelle Occams und legte den Satz in erstaunlichen Zusammenhängen aus.

Gegen Ende des Studiums rief er mich zu sich und forderte mich auf, mit ihm als Assistent an die Humboldt-Universität Berlin zu gehen, ich solle mich auf das Mittelalter spezialisieren. Doch ich hatte keine Lust, die Engel auf den Wolken zu zählen. »Aber einer muß es doch tun, du hast doch das kleine Latinum.« Ja, das hatte ich, aber was konnte man bei den Kirchenvätern damit anfangen? Zu gleicher Zeit hatte mich Professor Pischner von der Musikhochschule Weimar gefragt, ob ich nicht dort weiterhin Grundvorlesungen über Philosophie und Kulturgeschichte halten wolle. Das tat ich bereits seit einigen Monaten, noch während ich in Jena studierte. Damit hatte an einem Nachmittag der Woche der Gesang auf dem Friedhof ein Ende, aber es gab das fürstliche Honorar von 40 Mark für die Doppelstunde von der Hochschule.

An einem der Vorlesungstage kam ich nach Weimar, aber meine Stunde fiel aus. Professor Hans Mayer aus Leipzig hielt eine Gastvorlesung über deutsche Exilliteratur. Eine neue Welt erschloß sich mir, ich bewunderte seine zurückhaltende Polemik, sein behutsames, aber deutliches Urteil, die Fähigkeit, Zusammenhänge über die Jahrzehnte hinweg zu verfolgen, Vergleiche mit der Klassik anzustellen und seine geschliffene Rhetorik. Nach dem einhelligen Applaus der Studenten und Dozenten verabschiedete sich der Marxist mit dem Versprechen, häufiger zu kommen, was er auch tat.

Vor ein paar Wochen sprach ich mit ihm auf dem achtzigjährigen Geburtstag von Hans Pischner und erinnerte ihn an seine Weimarer Lektionen. Und er antwortete: »Ihnen verdanke ich die Unterschrift unter meinen Reisepaß (und damit spielte er auf meine spätere Ministerfunktion an). Sie ahnten doch, daß ich nicht wiederkommen würde.« – »Ja, eigentlich habe ich gegen die Interessen der DDR gehandelt, aber ich fand es unhaltbar, wie Sie in Leipzig angegriffen wurden.« – »Gut, aber Sie müssen zugeben, daß ich Ihre Aufträge bei den Brüdern Wagner in Bayreuth erledigt und auch darüber berichtet habe.« Das traf zu, nach dem Mauerbau war es nicht mehr erlaubt, daß die ersten Kräfte aus Berlin, Leipzig und Dresden bei den Bayreuther Festspielen mitwirkten, zu groß wäre die Gefahr eines Aderlasses gewesen. Ich hatte Hans Mayer gebeten, Wieland Wagner, dem ich zugesagt hatte, seine Bitte, Bayreuth als Klammer zwischen den geteilten Hälften zu betrachten und ernst zu nehmen, die Lage bei uns zu erläutern.

Anfang des Jahres 1950 erschien in unserer Studentenzeitung ein Artikel, in dem über die Einführung von Fanfaren in die Kulturarbeit der FDJ berichtet wurde. Das fehlte mir gerade noch. In meiner Jugendzeit hatte ich die ewigen Fanfarenstöße bei allen Veranstaltungen des Jungvolks gehört und mußte danach marschieren, die Landknechtstrommeln dröhnten immer noch nach. Nun sollte alles von vorn losgehen? Empört schrieb ich einen Gegenartikel und forderte Geigen und Flöten und für die Straße gute Blasmusik. Mit dem Hinweis auf die sowjetischen Jungpioniere erschien wieder ein Gegenartikel mit einem Bild, auf dem ein russisches Mädchen Fanfare blies, und so wäre es fröhlich weitergegangen, wenn nicht im Hintergrund das Leipziger Bachfest und die Bachtage der Jugend in Eisenach zum 200. Todestag Johann Sebastian Bachs vorbereitet worden wären.

Mein Artikel brachte mir eine Fahrkarte nach Leipzig ein, ich sollte von dort berichten. Diese Woche in Leipzig gehört zu den schönsten Erinnerungen. Die Vorträge der Musikwissenschaftler waren alle erstklassig, sie entdeckten mir eine neue Welt der Betrachtung von Musik, und die Konzerte berühmter Musiker versetzten mich in ein Hochgefühl. Als die Oistrachs, Vater David und Sohn Igor, das Doppelkonzert von Bach mit dem Gewandhaus-Orchester spielten, strömte der absolute Wohlklang, Musik, wie ich sie immer liebte und noch liebe. Ich schrieb, daß zu den Bemühungen, der Bevölkerung Bildung und Kultur zu vermitteln, nun auch die Aneignung des als »schwer« angesehenen und als Kirchenmusiker einseitig betrachteten Bach getreten sei, denn anders ist die Niederlegung eines Kranzes durch den Präsidenten Wilhelm Pieck in der Gruft der Thomaskirche wohl nicht zu verstehen. Spätestens hier endet die Legende von der Unverträglichkeit christlicher und weltlicher Kultur, beide haben den gleichen Gegenstand, die Freuden, Leiden und Qualen, die Leidenschaften und Besinnlichkeiten der Menschen, in deren Dienst Staat und Kirche stehen.

Wilhelm Pieck setzte ein Zeichen, das jedoch nicht ausreichte, Anfang der fünfziger Jahre das falsche Vorgehen gegen die »Junge Gemeinde« zu verhindern. Das bewirkten erst die Erschütterungen des 17. Juni 1953. Bis dahin geschahen manche Attacken auf Christen, die sich zu ihrem Glauben in ihren organisierten Formen bekannten. Die Trennung von Kirche und Staat ist zwar ein richtiges Prinzip, sie schließt aber die Gleichberechtigung aller Bürger vor dem Gesetz, das auf diesem Prinzip beruht, ein. Heute erfährt man andererseits, wie stark sich christliche Funktionäre gegen atheistische Haltungen wenden, zum Beispiel bei der Jugendweihe. Sie aber gehört zur Tradition, nicht nur der Arbeiterbewegung, und läßt sich nicht verteufeln, ihre Anhängerschar steigt nach wie vor. Vielleicht ist Lessings Ringparabel der weiseste Ausdruck von Toleranz, oder etwas vereinfacht gesagt, daß Christen nicht erschrecken sollten, wenn sie rote Fahnen sehen, und Atheisten nicht, wenn sie Kirchenglocken hören.

Es war schade, daß Gisela nicht mit nach Leipzig fahren konnte, doch sie steckte in den Prüfungen.

In diese Zeit fielen die ersten Angriffe auf den Jena-Plan des bekannten und beliebten Pädagogen Peter Petersen, der auch Dekan der Pädagogischen Fakultät war. Man griff seine Experimentalschule an und erklärte, daß seine pädagogischen Versuche von der Sowjetpädagogik nicht gestützt würden. Bald wurden die Experimente beendet. Der zähen Diskussionen überdrüssig, in denen Petersen keinen Sinn erkennen konnte, trat er zurück. Heute leben glücklicherweise seine Bemühungen auf, das Prinzip der Gemeinschaft als Ziel und Mittel der Erziehung zugrunde zu legen, aber selbst Makarenko hatte solches zumeist beschrieben.

Gisela hatte ein sowjetisches Lehrbuch mitgebracht. Sie fand es nicht gut, zu anspruchslos, und die Erwähnung einer Ohrfeige des Pädagogen Makarenko ergebe nichts. Die Ausnahmesituation der Besprisorniki in den Wirren nach der Oktoberrevolution und des Bürgerkrieges in der Sowjetunion und die Kollektiverziehung in Heimen seien doch kein Ausgangspunkt für allgemeine Erziehungswissenschaft. Sie legte die Prüfungen bei dem neuen Dekan, Professor Schrader, ab, der vor allem die Diskussionen gegen Petersen geführt hatte. Der ehemalige sozialdemokratische Gymnasiallehrer mit eigentlich korrekter Haltung wandte sich der einfachen Schwarzweiß-Pädagogik zu, in der, entgegen den Behauptungen, für die schöpferische Tätigkeit der Kinder wenig Raum war. Über diesen Punkt geriet Gisela in der Prüfung mit ihm in ein Streitgespräch, das über eine Stunde dauerte, ihr allerdings ein »Ausgezeichnet« einbrachte.

Das richtete mich nun wieder auf, und auch sie meinte danach, wenn es möglich sei, mit einem Professor zu streiten, wäre alles gut, dann käme Petersen wieder zu Ehren. Aber in diesem Punkt hatte sie unrecht, denn er starb Anfang 1952. Der Zufall wollte es, daß sie als junge Lehrerin an eben dieser Universitätsschule tätig wurde und sich mit dem Kollegium einig wußte, daß man stillschweigend weiter nach den Prinzipien des Meisters unterrichtete, das hing schließlich nicht allein vom verbindlichen Lehrstoff ab.

Aus Leipzig hörte man von Diskussionen mit dem Ökonomen Professor Behrens, dessen Kritiker ebenfalls an seinen Vorlesungen bemängelten, daß er die Erfahrungen der Sowjetökonomie nicht richtig interpretiere. Von unseren Lehrern der Volkswirtschaft erhielten wir keine klaren Auskünfte, nur Georg Klaus, der sich zu uns stellte, die wir vor der Volksbuchhandlung standen und die Bücher von Behrens entdeckten, ermunterte uns: »Ach, hier liegen sie ja noch, die fraglichen Fehlleistungen«, was zur Folge hatte, daß wir unser Geld zählten und kauften.

Hing da etwas zusammen? Das Fanfare blasende Sowjetmädchen, die Diskussion um die ökonomischen Auffassungen des Marxisten Behrens, dem – wie Warnke – Objektivismus und Revisionismus vorgeworfen wurden, aber auch die merkwürdigen Zitate von Stalin, die Klaus in seinen Logikvorlesungen benutzte, wenn er über Kybernetik sprach? Was hatte Norbert Wiener mit Stalins Auffassung von Dialektik zu tun?

Ich machte mir einen Reim darauf, als für uns als Pflichtfach »Geschichte der KPdSU(B), Kurzer Lehrgang« eingeführt wurde. Dieses Buch war längst in deutsch erhältlich, aber trotzdem las Professor Doktor Georg Schneider – er war es, der sich um meine Immatrikulation bemüht hatte – zwei Wochenstunden in der Aula. Als ich einmal nur einen Platz an der Seitenwand fand, weil ich wieder einmal zu spät vom Friedhof kam, sah ich, daß auf dem Pult ein Buch lag und er daraus vorlas. Es war die russische Ausgabe des Geschichtsbandes, die er frei übersetzte. 1933 war er in die Sowjetunion emigriert, Assistent des berühmten Professors Schaxel, eines Biologen, der sich um die Abstammungslehre des Menschen verdient gemacht hatte. Julius Schaxel war Direktor der Anstalt für experimentelle Biologie in Jena, forschte über tierische Entwicklungsprozesse und ist durch die Parabiose bekanntgeworden. Als Gründer und Wissenschaftlicher Leiter der Zeitschrift »Urania« war er hochgeachtet und weit bekannt, aber als Kommunist 1933 vertrieben. Er floh mit seinem Assistenten in die Sowjetunion. Georg Schneider, ein Anhänger des unseligen Scharlatans Lyssenko, von uns »Axelottl-Schneider« genannt, hatte eifrig versucht, mit Untersuchungen dieser kleinen Lebewesen die gewünschten Thesen über die Vererbung erworbener Eigenschaften zu stützen. Ich saß einmal bei einem einschlägigen Vortrag, verstand aber nichts, was ich auf meine geringen Kenntnisse schob. Nur die Beweisführung kam mir unlogisch vor und hätte mich distanzierter zu ihm verhalten lassen müssen. Was aber kümmerte mich damals die Vererbung.

Während unseres Studiums liefen schon, wenn auch unterirdisch und noch verschwommen, die Prozesse an, die später zum Verderben des Sozialismus führen sollten. Ein Biologe las aus einem Buch vor, in dem die Geschichte der KPdSU und damit der Sowjetunion behandelt wurde. Das stand aber nicht im Studienplan. Die Folge für uns: wir nahmen das Fach nicht ernst, waren mit einem »genügend« vollauf zufrieden, auch wenn es das Gesamtergebnis des Examens drückte.

So nahmen wir auch die von Schneider geleitete »Gesellschaft zum Studium der Sowjetunion« nicht mehr ernst, als sie sich in die »Gesellschaft für deutsch-sowjetische Freundschaft« umwandelte, denn ihre Vorträge sollten mehr und mehr die wissenschaftliche Autorität und Unfehlbarkeit des genialen Stalin beweisen. Aber Übermenschen und Halbgötter waren uns seit dem Ende des Faschismus suspekt, und auch daraus erklärt sich die geringe Tiefenwirkung dieser Propaganda. Analysen, die wir in den Werken von Marx und Engels fanden, konnten nicht übereinstimmen mit den Lobhudeleien des Personenkults um Stalin. Daß er ein Verbrecher war, wußten wir damals noch nicht.

Zu den Angeboten für die Zeit nach dem Studium gehörte auch ein Gespräch mit dem Kulturdirektor des VEB Carl Zeiss, Otto Schieck, der Georg Klaus gefragt hatte, ob er nicht einen Assistenten für ihn wüßte. Klaus sagte zu mir: »Wenn du schon nicht mit nach Berlin willst, dann hilf wenigstens dem alten Kumpel.« Mit diesem Hinweis stieg ich in den Paternoster des Hauptgebäudes und betrat im 9. Stock die stillen, vornehmen Räume der Führungsetage. In einem großen Zimmer empfing mich ein älterer Herr mit grauen Haaren, der irgendwie nicht gesund aussah, es schien ihm an Spannkraft zu fehlen.

Otto Schieck, 1945 aus dem KZ Buchenwald gekommen, war von der SED als Werkleiter nach Bad Liebenstein geschickt worden, um die lebenswichtige Kugellagerfabrik wieder in Schwung zu bringen. Wie bei Zeiß hatten auch hier die amerikanischen Besatzer Konstruktionsunterlagen und Wissenschaftler bei ihrem Abzug mitgenommen. Der angespannte Einsatz hatte seine in der Lagerhaft angeschlagene Gesundheit nicht verbessert, er mußte auf ärztliches Anraten eine leichtere Arbeit übernehmen. Schieck war ein Mann der Praxis, als Kulturdirektor unterstanden ihm aber die umfangreichen sozialen und kulturellen Einrichtungen dieses riesigen Werkes, er sollte die politische Arbeit unterstützen, die Jugend fördern, die Betriebsgeschichte der zwanziger und dreißiger Jahre schreiben, das Erholungswesen ausbauen, und außerdem war er natürlich der Vertrauensmann seiner Partei, denn Zeiß galt als »sozialdemokratisch belastet«, was auch auf den Hauptdirektor Dr. Hugo Schrade zutraf. Der ehemalige Personalchef und Ingenieur des Konzerns war von den Nazis abgelöst worden, weil er eine jüdische Frau heiratete, von der er sich, trotz erheblichen Drucks, nicht getrennt hatte. Wegen seiner korrekten Geschäftsführung und seiner einwandfreien menschlichen Haltung genoß er in Jena, also bei Zeiß, Schott und der Universität, uneingeschränktes Ansehen. Mit Otto Schieck verstand er sich blendend, beide waren gestandene Antifaschisten, und beide wollten es mit mir probieren. Ich bekam also den Auftrag, eine Rede für Schrade vor Lehrlingen vorzubereiten.

Unbekümmert ging ich an die Sache, sprach von der glücklichen Zukunft, an der jetzt jeder mitbauen müsse, und zitierte den Schillervers aus der »Glocke«: »Frisch, Gesellen, seid zur Hand!« Ich mußte meinen Text eigenhändig zu Dr. Schrade tragen, er überflog ihn, bemängelte allerdings, daß es sich nicht um Gesellen, sondern um Lehrlinge handele, aber er ließ es stehen, denn den Schweiß, der beim Feilen floß, hielt auch er für nötig. Er fragte mich nach Herkunft und Ausbildung, und dann schickte er mich in die Personalabteilung, wo ich meinen ersten Arbeitsvertrag nach dem Studium unterschrieb. Wieder hatte ich großes Glück, ich kam in eine Arbeitswelt, die von starken Charakteren geprägt war.

Eine Wechselbeziehung entstand nun: Ich gab mir Mühe, alles so gut wie möglich zu machen, und vielleicht deshalb erlaubte sich Schieck sogar einen Erholungsurlaub, den ersten seit 1945. Er wußte inzwischen, daß ich gelernt hatte, wichtige Sachen von den unwichtigen zu unterscheiden. Wenn ich nicht klarkomme, meinte er, sollte ich nach Liebenstein kommen, wo er kurte. Einmal bin ich mit einer Mappe hingefahren, an jedem Vorgang einen Zettel mit Bemerkungen, aber er hatte keine Lust, die Dinge zu ändern, die ich vorgeschlagen hatte, ging mit mir in den Thüringer Wald an das Luther-Denkmal, und während der Wanderung erzählte er mir sein Leben, was mich wiederum fest an die sozialistische Idee, für die er alles auf sich genommen hatte, band. Am Ende des Tages sagte er: »Eigentlich kann ich jetzt in Rente gehen, wie der Arzt es verlangt, du vertrittst mich schon ganz gut.« Da ich über diesen Satz lachte, ergänzte er: »Nein, nein, ich meine es ernst.«

Na, das waren ja gute Aussichten. In mir türmten sich Vorbehalte und Fragen, ob ich das bewältigen konnte, immerhin war ich erst 23 Jahre alt. Aber Gisela meinte altklug, ich solle nicht zu sehr zögern, im Leben kämen gute Vorschläge nur selten. Sie war in die Jugendarbeit bei Zeiß mit eingestiegen, trainierte die Mädchen im Jugendchor, der sich mit Hilfe der Weimarer Musikstudenten gut machte, und las im übrigen immer wieder den »Großen Jena-Plan« von Peter Petersen. Doch unser Gespräch über die Zukunft in Jena hatte sich bald überholt, denn eines Tages im Herbst 1950, ich legte noch meine letzten Prüfungen ab, kam mein früherer Kommilitone Klaus Trostorff, der bereits vor einem Jahr die Universität absolviert hatte, den ich außerdem ganz gut aus Unterwellenborn kannte, zu mir. Bereits als Kind war er Häftling im KZ Buchenwald gewesen und, es sei hier hinzugefügt, letzter Direktor vor der Wende der Gedenkstätte Buchenwald. Er kam von der Landesleitung der SED in Thüringen und suchte Mitarbeiter für die Kulturabteilung.

Unentschlossen trennten wir uns, ohne klare Entscheidung. Ich ging zu Otto Schieck und bat ihn um Rat, da ich mich bei ihm im Wort fühlte. »Du zögerst noch? Wenn die Partei dich braucht, darfst du Persönliches nicht obenanstellen. Was hast du für Gründe abzusagen?« – »Ich dachte, du brauchst mich.« – »Schade, daß du gehst, und ich muß mir jemand anderen suchen. Wie immer gehen die guten Leute weg.« Dann nahm er den Telefonhörer und rief beim Kaderleiter der Landesleitung an: »Genosse Bentzien kann zum Termin anfangen. Termin morgen?« Er lachte, und aus ein paar Bemerkungen spürte ich, daß man sich kannte. Einer aus der alten Garde saß am anderen Ende.

Also packte ich wieder meine Seemannskiste, der kleine Mercedes des Kulturdirektors fuhr mich nach Erfurt, wo ich in der Baracke auf dem Hof ein spartanisch eingerichtetes Junggesellenzimmer bezog. Gisela würde bald nachkommen. Ihre Frage allerdings, ob das neue Gehalt besser als das bei Zeiß sei, wo ich 500 Mark im Monat bekam, konnte ich nicht beantworten. Über diese Dinge wurde damals nicht gesprochen, die verstanden sich von selbst, darauf kam es nicht an, die Partei war nicht reich, sie zahlte in der Höhe eines Facharbeiterlohnes. Also bekam ich weniger, netto kamen 380 Mark heraus. Allerdings war das Kantinenessen billig und qualitativ mit den ewigen Nudeln mit Tomatensoße ohne Fleisch in der Mensa nicht zu vergleichen, und der Koch gab dem »spacken Studenten« immer einen Nachschlag dazu. Leider aß ich all diese guten Dinge, und mit dem ungewohnten Sitzen machte es mich nach und nach fülliger.

In der Landesleitung war ein Personalwechsel zu beobachten, wozu auch meine Einstellung gehörte. Der Leiter der Kulturabteilung, Carlfriedrich Wiese, mußte als Sekretär für Westarbeit zum Kulturbund nach Berlin. Er war als Bohemien, der ganze Nächte in der Kantine des Weimarer Nationaltheaters zubrachte und mit vielen Damen des Ensembles gut bekannt war, auch nicht der gewünschte Typ des Parteiarbeiters. Die klugen Bemerkungen dieses Rheinländers aber, ich glaube, er stammte aus Köln, haben wir alle sehr geschätzt. Ich staunte nur, welch spritzige Dialoge er sich mit Heinz Möller bei unseren Arbeitsbesprechungen lieferte. Doch auch Heinz Möller verließ uns. Als Flieger in der Naziluftwaffe, der im Flugzeug eines Generals Waffen für die dänische Widerstandsbewegung transportiert hatte und dafür zum Tode verurteilt, war er einer der wenigen Fachleute des Flugwesens, von der Ausbildung her ein Ingenieur, und niemand wunderte sich, daß ihn die im Aufbau befindlichen Luftstreitkräfte holten.

Aber auch in den anderen Bereichen und in den Kreisleitungen brodelte es. Heinz Möller sagte, es seien Genossen wegen bestimmter Unregelmäßigkeiten abgelöst worden, aber auch er wußte nichts bestimmtes. Doch eines Tages sah ich Otto Sepke über den Flur gehen und mit ihm einen unbekannten, untersetzten Mann mit Glatze. Es war Erich Mückenberger, der als neuer 1. Sekretär vom ZK vorgeschlagen war, ein ehemaliger Sozialdemokrat aus Chemnitz. Freudig ging ich auf Otto Sepke zu und wollte mich mit ihm aussprechen, wie er es beim Abschied in Greifswald angeboten hatte, aber er winkte nur ab und sagte: »Leider keine Zeit, der Mist muß ausgeräumt werden. Hast du was Ernstes? Nein, dann mach's gut. Hast du was Ernstes, kannst du mich anrufen.«

Dasselbe sagte auch mein neuer Chef, Erich Mückenberger, der jetzt – Mitte der neunziger Jahre – nach dem Willen eines aus westlichen Gefilden hereingeschickten Staatsanwalts vor ein Gericht soll, damit die Gerechtigkeit in Deutschland hergestellt werde. Er war kein Scharfmacher, eher ein weichherziger Mensch, etwas überfordert für seine Funktionen im Politbüro, nicht rechtzeitig abgetreten, wie alle aus der ersten Generation, die die DDR mit aufgebaut hatten.

Jetzt aber muß Friede sein, innerer Friede. Ost und West müssen miteinander auskommen. Ein paar verbiesterte Nischenbewohner, was meistens heißt, daß sie der Kirche zuneigten und sich ausgeschlossen fühlten oder es auch wirklich waren, dürfen die Spannungen nicht weiter schüren, hysterische Anfälle und verklemmter Rachedurst wirkten für alle, die in der DDR ihre Heimat gesehen haben, nur peinlich.

Vielleicht sollten sich die Angestellten der großen Gerechtigkeitsbehörde, die mit der Verwaltung der Akten eines überdimensionalen, bürokratisierten Geheimdienstes gut beschäftigt und bezahlt sind, einmal mit dem Abschluß des Friedensvertrages von Münster und Osnabrück befassen. Der Westfälische Frieden wurde in drei Jahren ausgehandelt, ab 1645 bis 1648. Dann war es soweit, daß alle 365 Fürstentümer und selbständigen Staatseinheiten in Deutschland, die am Krieg beteiligt waren, den Satz unterschrieben, »daß alle vor und im Kriege mit Wort und Schrift und Tätlichkeiten zugefügten Beleidigungen, Gewalttaten, Feindseligkeiten, Schäden und Unkosten, gänzlich getilgt sind ... und in Ewigkeit vergessen und begraben seien«. Alle weiteren Ansprüche des einen gegen den anderen seien nichtig.

Der Kalte Krieg dauerte mehr als vierzig Jahre. In einem idiotischen Wettrüsten, das die Menschheit mehrfach an den Rand eines Atomkrieges oder gar Sternenkrieges gebracht hat, sind die Auseinandersetzungen an der Grenze der beiden Systeme in Europa glücklicherweise, historisch gesehen, im Großen und Ganzen friedlich verlaufen. Hysterie ist unangebracht. Die DDR ist nicht die Erfinderin des Kalten Krieges, das muß jeder einsehen. Wie will man mit der Altlast in das neue Jahrhundert? Will man die Entscheidungen politisierenden, als Racheengel oder Demagogen auftretenden Pfaffen überlassen oder hält man sich an die Erkenntnisse des unbestechlichen Platon, der meinte: »Der höchste Grad von Ungerechtigkeit ist geheuchelte Gerechtigkeit.«

Unter der neuen Leitung in der Thüringer SED ging es korrekt zu. Die Partei konnte und wollte sich keine Skandale leisten, wie ich überhaupt feststellen muß, daß Finanzangelegenheiten zum Beispiel nach allen gültigen Regeln der Buchhaltung abgewikkelt wurden, Korruption war unbekannt. Die Gehälter blieben bescheiden, an westlichen Maßstäben gemessen, waren sie gering, aber das traf für alle zu, die DDR war niemals reich, leider taten die Regierenden in den letzten Jahren unter Honecker so, aber sie lebten auf Pump, nach dem Grundsatz: Wer heute keine Schulden macht, bekommt keinen Kredit. Manchmal hat man den Eindruck, daß die heutigen Staatsfinanzen auch so verwaltet werden. Jede Art von Schulden wird auf das Konto der Einheit geschrieben, wobei die Beweise niemals angetreten werden.

Überhaupt ist es üblich geworden, jeden Artikel, jede Sendung einschlägiger Art mit einem Tritt gegen das Schienbein der DDR zu versehen. Leute sprechen von den 40 Jahren, als seien sie eine feststehende Größe, obwohl sie selber vielleicht gerade dreißig sind. Die ahistorische Betrachtungsweise ist erlaubt und wird von den wenigsten Chefredakteuren beanstandet, und so verkommt der aufklärerische Journalismus, dessen vornehmste Aufgabe einmal das Hinterfragen, die Suche nach den Ursachen für Entscheidungen und Entwicklungen gewesen ist.

Wolken am ideologischen Himmel

Es ging mir zum erstenmal so, wie später noch öfter, ich wurde ohne weitere Prüfung ins Wasser geworfen, ohne Vorwarnung vor ungewohnte Aufgaben gestellt, die für einen erfahrenen Menschen schon kompliziert gewesen wären. Dazu gehörte am Sonntag ein Anruf von Heinz Möller, ich solle zu Gerda Saalfeld in die Wohnung gehen und ihr mitteilen, die Organisation, der sie vorstand, die Volksbühne, hätte ihre Arbeit eingestellt. Das sei ein Beschluß der Partei. Die bisherigen Aufgaben würden von den Gewerkschaften übernommen.

Gerda Saalfeld lebte allein und freute sich, daß sie Besuch bekam und lud mich zum Kaffee ein. Als ich ihr aber schonend, wie ich meine, die schlimme Nachricht überbrachte, saß sie wie erstarrt und sagte nur, als sie der pfeifende Wasserkessel mahnte: »Nun kommt das sowjetische System auch über uns.« Darüber hatte ich noch nicht nachgedacht, kannte ich doch die Zusammenhänge nicht. Ich ging nachdenklich weg, aber nicht, ohne sie für den nächsten Tag in die Landesleitung bestellt zu haben, um über die Abwicklung der Organisation zu sprechen und für ihren künftigen Einsatz zu sorgen.

Gerda Saalfeld hatte recht: In Moskau hatte es Diskussionen, genauer gesagt gezielte Angriffe auf Kunst und Wissenschaft gegeben. Eine Oper von Muradeli, den kaum jemand kannte, war kritisiert worden, die Musik sei nicht volkstümlich genug. Dahinter aber stand nicht die Sorge um die Oper, sondern der Angriff auf die bedeutendsten Komponisten des Landes, Schostakowitsch und Prokofjew. Der eine war direkt schwer anzugreifen, war er doch im Krieg, mitten im belagerten Leningrad, vor die dortige Philharmonie getreten und hatte seine »Leningrader Symphonie« aufgeführt. Prokofjew war aus dem Westen zurückgekehrt und in dieser Beziehung eine der wenigen Ausnahmen. Im allgemeinen war die künstlerische Intelligenz nach der Oktoberrevolution in Frankreich, England oder Amerika geblieben und wegen ihrer revolutionären Formsprache zu Weltgeltung gelangt, wenn man nur an Igor Strawinsky oder Marc Chagall denkt. Und darum ging es. Diese Kunst des 20. Jahrhunderts sollte nicht das künstlerische Schaffen in der Sowjetunion bestimmen, sie sei nicht volkstümlich, eben formalistisch und daher verdammenswert. Gefragt war ein volkstümlicher Realismus. So lautete denn auch die falsche Fragestellung »Formalismus oder Realismus«, und danach wurden auch die Künstler eingeteilt, in Formalisten und Realisten. Auch in der Presse tauchten entsprechende Artikel von Leuten auf, die niemand kannte, sie waren unter Pseudonym geschrieben. Zuerst scherte es die Künstler nicht, aber dann waren sie doch sehr beunruhigt.

Ähnlich erging es Wissenschaftlern. Der Kopf der sowjetischen Philosophie, Alexandrow, hatte ein Hochschullehrbuch vorgelegt, das von der Parteikritik in der Luft zerrissen wurde. Es sei kosmopolitisch angelegt und berücksichtige die spezifische russische Entwicklung nicht. Nun begann die Beweisführung, daß seit Peter dem Großen, und auch schon davor, alle wesentlichen Entdeckungen und Erfindungen in Rußland gemacht worden seien. Die Verdammung des Philosophen, der die Unterstützung seiner namhaften Kollegen gefunden hatte, erfolgte bereits 1947, die des Komponisten bereits 1948.

Jetzt, wo die SED sich zu einer »Partei neuen Typus«, das heißt zu einer Partei Stalinschen Typus, entwickeln sollte, gehörte dazu, daß sie sich auch den Entwicklungen in der Sowjetunion und den Volksdemokratien anpaßte. Das war jedoch nicht so einfach, hatte doch Stalin selbst in den Aufruf der KPD im Juni 1945, mit dem ihre Zulassung offiziell mitgeteilt wurde, den Satz geschrieben, daß für Deutschland das Sowjetsystem nicht geeignet sei.

In diesen ersten Jahren waren die Kulturinstitute des neuen Staates gegründet worden. Nunmehr begann die Periode, in denen die Individualisten zentral geleitet und verwaltet werden sollten. Die besten von ihnen waren in der Akademie der Künste versammelt, die Nationalpreise 1949 und 1950 fielen zumeist an die richtigen Leute, aber es waren auch schon andere darunter, die aus Proporzgründen gerühmt werden mußten.

Nun aber, Anfang 1952, beschäftigte sich das Zentralkomitee der SED mit der sowjetischen Fragestellung auf seinem 5. Plenum: »Der Kampf gegen den Formalismus in Kunst und Literatur, für eine fortschrittliche deutsche Kultur.« Der Nachsatz war von Wilhelm Pieck eingebracht worden, denn wenn man wogegen ist, muß man auch sagen, wofür man ist. Für eine fortschrittliche Kultur waren die Antifaschisten, Demokraten und Sozialisten unter den Künstlern schon in den zwanziger Jahren gewesen und hatten es in den dreißigern bewiesen. Die Arbeiterparteien verfügten nicht über eine detaillierte Kulturpolitik, ihr nahestehende Künstler und Wissenschaftler waren sowieso links eingestellt und folgten den Bemühungen, die Tore zu Bildung und Kunst weit zu öffnen und unterstützten in dieser Beziehung den Kurs der beiden Parteien.

Nun aber sollte es um Prinzipien gehen, die ihnen vorgeschrieben wurden. Im Vorfeld hatte Brecht bereits geäußert: »Das Volk ist nicht tümlich« und damit das Signal für die Diskussion gegeben. Und so war es auch beinahe peinlich lustig, daß ein Mann namens Rodenberg ihm nahelegte, wie er zu schreiben hätte. Auf so etwas antwortete Brecht gar nicht, hatten doch er und Dessau vor der Uraufführung ihrer Oper »Das Verhör des Lukullus« lange Diskussionen durchgestanden, und als sie mit Wilhelm Pieck, der die Rolle des Moderators übernommen hatte, in freundschaftlicher Atmosphäre zusammenkamen, sorgte Wilhelm für die Premiere, während sie einige kleine Änderungen vornahmen und sich für die Hinweise öffentlich bedankten. Sinnigerweise fand das Ereignis am Abend dieser Tagung statt, vorbereitete Gegenpositionen konnten sich nicht durchsetzen. Auf der Tagung hatte Arnold Zweig, der Präsident der Akademie der Künste, auf das Verderbliche der angestrebten Position hingewiesen und für diesen Fall seine Sympathien aufgekündigt.

Durch die Erfahrung Wilhelm Piecks, der genau wußte, daß ohne die Schöpferlust der Künstler nichts Erstklassiges entstehen konnte, daß mit Angriffen das Bündnis zerstört würde, stieß der stalinistische Angriff ins Leere. Fünf Wochen später verlief der »Kongreß junger Künstler«, auch durch den Einfluß Stephan Hermlins in der FDJ und damals noch auf Honecker, unter der Losung: »Für eine wahre, humanistische, neue, demokratische Kultur«, und die Entschließung lautete: »Unsere Kunst dient dem Frieden.« Darauf konnten sich alle verständigen.

Heinz Möller verhielt sich zu diesen Diskussionen rein pragmatisch: »Wir bereiten die Weltfestspiele vor, und du mußt nicht über des Kaisers Bart diskutieren, sondern gute Leistungen organisieren.«

Das taten wir, Ernst Zielke von der Landesleitung der FDJ und ich, schon seit Wochen. Die thüringische Kulturdelegation stellte ein Programm auf die Beine, so aufgebaut, daß auch die einzelnen Gruppen selbständig einen ganzen Abend bestreiten konnten. Wir waren ständig in einem alten DKW unterwegs, er zog uns treu über die Berge, von Neuhaus am Rennsteig bis ins Ensemble von Sömmerda, von der Harzer Jodelgruppe über Weimar und Jena bis nach Greiz. Am schwersten fiel die endgültige Auswahl, und als wir in Berlin die mit Luftmatratzen und Strohschütten ausgestatteten Dachböden in Friedrichshain bezogen, befanden wir uns im guten Einklang mit den vielen Laienkünstlern. Wieviel Lieder sind entstanden, Armin Müller und Günter Fredrich schrieben »Im August blüh'n die Rosen ...« in kalter Februarkälte, so daß in der Fredrichschen Küche immer wieder die Finger aufgewärmt werden mußten. Für die Zimmer reichte die Heizung nicht. Wieviel Töne wurden von den Pädagogen der Theaterhochschule in Weimar eingeübt, wieviel Arrangements geschrieben für das Hochschulorchester und die kleinen Instrumentalgruppen. Nichts war uns damals unmöglich, wir hatten die Unterstützung aller potenten Künstler, ohne Einschränkung, aus Überzeugung vor allem, nicht weil mit der Kulturverordnung über die Förderung der wissenschaftlichen und künstlerischen Intelligenz die materiellen Bedingungen sehr verbessert wurden.

Gisela und ich hatten im Mai 1951 geheiratet, ein Kind war unterwegs. In ihrem kleinen Dachzimmer am Stadtrand oder in meiner Barackenstube war ein Familienleben kaum zu führen, eine Wohnung mußte her. Obwohl ich von meiner Gewerkschaftsleitung einen Brief, der die Dringlichkeit bestätigte, erhielt, interessierte das auf dem Wohnungsamt niemanden. Da erinnerte ich mich an meine alte Methode, nahm mir zwei Tage Urlaub und setzte mich in das Wartezimmer des Wohnungsamtes. Als abends geschlossen wurde, weigerte ich mich zu gehen und verließ das Haus erst, als mir versprochen wurde, am nächsten Morgen als erster noch einmal vorgelassen zu werden.

In diesem Gespräch rief der Sachbearbeiter bei Heinz Möller an und beschwerte sich über das unbotmäßige Verhalten. Doch mein Vorgesetzter fand keinen Tadel daran und unterstützte den Antrag der Betriebsgewerkschaftsleitung. Da aber keine Zuweisung erfolgte, setzte ich mich wieder in den Warteraum. Am Abend kam der Sachbearbeiter und schlug einen Wohnungstausch vor, wenn der Mieter, um den es sich drehte, einverstanden wäre. Das aber müßte ich bewerkstelligen. Sofort lief ich in die angegebene Wohnung, direkt an den Blumenfeldern der Saatzuchtbetriebe gelegen. Ein alter Mann saß in einer Zweieinhalb-Zimmer-Wohnung mit Küche und grämte sich um den Tod seiner Frau. Seitdem hatte er nicht aufgeräumt, weder abgewaschen noch gefegt. Er wollte zu seiner Tochter, die ihn aufnehmen würde, wenn sie ein Zimmer dazu bekäme. Das war für das Wohnungsamt annehmbar, und so war allen geholfen.

Ein Umzug war nicht schwierig, wir hatten außer etwas persönlichem Kram fast nichts. Die Möbel unseres Vormieters waren alt und verbraucht, er ließ sie für uns stehen. Doch es mußten neue her. So ging Gisela zum Kulturfonds, fragte, ob wir einen Bezugsschein erhalten würden und einen Kredit dazu. Man bestellte mich in die Personalabteilung und blies mir den Marsch, wieso wir einen Antrag beim Kulturfonds gestellt hätten. Ich antwortete nur: »Weil wir Möbel brauchen und sie nicht bezahlen können, denn mein Gehalt ist unter aller Kanone.« Der Personalreferent nahm das Telefon, rief beim Kulturfonds an und sagte: daß sich die Parteileitung zu solchem Ansinnen nicht äußern würde, sie beschäftige sich nicht mit Möbeln ihrer Mitarbeiter. Eines Tages flatterten der Bezugsschein und der Kreditvertrag ins Haus, und wir haben die Möbel noch heute in der Familie. Viele Jahre stotterten wir in 50-Mark-Portionen den Kredit ab.

Solcherart waren die Privilegien, die gegenwärtig eine Rolle spielen.

Grundlagen des Sozialismus

Über Sozialismus wurde kaum gesprochen, manchmal fiel der Begriff in einer Schulung, aber er blieb abstrakt, denn dieser angestrebte Gesellschaftszustand schien in unendlicher Ferne zu liegen. Deshalb wirkte der Beschluß der 2. Parteikonferenz der SED im Sommer 1952 über den Aufbau der Grundlagen des Sozialismus höchst überraschend. Es schien zuerst um den Aufbau des Sozialismus auf dem Lande zu gehen. Da durch den Wegzug von Großbauern nach dem Westen, Republikflucht genannt, erhebliche Flächen unbewirtschaftet blieben, mußte etwas geschehen, um sie zu bewirtschaften. Erste Genossenschaften waren bereits entstanden, eine Form des Wirtschaftens, die seit dem vorigen Jahrhundert bekannt war, allerdings meistens als Handelsgenossenschaften, jetzt ging es um kollektives Wirtschaften, um die Steigerung der Produktion, einen ersten Schritt zur Großraumwirtschaft.

Aber natürlich ging es nicht nur um die Landwirtschaft. Die bisher geltende Länderstruktur war zu unübersichtlich geworden, die Länderfürsten, wie die spöttische Bezeichnung lautete, waren oft ungebärdig und verwiesen auf die Besonderheiten ihrer Bedingungen. So beschloß die Parteikonferenz, die Gliederung der Länder in Bezirke, Berlin galt ebenfalls als ein Bezirk, die Anzahl der Kreise erhöhte sich von 132 auf 217. Die Ländernamen blieben zwar erhalten, auch weil es die Länderkammer noch gab (bis 1958), die Länder aber verloren völlig ihre politische Bedeutung. Durch die Bezirksverwaltungen sollten die Vorgänge in den Kreisen genauer beobachtet und gesteuert werden. Eine große Umschichtung begann. Die kommunalen Verwaltungen, der Apparat aller Parteien und Organisationen mußte erweitert werden und bald an anderen Orten arbeiten.

Das betraf auch uns.

Nachdem unsere Familie ein Jahr in unserer erkämpften Wohnung gelebt und wir unseren Sohn aus dem Gröbsten heraus hatten, mußten wir nach Gera umziehen. Für Gisela bedeutete das einen viel weiteren Weg zu ihrer Schule als bisher. Für mich blieb in etwa alles gleich, ich wurde allerdings zum Abteilungsleiter für Kultur befördert. Wenn man von dem Umstand absieht, daß man viele neue Menschen kennenlernen mußte, sah die Arbeit in Gera ähnlich wie in Erfurt aus. Allerdings war ich nunmehr auch für die Volksbildung verantwortlich. Da ich Lehrer war, hielt man das für eine gute Voraussetzung für die Leitung der Abteilung, die beide Gebiete umfaßte. Ende des Jahres zogen wir in eine Genossenschaftswohnung auf dem Galgenberg, in eine angenehme Wohngegend, nicht weit vom Zentrum entfernt.

Von Sozialismus wurde auch weiterhin wenig gesprochen. Es ging um die Leistungssteigerung an den Schulen, um ein anspruchsvolles Kulturleben, um den Aufbau von Strukturen des Kulturlebens auf dem Lande, wobei die entstehenden LPG auch Zentren für das Kulturleben ihrer Umgebung sein oder werden sollten. Hin und wieder wurden große, zu große Kulturhäuser auf dem Lande gebaut, nötiger wäre der Ausbau der Dorfkneipen und ihrer Tanzsäle gewesen. Aber so stark waren die LPG noch nicht überall, obwohl der Staatsapparat angemessene Unterstützung gab. Die Bezeichnung »Apparat« für Verwaltung kam übrigens aus dem Russischen und war wörtlich gemeint, und wie die Gewerkschaften als Transmissionsriemen der Partei zur Klasse bezeichnet wurden, so fiel den anderen Massenorganisationen die gleiche Aufgabe zu. Auch das Wort »Masse«, eigentlich als Sammelbegriff für die unüberschaubare Masse der Bauern in Rußland gebraucht, stand immer wie ein Fremdkörper in der politischen Landschaft. Das einheitliche Grundprinzip lautete, daß diese Organisationen durch die in ihnen tätigen Parteimitglieder geleitet würden.

Mein 1. Sekretär war Otto Funke, der frühere 1. Sekretär der FDJ in Thüringen, ein etwas spröder Mann, der aus einer antifaschistischen Familie in Köln stammte. Ein Bruder war hingerichtet worden, Otto hatte eine Haft hinter sich. Unermüdlich saß er mit den einzelnen Sekretären und Abteilungsleitern und sprach über die neuen Verhältnisse und die neuen Aufgaben. Hier war die zweite Generation versammelt, Funke gehörte mit seinen 35 Jahren zu den »Älteren«, die noch gegen den Faschismus gekämpft hatten. Wenn es klappte, fuhren wir am Wochenende nach Saalburg in ein Erholungsheim an der Bleiloch-Talsperre. Wir wanderten, sangen am Lagerfeuer und lernten uns auch persönlich näher kennen.

Manchmal waren Robert Lehmann und seine holländische Frau dabei. Als junger Genosse war er einer der wenigen überlebenden Berliner Delegierten des VII. Weltkongresses der Komintern und der Brüsseler Konferenz, hatte in Amsterdam in einer Dachkammer des Nazileiters überlebt, wo ihn seine damalige Verlobte, die im Auftrag der Partei dort als Hausangestellte arbeitete, versteckt hielt. Lehmann wurde als Propagandasekretär der KPD in Niedersachsen abgelöst, weil man ihm in der Affäre um Kutschi-Müller, einem der Versuche, die KPD von innen zu zersetzen, Vorwürfe machte und deshalb in die DDR holte. Ohne Genaueres zu wissen, erhielt ich noch in Erfurt den Auftrag, ihn und seine Familie in Schierke abzuholen. Er wurde über den sogenannten Heringsweg, eine alte Schmuggelstraße am Fuße des Brockens, gebracht. Als ich sie empfing, lag auf seinem Arm der schlafende Sohn Paul. Er war völlig durcheinander und saß später in der Schule apathisch da, ohne sich am Unterricht zu beteiligen. In Hannover hatte man ihn in der Schule ausgegrenzt und als Kommunistenbalg beschimpft. Nun verstand er nichts mehr, denn hier bemühten sich alle um ihn. Da Lehmanns zunächst in der Thüringer Kunstkommission Arbeit bekamen, zogen sie nach Erfurt, und Gisela übernahm kurzerhand Paulchen in ihre Klasse, in der er wohl ein halbes Jahr brauchte, um aufzutauen. Robert Lehmann war dann im Rat des Bezirkes Gera für Kultur zuständig.

Einen besseren Genossen dort konnte ich mir nicht wünschen. Phantasiebegabt, bescheiden, immer korrekt, aber herzlich zu seinen Partnern, vertrat er aufs Beste den Staat. Trotz schwieriger Lebensumstände hatte er sich seinen Optimismus bewahrt und vertraute seinen Lebenserfahrungen. Wir arbeiteten ohne Probleme, auf Zuruf miteinander. Später traf ich ihn als Vorsitzenden der Pionierorganisation wieder.

Bei dem vielen Neuen, das die tägliche Arbeit im Bezirk brachte, bemerkte ich nicht gleich, daß sich nach und nach ein unguter Kommandoton einschlich. Auf Konferenzen und Arbeitsberatungen wurde nur noch wenig diskutiert und um die besten Lösungen gerungen, die Diskussion bestand zu großen Teilen nur noch aus Erfolgsberichten und Zustimmungen zu den Auffassungen des Referenten. Die Durchführung der Beschlüsse von oben, und es gab jede Menge davon, trat an die Stelle eigener

Initiative. Natürlich hieß es, man solle die Beschlüsse schöpferisch anwenden, aber darunter konnte man alles oder nichts verstehen. Aber ich hatte durchaus Debatten erlebt, zum Beispiel auf dem sogenannten Münchener Parteitag der KPD, der in Weimar stattfand, wo ich zum Organisationsstab gehörte und für das kulturelle Rahmenprogramm verantwortlich war. Mit meinem Ausweis kam ich in die Weimar-Halle, das Tagungslokal. Einen ganzen Nachmittag lang ging es darum, ob ein Kommunist die von den Führern der Gewerkschaften geforderte Zumutung unterschreiben solle, sich in der Gewerkschaft nicht politisch zu betätigen. Die Meinungen waren gespalten, die Zeit verstrich. Am Abend war eine Theateraufführung vorgesehen, was aber niemanden kümmerte, die Diskutanten verbissen sich in Für und Wider. Als Delegationsleiter der SED war der Vorsitzende der Zentralen Parteikontrollkommission, der ehemalige KPD-Funktionär Hermann Matern, anwesend. Er wurde aufgefordert, seine Meinung zu sagen. »Wenn Ihr nicht unterschreibt, dann wirft man euch aus den Gewerkschaften, wie wollt ihr dann an die unpolitischen Arbeiter herankommen, um die Auffassungen der Kommunisten, zum Beispiel in Arbeitskämpfen, bekanntzumachen? Unterschreibt ihr, dann könnt ihr euch immer auf die Demokratie in der Gewerkschaft berufen, die euch erlaubt, eure Meinung zu sagen, ohne daß man euch unterschieben kann, ihr hättet ›politisch‹ gearbeitet und die Beschlüsse unterlaufen. Für einen Kommunisten ist alles politisch. Also, unterschreibt.« Damit war der erste Versuch, die Kommunisten auszuschalten, abgeschlagen.

Nach dem arbeitsreichen Tag und dem reichlichen Abendbrot ging es ins Deutsche Nationaltheater. Gegeben wurde das Stück des österreichischen Kommunisten Ernst Fischer »Der große Verrat«, das sich mit dem Abfall Titos von der Komintern beschäftigte und ihn natürlich als von den Imperialisten mit Hilfe schöner Agentinnen gesteuerten Lumpen verteufelte. Eine Sprechblase folgte der anderen, und jede machte die Delegierten noch schläfriger. Lieber hätten sie noch ein Bier getrunken und sich dann ausgestreckt. Und so kam es, wie es kommen mußte, der Körper nahm sich sein Recht. Als am Ende des 1. Aktes der Agent feststellte: »Es fängt an, interessant zu werden«, schlief der Parteitag. Erst als einige zu klatschen begannen, wachten die Delegierten auf und klatschten erwartungsgemäß mit, wenn auch etwas verlegen. Anstatt die Vorstellung abzubrechen, wurde sie bis zum bitteren Ende fortgesetzt. Doch alles schlief, so daß niemand mehr den peinlichen Schluß, daß sich das Volk gegen den Verräter Malabranca (Tito) wandte, ansehen mußte.

Lange nach Mitternacht endete der Arbeitstag. Mein Abteilungsleiter Heinz Möller und ich saßen noch ein wenig in der Theaterkantine und wollten den Schauspielern für ihren disziplinierten Einsatz danken, aber sie waren sehr amüsiert und gar nicht beleidigt, daß man ihre Arbeit so mißachtet hatte. Sie meinten nur, das wäre zu erwarten gewesen, es läge nicht an der Übermüdung, sondern am müden Stück, die Inszenierung des neuen Intendanten Karl Kayser sei auch nicht besser gewesen, also wäre das Schicksal dieses Stückes abzusehen. Und so kam es, der »Große Verrat« erlebte nur wenige Vorstellungen.

Trotz aller Schwächen, dieses Stück hatte meinen Weg mitbestimmt. Im Frühjahr 1952 wurde ich zu Erich Mückenberger bestellt. Er hatte gedämpfte Laune, ganz gegen seine sonstige heitere Natur. Auf dem Tisch lagen zwei Papiere. In einem Fernschreiben stand die Anforderung, ich solle mich bereithalten und auf meine Einberufung hin mich in Stralsund melden. »Du sollst Politchef der Volkspolizei/See, also der kommenden Marine werden. Du kommst doch von der Kriegsmarine?« Das mußte ich natürlich bejahen, aber ich verwies auf meine geringe Dienstzeit. »Das wird die in Berlin nicht beeindrucken, sie haben keine Leute. Und was machen wir? Wiese, dann Möller, nun du, wer soll hier arbeiten?« Und damit nahm er den zweiten Brief in die Hand. »Beim Parteitag (der KPD) in Weimar sollen wir ein kulturelles Begleitprogramm vorbereiten. Den Auftrag übernimmst du! Fang gleich damit an! Und wie stehst du zu dem Einsatz beim Militär?« Ich antwortete, daß ich nach dem Krieg und auch jetzt noch Militärdienst ablehne. »Und die Wiederbewaffnung im Westen stört dich nicht?« O ja, sie störte mich sehr, und nicht nur mich, aber der Frieden müsse durch Politik erzwungen werden. Da lachte er und fragte: »Siehst du Verhandlungsbereitschaft irgendwo?«

Nein, Verhandlungsbereitschaft war nirgends zu bemerken, im Gegenteil. Jede Seite schob der anderen die Schuld für die

Wiederaufrüstung zu. Doch bei uns verfügte man nicht über eine Militärbereitschaft wie im Westen, wo die früheren Wehrmachtsoffiziere sich meldeten, die Bundeswehr aufzubauen. Bei uns wirkte die Friedenspropaganda. Ich hatte es gespürt, weil ich als Instrukteur für die Parteiüberprüfung im Kreis Saalfeld eingesetzt war. Die Partei sollte von den in den ersten Nachkriegsjahren eingetretenen zufälligen Personen, die aus Karrieregründen Mitglieder wurden, gesäubert werden, zugleich suchte man nach Mitgliedern, die in westlicher Gefangenschaft irgendwelche Schulungen erhalten hatten und als potentielle Unsicherheitselemente galten. Es kam aber noch eine andere Aufgabe hinzu, die in diesem Falle die Instrukteure der Landesleitung zu erledigen hatten: mit Feldwebeln und Unteroffizieren, mit Leutnants und Oberleutnants mußte ein Zusatzgespräch ohne die übliche Kommission geführt werden.

So bestellte die Kreisleitung den betreffenden Personenkreis zu einem zweiten Gespräch, das ich mit der Frage begann: »Kannst du einen Karabiner achtundneunzig auseinandernehmen und wieder zusammenfügen?« Das konnte selbstverständlich jeder der betreffenden Genossen. Als ich fragte, ob sie es auch Rekruten beibringen würden, sagten alle »Nein«, denn sie hätten in der Gefangenschaft gelobt, nie wieder eine Waffe anzufassen. Dann begann meine Agitation, daß ein Staat eine Armee brauche, daß aber diese Armee ausschließlich zur Verteidigung gegründet würde. Allein für die Sicherung der Grenze im Kreis Saalfeld würden zwei Hundertschaften benötigt. Die Genossen stritten darüber nicht, aber sie erklärten, bei zwei Ausnahmen, daß sie mehrere Jahre in Krieg und Gefangenschaft zugebracht und sich heute eine zivile Existenz aufgebaut hätten. Die Gespräche wurden dann hier abgebrochen, denn die Armee sollte ausschließlich aus Freiwilligen bestehen. Es wurde aber eine besondere Karteikarte angelegt und für das Wehrkreiskommando vorbereitet.

Nun also war ich in derselben Lage. Man sah mich für ein Studium in Leningrad vor, nachdem ein vorbereitendes Praktikum auf Rügen absolviert werden sollte. Doch die Sache zerschlug sich ohne mein Zutun. Erich Mückenberger hatte seine Interessen mit den meinen verbunden, ich blieb im Land, wenigstens vorläufig.

Gera, mein neuer Dienstort, war die Hauptstadt eines ausgeprägten Industriebezirkes. Großbetriebe in den Kreisen Jena, Saalfeld, Rudolstadt, Zeulenroda, Greiz und in der Stadt Gera beschäftigten Arbeiter, die qualifiziert waren, doch der Landwirtschaft nach wie vor verhaftet, denn sie wohnten in der dörflichen Umgebung der kleinen Städte, fuhren jeden Tag in die Betriebe und erledigten nach Feierabend die Aufgaben in Hof und Stall. Da in diesen Jahren der Maschinenbau und die Textilindustrie als Großproduktion ausgebaut wurden, konnte nur die Landwirtschaft die nötigen Arbeitskräfte stellen, aber auch sie verlangte nach qualifizierten Kräften, denn Mechanisierung bei der Bodenbearbeitung war angesagt, und in den Ställen und auf den Weiden standen bereits die ersten Melkstände. Die Maschinen- und Traktorenstationen riefen die Mädchen auf, die Technik zu beherrschen, und überhaupt wurde den Mädchen der Zugang zu fast allen Berufen geöffnet, die Schwerarbeiten ausgenommen.

Das galt auch für die Wismut. Die Untertagearbeit blieb den Männern vorbehalten, und hier fragte man auch nicht lange nach Lebensläufen und Prüfungsdokumenten. Die riesigen Halden schoben sich immer weiter nach Gera heran, in Ronneburg waren sie schon angekommen. Hier hatten wir nichts zu suchen, die Wismut hatte eine eigene Parteiorganisation. Die Vorgänge in den Schächten blieben intern, allenfalls in die Kulturhäuser und Wismut-HO-Läden, die sehr gut versorgt wurden, kam die Bevölkerung. Die Wismut war ein Staat im Staate, und wenn sie offiziell erwähnt wurde, sprach man von der SAG, der Sowjetischen Aktiengesellschaft. Hier hatten nur die Russen das Sagen. Die deutschen Arbeitskräfte wurden gut bezahlt und versorgt, aber sehr wenig über die Gefahren der Strahlung des Gesteins aufgeklärt, viele setzten sich ohne Scheu auf die Kisten mit dem strahlenden Gestein und wunderten sich über die eintretende Impotenz bei Männern im besten Alter. Nach und nach verlor die Wismut das Image vom wilden Osten, die Bergleute wurden ansässig, da für sie bevorzugt Wohnungen gebaut wurden.

Überhaupt wurde in diesen Jahren das Mehrprodukt, das nicht für alle reichte, bevorzugt gesteuert. Für alle galten die periodisch einsetzenden Preissenkungen in den HO-Geschäften, aber die Lohnpolitik folgte dem entgegengesetzten Trend, sie erhöhte die Löhne und Gehälter bei den zur Zeit wichtigen Industriezweigen, was bedeutete, andere zu enttäuschen, obwohl auch sie gesellschaftlich unentbehrlich waren. Die Gewerkschaftsfunktionäre kamen in Erklärungsnot, sie wurden nicht als Interessenvertreter der jeweiligen Gruppen anerkannt, sondern galten als verlängerter Arm der Betriebsleitung, also des Staates. Dazu kam die Politik der Stoßarbeiter und -brigaden, aus der Sowjetunion, ein angeblich rettender Weg, die Arbeitsproduktivität durch die Aktivistenbewegung zustande zu bringen. Die vielbespöttelten Versuche der Bergmänner Hennecke und Franik, der Textilarbeiterin Luise Ermisch, des Drehers Rudi Rubbel und vieler anderer zeigten jedoch, was möglich war, wenn Leistungsprinzipien angewandt wurden. Trotz dieser richtigen Erkenntnis, vieler Bemühungen und beträchtlicher Propaganda ist es jedoch nie gelungen, funktionierende Anreize für die Erhöhung der Produktivität auf Dauer zu schaffen, da neue Ungerechtigkeit und Ungleichheit befürchtet wurde.

Das galt auch für die argwöhnische Betrachtung des Privatsektors, der in diesen Jahren noch beträchtlichen Umfang besaß. In der Leichtindustrie, der Konsumgüterproduktion, lag im allgemeinen die Qualität höher. Gern wurden die Textilien, Radioapparate, Polstermöbel und ähnliches aus privater Produktion gekauft. Sachsen und Thüringen bildeten die Zentren der Privaten. Diese Unternehmer waren keine Kriegsverbrecher oder Naziaktivisten gewesen, auf sie traf der Volksentscheid nicht zu. Aber nach und nach setzte sich die Behauptung durch, man könne die Produktion nicht effektiv planen, wenn es unterschiedliche Eigentumsformen gäbe. Die größeren Privatbetriebe wandelte der Staat in volkseigene oder halbstaatliche Betriebe um. Wenn es dabei nicht zu einer gesamtgesellschaftlichen Katastrophe gekommen ist, dann, weil die Betriebe gegen Entschädigung übernommen wurden und häufig die ehemaligen Besitzer als Betriebsleiter weiter tätig sein konnten. Für diesen Weg setzten sich die Blockparteien ein, sie besaßen in dieser Frage einen beträchtlichen Einfluß und betrachteten diese Klientel als ihnen gestattetes Betätigungsfeld, denn eigentlich waren sie in die Rolle von Claqueuren gedrängt worden. Die führende Rolle der Arbeiterklasse und ihrer Partei, der SED, bestand in der Praxis darin, daß alle gesellschaftlich relevanten Vorgänge von ihr entschieden wurden. Dieser Führungsanspruch verstärkte sich nach der 2. Parteikonferenz im Sommer 1952. Nicht auf einem Parteitag, sondern auf einer Parteikonferenz, die als statuarische Institution dafür geschaffen worden war, weitreichende Probleme zu diskutieren und das Bewußtsein in Partei und Gesellschaft für die Widersprüche zu schärfen, wurde eine Entwicklung eingeläutet, die bald ernste Folgen zeitigen sollte, da sie voreilig und wenig gestützt den Aufbau des Sozialismus ausrief.

Die Sowjetunion war dazu gefragt worden, aber sie hatte bis zu Konferenzbeginn nicht geantwortet. Die Konzentration auf die alles entscheidende Funktion Stalins, der schon krank und zunehmend untüchtiger wurde, lähmte die sowjetische Führung, so daß die Delegation unter Mikojan keinerlei fundierten Standpunkt zu der zu behandelnden Hauptfrage vertreten konnte. Zu Beginn der Konferenz blieb also die entscheidende Meinung der Sowjetunion aus. So lag alles in der Hand des Referenten. Walter Ulbricht sprach den entscheidenden Satz, und wie entfesselt sprang das in die Situation eingeweihte Zentralkomitee auf. Nun war noch möglich, daß eine Rüge aus Moskau eintraf, und daher fand am Abend des 11. Juli eine Zustimmungskundgebung statt. Wie brisant die Situation war, zeigte die Schlußrede Otto Grotewohls am Tag darauf, der davon sprach, daß die Berliner Arbeiterschaft gezeigt hätte, daß sie gewillt ist, den alten Traum der Arbeiterbewegung entschieden zu verwirklichen. Ein großer, selbständiger Schritt der SED war gewagt worden, nunmehr hätte sehr vorsichtig operiert werden müssen.

Verschärfung der Widersprüche

Alle Dinge haben ihre eigene Gesetzmäßigkeit, nach der sie sich entwickeln, um wieviel mehr gilt das für gesamtstaatliche Prozesse. In der deutschen Geschichte kann das seit dem Mittelalter in jedem Jahrhundert neu beobachtet werden, positiv oder negativ, und auch der Marxismus lehrt, daß sich die Entwicklung in Widersprüchen vollzieht. Aber wer möchte das schon? Am meisten verbreitet – bis heute – ist das Wunschdenken; die Illusion wird vor die Realität gestellt. Solange Stalin lebte, war es ein Ritual, sich auf ihn zu berufen, ein Wort von ihm in die Versammlung gestellt, ließ alle Fragen und Einwände verstummen.

Der Höhepunkt der Stalinverehrung, den ich erlebte, vollzog sich auf dem Berliner Schloßplatz. Im Vorfeld des 1. Deutschlandtreffens hatte es Vorbehalte von der Sowjetunion gegeben, ob die deutsche Jugend in der Lage sei, in einem neuen politischen Verständnis, in Abkehr von der Naziideologie, sich zu einer Großveranstaltung zu organisieren. Die SED-Führung wußte, daß die praktische Beantwortung dieser Frage für das weitere Schicksal der gerade gegründeten DDR von großer Bedeutung war. Die Sowjetunion besaß keine strategische Deutschlandpolitik, es war durchaus nicht entschieden, was mit dem Landstrich östlich der Elbe werden sollte, wenn genügend Reparationen gezahlt waren.

Im Grunde war ein Mißtrauen immer geblieben. Doch die Beobachter berichteten, daß sich das Treffen in geordneten Bahnen hielt, es wurde gesungen und demonstriert, gelacht und getanzt. So schickte Stalin ein Telegramm, in dem die Jugend der DDR als Erbauer eines neuen, friedliebenden Deutschland bezeichnet wurde. Dieses Wort war die eigentliche Gründungsurkunde der DDR. Wenige Tage vorher waren wohl die meisten der 700 000 jungen Leute auf dem Schloßplatz versammelt und erlebten ein ungewohntes, abendliches Schauspiel. Im Hintergrund hing an einem Fesselballon der Roten Armee ein riesiges, auf Seide gemaltes Porträt Stalins herab, angestrahlt von Armeescheinwerfern. Auf der Tribüne stand Erich Honecker, der Vorsitzende der FDJ, der eine Rede über die unverbrüchliche Treue der deutschen Jugend zur Sowjetunion im allgemeinen und zu Stalin im besonderen, über die Verbundenheit zur DDR und die Abschaffung des Imperialismus in der BRD als Voraussetzung für die Einheit Deutschlands hielt.

Die Lage hatte sich also geändert. Das Irrationale dieser Veranstaltung veranlaßte die Gruppe unserer Fakultät, auch Georg Klaus war im Viehwaggon mit nach Berlin gefahren, über die Linden zu gehen und in der Mensa der Universität eine Labung zu suchen. Ziemlich verwirrt diskutierten wir über den Schwur auf eine Person, was wir in der Nazizeit ja schon alle erlebt hatten. Einer machte noch den Versuch, einen prinzipiellen Unterschied zu finden, doch wir anderen winkten müde ab. Dieser Assistent war es auch, der mir auf meine Examensarbeit über »Die Wurzeln der Philosophie Max Wundts in Stamm und Rasse« ein »genügend« schrieb, weil ich nicht auf die Idee gekommen war, die Analyse der Wundtschen Schriften in Verbindung mit Stalin zu bringen. Allerdings hatte er mich noch vorher auf die Seite genommen und mir vorgeschlagen, das Versäumnis zu reparieren. Als ich aber ablehnte, schlug er den dogmatischen Weg ein.

Dieser Abend ist nicht nur bei mir haftengeblieben, sondern ganz sicher auch bei Honecker. Er fühlte sich seither immer daran gebunden, an seine im Unterbewußtsein gespeicherte einfache Wahrheit, nach der er sich immer gerichtet hat, die ihn hinderte, sich mit Gorbatschow zusammenzuschließen, als es vermutlich noch möglich gewesen wäre, innere Reformen in der Sowjetunion und in der DDR vorzunehmen. Mitte der sechziger Jahre waren sie an dem Rüstungskurs Breshnews gescheitert, der sich auf die neue kosmische Runde einließ, und Ulbricht mit ihm. In den siebziger Jahren aber, als von der Sowjetunion eine Abrüstungsinitiative nach der anderen ausging und die Welt wirklich veränderte, entstand Sprachlosigkeit. Hanna Wolf, Sekretärin Ulbrichts in der Komintern, Rektorin der Parteihochschule der SED und eine der übelsten Scharfmacherinnen gegen jede Art selbständigen Denkens, lief zu Dienstbeginn in der 2. Etage des ZK-Gebäudes mit der »Prawda« in der Hand herum und entrüstete sich ständig über die Auffassungen Gorbatschows, die sie für Honecker in Kurzform übersetzt hatte. Stalinismus ist ja nicht nur eine Form des Dogmatismus, er frißt die Menschen auf, und

Leute mit verbogenem Charakter, die in irgendeiner Form in dieses Gestrüpp gerieten, machten sich in ihrem Machtbereich zu Diktatoren.

Man nannte das bei jeder passenden Gelegenheit, ein richtiges Verhältnis zur Machtfrage herzustellen, und folgerichtig trat nach dem Beschluß der 2. Parteikonferenz der Aufbau der Armee und der Ausbau des Staatsapparates in den Vordergrund. Zur vormilitärischen Ausbildung wurde die GST (Gesellschaft für Sport und Technik) gegründet, ein Schwiegersohn Wilhelm Piecks wurde ihr erster Vorsitzender.

Das Fundament für diese Veränderungen, die Wirtschaft, erhielt dagegen unreale Aufgaben. Veranlaßt durch das Stahlembargo Westdeutschlands und den praktisch auf Null gesunkenen Warenaustausch zwischen Ost und West, wurde der beschleunigte Ausbau der Schwerindustrie, in der Politökonomie Abteilung I genannt, beschlossen. Neben den bedeutenden Reparationen, die im Machtbereich der Russen pünktlich und vollständig gezahlt werden mußten, was in erster Linie durch die Großbetriebe der SAG geschah, jedoch nicht nur dort, war ein praktisch neuer Industriezweig nicht aus dem Boden zu stampfen. Hierbei drehte es sich nicht um den Bau einer Wasserleitung, um die Maxhütte in Unterwellenborn besser zu kühlen, sondern um den Neubau von Stahlwerken auf grüner Wiese.

Bereits 1950 begann der Aufbau von Stalinstadt, dem Eisenhüttenkombinat Ost an der Oder, gegründet auf märkischem Sand, gespeist mit polnischer Kohle und ukrainischem Erz. Hierher und zu weiteren Stahl- und Walzwerken sollte nun der Löwenanteil an Investitionen fließen. Die anderen Bereiche wurden auf die Sparsamkeit verwiesen und auf die Reduzierung der Verluste, indem gute Arbeitsorganisation verlangt wurde. Doch es blieben trotz der Aktivistenmethode objektive Verluste, verursacht durch schlechten Fluß der Materialien, deren verspätetes Eintreffen so manchen Stillstand der Maschinen verantwortete. Verluste zogen zwangsläufig Subventionen nach sich, und diese wiederum verringerten die Investitionen. Es gab durchaus erhebliche Gewinne und Einsparungen, aber jede Planübererfüllung war nicht willkommen, sie konnte unabsetzbare Überproduktion bedeuten, deren Materialeinsatz unproduktiv war. Da die Marktregulierung fehlte, kam alles auf die Planung an, die eine Übereinstimmung zwischen Bedarf und Produktion herstellen sollte, was aber niemand schaffte. Sobald auf dem Papier die Pläne stimmten, griff die Praxis ein und verlangte gebieterisch Veränderungen, die logischerweise viele andere Änderungen nach sich zogen. Da jeder Betrieb nachweisen konnte, daß er dafür nicht der Verursacher war, wurden die Pläne korrigiert und stimmten auf diese Weise am Jahresende, obwohl wichtige Produkte einfach fehlten und objektiv Untererfüllung vorlag. Jeder kannte das, viele Leiter mißbilligten das, aber wie sollte man das ändern?

Auf ungezählten Sitzungen zerbrach man sich den Kopf darüber, wie der Plan dennoch erfüllt werden könnte, aber die entscheidende Ursache für die Mängel war, daß die Planung oben nicht stimmte und die Produktion ohne Reserven gefahren werden mußte. Dazu kamen viele andere Widersprüchlichkeiten. Fortgeschrittene Brigaden sollten zurückgebliebenen helfen. Waren die etwa dümmer? Wer läßt sich das schon gerne sagen? Wo es probiert wurde, kam dabei nur heraus, daß der Bonus der Besseren aufgefressen und für den Ausgleich der Verluste benutzt wurde. Gleichmacherei, äußerer Druck, Mißstimmung.

Dabei wurde dem Bewußtsein eine immer größere Rolle zugeschrieben, was sich daraus ergibt, daß bei Fehlen von Material – die DDR war ja ein äußerst rohstoffarmes Land, und die Handelsbeziehungen zu den östlichen Nachbarländern stimmten in der Praxis fast nie – der Einfallsreichtum der Arbeiter und Ingenieure als willkommener Faktor eingerechnet wurde. Und in der Tat: Anfänglich wurde sehr viel Initiative und Neuerertum an den Tag gelegt, verflachte aber mit der Zeit, denn die Entlohnung mit der Medaille und ein paar hundert Mark entsprach nicht den Erwartungen und der tatsächlich aufgewandten Mehrarbeit an Sonn- und Feiertagen, in den Nachtschichten.

In Mecklenburg und Brandenburg, den beiden gering industrialisierten Ländern, wurde buchstäblich alles aus dem Boden gestampft, was dort geschaffen wurde. Der Übergang vom landwirtschaftlichen Kleinbetrieb zum genossenschaftlichen Großbetrieb bedeutete neue Technik, aber die LPG hatten keine Investmittel erwirtschaften können, also gab es Steuerfreiheit und zinslose Kredite, die oft genug auch gestrichen wurden. Und es kamen die Politabteilungen in den MAS (Maschinenausleihstationen) dazu und damit das Hineinreden von Industriearbeitern in die Produktion auf dem Lande. Eine fragwürdige Rolle spielte dabei der weit propagierte Roman von Scholochow »Neuland unterm Pflug«. Er schildert den freiwilligen Einsatz eines kommunistischen Industriearbeiters aus Leningrad, der in ein Dorf gekommen ist, den Bauern zu zeigen, wie man ohne Kulaken (Großbauern) produziert. Dieses Buch und der gleichnamige Film unterstellen, daß die Arbeiterklasse, da sie im Bündnis mit der Bauernschaft führend, das heißt forschrittlicher ist, nun eben diesen Bauern, die zurückgeblieben sind, weil sie ein Stück Land besitzen, beibringen muß, wie man den Boden bestellt und das Vieh züchtet. Der erste Teil, 1932 geschrieben, sollte die ungeheuren Verluste, die durch die Vertreibung der Großbauern aus den Dörfern und ihre Verbannung entstanden sind, rechtfertigen, aber nun, da sich die Hungerkatastrophen, die darauf folgten, herumgesprochen hatten, waren die deutschen Bauern skeptisch und trauten den Lobpreisungen des Kollektivismus nicht.

In der DDR zog sich der Kollektivierungsprozeß von 1952 bis 1960 hin. In diesen Jahren ist der Vorteil der Großproduktion gegenüber dem bäuerlichen Familienbetrieb nicht nur propagiert, sondern auch bewiesen worden. Ende der fünfziger Jahre existierten in fast allen Dörfern Klein- und Großbetriebe nebeneinander. Dann verstärkte sich der Druck, alle Bauern in die Genossenschaft zu bringen. Mit Argumenten, aber auch mit unlauteren Mitteln wurden die zögernden Bauern tagelang bearbeitet, bis sie den Eintritt in die Genossenschaft unterschrieben, soweit sie nicht in den Westen gegangen waren. »De Appel is riep« hieß die Losung in Mecklenburg, die eine Etappe abschloß, in der die Bauern die Chance gehabt hatten, beide Arten zu beweisen.

In den fünfziger Jahren aber ging es mit den LPG im Ganzen gesehen in unserem Bezirk gut voran, die Gebirgshänge verlangten umfangreiche Viehzucht, und Fleisch brachte immer Geld, so daß der Wohlstand der Bauern wuchs. Die Arbeiter machten solche Erfahrungen nicht. Da sich außer einigen Verbesserungen in der Versorgung nichts Entscheidendes rührte, im Westen aber das Wirtschaftswunder einsetzte und die Produktion angekurbelt wurde, holten die dortigen Unternehmer qualifizierte Arbeitskräfte mit besseren Arbeitsverträgen in weitaus besser ausgestattete Betriebe. Ein nennenswerter Teil der unersetzbaren Facharbeiter mit Erfahrung und Improvisationsvermögen aus den Nachkriegsjahren verließ die DDR und zog noch zögernde Kollegen nach. Die offene Grenze wirkte. In den Betrieben traten deutliche Spannungen auf, Unwillen machte sich breit, der sich in Schlamperei und Nachlässigkeiten ausdrückte, und auch Sabotage zeigte sich, im Gegensatz zu heutigen Behauptungen, häufig in wichtigen Betrieben und Abteilungen.

Die Entwertung der DDR-Mark durch den Kurs 1:5 in den Berliner Wechselstuben ließ die Westberliner in einer HO-Gaststätte für ein Mittagessen etwa eine Mark zahlen, was versucht wurde, administrativ zu regeln, doch den Arbeitern blieb das Gefühl der Entwertung ihrer Arbeit und der Minderwertigkeit ihrer Produkte. Der psychologische Schock saß tief und wirkt bis 1989 und noch heute nach.

In dieser Lage begann die Parteiführung eine Diskussion über Sozialdemokratismus und verprellte damit die vielen ehemaligen Mitglieder der Sozialdemokratie. Otto Grotewohl, im allgemeinen geachtet wegen seiner moderaten Töne, hatte bereits das Referat über den »Weg der SED zur Partei neuen Typus« gehalten, eine Ansammlung lebensfremder Thesen über eine Kaderpartei, die aber die SED nicht war. Die Parität, der Doppelvorsitz der SPD-/KPD-Funktionäre bis in die Kreise hinunter, war längst aufgehoben und damit die sozialdemokratischen Funktionäre in der Regel auf andere Posten abgeschoben. Einigen unterschob man Beziehungen zum Ostbüro, was etwa gleichbedeutend mit Spionage war. Und nun noch die undefinierten Vorwürfe von Sozialdemokratismus, was jeden treffen konnte, nur weil er eigenwillig dachte. Als ob man beweisen wollte, daß das in Bonn gegründete Ministerium für gesamtdeutsche Fragen und das Ostbüro der SPD, Westberlin, der »Pfahl im Fleische der DDR«, und der Brückenkopfsender RIAS, der auch aus Hof sendete, die ideologische Situation kräftig mitbestimmten. Sicher war das der Fall, denn jedermann in der DDR, fast ohne Ausnahme, informierte sich auf beiden Seiten. In einer Versammlung sagte mir ein Genosse, als wir über das Hören von Westsendern diskutierten: »Wer sagt, daß er den RIAS nicht hört, lügt.« Niemand widersprach ihm.

Da kamen, wie bestellt für die Erzeugung neuer Schwierigkeiten, im Frühjahr 1953 verheerende Beschlüsse der Regierung, die zur Verschlechterung der Lebenslage für die meisten Menschen führten. Ein Kassensturz hatte ergeben, daß die Investgelder für die Pläne zum Ausbau der Schwerindustrie vorn und hinten nicht reichten, andere Quellen mußten fließen. Die Bevölkerung sollte die übereilten Beschlüsse finanzieren. Die Preise für Grundnahrungsmittel, die allerdings zu niedrig waren, wurden angehoben, darunter auch Marmelade und ähnliches. Die Verteuerung der Fahrpreise fiel ins Gewicht, denn viele hatten erhebliche Anfahrten zur Arbeitsstelle, die einschneidendsten Maßnahmen waren jedoch die administrativen Normerhöhungen. Bisher hatte es immer geheißen, daß Veränderungen der Normen niemals administrativ, sondern nur technisch bedingt vorgenommen werden sollten. Jetzt aber traf es alle, wenn sie auch an noch so veralteter Technik arbeiteten. Für das gleiche Entgelt mußte man nun auf jeden Fall 10 Prozent mehr arbeiten, teilweise aber auch 30 Prozent. Das war ein nicht vertretbarer Eingriff ins ohnehin schlecht gefüllte Portemonnaie. Überall, auch in der Bezirksleitung, zeigte sich Unverständnis für diese Maßnahmen, und niemand wollte in die Versammlungen, um den Schwachsinn zu erklären. Otto Funke, der Sekretär, gab uns mit auf den Weg, gegen jede Entstellung durch Administration zu sprechen, aber die Maßnahmen zu verteidigen. Diese Rechnung ging aber nicht auf, sie war ein Zeichen der Hilflosigkeit. In einer anberaumten Versammlung in der Werkzeugmaschinenfabrik Greiz ging es hoch her. Der Parteisekretär überließ die Erklärung dem Gewerkschaftsvorsitzenden, dieser aber stand nicht hinter dem, was er sagte, und schließlich verließ er sein Konzept, sprach zu den Kollegen, die ihn alle als einen der ihren kannten, einige persönliche Worte und stellte sein Amt zur Verfügung. Das aber wurde nicht angenommen, er solle gegenüber »denen da oben« die Meinung der Arbeiter vertreten. Was er denn machen solle? Plötzlich wurde ich angekündigt. Ich käme aus Gera und müsse es doch wissen. Mir blieb keine Zeit. Ich sagte, daß ich nichts von Werkzeugmaschinen verstünde, aber meine Frau kaufe auch im Konsum und daher wüßte ich, was passiert sei. Prinzipiell müßten im Staat, wie im Haushalt, Einkommen und Ausgaben sich decken. Schuldenmachen führe ins Verderben. Die Kluft solle nun geschlossen werden, aber auf Kosten der Arbeiter könne das nicht gehen, wenn auch zugegeben werden müsse, daß einige

Normen zu weich seien, andere dagegen zu hart. Hier sei zu arbeiten, und wenn mit Gleichmacherei gearbeitet worden sei, dann gäbe es nichts Einfacheres, als die falschen Maßnahmen zu korrigieren. Da aber allgemeine Konfusion herrsche, schlüge ich vor, die gleichmacherische Normerhöhung durchzurechnen und in Ruhe mit den Brigadiers zu besprechen. Bis dahin aber sollten die alten Normen gelten.

»Mensch, du hast uns gerettet«, sagte mir nachher der Parteisekretär, »nun rette dich auch, denn morgen steht das in der Zeitung, es war ein Redakteur da.« So kam es; ich war noch nicht im Hause, da rief Otto Funke nach mir: »Hast du das gesagt?« – »Ja.« – »Geht in Ordnung, das läßt sich alles nicht halten.« Ich war entlastet, aber die Partei stand durch die Dummheit ihrer Führung zum erstenmal mit dem Rücken an der Wand. Warum rührte sich Wilhelm Pieck nicht? Sein Wort wäre jetzt von Nutzen. Doch er war seit dem III. Parteitag in das zweite Glied getreten, zudem krank. Neben den Vorsitzenden Pieck und Grotewohl gab es jetzt einen Generalsekretär, der die laufenden Geschäfte leitete, und das war Walter Ulbricht. Die hastige Gangart zum Aufbau des Sozialismus war sein Werk.

Der 17. Juni 1953

Die innere Lage wurde immer unübersichtlicher, jeden Tag gab es neue Beschlüsse und Hinweise, Artikel und Schulungen. In meiner Abteilung war es noch am leichtesten, die Übersicht zu behalten. Schüler lernen nach einem Lehrplan, und die Erziehung ist ein quantitativ nicht meßbarer Prozeß. Es schien mir wichtig zu sein, für die Jugend am Nachmittag nicht nur Schularbeiten und Schulhort, sondern auch Spiel und Sport, Arbeitsgemeinschaften und Besuche in Theatern und Filmen zu organisieren. So kam mehr und mehr die Jugendorganisation zur Geltung, sie veranstaltete damals wenig Aufmärsche, bot aber ein umfangreiches Freizeitprogramm an. In dieser Beziehung hatte ich bei meinem Sekretär beste Unterstützung, der als ehemaliger Jugendfunktionär auf Helmut Müller, den FDJ-Vorsitzenden des Bezirkes, einen gezielten Einfluß ausübte.

Es war allerdings nicht so leicht, in diesem Industriebezirk in jeden größeren Ort künstlerische Veranstaltungen mit Niveau zu bringen. Die drei Theater – Gera, Greiz und Rudolstadt, alle mit Drei-Sparten-Betrieb – und die Sinfonieorchester in Jena und Saalfeld wurden nach der Auflösung der Volksbühne darauf orientiert, ergänzend zu den Abonnementsreihen auch verstärkt Abstecher zu fahren. Das erhöhte zwar die Kosten, denn die Säle in den kleinen Orten begrenzten die Zuschauerzahlen, doch das focht uns nicht an, Tanz und Tollerei genügten den sozialistischen Ansprüchen allein nicht. Die Kulturhäuser der Großbetriebe boten eine gute Basis, auch für die Bevölkerung zu spielen. Es gab dabei doch allerhand Probleme, die uns beschäftigten. Die Gewerkschaften, Träger der betrieblichen Kulturarbeit, stellten am Abend in der Regel die Arbeit ein. Nach der Vormittagsschicht wurden Versammlungen und ähnliche Veranstaltungen abgehalten, auch Feiern und Lehrgänge, aber am Abend fuhren die Betriebsarbeiter mit ihren Angehörigen nicht ein zweites Mal zum Betrieb, um einem Konzert zu lauschen. Und außerdem blieb das Problem mit den Kosten. Der Unterhalt wurde von den Gewerkschaften und aus dem betrieblichen Kultur- und Sozialfonds bestritten. Nun sollten diese Gelder nicht nur für die Betriebsangehörigen und ihre Familien eingesetzt, sondern auch für jedermann genutzt werden. In vielen Diskussionen überwanden wir die Verklemmungen. Die Kulturhäuser wurden die zweite, bald nicht mehr wegzudenkende Möglichkeit des Kulturlebens mit Ausstellungen, Theater, wenn die Bühnen es zuließen, Konzerten, Unterhaltung verschiedener Art und natürlich Tanz und Vergnügungen für die ganze Umgebung, für Kinder, Jugendliche und Erwachsene.

Wir arbeiteten in diesen Wochen und Monaten zielstrebig, um die Stimmung der Bevölkerung zu verbessern, doch die Mienen des Polizeichefs Willi Engelmann heiterten sich nicht auf, in seinen Berichten standen zu viele Vorkommnisse. Nicht nur in kritischen Äußerungen zur Politik, oft in drastischer Art gegen »die da oben«, machte sich die noch diffuse Antistimmung Luft, auch schon in Arbeitsniederlegungen von Brigaden und Abteilungen. Nachtschichten, Überstunden und Sonntagsarbeit, wenn sie erforderlich waren, wurden abgelehnt mit dem Hinweis, die Leitungen sollten dafür sorgen, daß die normale Arbeitszeit richtig ausgenutzt werde. Auf solche Fälle war eigentlich niemand vorbereitet, die Arbeitsverweigerungen wurden heruntergespielt und es wurde versucht, sie örtlich zu regeln, oft ohne Befragung gewählter Gewerkschaftsfunktionäre. Was sie lange gefordert hatten, ging plötzlich ohne sie. Unsicherheit und Unwille auf allen Ebenen und in allen Organisationen. Otto Funke achtete allerdings darauf, daß die Staatsmacht in Gestalt der Polizei nicht eingesetzt wurde und die Gerichte nicht überhart reagierten, wenn Schaden entstanden war.

Allerdings wurde ein harter Kurs gefahren. Die neu aufgebaute Struktur des Ministeriums für Staatssicherheit griff schnell und verhaftete, wenn sie einen Verdacht hatte, die Begründung wurde nachgeliefert. Dabei kam es in Gera zu einem schweren Zwischenfall. Bei Zeiß in Jena war eine angeblich im Aufbau befindliche Zweigstelle des SPD-Ostbüros entdeckt worden. Es gab Verhaftungen, dabei auch die Sekretärin des Generaldirektors, meines früheren Chefs, Dr. Hugo Schrade. Es war überdeutlich, daß der Schlag ihm galt, aber man traute sich nicht direkt an ihn heran. So traf es seinen Produktionsdirektor, Rudolf Müller, Rumü genannt, und einige andere. Einer der Untersuchungsgefangenen war aus dem Fenster gesprungen und hatte sich so das Leben genommen. Funke forderte vom Bezirkschef der Staatssicherheit, daß endlich mit dem Prozeß begonnen werden müsse oder die Gefangenen zu entlassen seien. Dieser verwies auf die Einflußnahme von Berlin, es sei nicht klar, wie die Zusammenarbeit mit anderen Zentren des Ostbüros sei. Der Prozeß solle aber im Sommer beginnen.

Die Staatssicherheit organisierte auch ihre Erfolge in der »Planerfüllung«, in ihrem Selbstverständnis sollte sie die friedliche Aufbauarbeit der Werktätigen schützen. Dazu brauchte sie abschreckende Beispiele. In dem Dorf, in welchem ich seit 1979 in Brandenburg lebe, wurde 1952 die ganze Fußballmannschaft verhaftet und verhört, weil auf dem Sportplatz eine Auseinandersetzung mit einem Volkspolizisten stattfand, in deren Verlauf dieser eine Backpfeife erhalten hatte. Diesen Angriff auf die Staatsmacht verurteilte das Kreisgericht Fürstenwalde mit Strafen bei 5 Personen, darunter 10 Jahre für den Watschengeber und seinen Freund, und seine Sympathisanten erhielten je 7 Jahre. Erst 1956 wurden sie aus der Haft entlassen.

Der Parteiapparat hatte mit der Arbeit der Sicherheitsorgane damals wenig zu tun. Die Chefs der Volkspolizei und der Staatssicherheit waren gewählte Mitglieder des Sekretariats, später nur noch des Büros, und die Abteilung Sicherheit leitete die Parteiorganisationen an, was sich als einigermaßen kompliziert erwies, verfügten doch alle, von der Armee bis zur Transportpolizei, über eigene Politabteilungen, die von oben nach unten wirkten und die Beschlüsse des ZK und die Weisungen der Minister in besserer Kenntnis der Sachverhalte kontrollierten. Die Kontrolle durch die Politabteilungen war von der Praxis der Kommissare aus der Roten Armee abgeleitet, nur daß diese im Kampf standen und nicht in Büros herumsaßen.

Obwohl überall mit dem Zusatz »Volks« versehen, Volksmacht, Volkspolizei, Volksarmee, beziehungsweise noch Kasernierte Volkspolizei, Volkseigene Betriebe usw., betrachtete »das Volk« diesen immer größer werdenden Überbau, der sich bald selber auf die Füße trat, als das, was er war, als Herrschaftsinstrumente, die eine sozialistisch genannte Politik durchsetzen sollten und dabei die schon immer bekannten Härten benutzten. Allerdings gab es einen entscheidenden Unterschied zu früher: Sie waren besonders in den Betrieben präsent, der Basis des sozialistischen Aufbaus. In den Orten und Wohnbezirken stützte sich die

Volkspolizei auf freiwillige Polizeihelfer, die zwar verminderte Rechte besaßen und keine Waffen trugen, aber bei offensichtlichen Gesetzesverstößen einschritten, bei Schlägereien oder bei Verkehrsverstößen. Im Prinzip aber unterstanden alle Sicherheitsorgane ihren zentralen Stellen. Die Behauptung, die Bezirks- und Kreissekretäre seien weisungsberechtigt gewesen, trifft nicht zu, jedenfalls ist kein solcher Fall bekannt geworden.

Dieser im Aufbau befindliche, aber schon überall präsente Apparat sollte seine Bewährungsprobe erhalten. Über den 17. Juni 1953 ist viel geschrieben worden, aber so manche Frage ist noch nicht beantwortet. Mit dem schnellen Wort vom »Volksaufstand« allein kommt man den Dingen nicht auf den Grund. Da ist zum ersten der Tod Stalins am 5. März des Jahres. Der Personenkult zeigte nun seine Folgen auch bei uns, niemand wußte, wie es ohne ihn und seine harte Hand weitergehen sollte. Hatte ihm nicht noch eine Verschwörung jüdischer Ärzte nach dem Leben getrachtet? War der Unsterbliche gar ein Opfer dieser Verbrecher geworden? In langen Schlangen standen die Leute vor dem Kulturhaus der Offiziere der Sowjetarmee in Gera, trugen sich in die Kondolenzlisten ein und legten Blumen vor sein Bild. Es waren durchaus nicht nur die Offiziellen, auch das beliebte alte Mütterlein kam ohne Aufforderung und auch die Krankenschwester. Bei einer Festveranstaltung im Theater erklangen zum Zeitpunkt seiner Beisetzung die Glockentöne vom Spasskiturm des Kremls, und der ganze Saal schluchzte. Da ich für den Ablauf der Veranstaltung verantwortlich war und hinter der Bühne stand, begriff ich nicht gleich, warum Funke, der Redner, nicht schon am Pult stand. Er aber fragte mich, ob ich ein Taschentuch hätte, seines war bereits durchfeuchtet.

Einer der nächsten Beschlüsse legte fest, daß im Garten hinter dem Theater eine Büste zur ständigen Erinnerung aufgestellt werden sollte. Ein geschäftstüchtiger Bildhauer versprach, sie zu liefern. Es war zwar peinlich, daß er schon Hitler, Göring und Goebbels porträtiert hatte, aber Herr Rogge kam aus Dresden, wer wußte schon von seinen früheren Geschäften? So fuhr, wenn auch unter Grollen, Robert Lehmann nach Dresden, den Vertrag zu unterschreiben. Danach teilte er mit, daß im Atelier des Herrn auch die Büsten von Pieck, Grotewohl, Ulbricht und Becher bereitstanden und ihm günstig angeboten worden seien. Wir schworen uns beide, daß die Sache mit der Stalinbüste unser einziger Sündenfall bleiben sollte. Für unsere Aufträge kämen nur Künstler aus dem eigenen Bezirk in Frage, zweifellos auch eine bedenkliche Haltung.

Stalins Tod erhöhte die politische Unsicherheit, niemand erfuhr, was im Kreml vor sich ging. Der neue Mann, Malenkow, war allen unbekannt, und seine Politik ebenfalls.

In Berlin mußte man aber auf die wachsende Mißstimmung in der Bevölkerung reagieren. Doch erst Anfang Juni kam in verschlungenen Wendungen eine Korrektur der verschärfenden Maßnahmen, erst am 11. Juni wurden sie durch Regierungsbeschluß verbindlich. Wer aber sollte solche Wendungen in wenigen Tagen vollziehen? Auch die Kundgebung der SED am 16. Juni abends im Berliner Friedrichstadtpalast brachte keine klaren Anweisungen, obwohl alle Bezirkssekretäre eigens deshalb nach Berlin beordert waren. Sie saßen am Morgen des 17. Juni noch in einer Besprechung, hätten aber besser in der Nacht in ihre Bezirke fahren sollen. Hatten die Signale der Polizei nicht genügend aufgerüttelt, waren die Diskussionen Unter den Linden und in der Stalinallee nicht ernst genommen worden? Das ZK-Mitglied Ernst Hermann Meyer, ein Komponist, diskutierte mit einem Bauarbeiter noch relativ locker. Dieser fragte ihn, was Meyer von Beruf sei. »Musiker«, war die Antwort. – »Na, Kolleje, dann jeh du man bei deine Jeije.«

So freundschaftlich ging es am nächsten Morgen nicht mehr zu. In allen Betrieben von Gera und Umgebung waren die Rundfunkmeldungen begriffen und befolgt worden. Die Arbeit wurde niedergelegt, die Belegschaften versammelten sich, um zu beraten und Forderungen zu stellen. Wir fuhren alle in die wichtigsten Betriebe, um die Aufhebung der falschen Anordnungen der Führung bekanntzugeben und den neuen Kurs zu erläutern. Doch das Vertrauen war nachhaltig gestört. So leicht war es nicht, die vor kurzem noch als notwendig erklärten Beschlüsse nun als Fehler darzustellen. Und wann würde die nächste Wendung kommen?

Das Kommando in der Bezirksleitung führte der Sekretär für Propaganda, Werner Aßmus. Otto Funke war noch in Berlin oder auf der Autobahn, der 2. Sekretär im Urlaub, hatte sich aber noch nicht gemeldet. Er tauchte in diesen Tagen überhaupt nicht auf. Aßmus schickte mich in die Stadtleitung Gera. Karl Fincken, der 1. Stadtsekretär, befand sich auf einem Lehrgang, niemand meldete sich bei Anrufen, außer seiner Sekretärin. »Sieh zu, daß du herausbekommst, wie die Lage in den Betrieben ist und gib sofort Bescheid.« Auf meinem Weg in die Stadtleitung, den ich mit scharfem Tempo nahm, traf ich den Oberbürgermeister Böhme, er kam aus dem Rat des Bezirks. Böhme, ein erfahrener Kommunalpolitiker der früheren SPD, nahe am Rentenalter, fürchtete um seine Stadt: »Es kann kommen wie 1918.« Wir vereinbarten, daß wir uns gegenseitig informieren würden. »Ich gehe in die Stadtwerke, die kennen mich dort«, rief er mir nach.

Die Stadtleitung der SED war besetzt mit einem Hausmeister und einer Sekretärin, alle anderen waren nicht gekommen oder gleich wieder gegangen. Die Genossin hatte keine Übersicht. Wo ich auch anrief, die Sekretariate der Betriebe waren, wenn überhaupt, nur von der Sekretärin besetzt, die Betriebsleiter oder Parteisekretäre befanden sich vermutlich in den Werkhallen und diskutierten. Wenn die Auskünfte auch unzuverlässig waren, so konnte ich doch erfahren, daß es nicht zu Ausschreitungen gekommen war, allerdings wurde kaum gearbeitet. Die Straßenbahnen fuhren, wenn auch unregelmäßig, der Autoverkehr war gleich Null. Der Hausmeister der Stadtleitung meldete, daß Wismut-Kipper, besetzt mit Bergleuten, die schwarze Fahnen schwenkten, aufgetaucht seien. Da kamen sie auch schon. Wir beide, unterstützt von der Sekretärin, schoben Büromöbel vor die Eingangstür und klemmten Stuhllehnen unter die große Klinke. Die Fenster lagen recht hoch und waren unten vergittert. Mehrere Kipper hielten vor dem Haus, und etwa 100 Männer begannen, Sprechchöre zu rufen: »Spitzbart, Bauch und Brille ist nicht unser Wille«, tönte es. Als es etwas ruhiger wurde, stand plötzlich ein geschulter Redner auf einem Eingangssockel und rief die Arbeiter auf, das Haus auszuräuchern. Nun wurde es gefährlich. Ich öffnete ein kleines Fenster und zeigte eine Pistole, die einzige, die ich im Tresor des Stadtsekretärs gefunden hatte. Dazu rief ich, so laut ich konnte: »Sind keine Genossen unter euch? Laßt euch nicht mißbrauchen! Wer hereinkommt, lebt nur noch Sekunden!«

Die großsprecherische Ankündigung verwirrte die ersten, denn wer will schon um die Mittagszeit sterben oder überhaupt? Andererseits wußten sie nicht, daß wir nur drei armselige Hanseln im Hause waren, wovon nicht einmal jeder eine Waffe besaß. In diesen Minuten verfluchte ich die Eile, mit der ich losgegangen war. Ich hatte vergessen, meine Pistole aus dem Tresor zu nehmen. Wer eine Dienstwaffe erhielt und an den Schießübungen teilnahm, mußte unterschreiben, daß er die Waffe im Tresor einschließt und sie nur bei sich trägt, wenn er glaubt in eine Situation zu geraten, in der sein Leben bedroht sein könnte. Ich hatte sie, außer zu den Übungen, nie in der Hand gehalten, doch jetzt hätte ich sie gebraucht. Die Sekretärin stand im 2. Stock hinter der Gardine und rief uns die Bewegungen auf der Straße zu. Irgendwelche Leute holten Brechstangen von den Kippern und schlichen sich an der Hauswand entlang zur Tür. Müßte ich wirklich schießen?

Wir hatten in der Zwischenzeit noch weitere Möbel, Tische und Schränke, herangeholt und so aufgebaut, daß es nicht einfach sein würde, diesen Berg wegzurücken. Als das bewerkstelligt war, ging ich in den 1. Stock, öffnete das Fenster und begann zu sprechen. Zuerst hielt ich es für einen schnellen Erfolg meiner Rede, als alle auseinanderspritzten, doch dann sah ich den wahren Grund: Am Ende der Straße stand ein T 34, der das Kanonenrohr über die Kipper schwenkte. Aus der Luke kletterte ein Offizier und schrie sein »Dawaitje!« (Haut ab!). Das geschah in aller Eile, die Fahrer sprangen in ihre Kabinen und die Kipper fuhren, fast ohne Besatzungen, schnell weg. Der Panzer blieb noch einige Minuten stehen, dann fuhr auch er. Es waren nur wenige Panzer in der Stadt eingesetzt, aber bereits ihre Anwesenheit genügte, um die Demonstranten zu zerstreuen. Die Bergleute fuhren mit der Bahn nach Ronneburg zurück. Ein Schuß ist in Gera nicht gefallen, nicht einmal aus meiner Leihpistole. Das wäre sicher auch schlecht für mich ausgegangen.

Ich wartete, bis die ersten Mitarbeiter der Stadtleitung nach einer Stunde eintrafen. Als ich die Pistole wieder einschloß, dachte ich an die Begebenheit Mitte Mai, als Otto Funke die im Hause anwesenden Waffenträger, es waren vielleicht fünf oder sechs Genossen, zusammenrief. In seinem großen Arbeitszimmer stand ein junger Mann in gutem Anzug und war sichtlich nervös. »Was sagt ihr dazu? Er will unsere Waffen einsammeln und mitnehmen«, und dazu schwenkte er ein Schreiben. – »Begründung?« fragte Aßmus. Der junge Mann berief sich auf seinen

Befehl, Gründe kenne er nicht. Funke fragte: »Bist du ein guter Fahrer? Aha, dann brauchst du nicht mehr als zwanzig Minuten, sonst kannst du dir den Knast von Eisenberg von innen ansehen. Alles klar?«

Der Jüngling in dem grauen Anzug ist sicher noch nie so schnell in seinem Leben gefahren, und es bestand kein Zweifel daran, daß Funke sein Wort wahr gemacht hätte. Als das Zimmer von dieser Bedrohung frei war, rief er in Berlin Karl Schirdewan, Leiter der Abteilung Parteiorgane im ZK, an. Er berichtete von dem Versuch, uns zu entwaffnen und seiner Anordnung an die VP. »Wir haben schon von ähnlichen Vorkommnissen gehört, ihr könnt sicher sein, daß wir das klären werden.« Trotzdem blieb für uns alles unklar. Wer war der Mann, in wessen Auftrag kam er, warum wußte das ZK nichts davon?

Ähnliche Gedanken kamen mir, als ich die Angelegenheit mit den Wismut-Fahrzeugen durchdachte. Die Kipper waren vollgetankt und zweifellos mit Genehmigung der SAG-Direktion von den Höfen gefahren. Die Schächte waren von Soldaten bewacht, und ohne Erlaubnis kam keine Maus vom Gelände. Wer hatte die Erlaubnis für eine Großaktion gegeben? Und wer hatte den Einsatz von Panzern gegen Fahrzeuge eines sowjetischen Betriebes befohlen? Es gab also zwei sowjetische Strategien. Offensichtlich wollte der Geheimdienst die DDR aufgeben und den eisernen Vorhang an der Oder niederlassen. Dafür sprach auch die Anwesenheit amerikanischer Experten unter Eleanore Dulles in Westberlin, augenscheinlich eine konzertierte Aktion, während die Militärs auf das Aufmarschfeld an der Elbe nicht verzichten wollten, und sie hatten die Verfügung über Waffen. Der Geheimdienstchef Berija wurde in diesen Tagen verhaftet, und ein halbes Jahr später wurde bekanntgegeben, er sei von einem Militärgericht unter Vorsitz von Chruschtschow zum Tode verurteilt und erschossen worden. Das war allerdings bereits Ende Juni nach einer Politbürositzung geschehen. Dabei ist noch interessant, daß Marschall Shukow diese riskante Beseitigung des mächtigsten Mannes nach Stalin militärisch abgesichert hatte. Man sagte damals, es hätte sich bei ihm um einen Fall von »Langzeitbombe« gehandelt. Berija sei während der englischen Intervention im Kaukasus als Kommissar der Roten Armee gefangengenommen, umgedreht und freigelassen worden.

Während dieser Tage sollten mir noch weitere Merkwürdigkeiten begegnen. Am Nachmittag meldete ich mich zurück, aber mein Bericht war kurz, man wußte schon alles. In Schwarza, bei Rudolstadt, waren die Agitatoren abgewiesen worden, bei Unterwellenborn hatten einige Hüttenarbeiter, als sie nach Saalfeld gingen, eine Straßensperre von Möbelwagen zum willkommenen Anlaß genommen, wieder in den Betrieb zu gehen, die Produktion der Hütte ging ohne Störungen weiter. »Du machst dich gleich auf die Socken und fährst nach Silbitz. Dort ist alles unklar. Das Wichtigste: die Produktion darf nicht unterbrochen werden.«

Das Edelstahlwerk, ein SAG-Betrieb, galt als Muster für gute technologische Leistung. Niemals hatte es dort ernsthafte Schwierigkeiten gegeben. Zuerst ging ich zu den Öfen. Dort regulierte der Technische Direktor, ein alter Oberingenieur, das Beschikken und Abstechen der Öfen mit elf Arbeitern. Ich fragte ihn, was zu tun sei. »Die Männer müssen abgelöst werden, eine neue Schicht muß her.« Auch hier war der Parteisekretär nicht im Betrieb. Auch er auf einem Lehrgang? Der BGL-Vertreter machte mir eine Adressenliste mit den Namen ausgezeichneter Hochöfner. Mit denen sollte ich reden. Auf dem Hof stand ein kleiner PKW, auf dem ein Lautsprecher montiert war. Ein junges Mädchen machte sich daran zu schaffen und probierte den Lautsprecher aus. Er funktionierte. Es war eine Praktikantin, die den Betriebsfunk in der Urlaubszeit am Leben erhielt. Mit ihr fuhr ich in ein nah gelegenes Dorf. Dort lebte eine ganze Dynastie von Hochöfnern. Der Vater und drei Söhne saßen am Abendbrottisch, als wir hereinschneiten. Nach der Vorstellung fragte ich die Mutter, wer in der nächsten Zeit das Kostgeld bezahlen würde. Für Arbeitsverweigerung würden in der DDR bestimmt keine Löhne gezahlt, und die vier Männer hier wüßten genau, was passierte, wenn die Öfen nicht mehr abgestochen würden, sie erkalten und sind für immer tot. Große Orden, wenn alles gut geht, und sich drücken, wenn der Wind etwas schärfer weht. Ich war damals gerade 26 Jahre alt und redete ziemlich altklug. Aber ich brachte es fertig, daß die Männer sich zur Spätschicht einfanden, allerdings erst, als es dunkel wurde.

In der Zwischenzeit organisierte ich die Buchhalter, denn am nächsten Tag war Lohnzahlung, und die sollte pünktlich erfolgen für alle, die ihren Arbeitsplatz wieder eingenommen hatten. Die Zahltische sollten hinter dem Zaun sichtbar sein. Der Buchhalter organisierte bei der Bank das Bargeld und versprach, daß alles in Ordnung geht. Mit diesen beiden Meldungen fuhren die Studentin und ich durch die Dörfer und gaben bekannt, daß der berühmte Brigadier und seine Mannen die Produktion aufgenommen hatten und daß der Lohn gezahlt würde. Als das Benzin zu Ende ging, mußten wir in Eisenberg tanken. Der Tankwart wollte einen Minolscheck sehen. Den hatten wir nicht, aber diesmal hatte ich meine Pistole mit, und ich zeigte sie ihm. Danach fuhren wir auf die Bahnhöfe bis nach Zeitz und baten die Fahrdienstleiter, unseren Text vorzulesen, wenn die Frühzüge abfuhren. Inzwischen ging die Nacht zu Ende, die Studentin zeigte mir noch den schönen Sonnenaufgang, aber bei mir entwickelte sich an diesem Morgen kein besonderer Sinn für die Natur.

Wo war eigentlich die Direktion? Der sowjetische Generaldirektor war im Betrieb, aber seine alte Sekretärin wollte mir den Eintritt verwehren. Darauf konnte ich mich natürlich nicht einlassen. Es standen zwei Wodkaflaschen auf dem Schreibtisch, und der hohe Direktor lag auf der Platte und schlief. Als ich ihn weckte, stammelte er irgendwas, mit ihm war nicht zu rechnen. Nun kamen die Züge und Busse an, und es war Zeit, sich um die Arbeitsaufnahme zu kümmern. Hoffentlich passierte nichts mit dem Geld. Kurzum, ich stieg auf das Pförtnerhaus, denn die Arbeiter waren vor dem Tor stehengeblieben. Nachdem ich meine Rede mit der Aufforderung, durch den Personaleingang zu kommen – das Tor war geschlossen –, begonnen hatte, entstand erhebliche Unruhe. Als ich mich umdrehte, sah ich, daß ein Mann, so schnell er konnte, rannte, um in die draußen wartende Menschentraube zu kommen, und dabei von einem jungen Kerl verfolgt wurde. Gerade, als er die Pforte passierte, stellte ihm der Pförtner ein Bein, und er fiel voll auf die Nase. In diesem Moment packte ihn der Verfolger und führte ihn mit Polizeigriff ab.

Empörung: »Gebt unseren Kollegen raus!« Mein schöner Plan ging nicht auf, denn nur verhältnismäßig wenige holten sich das Geld ab und gingen in die Abteilungen; wie ich später feststellte, doch einige wichtige Männer für den Ofenbereich. Die Masse ging jedoch wieder weg und wartete auf die Züge. Ich suchte die beiden, den Verfolgten und den Verfolger. Der Pförtner hatte mir erzählt, der Mann, den er auf die Nase fallen ließ, sei ein Hofarbeiter gewesen, vor ein paar Wochen aus dem Westen gekommen, und als am Vortag die Versammlung auf dem Hof gewesen sei, hätte er sich zum Sprecher gemacht und ein Streikkomitee bilden wollen. Das sei ihm jedoch nicht gelungen. Der Verfolger sei der Betriebsmitarbeiter der Staatssicherheit. Der Pförtner zeigte mir, wo ich die beiden finden könnte. Doch der vermeintliche Hofarbeiter war schon abgeführt worden, wie, das bekam ich nicht heraus.

Ich rief in Gera an, was ich machen sollte. »Bleib noch, wenn die Arbeit von allen wieder aufgenommen wird, kommst du zurück.«

Am nächsten Morgen das gleiche Bild. Die Arbeiter waren gekommen, aber sie blieben vor dem Tor. In der Ferne zeigten sich russische Truppen auf einigen LKW. Ich schickte den Dolmetscher des Direktors zu ihnen und bat, sie möchten sich entfernen. Und das geschah auch. Als ich das von meiner Pförtnerloge sah, kletterte ich herunter und eilte in den kleinen Raum des Betriebsfunks. Dort hatte meine Kollegin die Anlage bereits eingeschaltet, und mir fiel nur ein, darüber nachzusinnen, woher Wilhelm Pieck seine weißen Haare bekommen hatte. Ich sprach vom Hotel »Eden« 1919, wo er dem Schicksal Karls und Rosas gerade noch entkommen war. Ich sprach von seinem Kampf gegen die Faschisten, in dem die Mehrheit der Arbeiter sich nicht für ihn entschieden hatte und so das Unglück seinen Lauf nahm, und nun diese Tage. Es könne von niemandem erwartet werden, daß alles wie geschmiert liefe, und wo Fehler gemacht worden seien, würden sie korrigiert.

Plötzlich nahm mir die Studentin das Mikrofon aus der Hand, sie hatte gesehen, daß alle hineingegangen waren. Als ich nach unten auf den Hof kam, stand dort ein alter Arbeiter und fragte: »Wo ist denn Wilhelm?« Ich konnte es ihm nicht sagen, wußte nicht, daß er sehr krank und zur Behandlung in der Sowjetunion war. Seine Anwesenheit in diesen Tagen hätte mit einer Rundfunkrede, mit einem persönlichen Artikel vielleicht manches verbessert. Aber seine Generation trat nun von der politischen Bühne ab. Und wir Jungen machten gerade unsere ersten Erfahrungen, wir wußten zu wenig und waren nicht frei genug aufgewachsen. Inzwischen waren auch die Betriebsfunktionäre alle wieder da, ich hatte hier nichts mehr zu suchen, fuhr nach Gera zurück. Funke sagte zu mir: »Alles in Ordnung, jetzt schlaf dich aus, aber nicht zu lange, heute Abend mußt du noch in Jena sein und dich vorstellen, wir schlagen dich dort als Kreissekretär vor.«

Die junge Redakteurin fuhr mich noch zur Wohnung. »Jetzt weiß ich, was Klassenkampf ist«, sagte sie zum Abschied, und ich entgegnete: »Nur, daß sich die Mehrheit der Klasse wieder einmal auf die Seite des Gegners gestellt hat.« – »Und warum?« fragte sie. – »Das Sein bestimmt das Bewußtsein«, fiel mir nur dazu ein.

Der neue Kurs

Die Sitzung der Kreisleitung war zu 21.00 Uhr im Café am Holzmarkt angesetzt, doch es waren nur rund zwanzig Mitglieder im Raum. Der Grund dafür erscheint heute unglaublich, aber es war so: Beim Sturm auf die Kreisleitung warfen die Demonstranten alle Papiere auf die Straße, buchstäblich alle, auch die Personalunterlagen, die Kartei, darunter auch die Liste mit den Adressen der Kreisleitungsmitglieder. Der Papierhaufen lag seit dem Vormittag des 17. Juni vor dem Haus, es hatte darauf geregnet, Panzer waren darüber gefahren, Passanten hatten sich bedient. In der Zwischenzeit war ein Klumpen daraus entstanden, als erste Amtshandlung hatte ich die Feuerwehr angerufen und gebeten, alles zu verbrennen. Niemand wäre in der Lage gewesen, Ordnung in dieses Chaos zu bringen. Ermutigend wirkten die ersten Eindrücke nicht, zerfetzte Akten, reduzierte Leitung. So bat ich die Anwesenden, auf eine Liste zu schreiben, wen sie bis morgen nachmittag erreichen könnten, um ihn einzuladen. Jeder kannte ja in diesem kleinen Zirkel den anderen neben sich. Das klappte, am nächsten Tag waren alle da und enthoben den früheren 1. Kreissekretär wegen seines Versagens seiner Funktion. Ich mußte berichten, wo und wie ich in diesen Tagen gewesen war. Da mich schon aus der Studentenzeit so mancher kannte, wurde ich gewählt, einige Ältere enthielten sich der Stimme. Mein Auftrag lautete: Normalisierung. Doch das würde nicht allein von mir abhängen.

Inzwischen waren mehrere Mitglieder des ZK und Mitarbeiter des ZK-Apparates eingetroffen. Paul Wandel, Otto Winzer und der Bürochef von Walter Ulbricht, Richard Herber, begannen auf die Kreisleitung einzureden und die Lage zu erläutern, wie es hieß. Ich entzog ihnen das Wort mit der Bemerkung, alle wüßten hier, wie die Lage sei, nämlich vollkommen desolat, und morgen könnten sie nach der Frühschicht in den Betrieben ihre Erklärungen abgeben. Es würde dafür gesorgt, daß sie in die Schwerpunktbereiche geschickt würden. Und so geschah es auch. Nur einen Genossen bat ich, bei mir zu bleiben, Kurt Haake, einen erfahrenen Zeiß-Arbeiter, früheren SAJ-Funktionär und Mann der ersten Stunde.

Er besuchte gerade die Parteihochschule und war mit einigen anderen aus Jena der Kreisleitung zur Verfügung gestellt worden. Er kannte buchstäblich jeden Vorgang und jede wichtige Person in der Stadt, bei Zeiß und Schott. Diese beiden Betriebe bestimmten neben der Universität, dem neu gegründeten Jenapharm und dem Reichsbahn-Ausbesserungswerk die Stimmung in der Saalestadt. Sie war in diesen Tagen gleich Null, unsicher, unwillig, hoffnungslos. Mit ihm ging ich am Wochenende in die Kleingärten auf dem Forst. Bei Bratwurst und Bier wurde dort entscheidende Politik gemacht. Es ging um die Frage, ob man am Montag wieder voll die Arbeit aufnehmen oder einen Sitzstreik abhalten solle. Obwohl ich mich dort in meiner neuen Funktion vorstellte, störte das niemanden, die Diskussion ging weiter. Man erzielte Übereinstimmung, voll zu arbeiten, aber abzuwarten, was mit dem Sprecher der Streikleitung, einem Zeissianer, werden würde, der von den Russen verhaftet worden sei. Wenn Klarheit herrschte, wollte man weitersehen. Es ging das Gerücht um, er sei erschossen worden.

Also kümmerte ich mich gleich am Montag um das Schicksal dieses Mannes, scheinbar hing Jena an diesem Faden. Mein Weg führte mich zum sowjetischen Kommandanten, doch er war für solche Dinge nicht zuständig, er befehligte die Panzertruppen auf dem alten Schlachtfeld, auf dem Napoleon die preußischen Truppen vor knapp 150 Jahren geschlagen hatte. Für Verhaftungen sei die Militärjustiz zuständig, und die saß in Weimar. Für solche Fahrt fehlte mir aber die Zeit, ich beauftragte damit den Leiter der Kriminalpolizei. Dieser brachte zu der Besprechung einen noch gültigen Haftbefehl gegen mich mit, der eine nächtliche Aktion im Winter 1948/49 betraf: Die Mensa hatte nichts mehr zu kochen gehabt, und so fuhr ein LKW mit Anhänger in das nahe gelegene Universitätsgut nach Stadtroda. Ich saß im Auftrag des Studentenrates, genauer seines Vorsitzenden Georg Buschner – dem späteren Fußballtrainer der DDR-Nationalmannschaft – und seines Mitgliedes Gerhard Riege, neben dem Fahrer mit einem Schreiben in der Tasche, das die Rechtmäßigkeit bestätigte, Dinge abzuholen. An Ort und Stelle erfuhren wir, daß am Morgen die Stadt Weimar auf Befehl der russischen Verwaltung das gleiche Mehl abfahren sollte. Nun blieb mir nichts weiter übrig, als zu lügen. Ich ließ den Schrieb stecken und behauptete, das seien wir doch, wir wären etwas früher gekommen. In dunkler Nacht wurde bei schwachem Scheinwerferlicht die Ladung verstaut, und ab ging es. In der Mensa wartete schon der Koch mit einigen handfesten Studenten und lagerte das Mehl ein. Von da ab gab es viermal die Woche Nudeln mit Tomatensoße. Als die Weimarer im Gut eintrafen, flog das Bubenstück auf. Die Kripo erfuhr zwar nichts vom Rektor und vom Studentenrat, aber in der Küche hatte mich einer erkannt. Ich verdanke wohl den Kriminalisten, daß sie die Sache in die Schublade steckten, weil auch sie sicher der Meinung waren, eine Reise nach Sibirien sei für diese Art von Hungerbekämpfung unangemessen. Der Kripochef zerriß nun den Haftbefehl und freute sich diebisch. Seine Miene verfinsterte sich, als er erfuhr, er solle nach Weimar. »Das wird keinen Sinn haben. Wenn sie mit mir überhaupt reden, werden sie mich fragen, welche Interessen ich an diesem Fall hätte. Und was soll ich dann sagen?« Also gab ich ihm Kurt Haake an die Seite, und die beiden fuhren zum Militärstaatsanwalt. Dort aber empfing man sie nicht, da es sich um eine Untersuchung der Militärbehörde handele. Ohne Ergebnis kamen sie zurück.

Inzwischen aber hatten sich der Rektor, der Direktor von Jenapharm und ein Mitglied der Streikleitung des Südwerkes angemeldet. Bei diesem Gespräch ging es auch um den Verhafteten, nur nahmen sie an, er säße in der Haftzelle der Kreisstelle der Staatssicherheit. Der Rektor wollte ihn besuchen. Ich sagte Herrn Professor Hämel, er wisse doch, daß man leicht in ein Gefängnis käme, aber schwer wieder heraus. Der Direktor von Jenapharm, der als erster das reine Penicillin in großen Mengen hergestellt hatte, war als Assistenzarzt der Universität im KZ Buchenwald in einer Nebenbeschäftigung tätig gewesen und hatte sein Penicillin an sowjetischen Gefangenen ausprobiert. Da er die Kranken mit dem Antibiotikum geheilt hatte, wurde er vom Militärgericht freigesprochen mit der Aufforderung, sich nie mehr politisch zu betätigen. Das versprach er und organisierte die Großproduktion aus einer Laborproduktion bei Schott bis zu einem der wichtigsten pharmazeutischen Betriebe der DDR. Diese Geschichte hatte ich als Student von einem Mediziner erfahren und erinnerte ihn daran. Da wurde er bleich und schwieg.

Ich schickte die drei wieder nach Hause mit dem Versprechen, ich würde mich um den Verhafteten kümmern. Es gelang mir jedoch nicht, weder etwas zu erfahren, noch zu erreichen. Eines Tages kam der Bürgermeister mit der Meldung, es sei eine Sargkiste von einem russischen Lastwagen am Friedhof abgeladen worden, darin der Leichnam des erschossenen Streikleitungs-Sprechers. Was damit geschehen solle. Meine Antwort: »Leichen müssen begraben werden. Informiert die Angehörigen und beerdigt den Mann.« Ich wartete, ob sich politisch danach etwas regte. Das geschah, wenn auch nicht sofort, so doch in der zweiten Julihälfte in Form einiger Sitzstreiks, die aber kein größeres Echo fanden. Allerdings bestand Einigkeit mit dem Polizeichef und dem Staatsanwalt, daß keinerlei Verfolgungen mehr durchgeführt werden. Das verstand sich nicht von selbst, denn die Demonstranten, besser ihr politischer Kern, hatten den Kreischef der Staatssicherheit durch Jena getrieben wie weiland die Römer Jesus nach Golgatha. Am Hanfried, dem Denkmal auf dem Markt, sollte er aufgeknüpft werden. Nur durch die Kaltblütigkeit eines Mannes, der sagte: »Das übernehme ich«, entkamen die beiden in den Gassen, und der Betreffende konnte in ein Krankenhaus gebracht werden.

Ähnlich erging es einem Dorfpolizisten, der vom Pfarrer des Ortes, einem Bruder des thüringischen Bischofs Mitzenheim, in den Dorfteich gestoßen wurde und beinahe ertrank. Auf Bitten des Bischofs wurde der fromme Mann aus der Untersuchungshaft entlassen, worüber sich Unwille wegen zweierlei Maßes erhob.

Doch ich verwies in diesen komplizierten, öffentlich geführten Diskussionen immer auf den Neuen Kurs. Damit wurde eine neue taktische Linie bezeichnet, die zwar schon vor dem 17. Juni verkündet, aber nicht mehr durchgesetzt werden konnte. Sie lief im wesentlichen auf eine verstärkte Propaganda hinaus, die engere Verbindung zu den Werktätigen genannt wurde. In der Tat wurde damals auf den drei ZK-Tagungen in einem Vierteljahr verhältnismäßig offen gesprochen. Wir erfuhren von einer Fraktion im ZK, angeführt vom Minister für Staatssicherheit, Zaisser, und vom ND-Chefredakteur, Herrnstadt, denen sich andere angeschlossen hatten. Es zeigte sich, daß die beiden Vertrauensleute der KPdSU gegen einen dritten Vertrauensmann,

Walter Ulbricht, vorgegangen waren und dabei auch andere in die Anti-Ulbricht-Fraktion hineingezogen hatten. Anton Ackermann und Fred Oelßner, der Vertrauensmann Piecks bei den Kontakten zu Stalin, fuhren mit starken Schuldzuweisungen auf. Doch es müssen auch Dinge verhandelt worden sein, die im Dunkel der Geheimdienste blieben, denn einen Geheimdienstchef konnte man doch nur absetzen, wenn seine Deckung in Moskau weggefallen war. Das hing damit zusammen, daß Berija seine Leute in Berlin auf einen anderen Kurs zur Aufgabe der DDR geführt hatte. Nun war er selbst inhaftiert, und die Gegenpartei, die für die Erhaltung der DDR war, blieb an der Führung, also Ulbricht. Ich denke heute noch, daß die versuchte Entwaffnung der Parteifunktionäre damit zusammenhing, denn der junge Agent war ein Deutscher.

In Jena suchte man in den Partei- und Gewerkschaftsversammlungen nach den Gründen für das Versagen der Partei, und man kam in schönster Sektiererei wieder einmal auf den Sozialdemokratismus, die Arbeiteraristokratie und auf deren angebliche Privilegien, die im Statut der Zeiß-Stiftung enthalten waren. Ab und zu gab es Forderungen, das Statut abzuschaffen, es gehöre nicht in einen volkseigenen Betrieb. Es ist dem damaligen Minister für Maschinenbau, Heinrich Rau, zu verdanken, daß das Statut nicht angetastet wurde. In einer Funktionärsversammlung im Betrieb sprach er sich für die Stärkung betriebseigener Besonderheiten aus, welche die Belegschaften an ihre Unternehmen binden. Eine andere Entscheidung hätte ganz sicher eine noch stärkere Flucht nach Heidenheim zur Folge gehabt; dort war das Statut der Zeiß-Stiftung in Kraft gesetzt worden.

Nun fand auch der Prozeß gegen die Anhänger des »Sozialdemokratismus« in der Bezirksstadt Gera statt. Direktor Dr. Schrade sprach als Zeuge von der Integrität seiner Mitarbeiter. Er habe nicht den geringsten Zweifel, daß alles auf einem Mißverständnis beruhe, und so fielen auch die Urteile aus, entweder geringe Strafen auf Bewährung, in den meisten Fällen aber Freispruch. Fast alle hielten das für einen Sieg der Vernunft, der für die Zukunft Willkür ausschließen würde.

Der neue Kurs zeigte sich auch in großen Entscheidungen. Mitte August reiste eine Delegation der DDR-Führung nach Moskau. Plötzlich war es möglich, daß 33 SAG-Betriebe, darunter die Chemiewerke Leuna und Buna, der Magdeburger Schwermaschinenbau, das Eisenhüttenwerk Thale, die Rostocker Werft, in deutsches Eigentum zurückgegeben wurden. Bis dahin waren an Reparationen Leistungen für 4,3 Milliarden Dollar an die Sowjetunion zu Vorkriegspreisen geleistet worden, 2,5 Milliarden wurden erlassen, die Stationierungskosten für die Rote Armee verringert und für knapp eine halbe Milliarde Kredite eingeräumt, wofür Rohstoffe, die aus dem Westen wegen des Embargos nicht mehr bezogen werden konnten, eingeführt wurden. Die Wismut wurde ein deutsch-sowjetisches Gemeinschaftsunternehmen.

In diesen Tagen bekam ich zum erstenmal eine ernste Differenz mit Otto Funke. Wie in jedem Jahr, war ein Sommerfest auf der Saalaue vorbereitet worden. Die Jenenser trafen sich bei Spaß und Frohsinn und natürlich bei Bier und Bratwurst an der Saale. Funke rief mich an und fragte, ob wir verrückt seien, es wäre doch gar nicht möglich, Provokationen in der Dunkelheit zu erkennen oder gar zu bekämpfen. Ich antwortete, daß das Fest nicht ausfallen dürfe, es gehöre zu unserem Plan der Normalisierung. Im übrigen sei alles so weit fortgeschritten, daß nichts mehr abzublasen sei. Trotz erheblicher Drohungen blieb ich bei meinem Standpunkt und hatte Glück, es geschah nichts Unerfreuliches.

Zur gleichen Zeit wurden die ersten Kampfgruppen gebildet. Bei Zeiß und Schott waren es mehrere Hundertschaften, im RAW und bei Jenapharm zwei Züge, an der Universität ebenfalls. Im September zeigten sie sich zum erstenmal, noch ohne Waffen, in einfachen, blauen Arbeitsanzügen. Die Leitung der Kampfgruppen lag bei der Volkspolizei. Die Parteiorganisationen gaben allgemeine Unterstützung.

Zur Belebung der weltanschaulichen Diskussion unter der Jugend gründeten sich Jugendweihe-Ausschüsse. Endlich war erkannt worden, daß eine Bekämpfung der kirchlichen Jugendarbeit unsinnig war und nur Märtyrer schaffte. Religion war nicht durch Druck zu beeinflussen, im Gegenteil. Die strengen Bestimmungen für die Zulassung zur Oberschule wurden nun gelockert, Pfarrerskinder wieder zugelassen, die Junge Gemeinde geduldet.

Die Jugendweihe hatte in Jena eine lange Tradition, es war nicht schwer, interessierte Frauen und Männer zu finden, die im Ausschuß mitarbeiteten. Man mußte nur darauf achten, daß hier nicht übereifrige Atheisten ein Kampffeld suchten. Ich sprach auf einer der ersten Zusammenkünfte über das damals vielgeliebte Thema »Der Sinn des Lebens«. Meine These, das Leben hätte, naturwissenschaftlich betrachtet, keinen Sinn, der Mensch sei ein Produkt langer Entwicklungen, die Gesellschaft das Ergebnis sozialer Beziehungen, die mit Emotion und Verstand zusammenhängen. Also müsse man die Frage anders stellen: »Welchen Sinn kann ich meinem Leben geben?« Das wäre die aktive Position, und damit sei eine Verbindung zu allen humanistischen Strömungen und auch zu Christen mit ihren sozialen Zielen geschlagen.

Im Frühjahr 1954 fand nach einer Unterbrechung von 22 Jahren wieder eine Jugendweihe im Volkshaus statt. Die Orgel brauste und die Chöre sangen, die Eltern und Großeltern und die Öffentlichkeit bereiteten der jungen Generation ein Fest, und es ist bis heute so geblieben, trotz mancher staatlicher Anmaßungen in den siebziger und achtziger Jahren, trotz mancher Gehässigkeiten verbiesterter Wendechristen. Die Formen ändern sich, das Bedürfnis nach Aufklärung bleibt, und die Gesellschaft sollte der Jugend in diesem Alter, an der Schwelle zum Erwachsensein, zur Seite stehen.

Einige Monate nach den Juniereignissen fand in der Bezirksleitung der SED die große Auswertung statt. Ein umfangreicher Bericht erfaßte gründlich alle einschlägigen Vorgänge, doch hatte keiner Lust, ihn zu diskutieren. Man spürte im Raum, daß die eigentlichen Gründe nicht dargestellt waren. Woher kam die Lähmung, woher kam überhaupt die falsche Politik gegenüber der Bevölkerung? Wie erklärte sich die unterschiedliche Reaktion der einzelnen Stellen und Leitungen. Besonders der Artikel in der »Tribüne«, der Gewerkschaftszeitung, der die Normerhöhung zu einem Zeitpunkt verteidigte, als die Rücknahme bereits verkündet war. Der Bezirkschef der Staatssicherheit, Julius Michelsberger, sprach, und wir dachten, daß er dazu etwas Erklärendes sagen würde. Plötzlich unterbrach Otto Funke ihn und fragte: »Warum sagst du nichts zu eurer Aktion mit den Pistolen? Und nehmen wir mal an, du hättest den Befehl erhalten, uns einzusperren, hättest du es getan?« Er antwortete ohne zu zögern: »Ja, selbstverständlich.« Darauf Funke: »Dann hast du hier nichts mehr zu suchen.« Und Michelsberger ging.

Nach außen hin wurde versucht, die ökonomische Schlappe zu korrigieren. Um die Disproportionen in der Wirtschaft zu überwinden, wurden zahlreiche Großbetriebe geschaffen: Großkokereien, Kraftwerke, Stahlwerke, Werften. Der Druck auf die Kollektivierung der Landwirtschaft wurde stärker. All das konnte aber nicht die Versorgung der Bevölkerung, trotz des Beschlusses zur »Verbesserung der Arbeits- und Lebensbedingungen«, verbessern, denn die sozialistische Industrialisierung in der Schwerindustrie zog Mittel aus dem Konsumtionsfonds ab. Im September begann eine Agitationswelle, getragen von dem Ausspruch der Weberin Frieda Hockauf: »So wie wir heute arbeiten, so werden wir morgen leben.« Das hieß für jeden, hohe Leistungen ohne sofortigen äquivalenten Gegenwert zu erbringen. Wann »morgen« sein würde, war unbestimmt. Andere Initiativen der Gewerkschaft betrafen Senkung der Kosten, Erhöhung der Produktionsqualität. »Mehr, besser, billiger« war die Parole, es wurde wieder über das Wertgesetz gesprochen, das zeitweise schon in Vergessenheit geraten war, und die wirtschaftliche Rechnungsführung, obwohl schon 1952 beschlossen, hielt damals ihren Einzug in die Betriebswirtschaft. Der Hauptbuchhalter wurde zum Kontrolleur der Betriebsökonomie und war nicht den Weisungen des Betriebsdirektors unterstellt. Vom System her wurde an einer sozialistischen Ökonomie gearbeitet, im Parteilehrjahr begannen Zirkel über die politische Ökonomie des Sozialismus. Aber leider wurden durchaus akzeptable Planungsgrundsätze durch dauernde Leitungsentscheidungen, die den Plan änderten, verletzt. Auch die materielle Interessiertheit, die persönliche Anreize verstärken sollte, blieb ein wenig effektives Mittel, da die Regeln zur Auszahlung der Prämien zu kompliziert, die Summen zu gering waren und zu spät gezahlt wurden. Statt ökonomischer Hebel entstand neue Bürokratie und damit ein zu großer Verwaltungsapparat.

Der Staat benötigte sehr viele Kader. Ministerien, die Polizei, das System der Staatssicherheit, das seine Fühler in jeden Betrieb steckte, wurden ausgebaut. Die Partei und die Gewerkschaften etablierten ihre hauptamtlichen Mitarbeiter in den Groß- und Mittelbetrieben, so daß eine dauernde Fluktuation des leitenden Personals stattfand. Jeder junge Mensch, der bereit war zu lernen, bekam seine Chance und schon früh Verantwortung. Ich erfuhr es an mir.

Der IV. Parteitag 1954 sollte eine Systematisierung in die Diskussion um den 17. Juni 1953 bringen. Im Vorfeld dazu wurde ich nach Gera bestellt, wo sich eine Kommission mit personellen Fragen beschäftigte. Sie eröffnete mir, daß ich für den Sekretär der Bezirksleitung für Volksbildung und Kultur kandidieren solle, der bisherige ginge nach Berlin. Inzwischen hatte ich die Erfahrung gemacht, daß mit »besonderen Gründen« einer möglichen Ablehnung kein Gehör zu finden war, so verwies ich darauf, daß ich in Jena mit dem Programm der Normalisierung noch nicht zu Ende sei. Die Antwort kam, wie zu erwarten: »Das wissen wir, aber das muß eben ein anderer übernehmen. Wen schlägst du vor?« Da gab es nichts zu zögern. Es kam nur Kurt Haake in Frage, der als 2. Sekretär gewählt worden war. Damit war man einverstanden, ich sollte ihn darauf vorbereiten.

Alles ging schneller als gedacht. Unsere Familie war gerade erst nach Jena gezogen, unsere Tochter lag noch in den Windeln, Gisela hatte Arbeit an der Arbeiter- und Bauernfakultät als Dozentin für Deutsch und Literatur in Aussicht, und ich fuhr nun wieder jeden Tag zwischen Jena und Gera hin und her. Die Vorbereitungen für die Kreisdelegiertenkonferenz liefen, das Referat mußte erarbeitet werden. In Gera erwartete man von mir die Arbeit an dem Teil für Bildung und Kultur, aber hier half mir Robert Lehmann. Und plötzlich kam eine Sitzung in Berlin dazwischen. Sie fiel mit dem 60. Geburtstag Otto Grotewohls zusammen, und ich sollte die Glückwünsche des Bezirks bei dieser Gelegenheit überbringen. Im Hause des Zentralkomitees in der Wilhelm-Pieck-Straße 1 fanden beide Veranstaltungen statt. Ich übergab das Geschenk, eine kleine Kamera, die bei Zeiß als Massenbedarfsgut entwickelt worden war, und sagte ein paar unkonventionelle Worte dazu, weil mir der Text, den man üblicherweise verlas, zu spröde erschien. Grotewohl war amüsiert, fragte nach meiner Arbeit, und ich antwortete: Umzugsspezialist. So kamen wir immer mehr ins Plaudern, und er erkundigte sich nach der wirklichen Stimmung unter Arbeitern und Intellektuellen, was man gegen Bürokratismus tun könne und ähnliches.

Eine halbe Stunde verging wie im Flug, und als ich mich verabschiedete, hatte ich ein sehr günstiges Bild von unserem Ministerpräsidenten: behutsam im Urteil, bedacht in der Frage, unkonventionell im Sprachschatz. Als Braunschweiger stieß er immer noch an den bekannten spitzen Stein, was beim in Berlin inzwischen vorwiegenden Sächsisch als angenehme Färbung auffiel. Er erinnerte mich daran, daß ich auf einer Beratung der 1. Kreissekretäre über die Jugendarbeit in Jena gesprochen hatte. Meine Zahlen über den Organisationsgrad der Arbeiterjugend vor 1933 hatte er noch im Kopf, weil sie ihm zu gering erschienen. Es war aber so, in Jena hatte die SAJ rund 200 und der KJVD etwa 100 Mitglieder, und das in einem Arbeiterzentrum. Die bürgerlichen und christlichen Jugendvereine verfügten über ein Mehrfaches, nicht zu reden von den studentischen Verbindungen.

Mit der Jenaer Delegation fuhr ich Ende März 1954 zum Parteitag nach Berlin. Auf den Klapptischen in der Werner-Seelenbinder-Halle lag wie jeden Morgen das »Neue Deutschland«. Jeder, der bereits im Saal war, las die Erklärung der Sowjetregierung an Bonn. Es war totenstill. Nachdem vor einem Vierteljahr noch gesamtdeutsche freie und geheime Wahlen vorgeschlagen wurden, sah es jetzt ganz anders aus. Adenauer und seine NATO-Politiker hatten den Vorschlag, eine provisorische Regierung aus beiden Regierungen bis zu den Wahlen zu bilden, wie alle Vorschläge, die auf die Einheit zielten, abgelehnt. Nunmehr wurde die DDR aufgewertet, die Überwachung durch den Hohen Kommissar der UdSSR eingestellt, die Befehle und Anordnungen der Sowjetischen Kontrollkommission aufgehoben. Eine Schwenkung um 180°. Manche Genossen nahmen die Kursschwenkung erleichtert auf, denn man konnte sich ausrechnen, daß die SED in die Opposition gegangen wäre. Aber die Finnlandisierung Deutschlands hätte damals zu einem Auseinanderrücken der Blöcke geführt und viele Perversionen des Kalten Krieges, auf jeden Fall die Mauer, verhindert.

Auch die Sowjetunion stand vor einem Umbruch, doch eine klare Deutschlandpolitik hat sie bis 1989 nicht erarbeitet. Die Erklärung bedeutete, daß die DDR beginnen konnte, eigene außenpolitische Beziehungen aufzubauen. Dagegen stand die Hallstein-Doktrin, die den potentiellen Partnern androhte, alle Verbindungen mit der BRD abzubrechen, wenn offizielle Beziehungen zur DDR aufgenommen werden. Die DDR hatte ökonomisch nicht viel zu bieten. Es ging der Witz um, ein DDR-Emissär hätte dem Häuptling eines afrikanischen Stammes eine Grußbotschaft von Walter Ulbricht vorgelesen, der nach ihm eintreffende westdeutsche Diplomat jedoch einen Autoschlüssel auf den Tisch gelegt mit der Bemerkung, daß die dazugehörige Mercedes-Limousine bereits hinter dem Haus stünde.

Alles steuerte auf die feste Einbindung in den Warschauer Pakt zu, doch heute muß gefragt werden, warum der Westen, Adenauer und die Alliierten, nicht die Probe auf das Exempel gemacht und die Sowjetunion beim Wort genommen haben. Welche Fehlentwicklungen wären vermieden worden. Es wird weiter gefragt, ob diese Politik der Sowjetunion nicht zeitweilig und zufällig, nicht ein Täuschungsmanöver gewesen sei. Das anzunehmen, ist gewiß falsch und nachträglicher Grabenkampf. Die Sowjetunion stand vor einem radikalen Umschwung, einem Erneuerungsprozeß ungeahnten Ausmaßes, und wollte sich die deutsche Frage vom Hals schaffen, ohne das Gesicht zu verlieren. Der Mann, dem diese Wende zugetraut wurde, hieß Nikita Sergejewitsch Chruschtschow. In Moskau wurde der entscheidende Parteitag vorbereitet.

In Moskau

Wieder hieß es, die Sachen packen, aus dem Bezirk Gera wurden Otto Funke und ich nach Moskau zum Studium an die Parteihochschule der KPdSU geschickt, er für ein Jahr, ich für drei Jahre. Meine Familie wohnte noch in Jena, wollte aber gerade umziehen. So bestellten wir den Möbelwagen zu einem Ortsumzug, wir gaben unser Einfamilienhaus auf dem Forst auf und bekamen eine Wohnung in der Maxim-Gorki-Straße. Das Haus hätte Gisela, allein mit den beiden kleinen Kindern, nicht in Schuß halten können, den Garten schon gar nicht, außerdem war der Weg von der neuen Wohnung zur Arbeiter-und-Bauern-Fakultät, wo sie unterrichtete, nicht weit.

Ab Mai fuhren Funke und ich montags früh nach Drei-Annen-Hohne bei Schierke im Harz, um dort zehn Stunden täglich die russische Sprache zu erlernen. Zwei sehr gute Pädagogen vom Leipziger Herder-Institut unterrichteten uns dreißig Genossen intensiv und gründlich. Alles wurde in Russisch abgewickelt, selbst auf den Spaziergängen fragten wir uns die Vokabeln ab. Die Umstände waren damals merkwürdig konspirativ, wir erhielten Decknamen, eine unsinnige Angelegenheit, da wir uns sowieso fast alle kannten. Aber das war wohl der eigentlichen Aufgabe der kleinen Schule geschuldet, die sonst westdeutsche Kommunisten ausbildete, welche über die grüne Grenze kamen. Kaum waren wir angekommen, meldete sich eine Kaderkommission an, eigentlich bestand sie nur aus dem Sekretär des ZK, Karl Schirdewan, und einem Protokollanten.

Auch ich wurde zu ihm gerufen und erfuhr, daß er mich nicht nach Moskau, sondern zum V. Parlament der FDJ nach Erfurt schicken wollte. Ich war verblüfft, als ich hörte, ich solle Sekretär für Arbeiterjugend im Zentralrat werden. Von Industrie und Wirtschaft hatte ich keine besondere Ahnung und sagte das auch. »Ach, das wirst du dir mit unserer Hilfe aneignen«, war die Antwort. Otto Funke und Heinz Bendig, denen ich das erzählte, waren empört über diese Art von Kaderpolitik und gingen zu Schirdewan, um ihm Vorhaltungen zu machen. Ich hatte glücklicherweise nicht zugesagt und sollte mir alles überlegen, könne ja auch einige Jahre später studieren, ich sei jung genug dazu.

Irgend etwas stimmte an der ganzen Sache nicht. Ende Mai, also in zwei Wochen, sollte gewählt werden, und die Kandidaten wurden jetzt gesucht? Bendig und Funke kamen zurück und berichteten, der Kelch ginge an mir vorüber. Schirdewan hätte außer acht gelassen, daß meine Erfahrungen auf dem Gebiet der Kulturpolitik lägen. In Wirklichkeit ging es um eine neue Politik in der Jugendarbeit, die ich aber nicht durchschaute. Erich Honecker wurde abberufen, er würde nach dem Parlament zu uns stoßen, auch er führe mit nach Moskau. Aber er kam nicht. Wir sahen ihn erst im Zug nach Moskau, als wir mit unseren großen Koffern auf dem Ostbahnhof in Berlin große Aufmerksamkeit erregten.

Nach zwei Tagen erreichten wir den Belorussischen Bahnhof. Der erste Sowjetmensch, der mir in Moskau begegnete, war ein bettelnder Kriegsinvalide auf seiner ebenerdigen Rutsche. Er hielt die offene Hand hin und sagte: »Gospodin, daitje Kopeki sa Wodki.« (Herr, geben Sie mir ein paar Kopeken für Wodka.) Wir waren so perplex über diesen Anblick, daß wir nach Geld suchten, aber wir hatten noch keine Rubel.

An der ehemaligen Leninschule ging es international zu. Neben den vielen Studenten, sie wurden dort Hörer genannt, aus allen Ecken der Sowjetunion fanden sich auch alle anderen nationalen kommunistischen und Arbeiterparteien Europas vertreten, die KPD auch, unter anderem auch mit Herbert Mies, dem späteren Vorsitzenden. Das meiste Aufsehen erregten die Italiener mit ihren wunderschönen, eleganten Damen. Es schienen nur die Chinesen zu fehlen. Da sie aber in ganz anderen Dimensionen ausbilden mußten und wegen ihrer Scheu vor den Europäern, war für sie eine eigene Schule eingerichtet worden, mit einem speziellen Lehrplan für asiatische Geschichte und Philosophie.

Wir wurden in Zwei-Bett-Zimmern untergebracht. Da mein Zimmergenosse noch nicht angereist war, konnte ich meine Seekiste mit den vielen Büchern auspacken und die Kleidung verstauen. Als er kam, ein Russe, wunderte ich mich, denn seine Bücher brachte er in einem Einkaufsnetz unter. Ich wußte noch nicht, daß man Bücher, je nach Bedarf, in der Bibliothek entleihen konnte. Wir machten uns bekannt; aber mein Zimmergenosse blieb kurz angebunden und ging bald. In der ersten Nacht erwachte ich durch einen mir unbekannten Juckreiz. Als ich Licht machte, entdeckte ich Wanzen, die in Tapetenritzen flüchteten. »Ach, klopschiki, ne washno«, beendete der Zimmergenosse mein Erstaunen, ließ aber das Licht brennen, und die Wanzen trauten sich nicht mehr heraus. Manch anderem war es auch so ergangen, und da wir nicht ständig bei Licht schlafen wollten, beschlossen wir, daß einer zum Administrator gehen sollte. Doch dieser hatte schon gehandelt. Das Zimmer war verklebt, unsere Sachen in einen anderen Raum gebracht, man hatte Gas hineingesprüht. Mein Zimmerkumpel hatte bereits telefoniert und die Veränderung eingeleitet.

Er schien überhaupt ein wichtiger Mann zu sein, alle sprachen mit Hochachtung zu ihm, einem Bauernjungen aus dem Waldai-Gebirge mit einer kleinen Sekretärsfunktion im Rayon (Kreis). Erst nach Wochen kam ich dahinter, daß er in jedem Geschichtsbuch erwähnt wurde: Es war der berühmte Sergeant Jakow Pawlow, der in Stalingrad ein Wohnhaus als Sperriegel vor der Wolga 58 Tage lang verteidigt hatte, viel länger, als die ganze französische Armee ihr Land. Zuerst versuchte er durchzusetzen, daß er nicht mit einem Deutschen zusammenwohnen mußte, als aber die Schulleitung darauf nicht einging, denn es war ein ehernes Prinzip, immer einen Ausländer und einen Russen in einem Zimmer unterzubringen, fügte er sich, und wir befreundeten uns nach und nach. Er half mir beim Russischlernen und korrigierte meine Aussprache und schulmäßige Syntax, ich half ihm bei der deutschen Sprache, die er etwas aus der Zeit seiner Stationierung in Weimar, wo er in der Kommandantur tätig war, kannte.

Jascha war ein gelehriger Schüler, im Gegensatz zu Erich Honecker, der ohne jede sprachliche Grundlage sein Studium aufnahm. Zwar übersetzte im Ein-Jahr-Kurs eine Dolmetscherin, soweit die Dozenten nicht in Deutsch unterrichteten, doch wurde ich von unserem Parteisekretär gefragt, ob ich nicht einen Russisch-Grundkurs mit Honecker machen würde. Das konnte und wollte ich nicht ablehnen, obwohl meine Neigung für solcherart Klippschule nicht groß war. Es kam, wie es kommen mußte. Nach fünfmaligem Anlauf gaben wir in beiderseitigem Einvernehmen auf. Nicht, daß er nicht wollte, aber er verfügte nicht über die Grundkenntnisse in der deutschen Sprache, und wie soll man im Russischen deklinieren und konjugieren, wenn man es im Deutschen kaum kann. So versuchte ich, den Nachhilfeunterricht auf das Erlernen von brauchbaren Redewendungen und Floskeln zu reduzieren, aber das lief auf stures Pauken hinaus. Schließlich sagte er zu meiner Erlösung, wir sollten lieber aufhören. In der Funktion, die er später einnehmen würde, bekäme er wohl einen Dolmetscher. Womit er recht hatte.

Für mich bedeutete das Aufgeben der Bemühungen mehr Freizeit, und da Jascha Pawlow Abgeordneter des Obersten Sowjets der Russischen Föderation war, auch mehr Besuch von Theater und Konzert, denn wenn er anrief, erhielt er Dienstkarten, die ich für ihn bei der Verwaltung abholte. So erlebte ich die begehrten Inszenierungen der Moskauer Theater. Damals wurden die Regiearbeiten von Meyerhold in der Originalfassung wieder hervorgeholt, ein aufregendes politisches Theater. Im Konservatorium spielte Eugen Kogan alle bedeutenden Violinwerke der Musikliteratur, drei in einem Konzert, jeden Sonntag in der Saison. Nie kam Jascha mit, er meinte, so oft wie ein Abgeordneter »Schwanensee« sehen müsse, könne man von ihm nicht mehr verlangen. Ich glaube aber, er hatte, wie viele an der Schule, in Moskau ein Bratkartoffelverhältnis begonnen, mit dem er seine Freizeit verbrachte.

In vielen Jugendabenden, beim Militär und in Betriebskulturhäusern saß Jascha auf dem Podium und ließ die Tage in Stalingrad wieder auferstehen, bescheiden und deshalb eindrucksvoll. Wenn es ging, begleitete ich ihn. Wurde er in der Straßenbahn erkannt, begrüßten ihn wildfremde Menschen, er galt als Autorität. Eine Zeitlang kam ein Redakteur aus einem anderen Kurs zu ihm und machte ein langes Interview. Ich saß dabei und verstand schon das meiste, mein Staunen wurde immer größer. Durch ihn erfuhr ich von der Situation der Russen im Krieg mehr, als aus allen Lehrbüchern und Romanen. Der Redakteur kam wieder und las zur Verifizierung seinen Text, den Jascha autorisieren sollte, laut vor. Die Präzisierungen und Ergänzungen vertieften auch meine Kenntnisse, und als der Text in einer Broschüre gedruckt wurde, erbat ich ein signiertes Exemplar, das ich bis heute aufbewahre.

Die Anforderungen des Studiums nötigten mir keine besonderen Leistungen ab, es war Zeit zu repetieren, denn in Jena kam doch dieses oder jenes Quellenstudium zu kurz, hier konnte ich nachlesen, was ich bisher versäumte. Nur die russische Sprache hätte ich gern besser beherrscht, und deshalb nahm ich die Gelegenheit war, in einer russischen Seminargruppe mitzumachen. Die Vorlesungen waren sowieso für alle gleich, der Lehrstoff genau gegliedert und für alle verbindlich. Die Stoffpläne besitze ich heute noch. Sie sind pädagogisch klug aufgebaut und korrespondierten im wesentlichen mit den Prüfungsfragen. Um eine gute Prüfung abzulegen, gingen wir wie die Peripatetiker auf und ab und befragten uns gegenseitig – mit gutem Erfolg, denn die deutschen Hörer gehörten zu denen mit den besten Prüfungsnoten.

Der XX. Parteitag kam heran und mit ihm ein Ereignis, in das ich unvorbereitet geriet. Unser Parteisekretär schickte aus jedem Kursus einen Genossen als Gast in eine Parteiversammlung der KPdSU. Als wir im großen Hörsaal auf der Balustrade Platz nahmen, kam ich neben Alexander Dubschek zu sitzen. Wir kannten uns von den Volleyball-Wettkämpfen, in denen die Tschechen und Slowaken dank seiner Länge und seines harten Schmetterballs immer gewannen. Die Versammlung verlief ungewöhnlich. Der Parteisekretär kündigte einen Mitarbeiter des ZK an, der im schwarzen Anzug feierlich an das Pult trat. Er verlas die als Geheimrede bekannte Abrechnung Chruschtschows mit Stalin und dem Personenkult um ihn. Alles saß wie erstarrt und hörte ungläubig, was in dieser Rede an Ungeheuerlichkeiten verkündet wurde.

Da ich in der Sprache noch nicht so sicher war, hatte ich Schwierigkeiten mit den Zahlen, die als Beleg für die unglaubliche Zahl der Opfer genannt wurden, und zeigte meine Notizen meinem Nebenmann, der sehr gut russisch und deutsch sprach. Er nickte oder korrigierte, und unser Erstaunen wurde immer größer, bis wir ahnten: Das könnte die Wende zur innerparteilichen Demokratie sein. Diese Enthüllungen mußten Folgerungen nach sich ziehen. Bisher hatten wir zwar davon gesprochen, im Zweifelsfall aber auf die Meinung von oben gehört. Ja, das war die Wende. Stalin, bisher ein Halbgott, dem in jeder Konferenz ein Stuhl im Ehrenpräsidium freigehalten wurde, und nun ein Lump und Verbrecher? Aber eine andere Schlußfolgerung war nicht möglich, wenn man die Beschmutzung unserer Idee, nur vergleichbar mit der Inquisition der alleinseligmachenden römisch-katholischen Kirche an ihren besten Vertretern, den Ketzern und ungezählten Unschuldigen, abwaschen wollte.

Ich war noch verwirrt, als der Vorleser abtrat und sich auf seinen Platz setzte. Kein Wort von seiten des Sekretärs, keine Formalität. Alle saßen noch ruhig da, als die ersten zu schluchzen begannen, bis fast allen die Tränen rannen. Männer, durch den Krieg marschiert, vernarbt, Organisatoren des Wiederaufbaus in den Nachkriegsjahren, in Parteiverantwortung, vielleicht auch schuldig geworden in ihren Kreisen und Bezirken, immer mit dem Namen Stalins auf den Lippen, begruben hier ihren Glauben an ihn. Alle? Wer weiß. Nach langen Minuten erhob sich ein schon weißhaariger Genosse auf den hinteren Bänken und sagte den ungeheuerlichen Satz: »Genossen, in der Partei bekommt ihr immer Recht. Ihr mögt tot sein, aber ihr bekommt euer Recht!« Das löste den Bann, und wir gingen langsam aus dem Saal und durch die noch winterliche Nacht in unser Wohnheim. Jascha hielt sich von mir fern und sagte tagelang nichts. Dann kam sein Wort: »On byl faschistom!« (Er war ein Faschist!)

Eines Abends nahm er mich auf den Roten Platz mit. Der Inhalt der Rede war natürlich durchgesickert, und wenn besondere Tage im Leben der Stadt eintraten, ging man zum Kreml.

Die berittene Miliz hatte die Zugangsstraßen gesperrt, wir wichen über Gassen und Höfe aus, und neben dem Kaufhaus GUM gelangten wir, etwas ramponiert durch das Gedränge der Menge, auf den Platz. Neben der kleinen Basilika steht der Richtblock, auf ihm saß ein junger Kerl mit einem Bandonion, und ein Bär von Mann, der schwarze Baß des Großen Theaters, Michailow, ein früherer sibirischer Holzfäller, sang. Russische Volkslieder, eins nach dem anderen, wurden angestimmt, zum Teil mitgesungen, auch patriotische Lieder aus dem Krieg darunter. Bei den fröhlichen drehten sich zuerst die Frauen, dann auch Paare, schließlich tanzten viele, und alle feierten: Der Zar ist tot, aber das Volk übersteht! Das hier war der eigentliche XX. Parteitag, das Wiedererstehen der Hoffnung auf den Sozialismus, auf ein Leben in Frieden und Gerechtigkeit, der unsinnigen Opfer waren genug.

Jascha, sonst oft spröde, sang mit, summte, hakte sich ein, auch bei mir, und schien glücklich zu sein. Es konnte wieder sauber zugehen, meinte er, der Stall werde ausgemistet. Das war auch notwendig, denn Moskau mit seiner gesammelten Intelligenz ist nicht der Sowjetunion gleichzusetzen. Er kam aus dem Dorf Krestowaja (etwa Kreuzdorf), es liegt an der Strecke Moskau – Leningrad und besitzt einen Haltepunkt der Bahn. Dorthin fuhren wir beide zum 1. Mai 1956. Er wollte seine Eltern besuchen und mich vorstellen. Ich war der erste Deutsche seit dem Krieg in dieser Gegend. Daher wurde ich von drei Männern der Dorfparteileitung befragt, denen ich erzählen mußte, aus welcher Familie ich kam, und ob und wo ich im Krieg war. Dieses Verhör fand in einem Bauernhaus statt, das Verwandten von Jascha gehörte. Die Parteileitung war illegal, sie war abgesetzt worden, weil sie sich dagegen wehrte, daß NKWD-Soldaten das Saatgut der Kolchose, dessen Gründer und Vorsitzender Jaschas Vater seit 1929 gewesen war, aufladen wollten. Es war aber unauffindbar, da rechtzeitig versteckt. Nun warteten die Beteiligten auf ihre Inhaftierung. Aber nach dem XX. Parteitag, dessen Wende Jascha den Ungläubigen erstmals zu erläutern versuchte, wurden die Willkürmaßnahmen eingestellt.

Das war auch für mich sehr günstig, denn mit einem Wasserglas voller Wodka, das wir austranken, wurde ich schließlich willkommen geheißen. Das wiederum bedeutete die Teilnahme an einem Dorffest, dessen Mittelpunkt, ein illegal geschlachtetes Schwein, bis dahin in einem Erdkoben aufbewahrt, alle Dorfbewohner versammelte. Es waren die oft beredeten und im Film zaghaft schon einmal dargestellten freien Nächte der alten Obschtschina, in denen alles erlaubt, was sonst verboten war. Wie auf dem Roten Platz die städtische Gemeinde, so tanzte, sang, lachte, fraß und liebte hier um den Hof des Onkels Dina die Dorfbevölkerung. Der Deutsche war mittendrin, eines der neuen Weltwunder.

Nach dem dreitägigen Fest, von dem niemand nach Hause ging, die noch wodkatrunkene Versammlung der Kolchosmitglieder. Jaschas Vater verkündete den Vorschlag des Vorstandes: Die Versammlung möge beschließen, daß die Festlegung, nicht mit der Frühjahrsbestellung zu beginnen, aufgehoben wird. Sie soll am bestmöglichen agrotechnischen Termin beginnen, da die Gründe für eine Verweigerung weggefallen seien. Alle hoben die Hand, ein Bauer muß säen. Kehrt die Bauerndemokratie wieder ins Dorf zurück? Ich fragte Jascha auf der Heimfahrt, er antwortete skeptisch: »Meine Leute haben nichts von dem gewußt, was in Moskau besprochen wurde. Hätte nicht ich es ihnen gesagt, sondern einer von der Kreisverwaltung, sie hätten es nicht einmal geglaubt, weil sie niemandem mehr geglaubt haben. Nicht Geheimreden sind das Richtige, sondern die freie Rede, aber davor fürchten sich noch viele.« Er hatte recht.

Die Geheimrede Chruschtschows wurde vor den Genossen der SED zu Hause geheimgehalten. Aber manches sickerte auch hier auf verschiedenen Kanälen durch. Auch an der Schule in Moskau blieb zunächst alles beim alten. In bekannter Manier wurden die Beschlüsse des XX. Parteitages durchgenommen, keinerlei Anzeichen für die dringend nötige Auseinandersetzung zur Befreiung der Hirne, die Lehrer warteten auf die Anweisungen von oben. So verging die Zeit bis zu den Prüfungen am Ende des ersten Jahres. Wir bereiteten uns konzentriert vor und erhielten unsere beiden Fragen in jedem Fach zehn Minuten vor der Angst. Nach einer Prüfung in Politischer Ökonomie, in der ich über den westdeutschen Kapitalexport referieren mußte, ergab es sich, daß mein Freund Erich Selbmann und ich auf Erich Honecker und den Langen Hans stießen, einen alten Parteikurier zwischen Schweden und Hamburg, der in der Abteilung Westdeutschland des ZK arbeitete. Wir vier beschlossen, in das Hotel »Praga« zum Essen zu gehen, weil man dort die gute tschechische Kost bekam.

Es gab natürlich Schweinsbraten mit Knödel und Sauerkraut. Als wir auf das Gericht warteten, betrat eine merkwürdige Gruppe den Raum, in dem eine lange Tafel auf die etwa dreißig hageren Männer mittleren Alters wartete, schon überreich mit Vorspeisen gedeckt. Die Männer trugen die gleichen Anzüge, gleiche Hemden, gleiche Krawatten. Sie nahmen schweigend Platz. Eine gedämpfte Atmosphäre breitete sich aus. Auch wir setzten unsere Unterhaltung leiser fort, es ging um die bestandenen und noch vor uns stehenden Prüfungen, um die baldige Heimfahrt in die Sommerferien. Da wandte sich der Sprecher des Tisches an uns und fragte, ob wir aus der deutschen Partei kämen. Wir bejahten, und er lud uns ein, an ihren Tisch zu kommen. In diesem Moment erschien der Ober, und wir erklärten, nicht stören zu wollen. Doch nach dem Essen erschien der Mann noch einmal und bat uns an den Tisch, ein anderer stellte Stühle zurecht.

Erich Honecker nahm neben ihm Platz, und der Mann begann eine Rede an uns zu richten. Er bezeugte, daß die deutschen Genossen seines Straflagers keineswegs schuldig inhaftiert gewesen und mannhaft gestorben seien, ohne unsere Partei verraten zu haben. Namen wurden genannt, die mir aber unbekannt waren. Am Ende seiner Ansprache bat er uns dringend, dafür zu sorgen, daß sie rehabilitiert würden.

Erich Honecker bedankte sich für uns und versprach, es zu tun. Damit gab sich die Gesellschaft der entlassenen Stalinschen Opfer zufrieden, denn um solche handelte es sich. Sie hatten gestern Kleidung und Reisegeld bekommen und fuhren in ihre Heimatorte, stark gezeichnet, aber nicht gebrochen, wie mir schien, und sie verabschiedeten sich voneinander.

Was gab es da zu rehabilitieren? Die Schuldigen mußten vor ein Gericht, die Erschießung Berijas, bekanntgegeben im Dezember 1953, konnte doch nicht die alleinige Antwort sein. Trotzdem stimmte uns die kurze Unterhaltung auf der Heimfahrt so nachdenklich, daß wir kaum ein Wort darüber sprachen. Welche Aufgabe, diese Stalinschen Verbrechen zu verfolgen! Aber wie sollte es geschehen? Erich Honecker zeigte sich ebenfalls ratlos, aber er wußte bereits mehr als wir, denn als Kandidat des Politbüros besaß er umfassendere Kenntnisse, über die er aber nicht sprach, sondern nur allgemein orakelte: »Da kommt noch vieles auf uns zu!« Ja, die Überlebenden hatten ihr Parteibuch und einen neuen Anzug erhalten, was aber war mit den Toten? Doch diese Fragen wurden an unserer Schule nicht behandelt.

Unerwartet bekamen unsere Frauen zum Jahrestag der Oktoberrevolution die Erlaubnis, uns zu besuchen. Gerade in dieser Zeit fand in Ungarn der Aufstand statt. Wir fieberten, welchen Ausgang er nehmen würde, denn allen war klar: Das war eine verheerende Auswirkung des XX. Parteitages. Unsere ungarischen Genossen reisten sofort nach Hause und unterstützten die Kadar-Partei. Zwei von ihnen habe ich später wieder getroffen, den einen als Kreissekretär in Erlau, den anderen, Michael Korom, einen aus meinem Seminar, als Kommandeur der Grenztruppen und späteren Innenminister in der Regierung Kadar. Unser Wissen blieb auf die Informationen der »Prawda« beschränkt, das ND kam immer zwei Tage später. Die Diskussionen rissen nicht ab, obwohl es in unserer Partei keine Anzeichen ähnlicher Stimmungen gab, so schien es uns jedenfalls. Berlin war weit. Auch bei den abendlichen Besuchen im »Praga«, unsere Frauen wunderten sich darüber, daß wir in unserer Kantine alles aßen, was wir ihnen zu Hause niemals abgenommen hätten, diskutierten wir bei böhmischer Küche und ungarischem Wein über das weitere Schicksal des Sozialismus. War Ungarn ein nationaler Unfall oder ein Menetekel? Eine berühmte ungarische Zigeunerkapelle war auf einer Gastspielreise gewesen und konnte oder wollte jetzt nicht nach Hause. Der Primas Lakatos und seine Kapelle spielten daher in unserem Lokal, aber ihre nach wie vor süßen Operettenmelodien wollten uns nicht zu Tanz und Fröhlichkeit verlocken.

Eines Tages tauchte in einer extra angesetzten Parteiversammlung der zweite Mann der SED-Führung, Karl Schirdewan, auf. Er wollte uns anläßlich einer Besprechung bei der KPdSU, in der es um die Auswertung der ungarischen Ereignisse ging, die Einschätzung der Parteiführung mitteilen. Endlich ein Wort. Das meiste kannten wir zwar aus den Veröffentlichungen, neu war, daß er mitteilte, unter Rakoszi, dem durch Nagy verjagten Generalsekretär der ungarischen Partei, wäre jeder sechste Ungar in den Karteien der Staatssicherheitsorgane erfaßt gewesen, auch im Parteiapparat hätte die Sicherheit gearbeitet. Die Schlußfolgerung für die SED bestünde unter anderem darin, daß solche Praxis bei uns ab sofort untersagt sei, ein entsprechender Beschluß sei gefaßt. Alle sahen unseren Informanten an, der sich gar keine Mühe gegeben hatte, seine Informantentätigkeit zu verbergen. Er wurde sowieso wegen seiner offensichtlichen Lernschwäche und zynischen Haltung von den meisten gemieden. Nun stand er da wie Schnee in der Sonne. Die weiteren Ausführungen Schirdewans deuteten an, daß es im Aufbau-Verlag den Versuch gegeben habe, eine dem ungarischen Petöfi-Klub ähnliche parteifeindliche Plattform zu bilden, aber Namen nannte er damals noch nicht.

Ulbricht zog noch eine andere Schlußfolgerung aus den ungarischen Ereignissen und begann eine Diskussion darüber, in welcher Weise die Arbeiterklasse sich auf das Leben im Sozialismus einzustellen hätte. Während die Bauern den genossenschaftlichen Weg gingen, waren für die Arbeiter keine wesentlich anderen Arbeits- und Lebensbedingungen gegeben als im Kapitalismus: die gleichen Betriebe, die gleiche Technik und Technologie, die gleiche Schufterei für wenig Lohn. Abgesehen von propagandistischen Sprüchen, hatte sich nicht viel geändert. Andererseits war die Teilnahme vieler Arbeiter am 17. Juni 1953 bei uns und nun auch in Ungarn das eigentlich Beunruhigende. Intellektuelle fragten, wenn es so einfach sei, den Glauben der Arbeiter an den Sozialismus zu erschüttern, könne es mit dem sozialistischen Bewußtsein und daher mit der Arbeit der Partei nicht weit her sein. So wurde eine Kette von Maßnahmen in Kraft gesetzt, die von der staatlichen Beteiligung an Privatbetrieben bis zur Belehrung der Justiz, die Rechtsnormen einzuhalten und die Weiterentwicklung der sozialistischen Demokratie zu fördern, reichte. Die Gewerkschaften übernahmen die soziale Versorgung (Sozialversicherung), und eine Arbeiterkonferenz beriet über die Stärkung der Arbeiterrechte in den Betrieben. Hierin steckte der Versuch, Elemente des jugoslawischen Weges für die DDR nutzbar zu machen, aber Ulbricht ließ nach einer Rüge aus Moskau diesen Versuch gleich wieder fallen. So war die Weiterentwicklung der Demokratie nicht gedacht.

Trotzdem erregte der lange Artikel im ND auch an der Schule erhebliches Aufsehen. Eine kasachische Hörerin bat mich, ihr beim Übersetzen zu helfen, sie solle in ihrem Seminar darüber berichten. Sie war angetan von der Fülle der Gedanken, aber als sie ihr Referat hielt, war die Sache bei uns schon vom Tisch. Immerhin lag inzwischen ein Zivilrecht vor, die örtlichen Organe erhielten mehr Zuständigkeiten als bisher, die Arbeitszeit wurde auf 45 Stunden verkürzt. Frauenkonferenz, Bauerntag, Deutscher Städte- und Gemeindetag, Gründung des Turn- und Sportbundes und ähnliche Veranstaltungen stießen in schneller Folge in jeden Winkel des gesellschaftlichen Lebens und organisierten die Interessen der Bürger im staatlichen Sinne. Doch bei aller Betriebsamkeit blieb eines offen: Was geschieht mit der sozialistischen Idee in dieser Übergangsperiode? Wie zeigt sie sich und wie wird sie angenommen? Zu diesen Fragen gab es in allen Veranstaltungen keine Antworten, kaum daß die Fragen offen gestellt wurden.

Das sollte eine Kulturkonferenz des ZK bewerkstelligen, die immer wieder verschoben wurde, bis sie dann Ende Oktober 1957 stattfand. Die Verhaftung von Walter Janka und anderer

Mitarbeiter des Aufbau-Verlages und ihre alle Rechtsgrundsätze verletzende Verurteilung werden dazu benutzt, die innere Konterrevolution niederzuhalten und alle Intellektuellen vor einem Petöfi-Klub zu warnen, den der Verlag mit Lukácz auch in der DDR installieren wollte. Es wurde nicht gesagt, daß Becher und Seghers Lukácz in der DDR in Sicherheit bringen wollten, aber der bedeutende Germanist und Philosoph sollte der Rache der Sowjets entzogen werden. Als Ulbricht davon erfuhr, stoppte er die Aktion, verhaftete den Kurier des Kulturzaren Becher und ließ Walter Janka und andere Sympathisanten einsperren, darunter auch Wolfgang Harich, der über einen Führungswechsel an der SED-Spitze nachgedacht hatte, also Ulbricht abgelöst sehen wollte. Über diese Einzelheiten wurde jedoch nicht gesprochen, das erledigte Becher mit einer selbstanklägerischen Rede, in der er sich der mangelnden Wachsamkeit in ideologischen Fragen bezichtigte. In der Wochenzeitschrift »Sonntag«, die wegen ihrer langweiligen und lückenhaften Berichterstattung in kulturellen Dingen ohnehin niemand las, wurden von einem jungen Mann, Hans Koch, große Attacken gegen Lukácz geritten, der inzwischen in einer Art Hausarrest in Rumänien untergebracht war.

Auf dieser Kulturkonferenz sollten die Querdenker wieder ausgerichtet werden, und das besorgte Alexander Abusch, ein Vertrauensmann Ulbrichts. Er hielt das scharfe Referat und legte 10 Thesen zur Kulturpolitik vor, Elaborate in reinstem Stalinistengeist. Alle hatten nach dem XX. Parteitag auf eine geistige Öffnung gewartet, statt dessen wurden die Phrasen aus der Formalismus/Realismus-Debatte weitergeritten, unergiebig und zensurhaft. Die Kulturschaffenden blieben noch immer hinter den Erfordernissen des sozialistischen Aufbaus zurück, hieß es wieder einmal. Die Rabulistik Abuschs war ungenießbar. Er forderte eine sozialistische deutsche Kultur, die Künstler sollten sich fest auf die Arbeiterklasse stützen. Doch das war nur eine Umschreibung für »auf die Partei stützen«, denn die Klasse war durchaus nicht kulturell ambitioniert, jedenfalls nicht in ihrer Ganzheit. Aber darum ging es Ulbricht auch nicht, er sah in einem künstlerisch freien Denken immer eine Gefahr für den Sozialismus seiner, das heißt stalinistischer Prägung. Natürlich sprach er in seinen Reden immer davon, daß der Künstler das Recht hätte, seine eigene Sprache zu finden, aber jeder wußte, daß er sich scheute hinzuzusetzen, »soweit sie mir (und meiner Frau Lotte) gefällt«.

In der Praxis hatten solche Konferenzen eine geringe Wirkung, so daß sie immer häufiger wiederholt wurden. Die Künstler ließen die Dinge über sich ablaufen, sprachen in Sitzungen oder bei anderen Gelegenheiten von Einzelproblemen, die sowieso keiner lösen konnte, außer sie selbst. Im übrigen hüteten sie sich vor direkter Konfrontation, was aber nicht bedeutete, daß sie nicht ihre Meinung sagten, wenn irgendwo wieder einmal Unfug angerichtet wurde. Mir hat der kluge, bedeutende Maler Willi Sitte einmal gesagt, daß er sogar diesen Widerspruch brauche, um seine Ansichten theoretisch wie auch künstlerisch auszudrücken. Insofern hatten diese Disziplinierungskonferenzen auch einen fruchtbaren Aspekt. Die Anpasser und Nichtskönner redeten zum Munde, die Könner formten ihre Ideen auf unverwechselbare Weise.

Diese Problematik erwischte mich selbst auf besondere Art. In Moskau war eine Versammlung zu diesen Fragen für alle Studenten anberaumt, es waren etwa tausend, und ich sollte dort die Kulturkonferenz interpretieren, weil niemand verstand, worum es sich eigentlich handelte. Was tun? So sprach ich von den Grundideen der Klassik und Romantik, der Aufklärung und dem Schönheitsideal der Menschendarstellung, von der Sprengung der Form um die Jahrhundertwende und der festen Einbeziehung des sozialen Aspektes in die Kunst, der Entwicklung einer sozialistischen Strömung, vor allem in den zwanziger Jahren, von starken, antifaschistischen Stoffen in den dreißiger und vierziger Jahren und den nunmehr herangereiften künstlerischen Werken der Nachkriegs- und Aufbauprozesse. Dort aber lägen die Probleme. Es bedürfe der Souveränität der Betrachtung des Objekts und der Bereitschaft der Individuen, sich mit jedem ehrlichen Versuch zu verbünden. Das fand den Beifall der anwesenden, vorwiegend jungen Leute, es waren aber auch ältere Personen im Saal, die sowjetischen Germanisten, die durch ihre Studenten von der Veranstaltung erfahren hatten. Da ich jede Drohgebärde vermieden und vor den Gedanken des vermeintlichen Petöfi-Klubs nicht gewarnt hatte, nahmen die Studenten aus den verschiedensten Instituten und Hochschulen meinen Überblick als eine willkommene Orientierung.

Dieser Vortrag wiederum brachte eine neue Belastung. Der anwesende Botschafter der DDR in Moskau nahm mich beiseite und fragte mich, ob ich bereit wäre, bei der Lösung eines Problems zu helfen. Zu viele deutsche Studentinnen und Studenten verliebten sich in ausländische, und was das Normalste in der Welt ist, wurde zu einem herben Konflikt. Man rechnete zu Hause fest mit den Absolventen, aber sie folgten oftmals dem Partner in dessen Land. Dagegen war schwer etwas zu machen, denn sie schlossen in Moskau leicht eine Ehe. Er schilderte mir den Fall einer Mathematikerin, die einem ungarischen Biologen in die Pußta folgen wollte, wo er in einem Zuchtstall tätig werden sollte. Was soll sie dort tun, und wozu hätte die DDR ihr nicht billiges Studium bezahlt, wenn sie es ohne Sprachkenntnisse nicht einmal als Lehrerin anwenden könne? Ich sollte mit den betroffenen Leuten reden.

Weigern war schwierig. Ich verwies auf Zeitmangel usw., aber er blieb hartnäckig. Es waren nur wenige Gespräche, vielleicht zehn, die zustande kamen. Alle blieben bei ihrer Meinung – und wurden nach Hause geschickt. In den siebziger Jahren ohrfeigte mich eine junge Frau in einem Erholungsort, weil ich ihr Lebensglück zerstört hätte. Meine Frau dachte, ich hätte ein Verhältnis mit der Dame gehabt, das wäre verständlich gewesen, zumal sie schön war. Als wir uns danach zu dritt bei einem Kaffee aussprachen, erfuhren wir, daß sie seitdem ihrer Liebe nachtrauerte und allein lebte. Mir gab sie die Schuld an ihrem Unglück.

Der Dozent für Landwirtschaftspolitik, Kalinin, wollte uns die fortschrittlichen Methoden in der sowjetischen Landwirtschaft beibringen. Da uns die Exkursionen in Musterkolchosen in der Nähe von Moskau keine besonders überzeugenden Eindrücke brachten, half er mit der Theorie nach. Er hielt einen Vortrag über die Vererbung erworbener Eigenschaften und verwies dabei auf die Erträge von Obstbäumen in der Nähe des nördlichen Polarkreises. Sie seien ein besonders eindrucksvoller Beweis für die Theorien Mitschurins und Lyssenkos. Ein Obstgarten würde sich am ewigen Eis auftun. Mir wurde die Sache zu bunt, und ich fragte ihn, warum man die Obstbäume nicht in der Nähe der Großstädte anlegte, dann wäre die Obstversorgung nicht mehr auf die Georgier und Armenier angewiesen, die ihre kleinen Mengen in Flugzeugen antransportierten, in Moskau verkauften und große Gewinne erzielten. Meine Frage erschütterte ihn nahezu. Und als ich seine höchst ungehaltene Reaktion danach meinem Parteisekretär Fritz Bauer mitteilte, sagte dieser in Erkenntnis der Situation, wir sollten uns beim sowjetischen Direktor erkundigen, ob ich eine ungehörige, unzulässige Frage gestellt hätte.

Im Vorzimmer saß bereits Kalinin und machte eine saure Miene, als uns der Direktor für Studienangelegenheiten gemeinsam hereinrief. Kalinin bekam unrecht. Trotzdem änderte sich an dem dogmatischen Grundkonzept, das uns als fortschrittliche Biologie gelehrt wurde, nichts. Noch im Frühjahr 1958 hielt der Scharlatan und Verbrecher Lyssenko, der die sowjetische Genetik vernichtete, das heißt die führenden Genetiker, ja selbst die Drosophila-Fliege – sie mußte für die Neuaufnahme der Experimente aus Amerika eingeführt werden – ausrotten ließ, vor uns Vorlesungen im schlimmsten Stil der dreißiger Jahre, wo er als Speichellecker Stalins unbegrenzte Macht über die Akademie der Landwirtschaftswissenschaften besaß. Die Parteikader wurden in diesem Geiste erzogen und führten eine entsprechend falsche Politik durch. Ein Jahr später erfuhr ich, daß die Professoren Mothes und Stobbe aus Neu-Gatersleben für Ulbricht ein Papier über die Zusammenhänge von Vererbung und Ertragssteigerung verfaßten, das Chruschtschow übergeben wurde. Ob es zur Ablösung der Stalinschen Kader geführt hat, kann nur vermutet werden, denn nun bekamen die Genetiker der Dubinischen Richtung die Verantwortung in der Akademie. Sie stellten Lyssenko ein Versuchsfeld auf den Lenin-Bergen zur Verfügung, um seine Theorien zu beweisen, was natürlich unmöglich war. Eine interessante Form der Vergangenheitsbewältigung.

Dubinin fuhr zu den Mendel-Feierlichkeiten nach Brünn und legte am Denkmal des Theoretikers der Vererbung einen Kranz nieder. Das war ein Zeichen der Wende, aber die Schäden, die Boden und Vieh genommen hatten, sind heute noch nicht überwunden. Auch dort, und nicht im Besitzstand, liegen in erster Linie die Ursachen für den Niedergang der sowjetischen Landwirtschaft.

Die »Tauwetter« genannte Übergangsperiode wird meistens als eine geistige Strömung verstanden. Auch ich war hingerissen von den jungen Dichtern, die – einer nach dem anderen – das

Majakowski-Denkmal bestiegen und ihre Verse in die Menge schleuderten, die sie im wahrsten Sinne des Wortes oftmals auf Händen bis zum Denkmal trug. Das eine ist der momentane Freiheitsrausch, ein anderes die Bekämpfung der sich zäh haltenden Vorurteile und Gläubigkeiten am Alten. Viele der führenden Wissenschaftler waren seit den dreißiger Jahren umgebracht worden, noch bis in die Fünfziger hinein, sie fehlten jetzt, ihre Institute waren oftmals nicht mit ihren Schülern, sondern mit Dummköpfen besetzt. Solche Verluste kann ein Volk erst in Generationen aufholen, und das auch nur, wenn die Politik sich ändert und einen neuen Willen zeigt.

Über die Prozesse, die zuerst die politische und militärische Elite liquidierten, wurde offiziell kaum gesprochen. Ein paar Sätze fielen in der Vorlesung über die Geschichte der KPdSU, in denen von Unrecht und Personenkult gesprochen wurde. Hier blieb und bleibt bis heute unverständlich, wieso Angeklagte mit der verbrecherischen Anklage gemeinsame Sache machten und sich selbst bezichtigten. Ihr Leben konnten sie nicht retten, das war ihnen, den hochintelligenten Männern und Frauen, auf jeden Fall klar. War es wieder das kleine Quentchen Hoffnung auf Einsicht bei den Oberen?

Lotte Loebinger, die Frau von Herbert Wehner, nach diesen Zusammenhängen befragt, antwortete als alte Frau dazu: Niemand unter den Kommunisten wäre der Meinung gewesen, daß Stalin sich hätte irren können, also suchten sie die Fehler bei sich selbst.

In Preußen fand die letzte Verbrennung einer Hexe in den dreißiger Jahren des 18. Jahrhunderts statt, Friedrich II. schaffte die Folter ab, und nun, im Zeichen des Sozialismus, erstand das Mittelalter wieder? Welche Mechanismen wirken weiter? Teufelsaustreibungen verstoßen heute gegen juristische Gesetze, obwohl sie immer wieder vorkommen. Etwas ähnliches, die Vernichtung des andersdenkenden, opportunistischen, trotzkistischen, bucharinistischen, sinowjewistischen, luxemburgistischen Parteifeindes, muß wohl dahinter gesteckt haben, wenn Stalin und seine Henker glaubten, mit einem Menschen könne auch dessen Idee ausgerottet werden. Der Vorwand – eine verheerende These – daß mit der Beseitigung der Ausbeuterklasse der Klassenkampf sich nunmehr in die Partei und Gesellschaft verlagere und verschärfe, gab den Anlaß, kleinste Abweichungen als sozialismusfeindlich hinzustellen und ihre Träger zu verteufeln und physisch oder moralisch zu vernichten. In der SED genügte manchmal auch ein »Verstoß gegen die Grundlinie der Partei« oder ähnliches, um einen mißliebigen Politiker beiseite zu schaffen, wenn es auch nicht mehr mit den rigorosen Mitteln ging, die noch in den fünfziger Jahren von Mielke & Co. benutzt wurden. Abweichler wurden nun persona non grata und auf Nebenplätzen abgestellt. So ging es dem Altkommunisten Fritz Selbmann, weil er eine andere Wirtschaftspolitik, besonders in der Wismut, wollte, und so ging es auch mir, wie man später sehen wird.

Um die Beseitigung dieser Niederhaltung kritischer Personen durch die große Ideologiekeule ging es auch im Herbst 1989, als die Bürgerrechte eingeklagt wurden, durchaus nicht nur durch die Frauen und Männer, die im Schatten der Kirchen ihren Frust abbauen wollten, sondern auch durch viele unzufriedene Mitglieder in der SED und den Blockparteien. Damals glaubten viele in der DDR an die reinigende Wirkung demokratischer Positionen, unterstützten die Wende einerseits als Abrechnung mit den Greisen des Politbüros, andererseits als einen Neubeginn dieses kleineren, aber sozial gerechteren Staates. Sie nahmen, wie die meisten DDR-Bürger, an, daß es möglich sein müßte, »vorurteilsfrei«, wie Lessing sagt, der Bevölkerung diese Chance zu lassen. Es zeigte sich aber, daß mit der Offenlegung der Geheimdienstakten nicht die bestallten Richter, sondern selbst ernannte Moralapostel sich aufschwingen, die Bevölkerung abzuurteilen. Die Demokratie ist weg, reduziert sich auf Parlamente, der in die Vergangenheit Verstrickte fühlt sich als Gejagter. Es wird rundweg abgestritten, daß sich sozialistisches Denken und demokratisches Handeln miteinander verbinden können. Daher kommt die Ausgrenzung der PDS, daher die Verteufelung aller Handlungen und Errungenschaften der DDR, daher die Stasiphobie und Selbstgerechtigkeit.

Die Öffentlichkeit ist gespalten, und doch übersieht sie die feinen Fäden, mit denen der eine oder der andere jeweils zum richtigen Zeitpunkt instrumentalisiert wird, um noch einmal und noch einmal zu beweisen, daß in der DDR die Hölle zum Alltag wurde und jeder mit dem Teufel aus dem Kessel fraß. Nicht nur marode, auch moralisch in höchstem Grade verwerflich war es in diesem sowjetischen Satellitenstaat.

Uns aber stand der Sinn genau nach dem Gegenteil. Je mehr wir die Veränderungen nach dem XX. Parteitag miterlebten, sahen, wie einige der Tabus fielen, desto größer wurde die Hoffnung, einen Weg zu finden, der Verbrechen ausschloß und die humanistisch denkenden Nichtmarxisten nicht ausschloß, sondern einbezog. Mit dieser Überzeugung fuhren einige von uns in den ersten Julitagen zum V. Parteitag der SED nach Berlin. Unsere Zeit in Moskau ging zu Ende, wir waren bereits in der Vorbereitung auf die Examen. Danach wollten Gisela und ich mit dem Faltboot eine Wolgatour machen, und dann ging es nach Halle, wo ich auf der Delegiertenkonferenz zum Sekretär für Kultur und Volksbildung gewählt worden war. Das Faltboot hatte ich bereits gekauft und dafür fast alle meine Ersparnisse ausgegeben. Es war von sehr guter Qualität und stammte aus der Konsumgüterproduktion einer Flugzeugwerft.

Als ich es von der nahegelegenen Gorkistraße ins Quartier trug, traf mich meine Russischlehrerin Irina Michailowna, lachte sich halb schief über den riesigen Sack, den ich kaum tragen konnte, und sagte mir, es sei ein für Ausländer kaum zu begreifender Fortschritt, daß solche Dinge frei zu kaufen seien. Es ginge wieder voran. Sie gab sich zum erstenmal so frei und ungezwungen, ihre Haltung zu Deutschen war sonst eher verschlossen. Wir hatten inzwischen erfahren, daß sie SS-Leute wegen deren Kriegsverbrechen verhört hatte. Daher ihr vorzügliches Deutsch, daher ihr Fragezeichen, wenn sie auf deutsche Lebensart zu sprechen kam. Allerdings nahm sie am Ende der drei Jahre eine Einladung unserer Gruppe zum Essen an, doch leider war ich nicht mehr dabei, ich mußte ohne Examen nach Hause.

Im ZK empfing mich der Kadersekretär, Alfred Neumann, und erklärte mir, daß ich sofort beginnen müsse. Bernard Koenen, der vom Botschafterposten in Prag zurückgeholte alte Haudegen aus Halle-Merseburg, sei nicht mehr der Jüngste und brauche sofort Unterstützung. In den Chemiebetrieben habe sich die Schirdewan-Fraktion breitgemacht, sie müsse politisch geschlagen werden. In der Person Koenens sei die integere politische Figur gefunden, er erwarte, daß wir Jüngeren ihn mit allem nur möglichen Einsatz unterstützten. Als ich einwandte, ich hätte drei Jahre studiert und müsse nun ohne Examen abgehen, antwortete er nur: »Studiert hast du vielleicht, aber was hast du gelernt, wenn du so fragst? Im übrigen, nehmt euch sofort der Schuhfabrik in Weißenfels an. Sie wird auf chinesisch ›Keen schen Schu‹ genannt. Sie sollen endlich modisches Schuhwerk machen.« Er mußte es wissen, ließ er sich doch von dort seine Sonderanfertigungen kommen. Der Zwei-Meter-Mann hatte eine Schuhgröße, die es im Laden nicht zu kaufen gab. Der Wirtschaftssekretär in Halle lachte nur bitter, als ich ihm die Nachricht brachte: »Hast du auch die Dollars mitgebracht, um Leisten zu kaufen? Die Leistenproduktion ist ausschließlich in Offenbach zu Hause.«

Ich meldete mich bei Bernard Koenen. »Gut, daß du kommst, wenn auch ziemlich spät. Du fährst heute nachmittag in eine LPG nahe Eisleben, dort sind Schweinereien vorgekommen, darin ist ein Mitglied der Bezirksleitung verwickelt. Das muß geklärt werden.« Als ich ihm sagte, daß es Sonnabend sei und ich nach drei Jahren zu meiner Familie nach Jena wolle, hörte ich das gleiche noch einmal: »Was hast du in Moskau gelernt?« Nun wurde es mir zu dumm, und ich weigerte mich, ohne genaue Kenntnisse, zu fahren. Zerknirscht machte ich mich mit dem Propagandasekretär, Franz Bruck, bekannt, der nur sagte: »Ich mach' das für dich.« In diesem Moment kam Bernard ins Zimmer und sagte: »Gut, dann fahr nach Jena, ich mach' das für dich.« Wir beide lachten, und so schlossen wir gute Freundschaft mit einem alten Genossen, der immer noch jugendlich stürmte. Das war die einzige Differenz, die wir in der gemeinsamen Arbeit hatten.

Der neue Mensch

Bernard Koenen war eine legendäre Figur schon zu Lebzeiten. Der Hamburger Metallarbeiter baute 1917 das Leuna-Werk mit auf und wurde zum ersten Betriebsratsvorsitzenden gewählt. In der Weimarer Republik übte er für die Partei wichtige Funktionen aus, war Vorsitzender des Konsumverbandes in Mitteldeutschland und unter Thälmann auch Unterbezirkssekretär der KPD. Im Februar 1933 überfielen die Nazis in Eisleben eine Parteiversammlung, die in einer Turnhalle stattfand. Die Arbeiter wehrten sich. Als die Nazis zu roher Gewalt übergingen, verlor Bernard bei einem Handgemenge durch einen scharfen Spaten ein Auge. In einem Sportwagen wurde er nach Leipzig gefahren, wo er in eine Privatklinik eingeliefert wurde. Als »Privatpatient« behandelte ihn ein jüdischer Arzt, bis er reisen konnte. Die Sehfähigkeit war aber auf einem Auge verloren.

In der Sowjetunion angekommen, hielt man ihn für einen besonders raffiniert getarnten deutschen Spion. Es gelang Wilhelm Pieck, für ihn zu bürgen. Allerdings wurde er in eine Art Verbannung nach Ufa geschickt, das er und seine Frau Frieda nicht verlassen durften. Zwei Söhne wurden in der Sowjetunion erzogen, einer fiel bei den Partisanen, der andere diente später in der Militärischen Abwehr der Luftstreitkräfte. Frieda, eine bescheidene Frau, lehrte wie Bernard in Kriegsgefangenenlagern Politische Ökonomie. Wenn ein neuer Lehrgang eröffnet wurde, begann er den Zählappell auf folgende Weise. Er rief die Namen alphabetisch auf. Als er bei K angelangt war, fragte er: »Krupp! Ist kein Krupp da? Sonderbar.« Beim Buchstaben T: »Thyssen. Ist kein Thyssen da? Sonderbar.«

Mit dieser merkwürdigen Lektion begann er seinen Unterricht zum Thema: »Wer ist in Deutschland am Krieg interessiert?« Die Schüler mußten beantworten, wie sie es sich erklärten, daß zwar sie in diesem Lager seien, aber keiner der Industriellen. Für diese Art von Lektionen war er immer gut. Wir fuhren eines Tages am Tor 13 von Leuna vorbei. Das war sein Eingang aus seiner Leunazeit, hier hatte er eine Patenschaft über eine Brigade übernommen. Die Arbeiter saßen gerade beim Frühstück. Bernard kletterte auf einen Tisch und erklärte die aktuelle Lage.

Dann schimpfte er darüber, daß die Brigade den Plan nicht ganz erfüllt hatte. Solche Zahlen kannte er genau. In diesem Moment kam ein Mitarbeiter der Kreisleitung, er hatte erfahren, daß der 1. Bezirkssekretär im Betrieb war. »Was willst du denn hier?« fragte ihn Bernard. Dieser gab eine Erklärung ab, daß er fragen wolle, ob etwas nicht in Ordnung sei. »Da kannst du ganz beruhigt sein, wenn etwas nicht in Ordnung ist, bringen wir es schon in Ordnung. Und wenn ich hier bin, brauchen wir nicht noch einen. Geh nur an deine Arbeit!« Protokollquatsch war nicht seine Sache. Zum Schluß der Pause fragte er noch diesen und jenen nach persönlichen Dingen, er kannte sie alle bis auf einen neuen Arbeiter, und mit diesem machte er sich bekannt. Er war einer von ihnen.

Unter einem solchen Mann zu arbeiten, empfand ich als Glück. In meinem Bereich ließ er mir von Anfang an freie Hand, nachdem ich im Hause auf seine Anregung hin einen Vortrag halten mußte, was unter der Forderung nach dem neuen Menschen zu verstehen sei. Ich führte aus, es sei eine Sehnsucht in den urchristlichen Gemeinden Vorderasiens gewesen, beim bald bevorstehenden Jüngsten Gericht als neue, gereinigte Menschen vor den Richter zu treten. Seitdem tauchten in Umbruchzeiten, wie im Mittelalter, in verschiedenen Formen Varianten dieser Bewegung auf, in den Geißlern, später bei den Humanisten, in der Aufklärung, in der Sozialdemokratie, aber auch in christlichen Bewegungen der Neuzeit. Auch die auf dem V. Parteitag verkündeten »10 Gebote der sozialistischen Moral und Ethik« seien dazu zu zählen, wenn sie auch einen anderen Weg gingen als die christlichen zehn Gebote. Diese seien Ausschließungsregeln, Tabus, und begännen: »Du sollst nicht ...«, die von Ulbricht vorgetragenen alle mit »Du sollst ...«. Hinter den christlichen Geboten stünde die Furcht vor Strafe, hinter den sozialistischen das Gefühl der Nötigung, man müsse sauber und anständig leben, wie es hieß, aber was diese Forderungen im einzelnen bedeuteten, könne noch nicht gesagt werden, das müsse die Praxis zeigen.

Bernard Koenen war zum Vortrag gekommen und verwies auf das sozialistische Bewußtsein, das die Grundlage für alle Moral bilden müsse. Im übrigen sei die Reduktion auf ordentliche Familienverhältnisse zu einfach, der Mensch sei ein vielfach dimensioniertes Wesen, das würde auch im Sozialismus, von dem wir noch weit entfernt seien, nicht anders werden, eher noch komplizierter, wenn ein höheres Maß an Freiheit möglich sei. Von uns Kulturmitarbeitern verlangte er, die Schätze der deutschen Kultur klug zu nutzen und »das Neue zu fördern«. Seit meiner Rückkehr war allerhand Neues begonnen worden, darunter das Tanzfest in Rudolstadt, die erste Ostseewoche, die 400-Jahr-Feier meiner Alma Mater Jenensis, über der der Verrat des Rektors Hämel lag – wenige Tage vor dem Jubiläum war er nach dem Westen gegangen, ein Verhalten, das auch dort nicht goutiert worden war. Heiner und Inge Müllers Stücke »Der Lohndrücker« und »Die Korrektur« hatten Premiere, eine neue, sachlich karge Dramatik brachte die Dinge der Zeit zur Sprache.

Mit dem Pergamon-Altar kamen viele Meisterwerke aus dem Beutegut der Roten Armee nach Berlin und Dresden zurück, das Buchenwald-Denkmal wurde eingeweiht und die IV. Kunstausstellung eröffnet, Preise gestiftet und verliehen, kurzum, eine kulturelle Aufbruchstimmung war überall zu spüren, nichts von den trockenen, dogmatischen Thesen der Kulturkonferenz. Mit Koenen besuchte ich eine liebenswürdige Personalausstellung des Hallensers Albert Ebert. Zu unserem Rundgang gesellte sich auch Willi Sitte, und in seinem Atelier sprachen wir darüber, wie die Enge in der Beurteilung der bildenden Kunst, die es im Nachgang zur Kulturkonferenz gegeben hatte, überwunden werden könnte. Koenen versprach, daß es keine unsachlichen Angriffe mehr geben würde, er würde dafür in Halle sorgen.

Am nächsten Tag legte ich auf einer Dienstbesprechung diese Auffassungen dar, und einem Mitarbeiter entfuhr aus tiefster Seele ein »Endlich!«. In gleichem Geist wurde eine Vorbesprechung über die Händel-Festwoche geführt. Zum 200. Todestag sollte in seiner Geburtsstadt ein großes Musikfest stattfinden und Otto Grotewohl am 14. April 1959 die Rede halten. Er ließ sich von Johanna Rudolph, ehemaliger KZ-Häftling in Ravensbrück, jetzt wissenschaftliche Mitarbeiterin des Ministeriums für Kultur, die Thesen vortragen und erläutern. Von mir wollte er wissen, wie wir dafür sorgen wollten, daß die Mehrzahl der Zuhörer aus den Betrieben käme. Da hatten wir einiges vorzuweisen, denn bereits im Februar sollte ein Händel-Jahr eingeleitet werden, und die besten Arbeiterchöre, darunter der aus Buna, würden an den

Konzerten mitwirken. Das Programm wäre anspruchsvoll und volkstümlich zugleich, denn Händels Musik gehöre zum Erbe der Weltmusikkultur. Koenen machte darauf aufmerksam, die Verbindung zwischen Deutschland und England nicht zu vergessen, schließlich sei Händel geradezu ein Symbol dafür.

Otto Grotewohl sagte seine persönliche Meinung zur Händelschen Musik, man könne geradezu süchtig nach ihr werden, meinte er. Wohin er neben dem Festakt in Halle geführt werden könne? Ich schlug das Händelhaus und eine Zusammenkunft mit den ausländischen Gästen vor. Bliebe er ein paar Tage länger, dann die Aufführung des »Judas Makkabäus« im Gewerkschaftsklubhaus oder ein Kammerkonzert in einem Dorfklub im Saalkreis. Grotewohl fragte, wie er das verstehen solle – »Dorfklub?«.

Wir waren in Halle dabei, Schlußfolgerungen aus dem Aufruf der Jugendbrigade »Nikolai Mamai« vom Elektrochemischen Kombinat Bitterfeld zu ziehen. Die jungen Arbeiter an den giftverbreitenden Öfen, aus dem Krieg oder der Gefangenschaft gekommen, hatten ohne Berufsausbildung die schwere Arbeit aufgenommen. Ihre Arbeit war rauh, die Kneipe ihr Feierabend, ihr Leben ziemlich öde, und von dieser Brigade ging ein Ruf aus, der von erheblicher Bedeutung für das ganze Land wurde. Der Brigadier war ein früherer Mann der Waffen-SS, Bernhard Büchner, klug, aber ständig von seiner Vergangenheit gedrückt. Mit ihm sprach ich mich gründlich aus. Niemandem war klar, welche Folgen der Aufruf haben würde. Mit seiner Losung »Auf sozialistische Art arbeiten, lernen und leben!« und um den Titel »Brigade der sozialistischen Arbeit« kämpfen zu wollen, war die Konzeption weit genug, daß alle sich der Bewegung anschließen konnten. Für den Punkt »arbeiten« gab es klare Vorstellungen, Büchner meinte, die Arbeitsorganisation müsse so erfolgen, daß ständig und ohne Schwankungen die Erfüllung und, wenn möglich, auch Übererfüllung des Planes gewährleistet sei. Beim Lernen wolle er die Bereitschaft erwecken, daß jeder einen Berufsabschluß erwirbt, der seiner Bildungsstufe entspricht, dafür gab es betriebliche und andere Bildungseinrichtungen.

Was aber war mit »auf sozialistische Art leben« gemeint? Beide waren wir ratlos, denn eine Haltung ließ sich nicht messen, und darauf kam es in einem Wettbewerb ja an. Wir tasteten uns wie die Katze an den heißen Brei, als Büchner am Telefon verlangt wurde. Am anderen Ende war der Tenor Walter Schmidt vom Dessauer Theater. Der parteilose Künstler hatte mit seiner BGL darüber gesprochen, was man tun könne, um die Bitterfelder zu unterstützen. Er lud sie mit ihren Frauen oder Freundinnen ins Theater ein, Büchner hatte zugesagt. Schmidt hatte die Lösung gebracht: Zusammenarbeit von Kunst und Leben. Die Scheu vor Bildung und Kunst wurde nach und nach genommen, die Arbeiter anerkannten die Arbeit der Künstler, die Künstler warfen ihre Blicke in die Arbeitswelt der Betriebe, die ihnen bis dahin nur wenig bekannt war. Es war wie im Christentum: da keine nationalen und Klassenbeschränkungen errichtet wurden, wenn die Reichen es auch schwer hatten, in den Himmel zu kommen, es sei denn, sie finanzierten die Gemeinden, entwickelte sich die neue Lehre sehr schnell um das ganze Mittelmeer. Auch unsere Bewegung kannte keine Beschränkungen, jeder, der etwas einzubringen hatte, war willkommen. Als diese Erkenntnis bei uns vorhanden war, organisierten wir weitere Beispiele, und der Kulturredakteur der »Freiheit«, Erik Neutsch, und sein Chefredakteur, Rudolf Singer, halfen uns dabei, sie bekannt zu machen.

Nunmehr gingen Maler in die Betriebe und gründeten Laienzirkel. Musiker, Fotografen, Schriftsteller und Journalisten, Keramiker schlossen sich an.

Künstlerische Einrichtungen richteten Patenschaften ein, es brodelte in Halle. Auf dem Lande wurden die oftmals zersplitterten Kräfte und Mittel zusammengefaßt, die Gemeinden bildeten Dorfklubs, meistens um Gaststätten, die mit Sälen versehen waren. Damit hatten wir endlich auch eine Perspektive für die kleineren Räume auf dem Lande, die Handwerker erklärten sich bereit, sie instand zu halten. Das alles berichtete ich in Kürze dem Ministerpräsidenten, und er wollte demonstrativ in eine solche Gemeinde gehen.

Kaum aus Berlin zurück, meldete sich bei mir der Leiter des Mitteldeutschen Verlages, Fritz Bressau. Er hatte nach der Chemiekonferenz vor, seine Autoren aufzufordern, die Brigaden, die den Titel »Brigade der sozialistischen Arbeit« erwerben wollten, zu unterstützen, als Otto Gotsche, ein Arbeiterschriftsteller aus dem Mansfelder Revier und nun als Sekretär von Walter Ulbricht tätig, ihm den Vorschlag machte, die kleine Besprechung zu erweitern, nach Bitterfeld ins Kulturhaus zu gehen und die Verlagsveranstaltung zu einer allgemeinen Kulturkonferenz des ZK aufzuwerten. Fritz war es angst geworden, er suchte Beistand. Ich rief sofort Alfred Kurella, der die Kulturkommission leitete, in Berlin an, der bestätigte, daß Ulbricht ihm gesagt habe, er solle die Konferenz in die Hand nehmen. Eine Losung gäbe es schon: »Greif zur Feder, Kumpel!«. Sie sei von Werner Bräunig, der in der Wismut arbeite. Näheres in Kürze, der Termin stünde auch schon fest, der 24. April.

An diesem Vorgang kann man erkennen, wie in der DDR Kulturpolitik gemacht wurde. Das kleine Pflänzchen, gerade erst in den Boden gebracht, wurde sofort reichlich gedüngt und beschworen, recht bald groß zu werden. Der Verlag gab nur noch seinen Namen dazu, der Direktor sagte einige Begrüßungsworte, und dann wurde klar, welches Ziel die Konferenz hatte. Kurella stellte die Verbindung zwischen der ökonomischen Hauptaufgabe und der Literatur her und griff hoch hinaus. Die ökonomische Hauptaufgabe, auf dem V. Parteitag gestellt, war der Versuch, in wenigen Jahren die Volkswirtschaft so zu entwickeln, »daß die Überlegenheit der sozialistischen Gesellschaftsordnung gegenüber der kapitalistischen Herrschaft umfassend bewiesen wird«. Doch wie sollte das geschehen? Die Investitionen waren gering, die Arbeiterklasse nicht ausreichend motiviert, es ging nicht schnell genug voran. Wie immer war die DDR unter innenpolitischem wie außenpolitischem Druck und mußte das Tempo beschleunigen.

Die »10 Gebote der sozialistischen Moral« waren ohne Echo geblieben, ein Fehlschuß, nun aber wollte man an die Traditionen der Arbeiterliteratur anschließen. Die Meister des Bundes proletarisch-revolutionärer Schriftsteller waren schon alt, gerade hatte man Becher begraben, Wolf und Brecht waren ebenfalls schon tot. Die neue Generation mußte gefördert werden, und sie sollte aus der Arbeiterklasse kommen, mit ihr verbunden sein. In der Nacht hatte mich Kurella angerufen, ich solle für die Erweiterung der Losung um den zweiten Satz »Die sozialistische Nationalkultur braucht dich!« sorgen. Ich fuhr um 5.00 Uhr los und suchte den Schildermaler. Dieser Satz machte mich stutzig, wir hatten nie daran gedacht, über eine Laienbewegung hinauszugehen. Wenn sich daraus besondere Talente entwickelten, sehr gut, aber das war nicht das Hauptanliegen. Ulbricht sprach das Schlußwort. In ihm stellte er für die Werktätigen die Aufgabe, sich literarisch und überhaupt kulturell zu bilden. Von den Schriftstellern aber forderte er sogar, ihre Lebensweise zu ändern, vom Schreibtisch an die Basis zu gehen und nicht zu warten, bis die Zeit etwas kläre, vielmehr sofort auf die Veränderungen zu reagieren. Diese Verkennung der literarischen Arbeit degradierte die Meister des Wortes, sie wehrten sich daher auch gegen den Bitterfelder Weg, mehr oder weniger.

Trotzdem waren die Folgen dieser Konferenz im ganzen positiv. Die Zeitungen druckten Erzählungen und Gedichte, die Verlage veröffentlichten viele Anfängerarbeiten, die Gewerkschaften stifteten Kunstpreise und wagten große Veranstaltungen wie die Arbeiterfestspiele im Bezirk Halle mit 12 000 Mitwirkenden und über einer halben Million Teilnehmern. Die Bilanz wäre endlos, eine vergleichbare Bewegung ist heute nirgends zu sehen. Es gibt Versuche, den Bitterfelder Weg herabzusetzen und ihn als »Bitteren Feldweg« hinzustellen, doch diesen Witz hörte ich bereits in den Konferenzpausen. Nein, die Bewegung wurde auf das Land und in die Stadtbezirke getragen. Wir eröffneten den ersten »Klub der Werktätigen« in Bad Lauchstädt, einem Wohnort der Leuna-Arbeiter, vier Wochen später.

Doch auf der Konferenz war schon spürbar, daß eine Überfrachtung drohte und mit ihr die Gefahr der Mißverständnisse und Dogmatisierungen. Ulbricht und Gotsche wollten eine bessere Art der Agitation und Produktionspropaganda, die Schriftsteller befürchteten eine Entwertung der literarischen Arbeit. Beide Tendenzen gab es immer in der Politik der DDR, doch sie stießen damals noch nicht hart aufeinander. Jetzt begann ein starker Aufschwung, und zugleich zeigten sich die ersten Anzeichen einer Dogmatisierung der Bewegung.

Für Ulbricht indes war Halle vor allem industriepolitisch interessant. Zu Bernard Koenens 70. Geburtstag äußerte er seine Pläne. Der Bezirk sei in verschiedener Beziehung von außerordentlicher Bedeutung für die Entwicklung der DDR. Erst vor kurzem sei Chruschtschow bei einer Besichtigung landwirtschaftlicher Betriebe von ihrem hohen Standard angetan gewesen. Er vergaß hinzuzufügen, daß der Mais, der ihm den Ausspruch entlockte, er sei die Wurst am Stengel, auf dem besten Weizenboden angebaut worden war. Wilhelm Paizoni, der LPG-Vorsitzende, ein bäuerliches Schlitzohr, stellte den kleinen Mann in ein Maisfeld mit Zwei-Meter-Pflanzen. Chruschtschow war hingerissen und lobte die Bauern. Im Hintergrund allerdings rumorte eine verhängnisvolle Parteipraxis, die Aufteilung der Leitungen der Partei in zwei Büros, eines für Industrie, Handel und Finanzen, ein zweites für die Landwirtschaft. Wir sträubten uns dagegen, aber die Diskussion beunruhigte die Kreise. Am Abend nach der Reise, es war ein heißer Tag gewesen, lud Koenen zu einem Abendbrot am Wohnsitz des Gastes, in Teutschenthal im Saalkreis, ein. Dort war im ehemaligen Gutshof des von Hitler hingerichteten Großagrariers Wenzel, der mit der Bewegung des 20. Juli verbunden war, eine Fachschule eingerichtet.

Da der als Dolmetscher fungierende Werner Eberlein an diesem Abend rechtschaffen müde war und sich noch für die am nächsten Tag geplante Großkundgebung vorbereiten mußte, zogen sich alle nach dem kurzen Essen zurück, nur Chruschtschow und Koenen blieben. Obwohl Bernard Russisch einigermaßen verstand, sprach er es fast nie. So forderte er mich auf, zu übersetzen. Zu meinem Entsetzen fragte er den überraschten Chruschtschow, warum er sich als Generalsekretär in die Methoden der Viehfütterung einmische. Mais auf Weizenboden, dem besten Europas, das müsse kritisiert, nicht aber gelobt werden. Er hielte es für völlig falsch, die Bauern zu bevormunden, sie wüßten am besten, was auf dem Feld und im Stall zu tun sei. Das Gespräch ging hin und her, Chruschtschow erklärte die sowjetische Landwirtschaft für zurückgeblieben, der Abstand müsse aufgeholt werden. Er beneide Bernard, daß er eine so qualifizierte Bauernschaft habe. Bernard darauf: »Wir nehmen die Besten in die Leitungen der LPG und auch der Partei, in unserem Büro sind zwei Fachleute. Der mit dem großen Mais wird von mir kritisiert werden, weil er sich der Kampagne angepaßt hat. Im übrigen meine ich, wer sein Land vor den Faschisten verteidigt hat, kann auch seine Landwirtschaft in Ordnung bringen, vorausgesetzt, er nimmt den Boden noch einmal so ernst.« Es schien mir, daß der Generalsekretär zum erstenmal offen kritisiert worden war. Koenen konnte es sich erlauben, er war bereits zum III. Weltkongreß der Komintern 1920 delegiert und von Lenin empfangen worden.

Nun, zu seinem 70. Geburtstag, würdigte Walter Ulbricht den Einsatz von Koenen als Vertreter der mitteldeutschen Arbeiterklasse seit 1917 in Leuna, bei den Kämpfen des mitteldeutschen Aufstands von Max Hoelz, als Fraktionsvorsitzender des Provinziallandtages von Sachsen-Anhalt, als Mitglied des Preußischen Staatsrates, als Lehrer an den Schulen für Kriegsgefangene, doch über die Verletzungen durch die Partei kein Wort. Er gehörte nunmal zu den »Versöhnlern«, in der Sowjetunion zu den »Volksfeinden«. Beide Söhne waren bei den Partisanen gewesen, der ältere gefangen und in Sachsenhausen erschossen, zusammen mit polnischen Offizieren, mit denen er gekämpft hatte.

Koenen war einer der Antifaschisten, der mir persönlich, auch als Lehrer, sehr viel bedeutet hat. Ihn und seine Genossen heute zu verleumden, da sträubt sich alles in mir, und ich begreife nicht, wieso die antifaschistische Grundhaltung, die diese Frauen und Männer gelebt haben, plötzlich als »verordnet« bezeichnet wird. Nein, der Antifaschismus der DDR beruhte darauf, daß die Lehren aus der faschistischen Vergangenheit gezogen wurden und an der Spitze bewährte Politiker standen, die nicht vor Hitler auf dem Boden gelegen hatten. Allerdings waren sie Menschen aus Fleisch und Blut, mit Fehlern und Stärken, aber mit einer selbstlosen Überzeugung, alles an den kleineren deutschen Staat, der es so ungleich schwerer hatte, als der westliche, zu setzen.

Ulbricht machte uns alle für das Gelingen des Chemieprogrammes verantwortlich. Die zu geringen Investmittel wurden in der Chemie konzentriert, weil man sich ausgerechnet hatte, daß sie hier den höchsten Nutzen bei einer Rekonstruktion der vernachlässigten Betriebe brächten. Und der Chemiebezirk war nun einmal Halle, nicht ausschließlich, aber hauptsächlich. Nun wollte er nach dieser weitreichenden Entscheidung einen sozialistischen Bewußtseinsschub in der Arbeiterklasse und in der Intelligenz der ehemaligen IG-Farben-Betriebe. Waren sie zuverlässig oder empfänglich für westliche Propaganda? In der Chemie war die Abwanderung nicht so gravierend, aber in anderen Zweigen beunruhigend, vor allem im Maschinenbau, da hier die Facharbeiter sofort in einem westlichen Betrieb Arbeit fanden, die sich nicht von der bisherigen unterschied, lediglich im Lohn, der weit höher lag als bei uns. Als im Waggonbau

Ammendorf eine ganze Schweißerbrigade abrückte, mußte ich Ersatz aus Dessau organisieren und dazu den erheblichen Widerstand der dortigen Partei- und Werkleitung überwinden. Die Dessauer wurden mit dem Bus jeden Tag hin- und zurückgefahren.

Bei der medizinischen Intelligenz brodelte es ebenfalls. Die Ärzte fühlten sich vernachlässigt, die Investitionen in Apparaturen und Gebäude blieben immer noch zu gering. Ein »Ärztekommuniqué« sollte beruhigen, die Abwanderung eindämmen. Beim Politbüro wurde sogar eine Ärztekommission gebildet. Bernard Koenen wollte eine ähnliche Institution im Bezirk schaffen, ließ aber nach einer grundsätzlichen Diskussion im Sekretariat davon ab. Es käme nicht auf eine Kommission an, sondern auf eine vertrauensvolle Arbeit und die Beseitigung der Mängel, wandte ich dagegen ein, und es folgte, was immer in solchen Fällen folgt, ich wurde für die Arbeit mit den Medizinern verantwortlich gemacht. Keine beneidenswerte Lage, denn auch im Bezirk Halle lag im Gesundheitswesen vieles im argen.

Inzwischen war unsere Familie nach Ammendorf gezogen, wir wohnten in einer Kleinhaus-Siedlung, für die Kinder ein ideales Spielfeld, sah man von der verdreckten Luft, die aus Buna herüberwehte, ab. Wenn der Wind ungünstig stand, konnte die Wäsche nicht im Freien aufgehängt werden. Beim Herumtollen schlug sich meine sechsjährige Tochter das Knie, gefährlich aussehend, auf. Ich warf unseren »Trabant« an und fuhr mit ihr in die große Poliklinik in Halle-Süd. Der behandelnde Arzt entdeckte sich mir als ein Mitglied der Brigade bei »Max braucht Wasser«, und wir verabredeten uns zu einem ausführlichen Gespräch am nächsten Tag. Ich fragte ihn, was er von all den Befürchtungen der Mediziner halte, und er gab die verblüffende Antwort, daß weniger die besondere Lage des Gesundheitswesens, sondern vielmehr die allgemeine politische Unsicherheit über das Schicksal der DDR die Ursache sei. Die Ärzte befürchteten ein Ausbluten der DDR und wollten beim vermuteten Zusammenbruch bereits in Westdeutschland, das damals immer noch Ärzte suchte, etabliert sein. Eine echte Bindung an unseren Staat hätten nur wenige, und auf diese käme immer mehr Arbeit zu, da sie die Lücken füllen müßten.

An diesem Punkt setzte ich in einer Versammlung der leitenden Ärzte des Bezirkes an. Die Partei hatte sie, ungeachtet ihrer politischen Herkunft, in das Gästehaus eingeladen. Koenen eröffnete die Besprechung, ich hielt das Referat und sprach von der Ethik des Arztes, unter keinen Umständen den Patienten zu verlassen. Viele waren Militärärzte gewesen und hatten unter Frontbedingungen behandelt, oft bis zur physischen Erschöpfung. »Wie heute, nur daß inzwischen kein Krieg mehr ist«, wandte jemand ein. Inzwischen standen jedoch einige Mittel und auch höhere Bezüge zur Verfügung, worauf ich verweisen konnte. Von diesem Tag an zog ich durch die großen ärztlichen Einrichtungen und diskutierte über Verbesserungen, kümmerte mich darum, daß ein hochbegabter, junger Chirurg, der erste Träger der Sauerbruch-Medaille, Herr Dr. Palkoska aus Plauen, an die Universität berufen wurde und hier die Chirurgie verstärkte.

Als es zum »Sozialistischen Frühling auf dem Lande« kam, waren wir alle in den Dörfern und Kreisen, um die letzten Bauern für die LPG zu gewinnen. Ich arbeitete im Kreis Artern. Dort lagen die Dinge ziemlich kompliziert. Hier konnte man nicht von der Überlegenheit der Großproduktion sprechen, denn die Zwiebelbauern hatten keine neuen Methoden, das Unkraut von den Feldern zu entfernen. So blieb nur die Vergrößerung der Anbaufläche des beliebten Gemüses und die kollegiale Zusammenarbeit bei der Pflegearbeit, der Ernte und Vermarktung. Bernard Koenen achtete darauf, daß nicht mit ungehörigen Mitteln, mit Zwang oder Lautsprecherterror, wie sie auch angewandt wurden, die Bewegung zu einer Aktion verkam. Doch so mancher Kreissekretär, unter dem Druck der Zielstellung, wußte sich nicht anders zu helfen. Noch im Jahr 1960 sorgte Franz Mellentin, unser Landwirtschaftssekretär, dafür, daß die stärksten Bauern, die über das beste Fachwissen verfügten, in die Vorstände der LPG kooptiert wurden. Trotzdem verließ so mancher gute Bauer in vermeintlicher Ausweglosigkeit das Land, jeder einzelne ein Verlust für den Sozialismus.

Die Eigentumsfrage war nicht konkret geklärt. Auf dem Lande mochte das laut LPG-Statut noch angehen: Wer austrat, erhielt sein Stück Land zurück oder den finanziellen Gegenwert. In der Industrie aber war die »höhere Form des sozialistischen Eigentums, das Volkseigentum« konkret nicht greifbar. Eine Zeitlang gingen nach chinesischem Vorbild die Funktionäre meist für einen Monat in die Betriebe, um in der Produktion zu arbeiten. So sollte die Verbindung zur Klasse gestärkt werden. Ich landete im Waggonbau Ammendorf, einem leistungsfähigen Exportbetrieb, der Reisewagen für die Sowjetunion herstellte. Man teilte mich einer Brigade zu, die gar keine Verstärkung brauchte, mich aber als willkommenen Ausputzer einteilte. Die Arbeit bestand fast ausschließlich in der Anbringung von Lüftungskästen, eine Bohr- und Schraubenarbeit über Kopf. Da ich gerade dreißig war, machte mir die körperliche Anstrengung nichts aus, so bekam ich keine Schwierigkeiten.

In den Diskussionen aber ging es fast ausschließlich um die Entlohnung, die Planübererfüllung und die damit verbundenen Prämien. Ein Eigentümerbewußtsein war jedoch nicht vorhanden, die Arbeit war entfremdet, ein Vorgang, der sich außerhalb der eigenen Sphäre abspielte, der Betrieb, ein Unternehmen ohne Kapitalisten, doch auch mit Schwächen in der Arbeitsorganisation, Materialbereitstellung, im Arbeitsrhythmus, welche das Betriebsergebnis schmälerten, doch den Lohn trotzdem in etwa konstant hielten. Der Arbeiter sah kaum Möglichkeiten, in das Gefüge einzugreifen, er war nur gefordert, wenn Verzögerungen aufgeholt werden mußten, zum Monats-, Quartals- und Jahresende. So war die Kleeche, wie die Hallenser sagten, bisher nicht anders als in den ersten Nachkriegsjahren, wenn auch in anderen Dimensionen. Heute ist klar, daß der gesicherte Absatz einer ganzen Betriebsproduktion eine Grundvoraussetzung von Vollbeschäftigung überhaupt ist, aber ein Marktbewußtsein gab es damals, wenn man von den offiziellen Reden absieht, nicht. Es war normal, daß alles abgesetzt wurde.

In der Volksbildung bahnten sich neue Entwicklungen an, die Zehnklassenschulpflicht mit polytechnischer Ausbildung wurde nicht nur von den Lehrern, sondern auch von den Eltern gründlich diskutiert. Die Vorteile lagen auf der Hand. Zum erstenmal bekamen alle Kinder eine bessere Bildung. Zehn Jahre gründliche Ausbildung mußten dem kulturellen Niveau und damit auch der Arbeitsproduktivität entscheidend zugute kommen. Die Kulturkommission beim Politbüro, der ich seit 1954 angehörte, begann eine flankierende Diskussion, die von der Bitterfelder Konferenz herrührte. Alfred Kurella, ihr Leiter, dachte häufig und öffentlich über die Beseitigung der entfremdeten Arbeit nach und vertrat die von uns anderen als utopisch angesehene Meinung, der Mensch der vollendeten sozialistischen Gesellschaft sei auch musisch ein vielseitiger Mensch mit verschiedenen Kenntnissen und Fähigkeiten, von denen wir heute noch keine Ahnung hätten. Da er über mehr Freizeit verfüge, welche die Technik ihm verschaffe, würde er erst dann im eigentlichen humanistischen Sinn von der Arbeit befreit sein und die Freiheit nutzen, sich zu verwirklichen.

Ich hielt damals Alfred Kurella für einen übriggebliebenen Narodnik, der mit romantischen Utopien spielte, doch heute denke ich oft daran, daß er einen wichtigen Punkt gefunden hatte. Die moderne Technik setzt immer mehr Menschen von der produktiven Arbeit frei, die »Sockelarbeitslosigkeit« wächst trotz steigender Produktivität. Niemand weiß die Arbeitslosigkeit zu stoppen, und jeder bedauert die fehlende Arbeit. Doch unter kapitalistischen Verhältnissen wird der Arbeitslose auf materielle und geistige Billigkost gesetzt, anstatt ihm die Felder kulturellen Lebens zu eröffnen, die er unter dem sonstigen Arbeitsstreß nicht ausschreiten konnte. Statt Integration nun Isolierung. Die maßgebenden Politiker verfügen über unzählige Institute, die sich, reich mit Geld ausgestattet, alle um diese Frage kümmern müßten, doch dieserart Feststellungen im kapitalistischen Marktwirtschaftsstaat sind anscheinend unzulässig, weil sozialistisch und marxistisch geprägt. Wie auch immer, wir werden insgesamt nicht darum herumkommen, über die Verteilung des Reichtums neu nachzudenken. Schulden in jährlich wachsender Höhe waren eine Ursache des Kollapses der DDR. Auch heute reden die Finanzminister die Schuldenmacherei klein, wie jeder Schuldenmajor, doch sie sind ein eigen Ding mit eigener Gesetzmäßigkeit, denn auch ein Staat kann Pleite gehen, wenn die Lasten zu ungleich verteilt werden und die Leute nichts weiter hören als Steuerdiskussionen, auch von der Opposition. Selbst die SPD schlägt immer mal wieder neue Steuern vor. Merkwürdig. Das neue Denken, das Umdenken, von dem in Wahlzeiten immer die Rede ist, wann beginnt es? Wann kann es unter den jetzigen gesellschaftlichen Bedingungen überhaupt beginnen? Die sozialistischen Elemente werden zurückgedrängt, Irrationalität und Deutschtümelei feiern erstmals seit Ende des 2. Weltkrieges wieder fröhliche Urstände.

Im Jahre 1960 begann im Bezirk Halle eine einzigartige Diskussion. Die Faschisten hatten im Krieg ein Lenin-Denkmal nach Eisleben gebracht, wo es in der Mansfeld-Hütte eingeschmolzen werden sollte. Arbeiter hatten es aber versteckt, nach dem Abzug der Amerikaner 1945 aufgestellt und damit die einziehende Rote Armee begrüßt. Aus dem Provisorium war eine feste Aufstellung geworden, zumal niemand wußte, woher das Denkmal stammte. Jedes Kind im Bezirk kannte diese Geschichte. Nun, im Jahre 1959, war eine Spur gefunden worden, sie führte nach Puschkin, in die Nähe Leningrads, ins frühere Zarskoje selo. Der Bildhauer wurde gefunden, und er bestätigte bei einem Besuch, daß es seine Arbeit war. Bernard Koenen schrieb an den sowjetischen Botschafter, und über ihn kam der Vorschlag, es an seinem Ort in Eisleben zu belassen – eine noble Geste der Stadt Puschkin.

Wir berieten, und es entstand der Vorschlag, aus Mitteln des Bezirks ein Thälmann-Denkmal in Puschkin aufzustellen. Ich flog dorthin. Die Besprechungen liefen problemlos, man erkannte sofort, welche Bedeutung einer solchen gegenseitigen Geste beizumessen war. So veröffentlichte unsere Bezirkszeitung »Freiheit« das Angebot einer Brigade von Mansfeldkumpeln, eine Sonderschicht zu fahren, um das benötigte Kupfer bereitzustellen. In dieser Weise ging es fort. Schulkinder sammelten Schrott und spendeten den Erlös, Rentner schickten gesammeltes Geld. Der Bildhauer, Walter Arnold aus Dresden, arbeitete ohne Honorar an diesem Denkmal. Die Gießerei in Lauchhammer berechnete nur die Selbstkosten. Bevor die Reise losging, wurde das Denkmal in Halle auf dem Markt aufgestellt.

Im Güterwagen standen zwei Feldbetten und ein Kochgerät, eine Kiste mit Lebensmittelvorräten für die beiden Eisenbahner, die den Transport begleiten sollten. Alles schien geklärt, aber es war noch eine Klippe zu überwinden, um den knappen Termin zu halten: der überlastete Rangierbahnhof von Brest. Wenn der Waggon hier auf das falsche Gleis geschoben wurde, war der Termin geschmissen. Doch alles ging glatt, die beiden machten sich bemerkbar, die Grenzer verstanden, und die Leningrader hatten alles vorbereitet. Zu Thälmanns Todestag, im August, hielt Koenen eine Rede zur Einweihung. Rosa Thälmann und Walter Arnold waren anwesend. Als wir nach Leningrad zurückfuhren, sprach ich mit dem Bildhauer des Lenin-Denkmals, wie ihm die Arbeit Walter Arnolds gefallen habe. Er antwortete: »Ihr habt uns sehr geholfen, diese klaren Formen gelten bei uns immer noch als dekadent. Vielleicht trägt die Politik in diesem Fall etwas Gutes bei.«

Die Verbundenheit großer Schichten der Arbeiterschaft mit den revolutionären Traditionen Mitteldeutschlands, von denen heute wenig zu merken ist, was an der tiefen Enttäuschung der Bevölkerung an dem unrühmlichen Ende der DDR liegt, spürte ich schon zu Anfang meiner Tätigkeit in Halle, als im August 1958 mit einem Sternmarsch auf die Stadt das III. Pioniertreffen stattfand. Die über 12 000 Kinder aus allen Ecken der DDR besichtigten Betriebe und Genossenschaften, sangen und spielten für die Bevölkerung, von der sie umhegt wurden. Es war ein Fest, das sich auf den gesamten Bezirk erstreckte. Trotz dieser großen Zahl an Teilnehmern verzeichnete der Polizeibericht kaum Vorkommnisse, meistens handelte es sich um überladene Mägen, mit denen die Ärzte zu tun hatten. Die Kinder wurden mit Süßigkeiten und Kuchen verwöhnt, was nicht jeder dosieren konnte. Der gute Verlauf dieses Treffens hatte natürlich mit der guten Vorbereitung zu tun, die sich in knappster Form bei einer Zusammenkunft der 1. Kreissekretäre der SED bei Koenen folgendermaßen abspielte.

Vorgesehen war ein Bericht von mir als dem Verantwortlichen von seiten der Partei, in dem ich über den Stand der Dinge informieren wollte. Doch Koenen meinte: »Darüber wißt ihr ja Bescheid, soweit es eure Kreise betrifft. Ich will nur noch hinzufügen: Es handelt sich um unsere Kinder. Etwas Wichtigeres gibt es nicht. Wer noch Fragen hat, soll sich an Bentzien und Lehmann wenden. Die Sitzung ist geschlossen.« Alles sah sich erstaunt an, doch Koenen war schon in seinem Zimmer verschwunden. Nachher lachte er verschmitzt und sagte zu uns: »Das bleibt im Gedächtnis!«

Auf diese Weise traf ich Robert Lehmann wieder. Er war rehabilitiert worden. Die seinerzeit gegen ihn vorgebrachten Verleumdungen hatten sich als haltlos herausgestellt, wie Otto Sepke ihm mitgeteilt hatte. Er war ein Stein in dem Spiel, die KPD als eine von parteifremden Elementen dominierte Partei hinzustellen, gewesen. Die Zusammenhänge dieser von der Sowjetunion gesteuerten Geheimdienstoperation sind noch lange nicht aufgeklärt. Wäre er nicht von der SED aufgefangen worden, wer weiß, was ihm und seiner Familie geschehen wäre, stand doch wieder einmal der »Agent des US-Imperialismus«, Noel H. Field, im Hintergrund.

In der Pionierorganisation war Lehmann wieder in seinem Element, er sprühte vor Ideen, war optimistisch und begeisterungsfähig. Seine frische Art steckte an, er entlockte vielen jungen Funktionären Einfälle und Initiativen, die der bisherigen Organisation gefehlt hatten. So entdeckte er, daß viele Arbeiterveteranen über ihr Leben berichten sollten. Die Kinder besuchten sie und hörten begierig zu. Sie konnten allerdings noch nicht verstehen, daß sich auch die ersten Glorifizierungen einschlichen. Kämpfer gegen den Faschismus wurden bereits in der Presse überhöht dargestellt und ließen es sich gern gefallen, als Ritter ohne Fehl und Tadel angesehen zu werden.

Im übrigen aber wurden die Pioniere in den Betrieben und Genossenschaften wie ernsthafte Partner behandelt. Man erklärte ihnen die Produktionslinien, die gängigen Methoden, und wenn man eines kritisieren wollte, dann war es vielleicht die Überforderung, die manch ein, von seiner Verantwortung hingerissener Erwachsener nicht bemerkte. Im allgemeinen aber ging es fröhlich und ernsthaft zugleich zu, bei jeder Gelegenheit wurde gesungen und getanzt. Beinahe wäre ein peinlicher Zwischenfall passiert. Hallische Pioniere hatten die Lebensgefährtin des »Kleiner Trompeter« genannten, von Nazis 1925 im »Volkspark« in Halle erschossenen Jungkommunisten Fritz Weineck, gefunden, die am Stadtrand wohnte und als Alkoholikerin galt. Die Lebensumstände waren nur als asozial zu bezeichnen. Mein Kollege Franz Bruck übernahm es, die Frau und ihren jetzigen Lebensgefährten in ein Erholungsheim zu verfrachten. Sie waren also verreist. Der kleine Trompeter war eine Legende, ein einfaches Lied erzählt über seinen Tod. Er wirkte wie ein Märtyrer, was nichts über sein soziales Leben aussagt. So dachten wir, aber diese Art von »Bevormundung« ist vielleicht heute suspekt bei den allwissenden Kritikern unserer Erziehung. Es sind aber sicher nur läßliche Sünden gewesen.

Anders sah es schon mit der für Ende April 1960 einberufenen Konferenz im Kulturhaus des VEB Elektrokohle Berlin aus.

Schon wieder eine große Kulturkonferenz? Wir hatten doch erst eine vor einem Jahr in Bitterfeld. Ziemlich verunsichert fuhr ich dorthin. Bitte, keine neuen Beschlüsse mehr, die Dinge müssen sich setzen, getretener Quark wird breit. Die Konferenz begann mit einem Regiefehler. Man hatte den Nestor der Schauspieler, Eduard von Winterstein, gebeten, ein Eröffnungswort zu sprechen. Doch anstelle der erwarteten Lobpreisungen erinnerte er an Bechers Sonett »Wenn eines Tages ...«, in dem beschrieben ist, daß die Einheit unseres Vaterlandes erreicht und das Land wieder mit Liebe »Deutschland« genannt werden wird.

Es ging vordergründig um eine Heerschau der Bitterfelder Bewegung, von deren Fortschritten phantasievoll berichtet wurde, und es war durchaus erkennbar, was für ein Umbruch in der geistigen Situation der Arbeiter und Bauern bevorstand. Das wurde zwar erfreut zur Kenntnis genommen, aber bereits in den Reden von Kurella und Abusch deutete sich an, daß auf der Kulturkonferenz von 1957 herumgeritten wurde. Sie sei die Ahnfrau des Aufschwungs. Doch in Wirklichkeit war diese Konferenz, die zur Knebelung der Vielfalt des Kulturlebens gedacht war und nicht angenommen wurde, einer der immer wiederkehrenden Versuche, die künstlerische Intelligenz auf eine dogmatische Linie festzulegen. Man suchte wieder einmal nach dem Petöfi-Klub, und so stand im Mittelpunkt der damaligen Kritik der Spielplan des Deutschen Theaters und damit die Leitung durch Wolfgang Langhoff. Dieser war auf die Liste der in den angeblichen Spionagefall Noel H. Field verwickelten Genossen gesetzt worden. Als nach Stalins Tod die mörderische Kampagne abgeblasen wurde, blieb an vielen der Beschuldigten aber der Geruch kleben, ein Abtrünniger oder Ketzer zu sein, zumal wenn er noch in die Schweiz emigriert war. Doch Langhoff war schwer anzugreifen. Er hatte aus dem KZ Börgermoor das Lied und das Buch von den Moorsoldaten mitgebracht, er war der Vorsitzende des Nationalkomitees Freies Deutschland in der Schweiz gewesen. Und dieser begabte und bewunderte Schauspieler und Regisseur sollte mit der Partei im unreinen sein?

Ulbricht hörte die Berichte der Basis an und wartete. Als Langhoff in kluger Weise die Konferenz mit zwei Zitaten aus dem »Faust« auf seine Seite gebracht und seine ernste Absicht, die Gegenwart in seinen Spielplan zu nehmen, anhand von Beispielen bewiesen hatte, war die Luft aus dem Versuch heraus, das Deutsche Theater weiterhin als einen Hort des Konservatismus hinzustellen. Diesen Teil nahm Ulbricht aus seinem Manuskript und blieb allgemein. Sofort nach Langhoff ergriff er das Wort, viele befürchteten eine erneute Attacke und damit einen Affront gegen den beliebten Künstler. Der blieb zwar aus, doch die Erfüllung des Ziels, eine gebildete Nation zu werden, einen sozialistischen Lebensstil zu finden, das alles wurde von der »sozialistischen Erziehung der Kulturschaffenden« abhängig gemacht. Die Losung an der Saalwand hieß diesmal »Sozialistisch leben, heißt kulturvoll leben«. Auf diese Formel konnten sich die meisten einigen, doch der Vorwurf Ulbrichts ging an die Leitungen des Kulturbetriebes, das Ministerium, den Kulturbund und die Akademie der Künste, daß sie keine Mittel fanden, die Künstler durch das Studium des Marxismus-Leninismus umzumodeln.

Man mag das heute für primitiv halten, aber Ulbricht verstand darunter natürlich kein Parteilehrjahr, sondern durch das frühzeitige Eindringen in den schöpferischen Prozeß eine ständige Möglichkeit des Hineinredens und -kommandierens. Mehrfach, und nun wieder, hatte er gefordert, daß im Schriftstellerverband bereits in einem Frühstadium über Manuskripte offen diskutiert werden solle. Jeder vernünftige Schriftsteller lehnt das natürlich ab, man zeigt sich nicht in Unterhosen, doch die feinen Vorgänge bei der Formung des künstlerischen Materials waren die entscheidenden, hier sollte, wie im Beichtstuhl, Einfluß genommen werden. Dann gäbe es später, nach dem Druck der Bücher, keine Überraschungen.

Auf dieser Konferenz hatte der Leipziger Maler Heinrich Witz ausgeführt, wie er auf die Meinung der Wismutkumpel angewiesen sei, um sie richtig darzustellen. Das gefiel, so sollte es sein. Doch in der Kulturszene wurde die Methode besonders auf den Namen des Malers ausgerichtet, eben, es sei ein typischer Witz, was der Witz dort erzählte. Der Schriftsteller als »Ingenieur der menschlichen Seele«, wie Stalin ihn genannt hatte, war nicht mehr zeitgemäß, doch die Idee blieb. Ulbricht sagte, was in der Technik möglich sei, wäre auch in der Literatur möglich, man müsse sich mit den anderen Disziplinen beraten. Er meinte sogar, die Mainelke, die er seit 1908 kenne, müsse ersetzt werden.

In jedem Satz spürte man, daß er innerlich unzufrieden war, aber niemand wußte, warum. Hätte er doch allen Grund gehabt, sich über den Erfolg seit Bitterfeld zu freuen. Doch über die eigentlichen Ursachen sprach er nicht. Es war das Unbehagen der Bevölkerung über die Stagnation der materiellen Lebensverhältnisse, der Westen befand sich in unvergleichbar besserer Situation. Jeder, der in den Westen fuhr oder von dort Besuch empfing, wußte Bescheid. Die Künstler sollten nun mit Agit-Prop-Kunst diesen Bewußtheitsspalt schließen und die Republikflucht stoppen.

Daher kamen die Kritiken an den Leitungen; besonders die Akademie, das Ministerium und die Künstlerverbände seien zurückgeblieben. Abusch und Schulmeister vom Kulturbund übten zwar Selbstkritik, analysierten aber nicht im Sinne Ulbrichts. Otto Nagel, der Akademiepräsident, war nach Holland gereist und hatte Willi Bredel, einen guten Bekannten Ulbrichts, auf die Konferenz geschickt. Aber auch er kam bei ihm nicht an. In eiliger Nachtarbeit wurde ein Beschluß formuliert, in dem nun alle strittigen Bereiche ihre Aufgaben zugeteilt bekamen. Sie alle sollten für den Siebenjahrplan, der im Gange war, die langfristigen Perspektiven bestimmen und dafür sorgen, daß die Menschen ihre alten Gewohnheiten und die Einflüsse aus der kapitalistischen Zeit, gemeint war der kapitalistische Westen, überwinden. Die Erziehung der Bevölkerung sei zur Hauptaufgabe geworden.

Die Kaderentscheidungen fielen gegen Jahresende. Für mich hieß das, wieder einmal umzuziehen, die im ganzen glückliche Zeit in Halle ging vorbei. Eines Tages wurde ich in das Politbüro bestellt. Mein Einwand, ich sei zu jung für eine Aufgabe in der Regierung, wurden vom Tisch gewischt. Ulbricht belehrte mich, die Alten würden immer weniger, sie seien auch in ihrer Jugend früh gefordert gewesen. Mein Chef, Otto Grotewohl, begrüßte mich als jemanden, von dem er überzeugt sei, daß er energisch und zugleich umsichtig am Molkenmarkt arbeiten würde. Das versprach ich ihm ehrlichen Herzens.

Am Molkenmarkt

Am 23. Februar 1961 begann ich meinen Dienst als Minister für Kultur im Schwerinschen Palais Am Molkenmarkt, an welchem, trotz der Umbauten von 1704 und 1935, noch die Fassade erhalten war und im Inneren vorschlütersche Barockdecken und so manches Element schöner baukünstlerischer Architektur einen erfreulichen Eindruck hinterließen.

Auf der breiten Treppe traf ich Dr. Uszkoreit, Abteilungsleiter für Musik, den ich von den Händel-Festspielen in Halle kannte. Als ich ihm sagte, daß ich hier arbeiten müßte, schien er entsetzt und riet mir, sofort umzudrehen und irgendeine Ausrede zu finden. Noch sei es nicht zu spät. Auf diese Weise erfuhr ich die Lage unter den Mitarbeitern. Sie waren verunsichert und glaubten nicht mehr den Ankündigungen nach Veränderung, denn zum Schluß waren sie immer die Dummen, mußten Papiere über Papiere ausarbeiten. Es rührte sich aber nichts, weil mein Vorgänger, Alexander Abusch, sich nicht in der Lage zeigte, vernünftige Gedanken in die Tat umzusetzen. Er hatte immer als Journalist gearbeitet, konnte zwar Situationen schildern, jedoch keine Entschlüsse fassen. Gleich nach dem Krieg verursachte sein Buch »Der Irrweg einer Nation«, in dem er die deutsche Geschichte der letzten 300 Jahre als verfehlt darstellte, eine gewisse Aufregung, aber als die nationale Frage in der DDR diskutiert wurde, kam es unter die Kritik und verschwand von den Ladentischen.

Abusch akzeptierte innerlich diese Maßnahme nie. Dazu kam seine mexikanische Westemigration, mit der er Schwierigkeiten in der Affäre Noel H. Field bekam. Doch Ulbricht hielt ihn, denn er war schon aus den Jahren nach dem 1. Weltkrieg ein Mitarbeiter von ihm in Thüringen gewesen und hatte sich als Redenschreiber u. ä. auch ganz persönlich nützlich gemacht. In Reden und Aufsätzen dilettierte er als Literaturwissenschaftler, aber jedermann spürte, daß er überall nur die plebejischen Elemente suchte oder die Fürstenkritik und daraus ein verengtes Bild der klassischen deutschen Literatur schneiderte. Nun aber, nach den Entwicklungen in Mitteldeutschland, schob ihn Ulbricht auf eine Stellvertreterfunktion im Ministerrat. Er sollte die geistig-kulturelle Entwicklung koordinieren, aber niemand wußte, was darunter zu verstehen sei. Im ZK gehörte er zu den absolut Ulbricht-hörigen und begann jeden Beitrag mit einem Zitat seines Meisters.

Abusch war an meinem ersten Arbeitstag nicht im Hause. Er absolvierte am Tag der Sowjetarmee die obligatorische Kranzniederlegung am Treptower Ehrenmal.

So hatte ich Zeit, mich von meiner Sekretärin Anneliese Ammon, genannt Annemone, der besten, die man sich nur denken kann, in die laufenden Angelegenheiten einweisen zu lassen. Dazu gehörte auch eine Einladung für den Nachmittag bei Ulbricht. Die Annahme, er wolle mir noch Richtlinien für mein Amt geben, erwies sich als irrig. Es tagte eine Kommission, vorwiegend aus Ministern zusammengesetzt, deren Mitglieder mich neugierig musterten, war ich doch den alten Hasen nicht bekannt. Ulbricht betrat den Raum, stellte mich vor, meine Berufung würde am nächsten Tag bekanntgegeben, und erteilte dem Vorsitzenden der Plankommission, Bruno Leuschner, das Wort. Der teilte mit, daß kein Stacheldraht aufzutreiben sei, nur Rumänien produziere welchen, wolle aber Dollar dafür haben, was er nicht zusagen könne, da er keine habe. Stacheldraht? Dollar?

Die Frage wurde schnell erledigt. Ulbricht entschied, er könne ruhig unterschreiben: »Sie haben es alle gewollt, nun werden sie auch alle bezahlen.« Der Verkehrsminister, Dr. Erwin Kramer, erfahren als Eisenbahner im Großen Vaterländischen Krieg und an führender Stelle für den Frontnachschub der Roten Armee zuständig, berichtete über seine Vorbereitungen für die Abtrennung Westberlins, legte genaue Fahrpläne für alle Veränderungen vor und die genaue Uhrzeit (23.55 Uhr) für die Absperrung der durchgehenden Gleise am Bahnhof Friedrichstraße. Das war selbst Ulbricht zu genau, er gab zu bedenken, daß man Verluste einkalkulieren müsse, doch Kramer bestand auf der Verläßlichkeit seiner Planung, der letzte reparierte Eisenbahnwaggon aus Westberlin hätte vorher die Grenze passiert, der letzte reparaturbedürftige aus Ostberlin auch, jedoch in Gegenrichtung. Der Bauminister Scholz, ein in Spanien und im französischen Maquis erprobter Offizier, später erster Botschafter der DDR in Frankreich, legte kurz die Bereitstellung des Baumaterials und einige Probleme des Transports dar, die Kramer zu beheben zusagte, und die Sitzung wurde beendet mit einem kurzen Schlußsatz von Ulbricht: »Der Termin ist abhängig vom Ergebnis eines Treffens zwischen Genossen Chruschtschow und Kennedy, in der eine Beruhigung der anormalen Lage in Deutschland besprochen wird. Bis dahin läuft alles wie vorbereitet.«

Nach Beendigung der Sitzung nahm er mich beiseite. Ich solle den Tag X so vorbereiten, daß danach unter allen Umständen die Vorhänge der Theater aufgingen. Es sei nicht abzusehen, wie der Westen sich verhielte und ob er die etwa 600 Künstler, die im Westteil Berlins wohnten, zur Arbeit bei uns ließe. Außerdem sei dafür zu sorgen, daß alle Werte der DDR, die im Ausland ausgeliehen oder für Ausstellungen vorbereitet seien, nicht gefährdet würden. Alle diese Vorbereitungen seien niemandem mitzuteilen, nur einem qualifizierten Mitarbeiter mit Geheimnisverpflichtung. Nachdenklich ging ich aus seinem Arbeitszimmer. Ich war bei einer Tagung der Vorbereitungskommission für den Mauerbau gewesen, allerdings wurden militärische Fragen dort nicht besprochen. Die Generäle betrieben ihre Vorbereitung gesondert mit dem sowjetischen Stab in Wünsdorf.

Am nächsten Tag stand meine Berufung in den Zeitungen. Im Ministerium gingen die Wellen hoch. Die durchweg qualifizierten Mitarbeiter begannen wieder mitzudenken, insofern hatte ich leichtes Spiel, Autorität zu gewinnen, ich mußte nur das Vernünftige tun lassen und nicht mit Bedenken und Besserwisserei, die zum Schluß nichts erbrachten, verunsichern. Zuerst führten wir eine Kollegiumssitzung in Fürstenwalde durch, wo es um die örtliche Kulturarbeit in einer kleineren Industriestadt ging. Alles kulminierte in der Klage des Landrates, die in unmittelbarer Nähe wohnende Pianistin Annerose Schmidt könne hier nicht auftreten, da die Stadt über keinen Konzertflügel verfüge. Unter solcherart Druck sagte ich zu, einen zu besorgen, und der Kulturfonds übernahm das. Dafür war schließlich der »Kulturgroschen«, die Abgabe für gemeinnützige Zwecke beim Besuch einer Veranstaltung, eingeführt worden.

Die Probleme waren weitgehend praktischer Art, das erfuhr ich nicht nur in Fürstenwalde. Auf einem Empfang hatte mich Alfred Neumann aufgefordert, mich mehr in der Öffentlichkeit zu zeigen. Man müsse mich mehr kennenlernen, aber nicht so, wie ich im tiefsten Nebel mit meinem Trabant aus Halle nach

Leipzig zu einer Premiere gefahren und wäre dort einen Parkplatz gesucht hätte, während das Empfangskomitee einen großen schwarzen Wagen erwartete. Das ginge nicht, ich hätte einen Fahrer, der auch für meine Sicherheit verantwortlich sei. Ein Kulturminister im Trabant? Woher wußte Neumann das? Er forderte, ich solle recht bald umziehen, dadurch am Wochenende präsent sein, und überhaupt so viel wie möglich unterwegs und die führenden Künstler besuchen und vor allem die kleinen Orte nicht vergessen.

Damals stellte ich mir mit 34 Jahren gar nicht die Frage, wie das zu schaffen sei. In der Partei war man sowieso nicht gewöhnt, über Arbeitszeit zu reden. Viele starben vorzeitig in den Sielen, so wie Heinrich Rau, für den die Schweigeminute in der Volkskammer gerade gehalten wurde, als ich zum erstenmal auf der Regierungsbank saß. »Zu früh, viel zu früh«, sagte Außenminister Dr. Lothar Bolz vor mir. Solche Dinge verdrängt man schnell, wenn man jung ist. Und so ging ich soviel wie möglich weg vom Schreibtisch.

Meine Familie war im Mai nach Berlin gezogen, in eine Altbauwohnung mit normaler Ausstattung. Die Kinder, ein Junge und ein Mädchen, bekamen kleine getrennte Kinderzimmer, Wohn-, Arbeits- und Schlafzimmer standen den Eltern zur Verfügung. Gisela mußte sich wieder einmal nach mir richten und ihre Dozententätigkeit an der ABF II in Halle aufgeben. Sie erhielt eine Lektorenstelle im Verlag Neues Leben, wo ihr die Arbeit Spaß machte.

Mein Arbeitstag begann nach dem Frühstück um halb sieben mit der Vorbereitung auf die wichtigen Termine nach dem Tageskalender. Er hatte zwei Abteilungen, die erste vor 18.00 Uhr, die zweite nach 18.00 Uhr. Mehrmals in der Woche war ich abends unterwegs. Nur gut, daß Gisela auf diplomatische Empfänge, Abendessen und natürlich in Konzerte und Theateraufführungen mitkommen konnte. Lästiger waren ihr die Essen in diplomatischer Mission, weil es in den Gesprächen dort meistens um Geld ging, um den jeweiligen Vorteil. Und da die DDR kein Geld zu verteilen hatte, mußte oftmals der Kulturminister gehen, denn der konnte sich wirtschaftlich nicht konkret äußern, aber kulturelle Aktivitäten entwickeln, die für die diplomatische Anerkennung nützlich waren; denn darum ging es in diesen Jahren.

Der Verlauf der Empfänge und kleinerer Abendgesellschaften war immer gleich: gutes Essen, dann wurden alkoholische Spezialitäten des jeweiligen Landes gereicht, dazu gezielte oder beiläufige Unterhaltungen, wobei es darauf ankam, nur wenig getrunken zu haben, und spät abends, manchmal erst nach Mitternacht, kam man ins Bett. Schlaf bis sechs Uhr.

Manche Abteilungen des Ministeriums mögen sich gewundert haben, welche Grundsatzinformationen der Neue anforderte. Aber um sachkundig die Vorbereitungen für den Tag der unbekannten Folgen, den Tag X, treffen zu können, mußte ich allerhand wissen, zuviel stand auf dem Spiel.

Dann bat ich Kurt Bork, den Leiter der Abteilung Theater, einen Mann, der aus der sozialdemokratischen Jugendbewegung kam, sich in der Nazizeit als Tankstellenwart durchgeschlagen, aber die Zeit für Bildung genutzt hatte, zum vertraulichen Gespräch. Er arbeitete schon lange im Ministerium, kannte alle Vorgänge und viele kompetente Leute; ein Mann mit gesundem Menschenverstand und heiterem Wesen. Geachtet war auch seine Frau, die als Leiterin des Künstlerischen Betriebsbüros im Berliner Ensemble mit Helene Weigel zusammenarbeitete und ebenfalls Hinz und Kunz kannte.

Kurt Bork hörte aufmerksam zu, was ich ihm zu sagen hatte, und eigentlich war ich auf allerhand Problemhinweise eingerichtet, doch er sagte als erstes: »Nun kommt endlich Klarheit in die Situation, so konnte es ja nicht weitergehen.« Die Befürchtung vor dem Ausbluten der DDR hörte man damals allenthalben. Dann vertieften wir uns in die Einzelheiten. Die Schwerpunkte lagen bei den Opernhäusern, in denen die meisten Künstler aus den Westsektoren beschäftigt waren. Wir verlegten den Spielbeginn der Theater etwas nach vorn, veränderten auf dem Papier modellhaft die Spielpläne für das erste Vierteljahr der neuen Spielzeit. Statt der großen Choropern setzten wir die kleineren Spielopern oder chorlose Opern ein. Wegen der Orchester gab es weniger Schwierigkeiten. Zwar waren viele erste Pulte mit Westberlinern besetzt, doch Gerhart Eisler, der Chef des Rundfunks, versprach, mit seinen besten Kräften auszuhelfen. Außerdem verlegten wir für ein sehr gutes thüringisches Orchester (Gotha), dessen Dirigent Müller ein umfangreiches Repertoire beherrschte, den Urlaub mit dem Argument verstärkter

Bespielung der Ferienorte und hielten zwei Busse für die Musiker bereit, so daß sie in wenigen Stunden in Berlin sein konnten.

Bei den Solisten lagen die Fragen schwieriger, aber sie waren daran gewöhnt, einzuspringen und beherrschten die üblichen Partien ihres Faches, ein genauer Überblick war sowieso am Schreibtisch nicht möglich. Anders bei den Kapellmeistern. In der Komischen Oper schien mit Kurt Masur alles klar, aber der Staatskapellmeister Stein von der Staatsoper galt als unsicherer Kantonist. In diesem Fall plädierte ich für eine Reserve und schlug dafür den Schweriner Chef, Heinz Fricke, vor. Er war repertoire- und praxissicher, schon als Student in Weimar bestand er mit Auszeichnung, fiel jedoch bei mir im Fach Gesellschaftswissenschaften mit Pauken und Trompeten durch. Er wußte, obwohl politisch in der SED organisiert, in der Prüfung überhaupt nichts und sagte unumwunden, daß ihn das nicht interessiere. Eine Wiederholung der Prüfung wurde angesetzt, und ich ließ ihm durch einen Freund sagen, er solle an diesem Tag die Zeitung lesen. Das tat er, und wir unterhielten uns über das Thema des Tages, und er bestand mit einem »genügend«. Ihn fragte man, wo er Urlaub zu machen gedachte, und als wir erfuhren, daß er in der Umgebung von Berlin bleiben wolle, baten wir ihn um Adresse und Anruf, wenn sie sich ändern sollte, es sei mit einem kurzfristigen Gastspiel im Ausland zu rechnen.

Es waren noch viele Einzelfragen zu bedenken, doch bei aller Planung – in solchen Situationen, davon gingen wir aus, entschieden Ruhe und Organisationsvermögen. Beides besaßen wir. Die Wochen vergingen, das Treffen von Kennedy und Chruschtschow in Wien wurde angekündigt. Das Ergebnis war negativ. Kennedy hatte nicht reagiert und wahrscheinlich gar nicht verstanden, was der ukrainische Bauernschädel von ihm wollte. Als das Signal kam, die sowjetischen Truppen in der DDR bekämen als neuen Befehlshaber Marschall Konjew, den Sieger von Prag und Wien 1945, einen eisenharten Mann, gab es keinen Zweifel mehr. Der Mauerbau stand bevor. Auf einem Abend in der sowjetischen Botschaft stellte man Konjew vor, ein paar Minister waren eingeladen, die Vorstellung galt aber mehr den westlichen Militärattachés. So hörten sie genau zu, was Konjew ihnen zu sagen hatte. In einem Toast auf die Waffenbrüderschaft der Alliierten teilte er mit, es würde einige unübliche Truppenmanöver geben, aber sie gälten nicht dem Zweck, die bestehenden Vereinbarungen zu verändern, sondern lediglich inneren Angelegenheiten des Warschauer Paktes. Zusätzliche Fragen wurden nicht gestellt, der Abend klang harmonisch aus. Wer Ohren hatte zu hören, hatte gehört und verstanden, denn jeder wußte, es lag was in der Luft.

Nun versprach ich meiner Familie einen Sommerurlaub an der Ostsee, im Heim »Maria Klara« in Ahlbeck. Für mich gingen die schönen Tage schnell vorbei, am Sonntag morgen kam die erwartete Meldung durchs Radio. Ich fuhr sofort nach Berlin und nahm eine Mitarbeiterin und ihren Mann mit, die erst vor wenigen Wochen, ohne mein Wissen, im Ministerium eingestellt worden war. Sie solle mein Büro verstärken und mir die Pressemeldungen zuarbeiten, die mir morgens allerhand Zeit stahlen. Da sie schön und sehr hilfsbereit war, sah ich darin kein Problem. Beide meinten, unser gemeinsamer Urlaubsort wäre ein Zufall. Da sie aber nach dem 13. August nicht wieder auftauchte, was ich daran merkte, daß ein anderer in meinen Zeitungen wichtige Artikel ankreuzte, war klar, daß sie ein Offizier des Ministeriums für Staatssicherheit mit dem bestimmten Auftrag, die Vorbereitungen auf den Tag X und mein Verhalten in Ahlbeck usw. zu beobachten, war. Mielke nähte immer mit zwei Nadeln.

Im Ministerium war alles auf Deck. Kurt Bork erzählte, daß die fünf Kameraausrüstungen, die er von Hans Rodenberg, dem stellvertretenden Minister für Film, noch in der Nacht verlangt hatte, bekommen hätte. Sie lägen im Keller des Ministeriums, seien aber nur mit Zustimmung von Erich Honecker einzusetzen, und diese käme immer noch nicht. Sie kam erst in den nächsten Tagen. Die Bilder, die der Dokumentarist Karl Gass in seinem Film zeigt, sind, soweit sie die DDR-Seite betreffen, später inszeniert.

Entgegen unseren Erwartungen erfolgte keine handfeste Reaktion der westlichen Seite. Die Politiker zeigten sich überrascht und stellten sich gar nicht die Frage, ob denn ihre Geheimdienste das Brot zu recht erhielten. Die maßgebenden Kulturschaffenden kamen aus dem Urlaub zurück oder meldeten sich von dort. Die nächsten Tage verbrachte ich mit Gesprächen über die allgemeine oder konkrete Situation, denn die Weiterarbeit der Künstler aus den Westsektoren entschied über die Beibehaltung,

Veränderung oder Neuaufnahme des Repertoires. Sie kamen fast alle wieder, aber Herr Kapellmeister Stein nicht, und nun bestieg Heinz Fricke das Pult und hat es sehr gut verwaltet bis zur Abwicklung der alten Staatsoper unter einem Musikredakteur aus dem RIAS.

Wir schlugen den Damen und Herren vor, sie möchten sich zu einem Umzug in den demokratischen Sektor äußern, und dann wäre die leidige Honorarfrage zu lösen. Ein Teil der Gage wurde bisher in Westmark bezahlt, um die häuslichen Verpflichtungen (Miete usw.) abzugelten, der andere in DDR-Mark oder Einkaufsschecks. Die meisten kamen gut damit zurande, die Lebensmittel waren in der DDR sehr billig, und man konnte somit noch einen Vorteil erzielen. Nun aber kündigten wir die Westmark, und das mußte für jeden einzelnen Folgerungen nach sich ziehen. Wer sich für den Verbleib an seiner Spielstätte in der DDR entschied, zog in eine Wohnung in Ostberlin, die anderen schieden früher oder später aus. Ausnahmen bestätigten die Regel.

Überhaupt ging es nach dem Mauerbau um zwei Hauptprobleme: die Beibehaltung der Normalität des Lebens, wenn man angesichts der Abriegelung dieses Wort überhaupt benutzen kann, und um die finanziellen und materiellen Bedingungen für die Planung aller kulturellen Prozesse, Einrichtungen und Veranstaltungen. Das Finanzministerium verlangte angesichts seiner Belastungen durch den Mauerbau einen größeren Fonds durch höhere Einnahmen an Valuta. Mancher Planer wollte die Kulturmittel überhaupt kürzen, aber das wurde abgewehrt mit dem Argument, wenn die Reiseeinschränkungen geringeren Spielraum bedeuten, dürften die inneren Belastungen nicht größer werden. Ich erkannte an, daß zu viele Veranstaltungen praktisch kostenlos abliefen. Eintritt wurde zum Teil gar nicht verlangt, zum Beispiel bei Heimatfesten, die zu hoch subventioniert waren. Doch Kosten für Buchausleihe oder Museumsbesuch dürften nicht anfallen, insonderheit nicht für Kinder und Jugendliche. Anton Ackermann, der frühere Chefideologe der KPD und nunmehrige Verwalter der Finanzen des nichtmateriellen Bereichs, teilte mir mit, daß der Anteil der Kulturausgaben am Bevölkerungsbudget (1961) 4 Prozent betrug, eine stattliche Summe, die auch er nicht für zu hoch, aber für die obere Grenze hielt. Versuche, die Honorare für Spitzenkünstler zu reduzieren, wiesen wir gemeinsam zurück. Überhaupt spürten wir, daß unter seiner Weste ein Herz für die Kultur schlug. Er war noch sichtlich gezeichnet von seiner Abstrafung für das von ihm ausgearbeitete Referat über den besonderen deutschen Weg zum Sozialismus, das für Wilhelm Pieck vorbereitet, doch in letzter Minute auf Ackermann delegiert worden war, um Pieck zu schonen. Er wurde also vor das Loch geschoben, rückte aber nie von seinen Ideen ab.

Das wichtigste Argument für einen anderen, einen besonderen Weg Deutschlands zum Sozialismus, im Unterschied zu den Volksdemokratien, lag im Aufruf der KPD zu ihrer Neugründung selbst. Am 8. Juni 1945 war klar, daß das Sowjetsystem in Deutschland nicht anwendbar war, sondern die antifaschistisch-demokratische Ordnung anzustreben sei. Ja, dafür waren wir alle, für Antifaschismus und Demokratie als Grundlagen der neuen Ordnung. Wie Paul Wandel mir sagte, habe Stalin persönlich diese Einfügung in den mit ihm abgestimmten Aufruf, für den Anton Ackermann letztlich verantwortlich zeichnete, angebracht, und er war dafür, es dabei zu belassen. Das hätte die SBZ (Sowjetische Besatzungszone) immer für Verhandlungen über die Einheit Deutschlands im Sinne des Potsdamer Abkommens freigehalten. Doch Dogmatismus und Sektierertum verhinderten wieder einmal und schon nach wenigen Jahren eine weite Politik des Bündnisses mit allen demokratischen und antifaschistischen Kräften und erwiesen sich als entscheidendes Hindernis gemeinsamen Handelns, nicht die oft beschworenen Abweichungen der sogenannten Opportunisten und Revisionisten, die immer gesucht und daher erfunden werden mußten. Im Kulturbereich zeigte sich das wieder sehr deutlich.

Zur Bilanz gehörte auch die Analyse, wie die Kulturschaffenden zum Mauerbau standen. Neben der allgemeinen Unsicherheit in der Bevölkerung, wie lange die Absperrung nach Westen dauern würde, gab es bei den meisten aus unterschiedlichen Gründen gedämpfte Zustimmung. Die Doppelmoral durch das doppelte Zahlungsmittel hörte erst einmal auf. Zwar nahm die DDR von den Besuchern aus dem Westen von nun ab D-Mark als Eintrittsgeld, doch weiter wurde nicht gegangen. Die sozialistischen Kräfte unter den Jüngeren sahen im Schatten der Mauer die Gelegenheit, die inneren Probleme der DDR-Entwicklung zu behandeln, ohne das Gegenargument, man arbeite damit dem

Gegner in die Arme, zu hören. In der Tat kamen alle theoretischen und praktischen Positionen auf den Prüfstand. Die Praxis des bisherigen Kulturaufbaus wurde durchleuchtet, vieles müßte besser formuliert werden, vor allem phrasenloser und übersichtlicher. Viele Vorschläge richteten sich aber auch auf eine stärkere Zentralisierung.

Dagegen mußte vorgegangen werden. Ein Beispiel: Als die Volksmusikhochschulen ihre Entwicklungspläne auf den Tisch legten, zeigte sich eine starke Tendenz zu den sogenannten Volksinstrumenten Gitarre, Mandoline, Akkordeon, Blockflöte u.ä. Die Orchester aus diesen Instrumenten würden nach den vorgeschlagenen Zahlen die ganze DDR beschallen. Ich fragte daher, wer im Gewandhausorchester die erste Oboe blasen, wer in der Staatskapelle das erste Cello spielen würde. Dafür fühlten sich die Volkstümler nicht zuständig. So führten wir die Musikschulentwicklung auf die realen Interessen der künstlerischen Einrichtungen. Wir verfügten immerhin über 80 Berufsorchester, regelten die frühzeitige Ausbildung besonders talentierter Kinder an den Hochschulen und veranstalteten einige neue Wettbewerbe, darunter den Bach-Wettbewerb in Leipzig, und hoben einige bestehende an. Durch jährliche Ferien-Musikseminare in Weimar wurde eine großzügige Gelegenheit für Fortgeschrittene eingerichtet, bei den besten Lehrern aus Ost und West ihre Ausbildung zu vervollkommnen. Es wurde zu einer Ehre, als Lehrer oder Schüler dazu eingeladen zu werden. Heute hört man ständig, dafür sei kein Geld da. Wir hatten damals auch nicht viel Geld, sparten aus Prinzip, unsere Gehälter waren gering, zu gering, aber es wurden immer Mittel und Wege gefunden, gute Ideen zu verwirklichen.

Im Schatten der Mauer

Die Orientierung auf die Lösung der praktischen Fragen war richtig und doch wenig genug, denn ein Ministerium, das die Kultur vertrat, mußte unentwegt an den geistigen Prognosen teilhaben. Inzwischen waren die Probleme des XX. Parteitages der KPdSU erneut auf ihrem XXII. Parteitag behandelt worden und mit ihnen die Frage, wie das Tauwetter in der Sowjetunion auf die DDR ausstrahlen dürfe. Die ersten verdächtigen Formulierungen Walter Ulbrichts tauchten bereits vor dem Parteitag auf. Man wolle natürlich keine Filter gegenüber der Sowjetunion, aber man müsse auch nicht alles übernehmen. Vieles sei doch zu wenig qualifiziert. Was sollte das nun heißen? Kurella ritt eine Attacke gegen Äußerungen des sowjetischen Kritikers Fradkin, der den Expressionismus in Schutz nahm und dessen Verteufelung als Fehler bezeichnete. Auf einer Sitzung der Kulturkommission des ZK der SED verteidigte Anna Seghers die Meinung Fradkins: »Fradkin hat nur gesagt, was jeder Genosse das Recht hat zu sagen. Wir wollen die Zustände des Personenkults nicht mehr, jeder muß seine Meinung sagen dürfen, keiner soll Angst vor den ›Ismen‹ haben.«

Eigentlich handelte es sich bei den Diskussionen im Kulturbereich immer um Reflexionen der wirtschaftlichen Basis. Anfang 1962 war klar, die DDR mußte einen Milliardenkredit von der Sowjetunion nehmen. Die ökonomischen Verluste durch die offene Grenze wurden mit 30 Milliarden Mark beziffert, das hatte zur Folge, daß die Arbeitsproduktivität durch die Investitionen in automatisierte Technik, das heißt die Akkumulation, schnell, die Ausgaben für den Verbrauch langsam steigen würden. Eine erhöhte Kaufkraft stand sowieso schon einem zu geringen Warenfonds gegenüber, die Leute konnten für ihr Geld wenig kaufen. Die ökonomischen Gesetze wirkten und schlugen durch, so gruppierte man die geringen Investmittel wieder einmal um zugunsten der Abteilung I. Der Plan war 1961 vor allem im Maschinenbau und in der Landwirtschaft nicht erfüllt worden. Der materielle Anreiz sollte erhöht werden, nur wer sich für neue Normen einsetzte, würde den bisherigen Lohn weiter bekommen, hieß es, doch insgesamt schien alles recht verworren.

Nach dem Mauerbau mußte eine Antwort auf die nationale Frage gefunden werden. Es ging um die führende Rolle der Arbeiterklasse in der Nation, die durch die Künstler und Wissenschaftler herauszuarbeiten sei. Die bisherige Lesart, daß die Arbeiter kein Vaterland hätten, gelte nur für die Zeit, in der die Bourgeoisie führe, nun aber sei sie anational, antinational und unterdrücke andere Nationen. Ein Dokument über die nationale Frage wurde damals verfaßt und sollte breit diskutiert werden, damit der Anspruch der DDR nicht verloren gehe. Blieben die kritischen Liberalen im Westen, die Böll, Heisenberg, Weizsäkker. Sie schlügen meistens nach links, was zum Antikommunismus führe. Ihre schwache Position im Westen könne nur durch eine Einheitsfront mit der DDR gestärkt werden.

In der Diskussion im Präsidium des Kulturbundes wurde Hager, der das Referat hielt, gefragt, ob es jetzt einen westdeutschen und einen ostdeutschen Goethe geben würde, und wer ihn richtig interpretiere. Willi Sitte vertrat sehr kritische Positionen, hielt die Einführung der Wehrpflicht in der DDR nicht für einen Sieg, sprach von künstlerischer Inzucht und sah Anzeichen dafür, daß vorgeschrieben würde, was man hören, lesen, sehen dürfe. Das Volk sei nicht politisch unmündig, deshalb hindere eine Atmosphäre der Enge den Elan, der ständig gefordert würde. So oder so ähnlich äußerten sich die erfahrenen Künstler, die Jungen gingen viel radikaler ins Zeug.

Der Aufruf der Bitterfelder Konferenz wurde, da er allgemein gehalten war, auch verschieden ausgelegt. Die junge Generation ging zu den Brigaden ohne Vorurteile und fand sogleich die überall vorhandenen Widersprüche, die sie offen benannte. Soweit es sich um geringere Fragen handelte, war das sehr willkommen. Die Klügsten und Begabtesten wußten natürlich, daß man für wichtige Literatur, die etwas in der Gesellschaft bewegen soll, bedeutende Fragen aufgreifen muß. Die politisch prononcierten Fragestellungen aber brachten die Zeitungen und Zeitschriften nicht, statt dessen druckten sie am liebsten platte Reimereien oder griffen auf Bewährtes zurück. Mit diesem Zustand der Verflachung zeigte sich die immer wieder zur Aktivität aufgerufene Akademie der Künste nicht einverstanden, und der Sekretär der Sektion Dichtkunst und Sprachpflege, Stephan Hermlin, rief dazu auf, ihm abgelehnte Gedichte zu schicken. Aus den vielen Einsendungen (ca. 1200) wählte er 50 aus und trug sie selbst im überfüllten Großen Saal der Akademie vor. Anschließend gab es leidenschaftliche Diskussionen um politische Inhalte und die Rolle von Dichtung im Bewußtsein des Volkes überhaupt.

Während die Kulturschaffenden diese Art der Diskussion als belebend und für die Akademie als wegweisend empfanden, reagierten Ulbricht und sein Stab darauf äußerst empfindlich. Besonders nahm er sich die Gedichte von Volker Braun und Rainer Kirsch vor, die von den alten Genossen die volle Wahrheit, nicht Halbfabrikate, wie Volker Braun es ausdrückte, verlangten. Die Formulierung, die alten Genossen sollten abtreten, erboste die alten Genossen, verstanden sie doch sehr gut, daß es eigentlich nicht um das Lebensalter, sondern um die alte, dogmatische Art Politik zu machen ging. Die Handschuhe waren angezogen, der Kampf stand noch bevor. Der belebende Geist dieser Abende zog nach und nach in alle kulturellen Sphären ein, ungeachtet der in der Sowjetunion wieder frostiger gewordenen Atmosphäre. Chruschtschow änderte den freizügigen Tauwetter-Kurs auf Verlangen der Militärs, begann, die Literaten als Prügelknaben zu benutzen, die Maler als Schmierer zu beleidigen. Ihre Bilder sähen aus wie mit dem Kuhschwanz gearbeitet. Er bereute anscheinend die Zustimmung zum Druck der Erzählung »Ein Tag des Iwan Denisowitsch« von Alexander Solschenizyn in der wichtigsten sowjetischen Kulturzeitschrift »Nowy mir«, in Massenauflage nachgedruckt von der »Roman-Zeitung« in einer Ausgabe, die 17 Kopeken (75 Pfennige) kostete und in Russisch auch an den DDR-Kiosken zu haben war. Der Verlag Kultur und Fortschritt hatte das Werk übersetzen lassen, nun ging es um die Druckgenehmigung, die in diesem Fall ohne die Parteiführung nicht gegeben werden konnte. Erich Wendt, als Staatssekretär für die Verlage zuständig, befürwortete die deutsche Ausgabe. Wir arbeiteten eine Vorlage für die Parteiführung aus, legten für jeden eine Übersetzung bei, und bald wurde die Frage behandelt.

Die meisten Mitglieder des Politbüros hatten die Erzählung gelesen, aber die Diskussion fand außerhalb der Tagesordnung des Politbüros statt und drehte sich vor allem um Repressalien und Personenkult. Sollte man darauf öffentlich reagieren, dazu noch in dieser eindrucksvollen literarischen Form? Die Meinungen waren geteilt, der Gedankenaustausch durchaus sachlich.

Nach drei Stunden war die Diskussion erschöpft, und Ulbricht faßte zusammen. Er stellte fest, daß auch er sich zu Anfang nicht klar war, wie er entscheiden würde. Durch die Diskussion sei ihm jedoch klargeworden, daß man eine Veröffentlichung nicht befürworten könne. Er verstünde, daß Erich Wendt, selbst als Volksfeind angeklagt und verurteilt, für die Herausgabe sei, als eine Art Rehabilitierung. Ich hätte die Vorlage befürwortet (gemeint ist der Vorschlag von Wendt), da ich in der Sowjetunion von den Verbrechen erfahren hätte, doch entscheidend sei, daß wir mit der Sowjetunion zwar befreundet, doch keineswegs deckungsgleich seien. »Wir haben mit den Vorgängen in den Lagern nichts zu tun, drei Parteitage der KPdSU haben die Stalinsche Praxis verurteilt, nun kommen die Nachwehen, damit wird die SU fertig, aber wir dürfen keine falsche Munition laden«, sagte er. Das Urteil war gefällt.

Erich Wendt und ich saßen danach ziemlich deprimiert bei einem Kaffee zusammen. Er empfand die Begründung, daß er aus persönlichen Motiven für die Herausgabe sei, als völlig danebengegriffen, es ginge ihm wie mir um die Öffentlichkeit, um die Leser, denen wir ein wichtiges Werk vorstellen wollten. Bei dieser Gelegenheit erfuhr ich, daß er zu Ulbricht kein persönliches Verhältnis gewinnen könne. Ulbricht hätte bei den Anschuldigungen gegen Wendt die Position der Tscheka vertreten, daß dieser im Verlag der Internationalen Arbeiter, ein Komintern-Verlag in Moskau, irgendwelche Mitarbeiter, die als Trotzkisten bezeichnet wurden, nicht entlarvt, sondern unterstützt hätte. Bei Übersetzern aus Ländern, die 50 verschiedene Sprachen repräsentierten, gab es immer Leute mit abweichenden Meinungen. Aber nicht nur Ulbricht hatte sich gegen ihn gestellt, sondern auch Wendts Frau Lotte, die sich dann von ihm scheiden ließ und Ulbricht heiratete. Er hatte nie wieder ein Wort mit ihr seit seiner Rückkehr geredet. »Aber sie ist bei weitem nicht die graue Maus, als die du sie kennst«, sagte er mir, »sei immer vorsichtig, wenn sie auftaucht und öffne dich nicht.«

Walter Ulbricht ist der bestimmende Politiker der DDR gewesen, gleich in welcher seiner verschiedenen Funktionen. Nach der Vereinigung der beiden Arbeiterparteien, die im wesentlichen Wilhelm Pieck und Otto Grotewohl zuzuschreiben ist, nahm er mit der ihm eigenen Energie die praktischen Probleme der

SED und des Staates in die Hand. Wilhelm Pieck war 1945 immerhin fast siebzig Jahre alt und nicht ganz gesund, aber arbeitete hart im Parteivorstand, er erschöpfte dann seine Mitwirkung von 1949 bis zu seinem Tode 1960 in der repräsentativen Funktion des Staatspräsidenten, die wie für ihn gemacht schien. Freundlich und väterlich kam er zu den Arbeitern, in die Theater, zur Jugend, sprach er, anerkannt von allen, mit den Besuchern, veranstaltete kleine Konzerte und Lesungen im Schloß Niederschönhausen, seinem Amtssitz.

Walter Ulbricht kam aus seiner Schule, war ebenfalls seit 1928 Reichstagsabgeordneter der KPD und seit 1929 Mitglied ihres Politbüros gewesen, ein unbedingter Gefolgsmann Ernst Thälmanns und damit der sowjetischen Deutschlandpolitik. Mit dem Aufbau einer Volksfront, die in Frankreich gerade Erfolg gezeigt hatte, ging er ins Auslandsbüro nach Paris und versuchte hier, die Einheitsfront mit emigrierten Politikern und Schriftstellern zustande zu bringen. Doch die Gespräche in der »Lutetia« verliefen im Sande, zu schwer wogen die in der Sowjetunion ablaufenden abenteuerlichen Schauprozesse, an deren Berechtigung kaum jemand von Niveau glauben konnte. Heinrich Mann zog sich zurück, und damit fielen die Bemühungen für eine Volksfront, von Stalin sowieso mit Argwohn verfolgt, in sich zusammen, der Spanienkrieg ging zugunsten Francos aus, der Weltkrieg lag in der Luft. So ging Ulbricht 1938 nach Moskau und arbeitete in der KPD-Vertretung in der Komintern. Nach der Gründung des Nationalkomitees Freies Deutschland übernahm er die Operative Abteilung und damit den Fronteinsatz der Kampfgruppen. Aus dieser Zeit stammt auch seine enge Verbindung zum sowjetischen Geheimdienst, der diese Aktionen steuerte. In diesen Jahren war er ein harter Politiker geworden und betrieb die Politik ohn Unterlaß, in großen oder kleinen Veranstaltungen, im großen oder kleinen Kreis.

Seine Urteile waren deutlich und trafen seiner Meinung nach den Kern. Und doch waren sie meistens zu kurz gegriffen, weil er sich im Kulturbereich nur mit zwei Leuten beriet, mit Otto Gotsche und Hans Rodenberg. Der erste sagte ihm wohl ab und zu auch abweichende Meinungen, der andere stimmte ihm ohne Ausnahme zu und begann sofort, die Sache weiterzudenken und zu unterstützen. Das erwartete Ulbricht, Widerspruch gab es nicht. Allerdings habe ich auch erlebt, wie er eine in der Diskussion geäußerte Meinung aufgriff, um den Gedanken weiterzuentwickeln oder zu unterstreichen, wenn es ihm in den Kram paßte.

Ulbricht war unbedingt ein Mann der Sowjetunion. Wenn sie mehrere Optionen, auch in personeller Hinsicht, offenhielt, Ulbricht hatte die geeigneten Vorschläge parat oder ging, wie Thälmann, auf jede Nuance ein. Allerdings hinderte ihn das nicht, für die DDR auch eigene Richtlinien herauszuarbeiten, er verstand durchaus die Unterschiede, allein schon in den Ausmaßen, zwischen den beiden Ländern. Als klar war, daß die sowjetische Deutschlandpolitik nicht funktionierte, galt sein voller Einsatz der Entwicklung der DDR auf allen Gebieten. Er war kein Anhänger der Mauer-Lösung, sah aber auch keinen anderen Weg. Das Blockdenken der sozialistischen Länder bestimmte die sechziger Jahre. In der Öffentlichkeit wird er heute als Buhmann behandelt. Gewiß, er war nicht sympathisch, weil er immer und gegen jedermann mißtrauisch war, doch er war in manchen Fragen lernfähig, soweit seine Bindungen an die Sowjetunion ihm das gestatteten. Da er alle Zügel in der Hand hielt, schaffte er auch das Amt des Staatspräsidenten nach dem Tode Wilhelm Piecks ab, und was als demokratische Lösung aussah, die Bildung des Staatsrates, geriet unter seinem Vorsitz zu einer weiteren Machtkonzentration. Zeitweilig versuchte er sogar, die Regierung zu übernehmen, indem der Staatsrat Fragen der Wirtschaft oder auch der Kultur durch Erlasse zu lösen suchte, die Gesetzeskraft hatten. Ein widersprüchlicher Mann, gewiß, aber allein mit dem Etikett des Stalinismus ist er nicht zu begreifen. Ist er vielleicht doch, wie Sebastian Haffner meinte, der seit Bismarck erfolgreichste deutsche Politiker? Seit der Vereinigung beschäftigt sich jedermann, ob dazu prädestiniert oder nicht, mit der »stalinistisch geführten DDR«.

Bis heute ist die Frage des Stalinismus nicht geklärt. Jeder, der es möchte, wirft jedem, den er nicht mag, vor, er sei ein Stalinist. Besonders tragisch ist das Verhalten der PDS zu dieser Frage. Sie verteidigt sich für Dinge, die sie gar nicht betreffen, und springt auf ihrem Parteitag von 1995 sogar über den Stock, den ihr andere hinhalten, weil sie forsch behaupten, die Partei sei als Nachfolgepartei noch immer stalinistisch. Bereits die SED war insgesamt nicht mehr stalinistisch geprägt, trotz aller sowjetischen Bemühungen. Allerdings enthielt ihre Politik viele dogmatische Elemente, den Zentralismus, den Parteigehorsam, die fehlende Selbstkritik, aber das alles finden wir auch in bürgerlichen Parteien, in Kirchen und anderen Organisationen, die niemand stalinistisch nennt, die aber dogmatisch sind und Macht ausüben. Erst in diesen Tagen (Ende Januar 1995) beklagt die SPD-Führung die mangelnde Parteidisziplin in ihren Reihen und die öffentliche Kritik an dem Vorsitzenden Scharping durch seine Stellvertreter in wichtigen politischen Positionen. Die Verhältnisse in der PDS, das kann jedes Fernsehbild vom allgemein öffentlichen Parteitag beweisen, ist alles andere als stalinistisch, die unbedeutende »Kommunistische Plattform« gibt nur den Vorwand, Kommunismus und Stalinismus gleichzusetzen. Es sei hier aber darauf verwiesen, daß es Kommunismus als Idee und Strömung in der bürgerlichen wie proletarischen Bewegung schon seit Jahrhunderten gibt. Der Kommunismus ist eine der größten Ideen der Menschheit, und auch die Verteufelung durch geschwätzige Moderatoren wird daran nichts ändern, so wie die Welt heute aussieht.

Ab 1962 wurde viel von Reformen gesprochen. Auf ZK-Sitzungen schlugen Ulbricht und Honecker eine scharfe Klinge gegen den Bürokratismus, sie forderten eine sorgsame Behandlung der die Bevölkerung, »die Menschen« berührenden Fragen. Die vor dem 13. August 1961 vertretene Linie, einen Friedensvertrag anzustreben, hatte sich nicht durchgesetzt, die militärische Lösung, die Grenzziehung durch eine Mauer, war öffentlich nie erwogen worden. Nach dem radikalen Eingriff in viele Familien war die Stimmung gespannt, es brodelte unterirdisch. In manchen Aussprachen wurden die ökonomischen Fragen zum Anlaß genommen, allgemeines Unbehagen und Kritik auszudrükken. Das Lenin-Wort, daß der Sozialismus durch die Kraft seines Beispiels wirke, wurde zwar zitiert, doch wo war das Beispiel? Zu groß erschienen die Schwierigkeiten auf allen Ebenen und in allen Bereichen. Das große Wort hieß »Störfreimachung«, besser hätte es Autarkie geheißen, wenn man die Verbindung zu den anderen Ländern des sozialistischen Lagers hätte verbessern können, doch die vertraglichen Vereinbarungen wurden häufig nicht eingehalten. So kam nur eine nochmalige Sparrunde in Betracht, alle Valutaausgaben wurden noch einmal gesenkt, Sperren eingebaut usw.

Beim Kulturministerium war der Import wissenschaftlicher Literatur angesiedelt, und besonders die Periodika waren das heiße Eisen. Von ihrem regelmäßigen Bezug hing die fachliche Information über grundsätzliche Entwicklungen in Wissenschaft und Forschung ab. Nun sollte auch hier stark reduziert werden. Das »Streichorchester«, wie man die Mitarbeiter, die das bewerkstelligen sollten, nannte, kapitulierte vor der Aufgabe. Was man auch unternahm, es ging schon sehr knapp zu. In dieser Situation wandte ich mich an Willi Stoph, der immer häufiger Otto Grotewohl vertrat, und schilderte ihm die Folgen der Kürzungen. In dieser Frage hat er sich das einzige Mal aufgerafft und einen Auftrag an den Finanzminister Willi Rumpf, einen ausgezeichneten Fachmann, gegeben, die Sparsamkeit am falschen Objekt zu beenden.

Die Künstler spürten die zunehmende Rücksichtslosigkeit in der Beurteilung der Kunstwerke. Der Filmregisseur Slatan Dudow antwortete auf das Verbot des Films »Sonnensucher« von Konrad Wolf und die scharfe Kritik an »Der Fall Gleiwitz« von Kohlhaase und Klein wegen neorealistischer Tendenzen mit der gezielten Frage, wer denn das Recht hätte, die Künstler zu entmündigen. Diese Worte von der Beschneidung der Schaffensfreiheit machten die Runde und wurden auch von anderen aufgegriffen. In einer Sitzung bei der Kulturkommission des Politbüros antwortete Stephan Hermlin auf die Frage Alfred Kurellas, warum er sich nicht literarisch äußere: In der Übergangsperiode existieren einige Freiheiten nicht, daher verzichte er bewußt darauf, zu schreiben. Die Kulturpolitik sei fehlerhaft, und er lehne sie daher ab. Die Erteilung von Zensuren sei falsch, Aussprüche (von Ulbricht), Becher sei der größte Dichter seiner Zeit, orientierten falsch. Sie würden nur beweisen, daß unsere Zeit der Kunst nicht günstig sei.

Die Spannungen blieben also und wurden weiter erhöht, als Ende 1962 die Ruine der Schinkelschen Bauakademie abgetragen wurde, um einem Dutzendbau für ein Außenministerium Platz zu machen. Das Ministerium hatte aus Denkmalpflegemitteln die Ruine saniert, das war von Ulbricht vor der Mauer als vorbildliche Erbe-Sicherung auf einer Schinkelfeier hingestellt worden, und nun faßte er mit dem diabolischen Berliner Bezirkschef der SED, Paul Verner, still und heimlich den Beschluß, das aufbaufähige Architekturdenkmal zu schleifen, als wir gerade dabei waren, die erste Denkmalschutzverordnung zu erarbeiten. Dieses unangreifbare Machtgehabe ist einer der Gründe, daß der Sozialismus unter seinen Möglichkeiten blieb, daß er in vielerlei Hinsicht zwar Neues etablierte, aber mit den überkommenen Problemen nicht fertig wurde. Hätte es der DDR geschadet, wenn der Außenminister seinen Sitz in der Bauakademie genommen hätte? Im Gegenteil, es hätte die Bedeutung seines Amtes unterstrichen. In Fachfragen dilettierende Politiker sind eine große Gefahr, vor allem, wenn sie sich als Baumeister verstehen und Schäden für Jahrhunderte anrichten können. Das betrifft Abriß wie Neubau gleichermaßen. Hätten sie nur einmal die Arbeitsmethoden des preußischen Landbaumeisters Schinkel untersucht, müßten sie festgestellt haben, daß er nie ohne Not ein Gebäude abriß, sondern es in seine Lösungen einbezog. Heute soll nun, ebenfalls ohne Not, wieder an diesem zentralen Berliner Platz dilettiert werden. Niemand geht bisher davon aus, daß es sich nicht nur um den zentralen Platz in Berlin handelt, sondern um die Mitte Deutschlands. Dahin gehört nicht ein Konferenzzentrum, von denen es wahrlich genug gibt, sondern ein »regierendes Haus«, wie Richard Hamann in einem Brief an Wilhelm Pieck das schönste Barockschloß nördlich der Alpen nannte. Hätte Schinkel es nicht geschafft, den an Stelle des Apothekenflügels hingebauten »Palast der Republik« in eine große Schloßlösung einzubinden, damit Alt und Neu, Ost und West, Regierung und Volk, Politik und Volksleben auf hohem kulturellen Niveau zusammengeführt werden? In der Mitte sitzt der Bundespräsident, zum Dom und Alten Museum der Bundeskanzler, und zum Marstall hat der Außenminister seine Räume. Suchen wir also einen Schlüter oder Schinkel, das würdige Beispiel zu geben.

Das Volk weiß, daß die Sieger nicht immer Sieger bleiben müssen, sie können schnell zu Verlierern werden, wenn sie ihre Überlegenheit nicht beweisen. Die heutigen Äußerungen der dafür Verantwortlichen klingen verblüffend gleichförmig mit denen Ulbrichts, wenn er sich in die Kunstdiskussion einmischte. Zum Film »Sonnensucher«, der die Arbeit der Wismut, ihren

Aufbau und ihre Probleme behandelt, bescheinigte er künstlerische Meisterschaft, die Personen seien aber nicht typisch. Was denn nun? fragten sich alle, und da die meisten wußten, daß die Filmpremiere auf Anweisung der sowjetischen Botschaft abgesagt worden war, verloren solcherart Argumente an Wirkung und schlugen schließlich in ihr Gegenteil um.

Die öffentlich und unter vier Augen geäußerten Meinungen bekam Ulbricht dank seines Spitzeldienstes auf den Tisch. Im Kulturbereich fürchtete er den meisten Widerstand, und so verbreitete er ab und zu, auch über Abusch, Rodenberg und Gotsche, die Auffassung, in der Ideologie und Kultur hingen viele an der westlichen Nadel, der Gegner brauche eigentlich gar keinen heißen Krieg mehr, er könne die Systemauseinandersetzung durch ideologische Zersetzung gewinnen. So hatte er angeordnet, daß sich die verschiedenen Gremien ständig mit »der Lage« beschäftigen sollten, was bedeutete, daß auch immer neue Forderungen an die Künstler gerichtet wurden. Einer meiner Mitarbeiter listete mir diese Forderungen auf, in denen es hieß: Der Künstler muß ..., der Künstler soll ...; es kamen über 250 Positionen heraus – es lohnte gar nicht, darüber nachzudenken, ob sie erfüllt werden könnten.

Um den laschen Ministerrat und das zögernde Ministerium für Kultur stärker zu kontrollieren, baute Ulbricht den Staatsrat zu einem neuen stattlichen Dirigationszentrum aus. Dieser Umstand war für uns günstig, ging doch der bisherige Stellvertreter für Film, Direktinformant und Scharfmacher, Hans Rodenberg, als Mitglied für Kultur in den Staatsrat. Ich verabschiedete ihn auf eine Weise, daß er meinte, es sei doch kein Begräbnis. Alle freuten sich, daß er, wenn schon nicht außer Reichweite, so doch auf Distanz war. Ein zweiter glücklicher Umstand kam hinzu: Im Ministerrat war Abusch mit der Koordinierung und Formulierung der Arbeiten am Schulgesetz, mit dem die Auswirkungen der obligatorischen zehnklassigen Schulbildung erfaßt werden sollten, beauftragt worden, und das nahm alle Zeit in Anspruch. Die Stelle Rodenbergs wurde umbesetzt. Günter Witt, bisher schon Stellvertreter auf dem Gebiet der Massenarbeit, der kommunalen Organe und der Volkskunst, übernahm den Filmbereich. Damit wurden die Produktionsprogramme der Filmstudios auf die Gegenwart orientiert, was auch bedeutete, daß die Filmkünstler sich der Widersprüche der sozialistischen Gesellschaft annahmen, und sie taten es gern und erfolgreich.

Im Januar 1963 fand der VI. Parteitag der SED statt. Bereits seit Oktober wurde aufgefordert, sich zu äußern, neue Werke zu schaffen, sich an das ZK zu wenden und neue Fragen aufzuwerfen. In den vielen, vielen Aussprachen stellten sich die führenden Künstler auf den Standpunkt, daß die SED falsche Beurteilungen von Werken und künstlerischen Auffassungen vertrete, daher sei ein bis dahin guter Kontakt zwischen den Künstlern und der Partei immer wieder gefährdet. Anna Seghers graute sich vor den Parteiveranstaltungen, die fade und langweilig wären. Fritz Cremer und Willi Sitte schlugen in die gleiche Kerbe. Immer wieder ging es um »Die Sorgen und die Macht« am Deutschen Theater. In diesem Stück von Peter Hacks seien die Arbeiter primitive Figuren, die nicht in der Lage seien, die Macht richtig auszuüben. Das ging an die Substanz der These von der führenden Rolle und wurde mit den in der Akademie rezitierten Gedichten gleichgesetzt.

Auch das Echo auf die V. Deutsche Kunstausstellung im Dresdener Albertinum war sehr unterschiedlich. Während die Zeitungen die Ausstellung lobten, fanden Sitte und Cremer sie viel zu eng und einseitig in Thematik und Stil. Da zu einer Diskussion aufgerufen war, konnte man die Diskussion nicht abwürgen, was manche gern getan hätten. So wurde wieder einmal behauptet, der Virus der ideologischen Koexistenz sei ausgebrochen und viele von ihm befallen. Wie kam es aber dann, daß gute Leistungen konstatiert wurden, die Meinungen aber nicht? Peter Hacks hatte auf einer Lesung mit Fritz Selbmann im Berliner Stadtbezirk Prenzlauer Berg, wo er wohnte, geäußert, daß wir keinen VI., sondern einen XX. Parteitag brauchten. Aus allen Rohren schoß Paul Verner dazwischen: Wir brauchen keine Diskussion über Personenkult, alles ist dazu gesagt, und Hager ergänzte: Es gab in der DDR keinen Personenkult, wir hatten keine Gräber. Richtig, Stalins Tod kam dazwischen, aber vorbereitet waren die Listen schon. Es ist aber anzunehmen, daß sich Ulbricht und Pieck lange gegen Prozesse, wie sie in den Nachbarländern stattfanden, gesträubt haben. Es gab bereits Zwangsmaßnahmen gegen westliche Emigranten, vor allem jüdischer Herkunft, so gegen Hager, Gysi, Norden, Abusch,

Merker u.a. Sie wurden auf weniger einflußreiche Posten versetzt, Hager z. B. als Dozent an die Universität, Dahlem in ein Staatssekretariat.

Auch wenn es nach außen um die Gestaltung des sozialistischen Menschenbildes ging, ging es doch immer um den demokratischen Umgang in der Partei, um das Recht, seine Meinung zu äußern und zu malen und zu schreiben, wie man es für richtig hielt. In der DDR hatten die Künstler eine ungleich wichtigere Stellung inne als in den kapitalistischen Ländern. Eine umfassende Kunstförderung durch viele Verlage (80), viele Theater und Orchester (auch jeweils 80), viele Kulturveranstaltungen in den Betrieben, Ferienorten, in den kleinsten Dörfern fanden statt. Sie waren, wie auch heute, nicht alle von hohem Niveau, aber die Tendenz ging zum besseren. Daher verstanden viele Kulturschaffende gar nicht, wovon in den ewigen Diskussionen die Rede war, sie hatten zu tun und ihr Auskommen. Die maßgebenden Meister aber wurden zunehmend kritischer, zumal sie sahen, wie sich Ulbricht in den Schaffensprozeß hineindrängte und immer wieder eine Änderung der Lebensweise, also auch des Privatlebens, verlangte. Mit welchem Recht?

Die enge Verbindung des Künstlers mit der Gesellschaft war natürlich wünschenswert, allein wegen der daraus entstehenden sozialen Kontakte. Die heute viel gescholtene Auftragskunst ist ein positiver Posten in der Kunstbilanz der DDR. In der Erkenntnis, daß es private Kunstmäzene in der DDR nicht geben könne, mußte die Gesellschaft einspringen. Die Geldquellen für die Aufträge kamen aus den Kulturfonds der Betriebe, der Gewerkschaften und aus den Aufschlägen von 10 Pfennigen auf die Eintrittskarten. Wer bei der Verschönerung von Bauten, der Einrichtung von Gemeinschaftsräumen und dergleichen die Absicht hatte, einen Künstler zu beauftragen, konnte einen Antrag auf Zuschuß stellen. Die Verbände der Künstler schrieben eine Stellungnahme dazu, und der Vorgang verlief weitgehend unbürokratisch. Es war von uns nicht erwartet, daß ausschließlich Meisterwerke entstanden, wo gibt es das schon, aber die breite Basis wurde geschaffen. Heute zeigt man auf schwache, vordergründige Arbeiten, aber das Argument zieht nicht. Der gesellschaftliche Auftrag des Künstlers, von dem ausgegangen wurde, mußte mit dem konkreten Auftrag untermauert werden. Heute wird viel mehr Geld für Werbung ausgegeben, und viele Meister verdienen ihr Geld mit Reklame.

Wir waren für ihren Einsatz bei der Produktgestaltung, dem Design. So drängte die Hochschule für industrielle Formgestaltung in Halle-Giebichenstein geradezu darauf, mit der Industrie feste Beziehungen zu knüpfen, um den Studenten nicht nur die Perspektive handwerklicher Werkstätten zu geben, sondern sie an die größeren Aufgaben der Produktgestaltung heranzuführen. Das Ministerium für Kultur begrüßte die Initiative der dem Bauhaus verpflichteten Hochschule und unterstützte sie, wichtige Verbindungen zu bekommen.

Aber um diese sachlichen Fragen ging es Ulbricht und seinen Adepten nur am Rande, sie wollten den einzigen Bereich der Gesellschaft, der ohne staatliche Institution agierte, den literarischen, musikalischen, bildkünstlerischen Schaffensprozeß, in die Hand bekommen. Daher das ständige Bohren daran. Erwartungsgemäß deckte vor solchen Spürhunden niemand seine Karten auf, und so blieb es beim Normalen. Die Nörgeleien und langen Reden nahmen die Künstler hin, und es machte auch manchem Spaß, sich daran zu reiben und intellektuell zu glänzen. Helene Weigel spielte sogar die expressive Dame, als jemand in einer dieser Zusammenkünfte zylindrische Vasen als unrealistisch bezeichnete. In diesem Moment schrie sie auf, ging aus der Reihe und trat auf den Betreffenden zu, attackierte ihn mit Worten und Gesten und verbat sich derartigen Schwachsinn in ihrer Anwesenheit, sie hätte ein Theater zu leiten und daher einen hohen Stundenlohn, die Rechnung für vertane Zeit würde sie ihm schicken. Als wir den Raum verließen, hakte sie sich bei mir unter und sagte: »Bist du zufrieden? Ich ja, ich kann es noch.«

Auf diese Weise wurden die Widersprüche deutlicher, und die Dogmatiker kamen nicht voran, ohne sich völlig zu isolieren. Auf dem sowjetischen Schriftstellerkongreß wurde gegen die Tauwetterliteratur Front gemacht und Ehrenburg in die Mangel genommen. Sofort tauchte die Frage auf, ob seine Memoiren bei uns veröffentlicht werden sollten. Gegen Ehrenburg vorzugehen, war schwer, aber auch er kam in die Zensurdiskussionen. An einem Punkt war die Zensurfront allerdings zerbrochen, die Abnahmekommission in der Hauptverwaltung Film verlor nach dem Abgang Rodenbergs, der ihr vorgesessen hatte, an Bedeutung. Die Arbeitsgruppen der DEFA bekamen mehr Rechte, unterschieden sich zunehmend, die Erstarrungen lösten sich, besonders als ein neuer Direktor, Joachim Mückenberger, berufen wurde. Ein Aufschwung bahnte sich an.

Es gab also, jetzt sichtbar, zwei starke tendenzielle Strömungen in der Kulturpraxis. Die eine suchte die schöpferischen Prozesse mit irgendwelchen pseudowissenschaftlichen Grundsätzen zu reglementieren, die anderen setzten auf Sachverstand, Geschmack und das Können der schöpferischen Kräfte. An den immer wieder auftauchenden Reibungsflächen schärften sich die Anschauungen und Positionen, und auch der Wettbewerb zwischen den Köpfen profitierte davon. Es war ein spürbarer Aufschwung vorhanden unter dem »geteilten Himmel«, wie Christa Wolf ihre Geschichte der moralischen Teilungen nannte. Der Riß ging durch das ganze Volk. Noch einmal wollte Ulbricht die Lage wenden. Im März 1963, zwei Monate nach dem Parteitag, rief er die künstlerische Elite in den großen Saal des ZK. Hier wurden, im Hinblick auf die sowjetischen Entwicklungen, die alten Dogmen noch einmal dargeboten. Als Abusch sprach, wurde er von Ulbricht unterbrochen, er solle doch sagen, wer der Kopf des Petöfi-Kreises in der DDR sei, und Abusch zeigte auf Hermlin, der in einer der ersten Reihen saß: »Es ist Genosse Hermlin!« In diesem Moment setzte ein Zischen und Scharren ein, die Versammlung drohte umzukippen.

Kurt Hager fing die Stimmung auf und sprach von freimütiger Aussprache, am besten sei, Stephan Hermlin würde sich dazu äußern. Dieser ging an das Rednerpult und sprach völlig ruhig davon, daß er bei weitem kein sozialistischer Schriftsteller sei, sondern sich als spätbürgerlicher Künstler betrachte. Dieser Ausspruch gelang 1963 nicht an die Öffentlichkeit, denn der ZK-Sekretär Kurt Hager bestimmte in einer Auswertung der Konferenz, daß über Hermlin und seine Rede nicht gesprochen werde, und es ginge überhaupt nicht um seine Person. Erst 15 Jahre später, auf dem VIII. Schriftstellerkongreß, schlug seine Selbsteinschätzung »ich bin ein spätbürgerlicher Dichter« hohe Wellen. Er hätte sein Leben in dieser Übergangszeit verbracht, kenne dessen Schwierigkeiten und Probleme, auch was die sozialistische Bewegung angehe. Die Übergangszeit sei, trotz vieler Deklarationen, noch nicht vorbei. Er sei bereit, den sozialistischen Weg zu gehen, aber eben auf einer weiten Ebene, von deren Mühen Brecht gesprochen habe. Einem Kreis gehöre er nicht an, weil er der Meinung sei, die Partei könne Standpunkte wie seinen durchaus gebrauchen. Sprach's und setzte sich hin. Beifall der Teilnehmer. Hager verordnete eine Pause. Ich gab meine Wortmeldung ab, er aber zerriß sie und sagte mir, daß es nicht nötig sei, Hermlin zu unterstützen, denn das hatte ich vor, es sei alles von jeder Seite gesagt. Ich glaube, es hätte einen Eklat gegeben, wenn ich die Denunziation zurückgewiesen hätte, und Hager, der die Ideologische Kommission leitete – die Kulturkommission war aufgelöst worden und Kurella in die Akademie delegiert, wo der schon Betagte das Gnadenbrot bekam –, wollte am Anfang dieser Zusammenführung keine personellen Schwierigkeiten mit mir riskieren, das hätte die »Einheit und Geschlossenheit« der Reihen gestört. Noch war es nicht soweit.

Die Ideologische Kommission war ein Pendant zur gleichen Einrichtung im ZK der KPdSU. Auf dem Parteitag der SED war der Sekretär für Ideologie, Iljitschow, anwesend und nutzte am Ende der fünf Sitzungstage die Gelegenheit, uns über Veränderungen nach dem XXII. Parteitag der KPdSU zu berichten. Die bis dahin getrennten Bereiche Ideologie, von der Presse bis zur Außenpolitik, seien in einer Abteilung vereint worden. Die Ideologische Kommission jedoch sei ein beratendes Organ des ZK und beschäftige sich nur mit Fragen von großer Tragweite, z.B. den Grundvorlesungen an Hochschulen, den Akademien usw. Dem zersetzenden Einfluß der bürgerlichen Ideologie sei eine koordinierte Aktion aller Zweige entgegenzusetzen. In der Kunst entwickele sich ein überheblicher Skeptizismus. Früher hätten alle alles geglaubt, was von oben kam, heute zweifelten sie an allem. Die Verfolgungen wegen falscher Ideologie wären nicht richtig gewesen, aber mit der Rehabilitierung der Betroffenen seien ihre Fehler von damals immer noch Fehler. Besonders Ehrenburg wurde attackiert, er hatte geäußert, wenn schon zwei Gesellschaftsordnungen friedlich nebeneinander koexistieren könnten, warum denn nicht auch deren Ideologien. Gegen diese Auffassung blies Iljitschow kräftige Töne, doch konnte auch er nicht darüber hinweggehen, daß zwar die marxistische Weltanschauung angeblich voranging, die Zahl der Gläubigen aber wachse. Auch würde in den Bibliotheken zunehmend kleinbürgerliche Literatur verlangt. Daher solle man die Ästhetik nicht abstrakt, sondern lebensvoll diskutieren. Wir brauchen eine Ästhetik des Lebens, der Beziehungen zwischen den Menschen und deren Umgebung. Nun war klar, was uns bevorstand.

Doch noch war Reformkurs angesagt. Es wurde viel Energie darauf verwendet, die ökonomischen Kräfte, die Elemente des Bildungs- und Kultursystems in selbstregulierende Systeme und diese wiederum in einen Planverbund zu integrieren. Das neue ökonomische System der Planung und Leitung der Volkswirtschaft, so sein umständlicher Name, sollte den Betrieben und Industrievereinigungen, auf dem Lande den Landwirtschaftsräten, größere Vollmachten geben. Im verzahnten Austausch von Rohstoffen und Waren mit den RGW-Ländern waren Sicherungen für den organischen Produktionsfluß vorgesehen, die zum gegenseitigen Vorteil ausschlagen sollten. In jedem Betrieb begann ein Umdenken, ein Aufspüren von Reserven in der Organisation und Planung. Die Kommunen erhielten größere Rechte, die Verantwortung sollte in die unteren Ebenen verlagert werden, weil nach verschiedenen personellen Umbesetzungen in der Plankommission klargeworden war, daß das System verändert werden mußte, die Strukturen, wie heute gesagt wird.

An allen diesen Vorhaben nahm Otto Grotewohl nicht teil, es hieß, er sei krank, sein Kreislauf funktioniere nicht. Seit 1961 war er mein Chef. Aber wie Wilhelm Pieck mußte auch er sich schon vorher aus dem täglichen Politikbetrieb zurückziehen. Zwar leitete er manchmal noch die Sitzungen des Ministerrates, war aber mehr mit Routine als mit Sachkenntnis dabei. In diesen sechziger Jahren war der Ministerrat, ein Teil der Partei- und Staatsführung, anfänglich ein recht eigenständiges Gremium. Grotewohl verfügte noch über die parlamentarischen Umgangsformen, war er doch in den zwanziger Jahren mehrmals Minister in Braunschweig und Reichstagsabgeordneter der SPD gewesen. Die neuen, für ihn unüberschaubaren Fragen der Wirtschaft versuchte er gar nicht mehr zu beherrschen, das überließ er Bruno Leuschner und Willy Rumpf. Da er eine für einen Funktionär der SPD damals selbstverständliche, gründliche Bildung und ein Interesse an Kunst und Literatur besaß, widmete er sich von seiner Wohnstube aus diesen Problemen.

Meistens empfing er mich in seinem Maleratelier. Er dilettierte mit Freude an der Staffelei, im Sitzungssaal des Politbüros hingen zwei große Porträts, von Marx und von Engels, die als handwerkliche Kopien durchaus für diesen Zweck gelungen waren. Er porträtierte auch, schon seit der Nazizeit, wenn er wieder einmal isoliert und in Gefahr war, verhaftet zu werden. »Menschen der Stille« nannte er einen schwermütigen Zyklus von Porträts einfacher Arbeiter. Erfreut, einen Gast in seinem Arbeitsraum zu haben, erzählte er von seinen Problemen bei der Formung der Materie, und dann erkundigte er sich nach den für die Kulturentwicklung wichtigen Diskussionen und ihre Bedeutung für die tatsächlichen, wie er meinte, beträchtlichen Leistungen der Kunst in der DDR. Als ich ihm sagte, daß sie fast ausschließlich störend seien, stimmte er zu und wollte mit Ulbricht reden, daß er sich zurücknähme. Ich hielt das für wenig erfolgreich, denn sein Einfluß im Politbüro war nicht mehr vorhanden.

Ich hatte nach diesen Besuchen, in denen natürlich nichts Entscheidendes besprochen werden konnte, den Eindruck, daß seine Zeit schon vorbei war. Als Mann der Vereinigung, des historischen Händedrucks, war er sehr willkommen und auch beliebt gewesen. Schließlich war er es, zu dem die sowjetischen Offiziere (jedenfalls begrenztes) Vertrauen gefaßt hatten. Er wurde Ministerpräsident und mit seinen Erfahrungen durchaus benötigt. Jetzt, in den Mühen der Ebenen, konnte er, wollte er nicht mehr eingreifen. Das Parlament, sein eigentliches Kampffeld, war in die Bedeutungslosigkeit abgesunken, alle Belebungsversuche, welche ab und zu wieder einmal angedeutet wurden, versandeten. Die argumentativ angehobenen Fachausschüsse waren in Wirklichkeit nur Zustimmungsorgane zum Plangeschehen. Zwar riskierte dieser oder jener Abgeordnete manchmal eine kesse Lippe gegen die Verwaltung, doch da die Informationsgrundlage nicht vorhanden war, verliefen diese Scharmützel meistens im Sande. Ich habe jahrelang an diesen Ausschußsitzungen und Plenartagungen teilgenommen. Sie wurden routiniert abgewickelt, bewegen konnten sie nichts.

Grotewohl bedauerte diese Entwicklung, konnte aber auch nicht sagen, wie ein sozialistisches Parlament wirken solle. Die Fraktionen waren im Prinzip einer Meinung, es kamen immer einstimmige Beschlüsse zustande, mit einer Ausnahme, dem Gesetz über die Möglichkeiten der Abtreibung auf alleinige Entscheidung der Frau. Doch das war später. Hier stimmten einige CDU-Abgeordnete dagegen. Das war höchst willkommen, zeigte doch die Vorgeschichte dieses Gesetzes die ganze, uneinheitliche Problematik. Ein Berliner Arzt war wegen illegaler Eingriffe durch die Instanzen verurteilt worden. Sein Fall kam vor das Oberste Gericht, dessen zuständige Kammer ihn anhörte. Er argumentierte, daß die Arbeiterbewegung gegen § 218 gekämpft habe, verwies auf das Theaterstück »Zyankali« von Friedrich Wolf, und nun, nachdem die Arbeiterklasse die Macht habe, sei sie nicht in der Lage, eine frauenfreundliche Regelung zu finden. Es sei immer noch die Zeit des Zyankali. Das Oberste Gericht gab ihm Recht, er wurde freigesprochen und der Gesetzgebungsprozeß in Gang gesetzt.

Im allgemeinen jedoch wurden die vom Ministerrat eingebrachten Gesetze, vorher vom Politbüro abgesegnet, in den Ausschüssen mit kleinen Änderungen befürwortet, von der Volkskammer beschlossen. Es bleibt mir heute noch ein Rätsel, warum dieser formale, wenig schöpferische, durchweg bürokratische Weg so verlaufen mußte. Zwar gab es in den Fachgremien, die den Entwurf ausarbeiteten, rege Diskussionen, dann aber einigte man sich, und die Dinge nahmen ihren Lauf. Am Urheberrechtsgesetz, das ich eingebracht und in der Volkskammer begründet habe, zeigte es sich ganz deutlich. Es kam, lange Zeit schon diskutiert, erst voran, als es international nötig war, diese Beziehungen zu regulieren und kompatible Bestimmungen einzuführen.

Das Haupthindernis war der Grotewohl vertretende Stoph, der partout auch noch im Gesetz die Honorarfrage geregelt haben wollte, natürlich mit dem Hintergedanken, die Honorare herunterzudrücken. Erst im Politbüro wurde er überstimmt, als ich einwandte, es sei das beste Mittel, alle Künstler gegen uns zu bekommen, wenn wir die Honorare herabsetzten. So oder ähnlich ging es meistens zu. Viel Zeit wurde mit dem Kampf gegen Dummheiten verschwendet, auf meinem Sektor hingen sie immer mit Intelligenzfeindlichkeit zusammen. Während eines Winterurlaubs in Tabarz/Thüringen, wohnte meine Familie im gleichen Heim wie Stoph, wir saßen beim Essen am gleichen Tisch. Während der zwei Wochen lag er mir jeden Tag in den Ohren, ich solle die Gagen der Unterhaltungskünstler neu regeln, sie verdienten zu viel. Ich fragte, wer denn auf dem Lande und in den kleinen Städten den Tanz und die Feste bestimmen würde, wenn es sich nicht mehr lohne, dort aufzutreten, etwa die Militärorchester, an denen er hing? Doch er kam stereotyp immer wieder auf die Gagen zurück. Dieser Art feinsinnigen Zuschnitts war der faktische Regierungschef, und unser Urlaub war auch im Eimer.

Otto Grotewohl erlebte unter Aufbietung aller ärztlichen Kunst noch seinen 70. Geburtstag, doch die vielen Gratulanten, die ihm Achtung und Ehrerbietung bezeugen wollten, durften nicht mehr zu ihm. So mußten die Mitglieder des Ministerrates an seiner Statt die Glückwünsche entgegennehmen. Die große Reihe der Kulturschaffenden, die zu mir geleitet wurden, kamen, als wollten sie zeigen, daß er ihnen näher stand als Ulbricht und seine Leute. Im Herbst des gleichen Jahres starb Grotewohl, nun war der Weg frei, daß ein unbedingter Gefolgsmann Ulbrichts, Willi Stoph, von dessen Herkunft niemand Genaues wußte, den Ministerrat übernahm. Er bekam es fertig, daß von der Regierung die Politbüro-Beschlüsse, jeweils vom Dienstag, in den nächsten Tagen als Ministerratsverordnung umgeformt wurden und mit dem gleichen Text an die staatlichen Stellen gelangten. Das war die Vollendung der Partei- und Staatsführung. Eine Regierung war überflüssig geworden und zu einer Verwaltungskanzlei abgesunken.

Bei der Vorausplanung für das nächste Jahr tauchte im Herbst bereits die Idee auf, zum April 1964 eine Zweite Bitterfelder

Konferenz einzuberufen nach dem ungeschriebenen Gesetz: Jedes Jahr eine neue Kulturtagung. In der Vorabdiskussion ging es um den Inhalt. Die Ulbrichtgruppe wollte ihr Lieblingsthema reiten, wir im Ministerium wollten nicht schon wieder eine Riesenschau. Ich gab zu bedenken, daß kulturelle Prozesse langsam verlaufen, aber umso nachhaltiger sind. Doch statt zu gewinnen, wurde ich zum Referat verpflichtet, wobei klar war, daß Ulbricht gegen Ende seinen »Diskussionsbeitrag« leisten würde.

Die Materialsammlung begann. Die erste Fassung des Referats war in Arbeit, da erschien Hans Rodenberg und wollte sich mit mir abstimmen, denn er müsse die Rede für Ulbricht vorbereiten. Ich fragte ihn, welche Hauptidee er hätte, doch er war noch nicht soweit. Das Herumreiten auf den Leitungen brächte auch nichts, sagte ich ihm, er müsse Ulbricht vorschlagen, daß innerhalb der Reformplanungen die administrative Leitung durch ein Ministerium überhaupt wegfallen müsse, denn Kunstprozesse ließen sich nicht durch Administration und Zensur auf die Dauer beeinflussen. Wenn schon wieder eine Konferenz, dann müsse sie dieses leisten. Er stimmte mir zu, und wir ließen unserer Phantasie schon freien Lauf, wie das neue System arbeiten sollte. Die Künstlerverbände könnten über ihre Angelegenheiten im Sinne der Gewerkschaften frei entscheiden, der Staat müsse nur eine strenge Kontrolle über die Gelder ausüben, die Gewerkschaften würden in den Betrieben und Wohngebieten der Arbeiter, die Landwirtschaftsräte in den Dörfern Träger der Kulturarbeit sein. Der Kreisrat hätte einige koordinierende Funktionen.

In den internen Diskussionen darüber ging es von »vorzeitiger Abbau des Staates« bis »endlich ohne Kommando«. Anfang des Jahres dann die Problemdiskussion im Politbüro. Ernsthaft wurde hin- und hergeredet. Ulbricht war informiert und hatte Sympathie für den Vorschlag geäußert, aber die Waage neigte sich zu Ungunsten unseres Vorschlags. Schließlich faßte Ulbricht zusammen: »Alle sozialistischen Länder haben ein Kulturministerium, also brauchen wir auch eines.« An diesem Vorgang ist ganz deutlich zu erkennen, daß nicht einmal Modifikationen diskutiert, keinerlei ernsthafte Berechnungen oder Planspiele angestellt wurden. Man ritt weiter auf der alten Schimäre, der sozialistische Mensch könne schneller erzogen werden, duldsamer, plangetreu arbeiten und kulturvoller leben, wenn nur die

Leitungsmechanismen wirksamer ausgebaut würden. Also, wenn der Stoß dahin ging, mußte man sich warm anziehen.

Als ich noch nachsann, wie man die Konferenz in die Hand bekäme, kam der Zufall am Rande einer Problemberatung zu Hilfe. Es ging um die Antworten auf einen Brief, den ich an über 100 Künstler und Wissenschaftler geschrieben hatte, um Anregungen und Vorschläge für die Konferenz zu bekommen. Eingeladen war auch der Cheflektor des Mitteldeutschen Verlages Halle, Heinz Sachs, der mir mitteilte, daß Erik Neutsch das Manuskript »Spur der Steine« abgegeben habe. Das sei genau das Buch, das die Konferenz diskutieren müsse. Ich bat ihn, die Verlagsarbeiten schnell abzuschließen und den Druck zu veranlassen. Wir taten ebenfalls das Unsrige und drückten auf das Karl-Marx-Werk in Pößneck, den Termin zu halten. Und es gelang. Die 1000 Vorausexemplare kamen am Ende des ersten Konferenztages. Nun war es schwer, nur zu meckern, ein respektables Ergebnis über die Probleme eines Arbeitskollektives im Chemieprogramm lag vor.

In Berechnung dieses Effekts hatte ich mein Referat auf Erfolge und Störungen unserer Arbeit durch Sektierertum und Dogmatismus angelegt. Die gesamtdeutsche Problematik, dargelegt in einem Brief an die westdeutsche Kultusministerkonferenz, erstaunte. Als ich darüber sprach, konnte man eine Stecknadel fallen hören, doch leider hat dieser hohe Rat nicht geantwortet, wieder einmal wurde eine Chance vertan. Wir waren durchaus bereit, in Weiterführung der Passierscheinverhandlungen auch auf unserem Gebiet zusammenzuarbeiten.

Die Diskussion verlief für uns erfolgreich, ernste Störungen traten nicht auf. Am Abend des ersten Konferenztages änderten Rodenberg und Gotsche das Referat Ulbrichts. Alles ging auf Verbesserung aus, es wurden Beispiele belassen, die unglückliche Verläufe und Vorgänge oder ähnliches schilderten und eigentlich nicht in eine Rede solchen Ranges gehörten. Ich sagte es auch Ulbricht unumwunden, als er mich beim Essen nach meiner Meinung fragte. Im übrigen könnten Prozesse solchen Ausmaßes, wie sie von der Konferenz sichtbar gemacht wurden, nicht organisatorisch oder agitatorisch beschleunigt werden, der Weizen müsse Gelegenheit haben, sich von der Spreu zu sondern, die Wortflut würde mehr überschwemmen als klären. Lotte

Ulbricht saß dabei und war schockiert über meine Offenheit. Ich würde doch nicht etwa in diesem Ton mein Schlußwort halten, fragte sie. Wir waren seit einiger Zeit einander nicht gerade zugeneigt.

Seit ich von ihrer Haltung bei der Verurteilung Erich Wendts erfahren hatte, versuchte ich, jede Begegnung mit ihr zu vermeiden. Doch einmal, es war auf einem Bauernkongreß, setzte mich das Protokoll neben sie. Während der Reden war eine Unterhaltung sowieso nicht möglich. Da die Reden stundenlang dahinliefen, nahm ich meine Mappe mit Unterlagen meines Sekretariats hervor, die für eine Reise bestimmt waren. Darunter befand sich eine farbige Broschüre, in der unser Architekturbüro für Kulturbauten Beispiele zusammengestellt und erläutert hatte, wie man unter Einsatz einfacher Mittel auf dem Lande verlassene Gebäude zu Kulturräumen umgestalten könnte, Gutshäuser, Dorfschulen, Landgasthäuser. Ich sollte entscheiden, ob die Delegierten am nächsten Morgen jeder ein solches Exemplar bekämen. Sie sah interessiert hinein, ihr Blick fiel auf ein meiner Meinung nach besonders gelungenes Beispiel, eine frühere Dorfschmiede, in deren Mitte der Amboß in die Gestaltung einbezogen wurde. Ihr Finger zeigte auf diese Seite, und plötzlich sagte sie: »Das muß raus, grau ist keine Farbe.« Sie war sehr erbost, als ich ihr sagte, sie sei eine Mischung von schwarz und weiß, die meisten Farben seien Mischungen, und ich sähe keinen Grund, deshalb die gute Arbeit meiner Mitarbeiter einzustampfen. »Aber du orientierst falsch!« Und sie ging, um sich bei ihrem Mann Rückenwind zu holen. Das allerdings gelang nicht, wir verteilten die Broschüre.

Nun erinnerte sie mich daran, als sie mir die Rede ihres Mannes als richtungweisend ans Herz legte. In scheinbarer Übereinstimmung mit Walter Ulbricht antwortete ich ihr, daß dem Verfasser ja besser als uns allen bekannt sei, wie kurzlebig Reden sein könnten. Diese sei dadurch interessant, daß sie das gesamte Regelwerk für kulturelles Denken und Handeln versuchte einzufangen. Nun erstarrte auch er, und mit versöhnlichen Worten konnte ich nur noch bemüht bleiben, das Schlußwort verträglich zu gestalten. Bei der Auswertung in Berlin fiel sein Urteil daher auch sehr scharf aus. Er war rundum unzufrieden, bis der alte Intendant der Staatsoper, Max Burghardt, aufstand und ihn fragte, ob es noch einen solchen erfolgreichen Sektor im politischen Leben gebe wie die Kultur. Er jedenfalls freue sich, wie es in den letzten Jahren vorangegangen sei.

Burghardt in seiner idealischen Denkweise war alles Böse fremd. Er hatte geschwiegen, als er die erste Frau, die in Nazideutschland hingerichtet wurde, Lilo Hermann, belasten sollte, sie hatte geschwiegen, als sie, schon zum Tode verurteilt, im Prozeß gegen ihn aussagen sollte. Mit dem Satz: »Tote reden nicht«, rettete sie ihm das Leben. Das ZK-Mitglied Burghardt nahm immer für die Künstler Partei, so auch hier. Aber er wußte vielleicht nicht, daß es Ende März auf dem Verbandskongreß Bildender Künstler zu einem Eklat gekommen war. In der Aussprache zum Referat von Lea Grundig war Fritz Cremer aufgetreten und hatte beantragt, die Stoßrichtung der ideologischen Auseinandersetzung mit dem Personenkult und dem Dogmatismus auf die richtige Seite zu richten. Falsche ästhetische Bewertungen häuften sich, eine widerspruchsfreie Verschönerung der Wirklichkeit solle Platz greifen, das wäre gesteuert.

Ich saß gerade im Heim des Komponistenverbandes in Geltow, um mit einigen Mitarbeitern in Klausur das Referat für die 2. Bitterfelder Konferenz vorzubereiten, als mich der Anruf des Abteilungsleiters Kultur im ZK, Siegfried Wagner, erreichte, ich möchte die Arbeit unterbrechen und sofort nach Berlin kommen, um zu diesen »Angriffen« Cremers Stellung zu nehmen. Nach der Mittagspause war ich an der Reihe. Als ich an das Pult trat, war ich mir noch nicht sicher, was ich sagen würde. Einerseits war mir Fritz Cremer in seiner fast ungebändigten Art sehr sympathisch, andererseits würde das Durchkommen seiner Ansichten eine unübersehbare Lage in der Bildenden Kunst heraufbeschwören. So wandte ich mich seinen hohen Anforderungen an den Realismus zu, unterstützte sie und versprach, daß das Ministerium sie stärker beachten wolle, auch mir sei klar, daß ein Kampf um höhere Qualität erforderlich sei. Doch daß der Personenkult nicht bekämpft worden sei, könne man nicht sagen, und ich verwies auf die bis dahin unbekannte Tatsache, daß mit Unterstützung von Ulbricht, Honecker und Mielke 1953 die in der DDR geschnappten Agenten Berijas, zum Teil gleich bei ihrer Ankunft auf dem Flugplatz, postwendend nach Moskau zurückgeschickt worden waren.

Nun war es heraus, der Kongreß staunte, und das Thema war vorerst vom Tisch. Andererseits hatte ich bestätigt, daß die Sowjetunion an den Ereignissen des 17. Juni eine starke Aktie hatte, was noch niemand bisher bestätigen wollte wegen der unverbrüchlichen Freundschaft zur ruhmreichen Sowjetunion. Auf einem Empfang am gleichen Abend kam Fritz Cremer auf mich zu und fragte mich, warum man über solche Dinge in der Partei nicht spräche. Ich konnte ihn an Kurt Hager verweisen, dieser wäre wohl eher in der Lage, ihm Erklärungen zu geben.

Nun kam alles auf die Auswertung an. Im Sekretariat des ZK wurde ein Bericht über den Kongreß gegeben, darunter auch über die Fragen von Fritz Cremer. Man war sich darüber im klaren, daß nur er es wagen konnte, dieses Tabu zu berühren, denn als maßgeblicher Schöpfer des Buchenwald-Denkmals und anderer Werke war er praktisch unangreifbar. Honecker, der den Vorsitz führte, war es gar nicht so unrecht, daß ich diese Antwort gegeben und ihn dabei genannt hatte. Er bestätigte ausdrücklich, daß mein Auftreten in Ordnung gewesen wäre. Obgleich niemand darüber gesprochen hatte, war er doch über seine Sicherheitsberichte genau informiert und hatte den stenographischen Text vor sich. Jedenfalls hier keine zusätzlichen Schwierigkeiten.

Schon einmal war mir diese Angelegenheit nach 1953 wiederbegegnet. Nach dem schnellen Abmarsch des jungen Mannes, der unsere Waffen einsammeln sollte, kam sie in anderer Gestalt 10 Jahre später unerwartet auf mich zu. Am 70. Geburtstag Ulbrichts, der im damaligen Amtssitz des Staatsrates Schloß Niederschönhausen gefeiert wurde – es war sehr warm und wir standen im Freien –, stand plötzlich Otto Sepke neben mir. Wir begrüßten uns und fragten, was man so fragt, wenn man sich lange nicht gesehen hat, und er fühlte sich sichtlich wohl. Ein Mitarbeiter der Zentralen Parteikontrollkommission hatte nicht oft Gelegenheit, seine Büroräume zu verlassen. Da kam plötzlich Mielke auf uns zu, er suchte eine Gelegenheit, um – mit einem Zeugen in der Nähe – das Gespräch mit Sepke zu führen. Die beiden wußten, wovon sie sprachen, während ich keine Ahnung hatte, daß Sepke Untersuchungen über das Verhalten von Genossen in der Emigration anstellte. Die Personenkult-Diskussion hatte das erzwungen. Mielke wandte sich direkt an ihn: »Ich habe kein Blut an den Fingern, oder besitzt du Beweise?« – »Und wie war es in Spanien?« fragte Sepke zurück. – »Das sind Verleumdungen. Und wenn du mich ausschließt, dann gehe ich in die SU, dort bin ich Ehrentschekist und bekomme eine Rente. Es scheint ja, als ob ihr für mich keine Verwendung mehr habt.«

Nun sitzt der Ehrentschekist wieder auf der Anklagebank und in einer moderaten Zelle. Seine Vergangenheit läßt den alten Mann nicht los, und beweisen konnten ihm weder Sepke noch die heutige, eifrige Justiz nichts. Unangefochten dirigierte er den Sicherheitsapparat, und Honecker nahm ihn zum Jagdfreund, wichtigsten Informanten und Berater. Beide, von jugendbewegten Berufspolitikern zu altersstarren Regierenden gewandelt, hatten sich gegenseitig gestützt. Die Angriffe auf Mielke wegen anscheinend unparteimäßigen Verhaltens im Dienste des NKWD sind wohl trickreich abgewehrt. Es war unmöglich, gegen die Pervertierung der Machtelite anzukommen, die keinesfalls bereit war, sich in der Öffentlichkeit zu äußern, und pressescheu zudem. Ihre Reden, die andere ihnen geschrieben hatten, oft ungeschickt, mit gleichen Worten und Wendungen gespickt, lasen sie ohne ein persönliches Wort vom Blatt ab.

Als ich verblüfft neben Sepke stand, sagte dieser sinnend: »Ich weiß nicht, ob die Meinung richtig ist, die Partei brauche auch solche Typen.« Danach schmeckte uns das Glas Sekt auch nicht mehr. Es war das letzte Mal, daß ich Sepke sah. Als ich in Schwierigkeiten kam, scheute ich mich, zu ihm zu gehen. Die Zentrale Parteikontrollkommission war schon unter Matern ein abhängiges Organ geworden, nun zeigte sie nur noch Biß nach unten, nach oben wurde sie kaum noch tätig.

Allerdings wurden in der DDR Korruptionsfälle und Bereicherungsskandale durch ein gut funktionierendes buchhalterisches System verhindert. Man konnte nur dagegen verstoßen, wenn der Leiter und der Buchhalter mit gleicher Absicht zusammenarbeiteten. Und auch dann wäre eine Unregelmäßigkeit bei der Buchprüfung am Jahresende aufgeflogen. Bargeld war nur in geringem Maße in den Kassen, Überweisungen von Betriebs- auf Privatkonten wären sofort bei der Bank aufgefallen. Außerdem durfte man sich selbst nichts anweisen.

Wenn ich in dem von mir später geleiteten Verlag ein Übersetzerhonorar zu beanspruchen hatte, durfte es nur der Ökonomische Direktor anweisen. Wäre korruptes Verhalten bei einem

SED-Mitglied, gleich, auf welcher Stufe, bekannt geworden, hätte die ZPKK gehandelt, der Mann wäre ausgeschlossen worden und hätte damit seine Ämter verloren.

Erst in der Honecker-Zeit, und auch erst gegen Ende, fiel die Selbstbeweihräucherung auch mit Selbstbedienung bei der Ausübung des feudalen Jagdsports zusammen, und auch mancher wertvolle Bündnispartner aus den anderen Parteien erhielt wegen seiner Verdienste dieses oder jenes Geschenk vom Staat, meist in Form hochdotierter Orden.

In der Zeit Ulbrichts allerdings gab es so etwas nicht. Das Gerede von Sonderläden ist nicht gerechtfertigt, jedenfalls nicht zu meiner Zeit als Minister. Ich habe solche Läden nicht gekannt. Die einzigen »Privilegien« waren ein Dienstwagen mit Fahrer, der wegen der immer drängenden Terminnot erforderlich war, und ein Ferienplatz ohne längere Wartezeit, was auch mit der oft kurzfristigen Veränderung der Urlaubsplanung zusammenhing. Das Regierungskrankenhaus, in dem auch die Familie Patient sein konnte, bot den Vorteil guter Behandlung, war aber auch mit der Kontrolle der Kader betraut und mit manchem anderen, wovon noch die Rede sein wird.

Trotz der für uns erfolgreichen Bitterfelder Konferenz Nr. 2 blieben die Spannungen. Der Staatssekretär im Ministerium für Kultur, Erich Wendt, war schon seit einem Jahr nur noch selten in seinem Büro, denn er leitete die Passierscheinverhandlungen. Die Lage in Berlin war unhaltbar geworden, die Familien wollten sich mit der Teilung nicht abfinden, der Druck, von Menschen und Schicksalen ausgelöst, die getrennt waren, wurde größer, und bei dem nachhaltigen Sicherheitsbedürfnis der DDR und der Sowjetunion sollte ein Modus gefunden werden, mit dem die DDR ständig den Überblick über den Grenzverkehr behalten wollte, war doch ein erheblicher Besucherstrom zu erwarten. Die Wahl zum Verhandlungsführer fiel auf den lebenserfahrenen, zurückhaltenden und standfesten Erich Wendt, was ich sehr begrüßte, obwohl er im Ministerium täglich mehr fehlte.

Wendt war eigentlich der geborene Diplomat. Seine Vergangenheit, die Emigration, sein Umgang mit »unbequemen« Autoren (und ihren Witwen) in seiner Verlegerzeit hatten ihn gelehrt, manchen Kompromiß zu schließen, oder so zu tun, als ob die Lösung ein Kompromiß sei, obwohl sich meist seine ursprüngliche Verhandlungsposition in anderer Form durchsetzte. Sein Gegenüber, der Vertreter der Westberliner Senatskanzlei, der Jurist Kober, hatte wie ich zu gleicher Zeit in Jena studiert. Ein wenig kannte ich ihn aus der Parteiarbeit, später, bald nach dem Staatsexamen, verließ er die DDR und machte Karriere in Westberlin. Er war in keiner Weise dem gelassen wirkenden Erich Wendt gewachsen, dessen unbeholfen scheinendem Charme und seinem zuverlässigen Gedächtnis. So kam, was kommen mußte, die Überlegenheit zeigte sich darin, daß Kober zu Erich Wendt in die Wohnung kam und dazu noch, zum Abschied, vor der wartenden Presse eine Flasche guten armenischen Kognaks entgegennahm, was den westlichen Blätterwald in Aufregung brachte.

Erich freute sich über das Abkommen wie ein Kind, doch es war nicht zu übersehen, die Verhandlungen beanspruchten seine Kräfte über die Maßen. Eigentlich, so sagte er mir, seien es nicht die Verhandlungen, sondern die Vorbesprechungen bei Stoph, der sich in biblischer Länge über alle Eventualitäten ausließ und seine Nerven sinnlos strapazierte. So kam er eines Tages mit dem Vorschlag, den als Leiter der Hauptverwaltung Verlage empfohlenen Bruno Haid zu den Sitzungen des Kollegiums regelmäßig hinzuzuziehen, wenn er nicht anwesend sein konnte. Während Wendt, als gelernter Buchdrucker, ein geradezu sinnliches Verhältnis zu allem Gedruckten hatte, verstand der ehemalige Staatsanwalt, obwohl belesen und der französischen Literatur verbunden, ein Manuskript als einen Gegenstand ideologischer Wachsamkeit.

Die Zensorstelle war eine Schaltstelle des Ministeriums für Staatssicherheit, und diese hatte seinen Mitarbeiter Haid, nachdem er wegen zu laschen Vorgehens gegen die Angeklagten von 1956 in die Provinz geschickt worden war, wieder hervorgeholt, »zur Bewährung«. Solange Erich Wendt im Hause war, hörte Haid aufs Wort, nachdem dieser aber mehr und mehr abwesend war, interpretierte er literarische Vorgänge auf eigenwillige Weise, und bald gab es Schwierigkeiten mit Schriftstellern, wo es gar nicht notwendig war. Der spröde, verknöchert wirkende Haid war im Literaturbetrieb unbekannt und mußte sich erst Achtung erwerben. Aber er umgab sich mit ähnlich gesonnenen Mitarbeitern, die vor allem wachsam sein sollten. Von nun an begannen Diskussionen um Manuskripte. Das bis dahin ruhig arbeitende Zensurbüro hatte unter Wendt verläßlich funktioniert, jetzt begannen innere Schwierigkeiten, die zu dauernden Diskussionen in den Partei- und Dienstversammlungen führten.

Als ich Erich Wendt fragte, wie er auf Haid gekommen sei, stellte sich heraus, daß ein »Jugendfreund« ihm den Vorschlag gemacht hatte. Dieser Mann war der 1. Stellvertreter von Mielke, Beater. Ich rief ihn an und verlangte, daß er Haid zurückziehen sollte, noch wäre es möglich, doch er bestand seinerseits darauf, es sei eine Kaderentscheidung, nicht mehr umkehrbar. Haid kam, wie auch der damalige Leiter des Aufbau-Verlages, Klaus Gysi, aus der sogenannten Roten Studentengruppe der Humboldt-Universität von vor 1933, beide von jüdischer Herkunft, und beide geneigt, das Verlagswesen und den Börsenverein deutscher Buchhändler zu Leipzig, in dem Gysi Vorsitzender des Verlegerausschusses war, in ihrem Sinne zu beeinflussen. Gysi hatte mehrfach auf Beratungen gegen seine Autoren gesprochen, was ein Verleger niemals tun sollte, das letzte Mal auf der 2. Bitterfelder Konferenz gegen Strittmatter. Da Gysi nach der Harich-Affäre Verlagsdirektor im Aufbau-Verlag geworden und als Sicherheitsbremse eingesetzt worden war, hatten sich zwei gleichgesonnene Bekannte gefunden, die nicht zu kontrollieren waren.

Mit dem Versuch beschäftigt, diese Schwachstelle abzudichten, wurde ich mit einer komplizierten Mission betraut: Im Oktober 1964 fanden in Japan die Olympischen Spiele statt, die deutsche Mannschaft trat unter der schwarz-rot-goldenen Flagge mit den Olympischen Ringen gemeinsam an, ihre Hymne war das Thema des vierten Satzes der 9. Symphonie Beethovens. Es war möglich geworden, als Gast des Nationalen Komitees zwei offizielle Vertreter einzuladen, und die Wahl war auf einen Stellvertreter des Volkswirtschaftsrates, Erich Markowitsch, und mich gefallen.

Unsere Aufgabe in Japan bestand nicht darin, die Sportler der DDR zu unterstützen, da gab es Fachleute genug. Es war aber seit 1949 nicht möglich gewesen, offizielle Vertreter der DDR nach Japan zu entsenden, denn sofort wäre die Hallstein-Doktrin in Kraft getreten. Unsere Delegation sollte diese Praxis durchlöchern. Da ich in Wirtschaftsfragen nicht sattelfest war, begleitete mich Erich Markowitsch. Wir hatten zwar ein Verständigungssystem ausgemacht, mit dem er mir zeigen würde, ob ich auf dem rechten Wege war oder den Kurs ändern mußte. Das wurde aber überflüssig, da wir uns prächtig verstanden und die Dinge anders liefen, als wir anfangs vermuteten.

Im Tokioter Hotel meldete sich der Japanologe der Humboldt-Universität, Professor M. Bevor wir ins Sachliche kamen, beichtete er uns, daß er keineswegs in der Lage sei, ernsthafte Verhandlungen zu dolmetschen. Als junger Assistent der Leipziger Universität 1933 verhaftet, waren seine Studien unterbrochen, und als 1945 die Stellen neu besetzt wurden, kam er auf den Berliner Lehrstuhl. Für die Vorgeschichte blieb jetzt keine Zeit, so sprach ich mit dem Delegationsleiter der DDR-Sportler, Manfred Ewald, der mir den Assistenten des Professors, Dr. Jürgen Berndt, zur Verfügung stellte, der blendend japanisch sprach, denn er war mit einer japanischen Frau verheiratet, was eine gute Methode sein solle, eine Fremdsprache zu erlernen.

Wie könnten wir denn nun neue Wirtschaftsverbindungen knüpfen? Markowitsch und ich saßen grübelnd in meinem Zimmer, da kam ich auf die Idee, ihm laut zu erklären, wen und in welcher Angelegenheit wir die Herren sprechen wollten. Er schaute zuerst verständnislos, verstand aber dann. Als ehemaliger Verfolgter und Auschwitz-Häftling war er an die verschiedensten Situationen und Abhörmethoden gewöhnt. Und richtig, am nächsten Morgen kam ein junger Mann an unseren Frühstückstisch und stellte sich als Journalist der führenden Wirtschaftszeitung vor. Er bat um ein Interview, das ich ihm gab. Nachdem es am nächsten Tag erschienen war, klingelte bei uns das Telefon, und verschiedene Firmen baten um unseren Besuch. Es kam auf diese Weise ein anstrengendes Programm zustande, das uns auch in den Sony-Konzern führte. Als wir mit dem Generalmanager sprachen, stellte sich heraus, daß er von der Existenz der DDR noch nichts erfahren hatte. Er wunderte sich und bestellte seinen Referenten für Westeuropa, der ihn aufklärte und unseren Vorschlag unterstützte, in Berlin oder Leipzig ein Büro einzurichten. Doch der Chef bestand darauf, daß ein Büro in Zürich genüge. Wir lachten gemeinsam über die geographischen Verwechslungen, aber zur Frühjahrsmesse 1965 war auch Sony in Leipzig vertreten und mit dem Verlauf der Geschäfte sehr zufrieden.

Dieser Kontakt zog manchen anderen nach sich, die ähnlich abliefen. Es war kein Wunder, da wir die ersten waren, die solche Gespräche führen konnten. Bisher hatte nur ein vorausschauender Finanzbeamter ein kleines Konto bei der Staatsbank angelegt, auf dem etwa 2 000 Dollar plaziert waren, von denen wir nun unseren Aufenthalt bestritten. Immerhin beschwerte sich der westdeutsche Botschafter über unsere Aktivitäten, und wir wurden ins Innenministerium bestellt. Unser Sportvertreter ging dorthin und hörte, daß wir in unzulässiger Weise Interviews zu Themen gegeben hätten, die mit der Olympiade nichts zu tun haben. Wir sollten uns darauf beschränken, es könnte sonst sein, daß unser Aufenthalt verkürzt werden müßte. Der Sportsekretär antwortete, daß ein solcher Schritt auch zur Folge haben könnte, daß daraufhin die Sportler ihren Aufenthalt verkürzen müßten, und dabei blieb es.

Allerdings nutzte das Außenministerium Japans die Situation auf seine Weise. Bei einem vielstündigen Abendessen im Gästehaus des Ministeriums, betreut von entzückenden Geishas, sprachen wir mit dem ehemaligen Botschafter in Moskau über angemessene Kontakte. Wir erörterten eine Abstufung, mit dem Kurs auf die Anerkennung der vollen Souveränität. Dieser Plan ist auch im wesentlichen eingehalten worden bis hin zum Besuch Erich Honeckers beim Kaiser. Als wir die wichtigen Kontakte mit einem Gespräch in der Wirtschaftskammer abschlossen, war sicher, daß die japanische Wirtschaft in den kommenden Jahren eine Zusammenarbeit unterstützen würde. Nun konnte das zweite Programm beginnen.

In mehreren Städten Japans bestanden bereits Freundschaftsgesellschaften, getragen von den Universitäten. Noch während der Olympischen Spiele nahm Erich Markowitsch einige Einladungen von Betrieben an, während ich auf einer Rundreise Freundschaftsgesellschaften aufsuchte. Die beste Sekundantin dabei war die mehrfache Medaillengewinnerin Ingrid Krämer (Gulbin), eine Kunst- und Turmspringerin von hohen Graden, mit zwei Gold- und einer Silbermedaille die erfolgreichste deutsche Sportlerin dieser Spiele. Da sie zudem hübsch und blond war, stand sie erfreulicherweise im Mittelpunkt der überfüllten Versammlungen, mußte von sich und ihrem sportlichen Weg erzählen, ihre Medaillen anlegen. Hier hatte das Wort »nicht endenwollender Beifall« seinen Sinn.

Nach den Versammlungen luden uns die Rektoren zum Essen, und die Bitte um Informationen führte uns immer mehrere Stunden zusammen. Oft waren die Bürgermeister und andere Kommunalvertreter eingeladen, und so manche Städtepartnerschaft ist damals angebahnt oder bekräftigt worden, in erster Linie die zwischen Dresden und Hiroshima. Dort standen wir am Mahnmal, umgeben mit den vielen Papierkranichen von Kinderhand. Die eigentliche Erschütterung erfaßte uns aber, als wir im amerikanischen Hospital, in dem amerikanische Ärzte Überlebende des Atombombenabwurfs 1945 behandelten und beobachteten, zu einem Rundgang durch die Zimmer aufgefordert wurden. Ingrid Krämer konnte sich mehrere Stunden nicht fassen, und wir saßen anschließend wortlos in unserem Hotel.

Da die Japaner fröhliche Leute sind, erzählten sie und wir bei den Zusammenkünften in Kobe, Osaka, Tokio und in der alten Kaiserstadt Kyoto Anekdoten und kleine Begebenheiten, von denen besonders die Germanisten nicht genug hören konnten. Und immer wieder die Toaste mit Sake, dem lauwarmen Reisschnaps. Am Schluß unserer Reise kam es noch zu einer interessanten Begegnung mit dem Herausgeber der »Ashaiy Shimbun«. Er war als Initiator bedeutender Kunstprojekte bekannt, hatte eine Ausstellung französischer Kunst, mit der Venus von Milo, damals in Japan fast unbekannt, und eine andere mit ägyptischen Kunstschätzen organisiert, zu denen die Japaner gepilgert waren; in endlosen Schlangen standen sie geduldig an. Er brauchte mich nicht auf ähnliche Wirkungen hinzuweisen, wenn er vorschlug, eine Ausstellung mit Dresdener Schätzen, auf jeden Fall aber mit der Sixtinischen Madonna, zu schicken. Ich sah schon die Wirkung für die DDR, konnte aber nicht zusagen. Dennoch ließ ich durchblicken, daß ich seiner Idee positiv gegenüberstünde.

Nach meiner Rückkehr von Manfred Engelhardt, einem Journalisten des Berliner Rundfunks, nach meinen Eindrücken befragt, äußerte ich mich auch zu diesem interessanten Angebot. Die westlichen Zeitungen griffen das sofort auf, stellten eine Überlegung bereits als Tatsache hin, und bei uns war der Teufel los. Der patriarchalisch waltende Dresdener Museumsdirektor, Max Seydewitz, protestierte beim amtierenden Ministerpräsidenten Stoph, und ohne eine politische Überlegung wurde der auch meiner heutigen Meinung nach noch sinnvolle Vorschlag begraben. Damals kannte niemand Dresden mit seinen Schätzen, heute kommen die vermögenden Japaner nach Dresden in den Zwinger.

Im ganzen aber blieb, daß die Reise für die DDR erfolgreich war. Ein Perlen-Collier für meine Frau, das am letzten Abend in meinem Zimmer lag und mich für den Plan mit der Ausstellung günstig stimmen sollte, zeigte ich zwar Gisela, aber dann gab ich es am nächsten Tag bei der Staatsbank ab. Der politische Aspekt unter sportlichen Gesichtspunkten war positiv, unter wirtschaftlichen auch, doch in die Zeit der Olympiade fiel der Sturz Chruschtschows. Wie aus heiterem Himmel wurde ich bei der Morgentoilette von Journalisten herausgetrommelt, die mich kurz fragten, was ich vom Sturz Chruschtschows hielte. Ich hatte keine Ahnung und sagte, es handele sich um eine innere Angelegenheit der SU, doch ich fuhr danach gleich zum sowjetischen Botschafter, in der Hoffnung, etwas Näheres zu erfahren, denn ich sollte zum Tag der Republik, am 7. Oktober, vor den Sportlern unseres Landes sprechen. Da der runde Mann mit dem ukrainischen Bauerngesicht in der DDR sehr beliebt war, konnte ich es nicht mit ein paar Floskeln abtun.

Der Botschafter wußte nicht mehr als ich, seine Kenntnisse entnahm er japanischen Zeitungen. Trotz seiner Funkverbindung erhielt er keinerlei Hinweise aus Moskau, was mir damals wie auch noch heute völlig unverständlich ist. So stocherte ich wie mit einer Stange im Nebel, sprach darüber, daß wir in der DDR natürlich die inneren Fragen der SU nicht beurteilen könnten, daß Chruschtschow auf jeden Fall zur Freundschaft zwischen unseren Ländern durch die Ermutigung zur Reform beigetragen hätte.

Wenn ich im Ausland war, passierte mir Merkwürdiges. Um die Jahreswende 1964/65 leitete ich eine Delegation der DDR nach Kuba. Am Neujahrstag, dem eigentlichen Gründungstag der Republik Kuba, fand eine der Riesenkundgebungen in Havanna statt. Ich saß schräg hinter dem Rednerpult und konnte genau beobachten, daß Fidel Castro keinerlei Manuskript benutzte außer einem kleinen Spickzettel, auf welchem für diese Rede nicht mehr als fünf Stichworte standen. Er sprach aber vier Stunden und mehr, und die Demonstranten blieben auf dem Platz und gingen begeistert mit.

Am Silvesterabend gab es einen Empfang für die wenigen Delegationen und das Diplomatische Korps, der völlig spannungsfrei verlief, bis auf einmal Che Guevara in der Tür stand, angetan mit einem militärischen Kampfanzug, am Gürtel eine stattliche Pistole. Unser Botschafter Fritz Johne, ein Spanienkämpfer und Militär, der erste Rektor der Militärhochschule in Dresden, sagte leise: »Jetzt wird's interessant.« Che ging durch den Raum, am Tisch des Doyens, des vatikanischen Botschafters, murmelte er etwas von Pfaffengesocks, beschimpfte in unangenehmer Weise die Russen, kam dann in die Nähe unseres Tisches, und als Johne uns vorstellte, beschimpfte er uns als sozialdemokratische Weichlinge, die mit den Passierscheinen dem Klassengegner Tür und Tor aufgemacht hätten.

Es gelang mir, ihn an unseren Tisch zu bringen, und wir begannen, uns zu unterhalten. Es stellte sich heraus, daß er keine Ahnung von den Verhältnissen in Berlin und der DDR haben konnte, obwohl er als Wirtschafts- und Finanzminister die DDR besucht hatte. Daran erinnerte ich ihn. Er hatte damals darum gebeten, daß ich seine Dolmetscherin und Begleiterin, Tanja Bunke, auf einem plötzlich freigewordenen Platz im Flugzeug, das das temperamentvolle kubanische Nationalballett nach Havanna zurückbrachte, unterbringen soll. Natürlich mußte das schnell geschehen, aber mit Hilfe und Verständnis meiner Sekretäre wurde der Wunsch von Che erfüllt. Da fiel es ihm auch wieder ein, und er meinte, von ihr würden wir bald noch mehr hören, und von ihm auch. Beide seien aufgebrochen, die revolutionäre Kraft auf das lateinamerikanische Festland zu übertragen. Auf meinen Einwand, daß ein Export der Revolution weder sinnvoll noch möglich sei, winkte er nur ab und verließ die Runde. Er war schon auf dem Absprung. Und folgerichtig wie sein Verhalten war auch sein Ende. Er ließ sich in den bolivianischen Urwald locken und hatte die Illusion, daß ihm die Bergarbeiter aus den Minen dorthin folgen würden. So war es ein leichtes, ihn und die dilettantisch agierende Verbindungsfrau Bunke zu fangen und zu töten. Warum sein Bild durch die Straßen vieler Länder, vor allem bei Jugenddemonstrationen getragen wurde, kann nur mit seinem Mythos aus der kubanischen Revolution zusammenhängen. Er war mit der legendären »Granma« auf Kuba gelandet, kämpfte an der Seite Fidel Castros und besetzte mit seiner Kolonne am 2. Januar 1959 Havanna. Nicht unerwähnt soll das Verdienst des diplomierten Arztes Guevara bleiben, die Armee Fidel Castros mit ausreichend Knoblauch versorgt zu haben. Jeder Soldat mußte täglich eine Zehe essen. An eine solchermaßen präparierte Truppe wagte sich kein Moskito. Die Kämpfer blieben von Malaria verschont.

Einen konkreten Erfolg konnten Fritz Johne und ich verbuchen. Der mexikanische Botschafter lud mich zum Essen ein, und es stellte sich heraus, daß er Anfang des Jahrhunderts in Berlin-Johannisthal das Fliegen erlernt hatte. Da ich wußte, daß auch Hans Rodenberg dort eine Ausbildung absolviert hatte, nannte ich dessen Namen. Da erinnerte er sich und erzählte manche Anekdote. Zum Schluß hatten wir die Zusicherung, daß wir für unsere Außenhändler, die nach Amerika wollten, die notwendigen Visa erhalten würden. Damit war eine starke Barriere geknackt. Dieser Handelsweg hat lange gut funktioniert, wie mir später Johne erzählte.

Um die wirtschaftliche Lage Kubas zu kennzeichnen, genügt der Bericht eines Kapitäns, der keine Rückladung hatte. Jemand aus der Botschaft riet ihm, zur Isla de Pinos zu fahren, um von dort Pampelmusen für die Diabetiker mit heimzunehmen. Die Matrosenlehrlinge sammelten die Pampelmusen auf und verstauten sie in Kartons. Niemanden interessierte das. Eine sowjetische Flakbatterie, die abgelöst wurde, pflanzte zur Erinnerung noch einen Orangenhain, seit der Revolution die erste Neuanpflanzung. Da die Bodenreform den Bauern gute Einnahmen brachte, arbeiteten sie nicht mehr auf den Zuckerrohrplantagen, sondern saßen in den Dörfern vor den Cafés und warteten bis der Kaffee gebrüht oder neuer Orangensaft eingetroffen war. Auf die Felder aber wurden die Studenten oder andere Freiwillige geschickt. Für diese Mascheteros hatten unsere Gewerkschaften eine Solidaritätssendung zusammengestellt, bestehend aus praktischen Dingen, Kleidung, Radios und anderem Gerät.

Während einer Versammlung am Feldrand sollte ich diese auf LKW angefahrene Sendung übergeben, und Che Guevara sollte sie übernehmen. Während ich von der Solidaritätsbewegung sprach, sahen alle erwartungsvoll auf die bepackten Laster. Dann hielt Che eine längere Rede, in der er darlegte, daß die kubanischen Arbeiter und Studenten, im Gegensatz zu den reformistischen Gewerkschaften in Europa, nicht für materielle Dinge arbeiteten, sondern für die Revolution und das Vaterland. Und nach dem obligatorischen »Patria o muerte!« gab er ein Zeichen, und die Wagen fuhren davon, ohne daß eine Spende ausgepackt worden war. Auch das angesagte Fest fiel aus, und wir fuhren getrennt nach Havanna zurück.

Ende der Reformzeit

Durchgreifende Reformen in der DDR sollte das neue ökonomische System bringen, das gründlich ausgearbeitet worden war. Es sah auf der sozialen Seite die Fünf-Tage-Woche vor, was den Kulturbereich vor neue Aufgaben stellen würde. Das lange Wochenende war die neue Herausforderung für alle unsere Institutionen. Dabei kam es besonders auf das Freizeitverhalten der Jugendlichen an. Mitte September 1963 hatte das Politbüro ein Kommuniqué herausgegeben »Der Jugend Vertrauen und Verantwortung«. Nach den vier Grundrechten der Jugend aus dem Jahre 1946 gab dieses Dokument die weitere Richtung für die politische Tätigkeit unter der Jugend an. Eine gewisse Tendenz zu einer Parteijugend war stärker geworden, damit auch die Gefahr des Sektierertums, das aber sollte verhindert werden. Kurt Turba, Chefredakteur der beachteten und umstrittenen Studentenzeitung »forum«, übernahm die mit ziemlichen Rechten ausgestattete Jugendkommission des ZK der SED, eine Leitungs- und Lenkungsgruppe, ein Stab, der erfreulicherweise eine interessante Jugendarbeit mit höherem Niveau betrieb. Die Zeitungen wurden lesbarer, überall fanden Jugendforen unter dem Motto »Auf jede Frage eine Antwort« statt, der alte Journalistenfuchs Gerhart Eisler, Rundfunkchef zu dieser Zeit, von McCarthy in den USA verfolgt, tat sich besonders klug und kritisch hervor, der Ton der Reden jugendfrisch, wie ein in dieser Zeit entstandenes Wort lautete, mancher alte Politiker zog sich wieder das Blauhemd an. Ulbricht posierte beim Volleyball am Netz: Jeder Mann an jedem Ort, einmal in der Woche Sport!

Dem Ministerium für Kultur kam diese entkrampfte Atmosphäre gut zustatten, alle atmeten auf. Die FDJ stellte sich vor die Lyrik- und Singebewegung, eine große Veranstaltungsflut mit Gedichten und Liedern begann, der Auftakt wurde in Berlin eingeläutet, die Poetenseminare folgten, die FDJ machte ernsthafte Literaturpolitik. In der Publikation »Auftakt 63« ist auf einem Foto zu erkennen, daß viele namhafte Künstler und Politiker der Initiative Unterstützung gaben. Der neu gegründete Buchklub bekam auf Vorschlag der FDJ eine Jugendreihe »Buch der Jugend«. Für wenig Geld wurde gute Literatur in großen Auflagen verbreitet.

Zu einer neuerlichen, zum Teil kontroversen Diskussion kam es um den Film von Konrad Wolf nach der Novelle von Christa Wolf »Der geteilte Himmel«. Wieder einmal das Thema der deutschen Teilung, immer noch die Ratlosigkeit, wie dieses Problem künstlerisch behandelt und dargestellt werden soll.

Aber die Auseinandersetzung gab neue Impulse für das geistige Leben. Neue Fragen wurden gestellt oder an die Öffentlichkeit gebracht, auch mit Hilfe des neugeschaffenen Jugendsenders DT 64, der »jugendfrische« Weisen eigener Produktion, die den westlichen Vorbildern die Stange halten konnten, spielte. Eigene Rockidole traten an die Stelle der westlichen Bands. Der Unterschied lag in den Texten, die in ihren besten Stücken eine philosophische Färbung besaßen und ein neues Lebensgefühl ausdrückten. Ob es sozialistisch war, wie gewünscht, schien fraglich. Blieb noch das Fernsehen. Ulbricht drängte auf ein stärkeres Tempo auch dort, war doch inzwischen erkannt worden, daß die »wichtigste Kunst« jeden Abend in die Wohnstuben kam oder auch nicht. Und wenn, dann wollte man den gewünschten Bewußtseinsschub durch Adlershof erhalten und nicht das Gegenteil aus dem Westen.

Die eigene Produktion von Fernsehgeräten ging gut voran, sie ersetzte die importierten, schwerfälligen aus der Sowjetunion. Diese neuen Apparate verführten dazu, die traditionellen Künste etwas zu unterschätzen, aber das war und ist wohl überall der Fall. Wie auch immer, die Führung des Fernsehens und Rundfunks lag unmittelbar bei der SED, es war neben dem »Neuen Deutschland« das wichtigste Agitationsinstrument, vielleicht noch wichtiger, war die Zeitung doch unlesbar geworden, abends gab es jedenfalls mehr Spaß.

Zu diesen interessanten, neuen Elementen trat das Anfang Februar von der Volkskammer beschlossene Gesetz über das einheitliche sozialistische Bildungssystem, dessen Kernstück die zehnklassige polytechnische Oberschule war, hervor. Mit ihm wurden die Anforderungen an die Schuljugend erhöht, der Bildungsstand durch neue Lehrpläne, die für alle gleich gültig waren, angehoben, zugleich aber auch die Bindung an die Ziele der Arbeiterklasse betont. Das Schulwesen – ein Instrument in der Systemauseinandersetzung, dazu noch in den Händen von Margot Honecker.

Seit 1963 Volksbildungsministerin, löste sie einen erfahrenen, aber nach Meinung der Parteiführung wenig durchschlagskräftigen Minister ab, den Ökonomen Prof. Alfred Lemnitz, einen ehemaligen Häftling im Zuchthaus Brandenburg-Görden, befreit durch die Sowjetarmee, vom Charakter her der Typ eines gebildeten Arbeiters, bescheiden und redlich, doch eben zu bescheiden.

Mit Alfred Lemnitz lohnte sich eine Unterhaltung immer, er war kulturinteressiert, besuchte Theater und Konzerte und äußerte immer eigene Meinungen. Doch er war amtsmüde geworden und verstand nicht mehr, wovon die in der Sowjetunion ausgebildeten Pädagogen sprachen.

Seit 1963 saß ich in den Ministerratssitzungen und in der Kommission zur Ausarbeitung des neuen Schulgesetzes neben seiner Nachfolgerin. Margot Honecker, aus einer hallischen antifaschistischen Familie stammend, arbeitete vor allem in FDJ-Funktionen des Kreises und Landes, 1949 wurde sie Vorsitzende des Pionierverbandes und überreichte als jüngstes Mitglied der Volkskammer Wilhelm Pieck einen Blumenstrauß mit dem Gelöbnis der Jugend. Es ist also anzunehmen, daß Erich Honecker sie bereits im Blickfeld hatte, bevor er sie nach der Scheidung von der biederen, ausstrahlungsarmen Edith Baumann heiratete. Sie besaß den Charme einer jungen Frau, hinter dem sie eine gehörige politische Routine versteckte. Eine angestrebte pädagogische Ausbildung an der Humboldt-Universität brach sie ab, der einjährige Schulbesuch an der Komsomolhochschule in Moskau sollte genügen, um sie im Kulturministerium einzusetzen, aber daran scheiterte sie intellektuell, wie sie überhaupt oberflächlich-burschikos unerwartete Probleme behandelte oder abwies.

Nunmehr arbeitete das Ministerium für Volksbildung mit ihrem Amtsantritt an dem neuen Bildungssystem. Die damit verbundenen, die ganze Gesellschaft umfassenden Probleme bearbeitete eine Regierungskommission, die Alexander Abusch leitete. Ein gewisser Vorteil, den die Volksbildung aus ihrem Ministeramt zog, bestand in Gehaltserhöhungen für Lehrer und Erzieher. Sie kannte die internen Fäden und nutzte die Bekanntschaften mit vielen Politikern, die sie vor den Karren der Volksbildung spannte, teils zu deren Vorteil, aber auch zum Nachteil. Zuerst war sie noch darauf bedacht, daß kein äußerer Zusammenhang zwischen ihrer Funktion und ihrem Einfluß als Frau des ersten Mannes der Partei bestand, doch später änderte sich das.

Unerbittlich in ihrem eingeschränkten Schwarz-Weiß-Denken, forderte sie bereits 1975 auf einer Pionierleiterkonferenz, die Jugend den Kommunismus zu lehren. Daraus folgerte sie, wehrpolitische Unterweisungen im Unterricht zu erteilen. Während die meisten Eltern die höheren Ansprüche des polytechnischen Bildungssystems unterstützten, kritisierten sie die Schulen, als dieser Schritt eingeführt wurde. Gerade dieser Punkt war Grund für eine oppositionelle Haltung pazifistisch denkender Staatsbürger und blieb bis zum Schluß ein Zankapfel. Sie mußte auf diesem Gebiet einen Rückzug anordnen.

Ihre Ehe mit Honecker verlief offensichtlich nicht durchweg glücklich. In den sechziger Jahren wandte sie sich einem bekannten Schauspieler zu, beide hatten ein Kind miteinander, und nur eine Aussprache im Politbüro, wo auf die Einhaltung der Parteidisziplin und -moral bestanden wurde, hinderte sie, sich scheiden zu lassen. Solche Dinge, wie auch die Verhältnisse Erich Honeckers, gehörten in der DDR nicht in die Öffentlichkeit. Niemand sollte etwas davon erfahren, und wer damit bekannt wurde, behielt es für sich. Es mag aber durchaus damit zusammenhängen, daß sie durch die unglücklich verlaufene Ehe und die zunehmende Unnahbarkeit ihres Mannes die Bestätigung in der strengen, oftmals unfraulichen Durchsetzung ihrer Erkenntnisse fand. Als sie der Witz erreichte, die riesige Baugrube des Palastes der Republik sei angelegt worden, weil vermutet würde, jemand hätte dort unten ihr Diplom versteckt, soll sie blaß geworden sein.

Zum Schluß gehörte sie immer noch zur Hardliner-Fraktion, war gefürchtet, aber nicht beliebt. Eigentlich hätte das ähnliche Schicksal einer ihrer Vorgängerinnen, der Frau des Staatssicherheitsministers Zaisser, die auch das Ministerium für Volksbildung drangsalierte, Warnung sein sollen, Frauen von Politikern in führende Stellungen zu bringen, ihnen Orden oder Ehrenpromotionen anzutragen.

Als meine Frau Gisela einmal aufgefordert wurde, ein wichtiges Amt zu übernehmen, lehnte sie mit Hinweis auf ihren Beruf und unsere Kinder ab. Einer müsse doch die Familie zusammenhalten, meinte sie.

Am Ende der DDR hielt Margot Honecker zu ihrem Mann, teilte mit ihm die verschiedenen Fluchtquartiere, war aber – wie er – nicht in der Lage, ein Schuldeingeständnis zu äußern. Sie ging einfach in Rente. Bei ihm wie bei ihr war das eigentlich tragische Element, daß sie auf politische Veränderungen nicht vorbereitet waren.

Im Spätsommer 1965 fuhr eine Partei- und Regierungsdelegation nach Moskau, um ein Wirtschaftsabkommen, das eine noch engere Verflechtung der Volkswirtschaft beider Länder vorsah, zu unterzeichnen. Doch es kam nur eine Vereinbarung über technisch-wissenschaftliche Zusammenarbeit zustande. Zum erstenmal war es geschehen, daß Breshnew, der Generalsekretär der KPdSU, seinen Partner aus der DDR nicht empfing. Ulbricht mußte sich mit Podgorny, dem formalen Staatsoberhaupt, abfinden. Das bedeutete, die bisherige Linie mußte geändert werden. Das wurde auch klar, als Anfang November Breshnew, der Vertreter des Militärkomplexes in der UdSSR, nach Berlin kam, um im Politbüro seine Linie und seine Forderungen darzulegen. Bereits im August hatte Ulbricht informiert, daß die Aufklärung einen bevorstehenden Rollback-Versuch der Mauer gemeldet hätte. Eine große Koalition von CDU und SPD sei dafür in Bonn in Vorbereitung (sie kam dann ein Jahr später zustande). Es sei also, führte Breshnew aus, nicht Dezentralisierung und ökonomischer Wildwuchs auf unterer und mittlerer Ebene notwendig, sondern stärkere Zentralisierung und Zusammenarbeit auf höchster Ebene unter Ausnutzung der wissenschaftlichen und technischen Möglichkeiten der DDR, auch in der Raumfahrtindustrie, das hieß Aufrüstung der Raketensysteme und ihrer Träger. Die DDR wurde zur Rüstungskasse gebeten und mußte mitmachen, war sie doch fast vollständig auf die Einfuhr von wichtigen Rohstoffen aus der Sowjetunion abhängig.

Mit dieser Auskunft zog Breshnew wieder gen Moskau, und der sorgfältig gebaute Fünfjahrplan, der am 1. Januar 1966 beginnen sollte, war nur Makulatur. Zwar erhielten Günter Mittag, Sekretär des ZK, und Apel sofort den Auftrag, einen neuen Plan bis zum 11. Plenum am Jahresende vorzulegen, aber das war utopisch. Der Vorsitzende der Plankommission, Apel, erschoß sich in seinem Dienstzimmer, er sah keinen Ausweg mehr. In dieser Situation, die bereits seit September deutlich wurde, nahm Ulbricht einige Vorkommnisse zum Anlaß, die Jugendpolitik zu ändern. In Westberlin hatten die Fans der Rolling Stones die Waldbühne demoliert, in Dresden und anderswo die Filmfans des Streifens »Die glorreichen Sieben« eine Freilichtbühne. Dazu kamen einige Schlägereien und ähnliche Vorkommnisse bei Tanzveranstaltungen.

Nun waren die »Gammler« im Visier. Schon immer befürchteten die Oberen, daß von den Beatles und ihren Anhängern eine ideologische Gefahr ausging. Das unfromme Gehabe, die lässige Kleidung, die ungewohnten Töne brachen mit allen Gewohnheiten. Dieser Zug aus dem Westen ergriff mehr oder weniger die Jugend. Waren es anfangs dicke Gummisohlen und Ringelsocken, kamen später die Jeans hinzu, und das yeah, yeah, yeah ärgerte Ulbricht so stark, daß er es krähend mit seiner Fistelstimme nachäffte, um zu zeigen, wie unausstehlich es sei. Als letzter Schrei der Mode waren gerade lange Haare für die Jungen angesagt, paßten die denn unter den Stahlhelm? Dieses Zeichen des Protestes, der Entziehung von den braven Modevorschriften des Staatlichen Modeinstituts galt als Beweis für die Auflehnung gegen die Norm, und es wurde demonstriert, daß der Staat solches nicht wünschte. Organisierte junge Männer mit entsprechender Ausbildung griffen die Langhaarigen auf Straßen und Plätzen in verschiedenen Städten und schleppten sie in die Friseurläden.

Im Bezirk Leipzig setzte der 1. Bezirkssekretär der SED, Fröhlich, unter Bruch des Hausfriedens »wütende FDJ« gegen die auf Westempfang installierten Antennen ein, mußte aber diese Aktion einstellen, als die ersten Anzeigen bei der Justiz eingingen. Paul Fröhlich war Choleriker und Menschenfeind von Grund auf. Der gelernte Feldkoch hatte auch die Manieren eines Landsknechts, bar jeder Hemmung schrie er verbittert auf Leute ein. Selbst der Oberbürgermeister von Leipzig, Walter Kresse, ein Mann von Charakter, entkam nicht seinen Angriffen, als bekannt wurde, daß ein neues Weinlokal den Namen »Falstaff« erhalten hatte. Auch der Generalintendant des linientreuen Leipziger Theaters, Karl Kayser, Mitglied des ZK der SED, entging wegen eines mißliebigen Stückes auf dem Spielplan nicht der öffentlichen Schelte.

Nunmehr wollte Fröhlich mit mir noch eine Rechnung aus dem Vorjahr begleichen. Damals wurde mir von seinem Verantwortlichen in der Kulturverwaltung zur Kenntnis gebracht, daß die Universitätskirche gesprengt werden sollte. Da ich der oberste Denkmalpfleger war, mußte sofort gehandelt werden. Ich wies an, er solle sofort an Ort und Stelle gehen und einen Bericht per Fernschreiben durchgeben. Die Vermutung verstärkte sich, Arbeiten eines Sprengkommandos waren nicht zu übersehen. Es war zwar schon Freitagabend, aber ich rief den Innenminister an, der Diensthabende war sein Stellvertreter, General Dickel. Er versprach, sofort einzugreifen, nachdem er festgestellt hatte, daß militärische und polizeiliche Einheiten nicht beteiligt waren. Die Firma für die Sprengung kam vom Bergbau, denn andere verfügten nicht über Sprengmittel. Dickel setzte eine Bereitschaft der Volkspolizei ein, die Kirche wurde geräumt. In der nächsten Politbürositzung am Dienstag wurde als erster Tagesordnungspunkt das Verhalten der Genossen Dickel und Bentzien diskutiert. Ulbricht war bei solchen Anlässen und Konflikten nicht immer anwesend, dafür aber Fröhlich, sein junger Mann in Leipzig, aus seiner Geburtsstadt: Am Karl-Marx-Platz dürfe keine Kirche stehen. Bei der Neubebauung sei sie nicht vorgesehen, also müsse sie weg. Das alles geschah ohne Zustimmung des Stadtparlaments, ohne irgendwelche Öffentlichkeit.

Den Vorsitz in der Politbürositzung führte Honecker. Als Fröhlich das Wort nahm, schrie er auf mich ein, bis ich in eine Lücke der Wortkaskaden hinein sagte: »Wer eine Silbermann-Orgel in die Luft sprengen will, ist ein Verbrecher, genauso wie die Flieger, die Leipzig und Dresden im Krieg zerstört haben, aber damals war Krieg.« Dann wurde ich aufgefordert zu sprechen. Ich legte dar, daß die alte Kirche schon viele Zweckentfremdungen und Angriffe gesehen hätte, sie war Pferdestall unter napoleonischer Besatzung und im zweiten Weltkrieg hätten Leipziger Bürger die Brandbomben erstickt oder vom Dach hinuntergeworfen. Vernichtung wäre das Schicksal vieler Bauten gewesen. Die Universitätskirche aber hatte in der Frühaufklärung, in den Diskursi gegen die Dunkelmänner, die zentrale Rolle gespielt, hier lägen sie begraben, die Kirche sei so etwas wie das Friedrichsfelde der deutschen Frühaufklärung. Da sie staatliche und Universitätskirche sei, wäre ich dafür, daß sie als Aula in die neue Universitätskonzeption einbezogen würde, damit die jungen Doktoren ihren Hut auf den Gräbern der Lehrer Goethes empfingen und wüßten, auf welcher Art Fundament sie stünden.

In der Debatte unterstützte niemand den Barbarenakt, Honecker schloß die Sitzung: »Bentzien und Dickel haben sich richtig verhalten.« Heute ist ein Brief bekannt, den Fröhlich an Honecker geschrieben hat, in dem er meine Haltung, die Kirche zu schonen, angreift, und der auf Informationen des Verantwortlichen für Kultur beruht. Dieser trug die Last auf zwei Schultern. Am Tag danach wurde ich zu Honecker gerufen, er fragte, warum ich so an den alten Denkmälern hinge. Natürlich sei das Verhalten Fröhlichs reine Willkür gewesen, aber er wolle wissen, was man mit den vielen Kirchen machen solle und wieviel die Restaurierung der Universitätskirche vor einiger Zeit gekostet habe. Ich antwortete wahrheitsgemäß, etwas über drei Millionen. Dafür konnte man damals sehr viel unternehmen, das war auch für ihn günstig. Aber die andere Frage? Ich vertrat, wie auch heute, die Meinung, daß diese in der Regel architektonisch wertvollen Gebäude wie immer öffentlichen Zwecken dienen sollten, wenn eine Gemeinde nicht mehr vorhanden ist. Die Welle von Kirchenaustritten, die heute wie damals vor sich geht, hat nichts mit dem Atheismus, sondern mit der mangelnden Akzeptanz einer, wie es scheint, hoffnungslos verknöcherten Institution zu tun. Konzerte, Versammlungen festlicher Art, Stadtparlamente und Bezirkstage, das alles könne sich dort versammeln, oder auch wie im Leipziger Fall, die Studenten.

»Also, sie sollen deiner Meinung nach Kulturhäuser sein?« – »Das waren sie ja immer. Ich verbrenne ja auch nicht das Bild meiner Großmutter, einer Pommerschen Landarbeiterin, die kaum lesen und schreiben konnte, weil sie auf der einzigen Fotografie ihres Lebens über einem geborgten Kleid eine kleine Kette mit einem Kreuz daran trägt.« – »Einverstanden, aber das nächste Mal, wenn du die Polizei alarmierst, informierst du mich vorher.« Ich konnte ihm nur darauf antworten, daß am Freitagabend niemand wußte, wie und wo er zu erreichen wäre. Der Sonderdienst hätte es wohl nicht gewagt, wegen einer solchen Lappalie auf der Jagd zu stören.

In den nachfolgenden Diskussionen hatte Fröhlich seine große Zeit, er gehörte neben Ulbricht, Honecker und Hager zu den Antreibern einer Antikulturkampagne, die sich überall zeigte.

Die Kirche wurde 1968 gesprengt, deutlicher Protest der Leipziger war kaum zu hören, viele sahen still zu.

Von Stoph bekam ich den Auftrag, gegen »die Gammler, die unter dem Deckmantel, sie seien Musiker, die Jugend rebellisch machten«, vorzugehen. In dieser Ministerratssitzung hatte Mielke schon ähnliche Töne geäußert, ich konnte ihm noch antworten, Tanz auf dem Dorfe hätte es selbst im Feudalismus gegeben. Aber jetzt zimmerte das Ministerium eine Anordnung, die eine Spielberechtigung, ausgestellt nach Qualitätsstufen vom Rat des Kreises, für alle Bands und Gruppen vorsah. In der Zwischenzeit hatte sich Abusch in Ulbrichts Auftrag mit den DEFA-Filmen beschäftigt, deren Premiere bevorstand. Er war pflichtgemäß entsetzt und zeigte einen davon seinem Herrn und Meister. Ulbricht schäumte, Altmeister Maetzig und die jungen Regisseure bliesen alle in das gleiche Horn: Die Gesellschaft ist sehr verbesserungswürdig. Bei diesen später verbotenen Filmen handelte es sich um poetische Geschichten, mehr oder weniger gekonnt, auf jeden Fall aber ehrlich, ohne Hintertüren inszeniert.

Nunmehr stand die Kulturfront wieder einmal vollkommen schief. Zu den Filmen kam noch ein neues Theaterstück von Peter Hacks, »Moritz Tasso«, in der Volksbühne. Im Maxim-Gorki-Theater beschäftigte man sich mit »Zsa-Zsa«, einem nachgerade skurrilen Stoff. Die Hunde holten jeden Knochen wieder hervor und bellten fürchterlich. Eine neue Auseinandersetzung stand bevor, aber diesmal würden die Fetzen, unsere, fliegen.

In einer Politbürositzung Mitte November war es dann soweit. Es wurde die Frage der Verantwortlichkeit gestellt. Die Genossen aus dem Filmbereich, dazu Rodenberg, waren geladen. Als wir noch warteten, kam Hager aus dem Sitzungssaal und nahm mich zur Seite. »Wir sind entschlossen, gegen alle zersetzenden Tendenzen vorzugehen. Richte dich danach.« Ich antwortete: »Es gibt keine Kulturpolitik gegen die Künstler, jedenfalls kann ich sie nicht führen.« Dann wurden wir hineingebeten. Revisionismus, Anwendung der Entfremdungstheorie waren noch das geringste. Die Ursachen für die »Erscheinungen« lägen beim falsch verstandenen XX. Parteitag der KPdSU 1956 und im Nachgeben gegen den gegnerischen Druck. Und dann kam eine Fülle von Vorwürfen. Der wichtigste aber war, daß das Ministerium nicht streng genug geleitet wurde und anstatt die Beschlüsse durchzuführen, glaube ich, daß »diese Leute es ehrlich meinen« (Honecker). Sie würden eine Linie der Perversität und Obszönität aufmachen, überall sei Gewalttätigkeit zu spüren.

So ging es weiter, zum erstenmal tauchte auch Kritik am Film »Spur der Steine« auf, der sich noch in der Drehphase befand. Aber die »Berliner Illustrierte« hatte einen Bericht gebracht und Fotos veröffentlicht, wie die Brigade Balla einen Volkspolizisten in den Teich stürzt. Das war nun die Konterrevolution, mir fiel gerade noch ein zu sagen, daß die Zeitung anscheinend auch nicht richtig geleitet würde, denn sie unterstand Albert Norden, der sich besonders empört gab. Nun gingen die Wogen wieder hoch, das Vaterland schien in Gefahr.

Nachher saßen wir noch im Gästehaus des Ministerrates am Thälmann-Platz und wollten uns klarwerden, was zu geschehen habe. Rodenberg wollte uns einstimmen, was geschehen würde. Er sprach von Situationen, in denen eben auch gutmeinende Genossen geopfert werden müßten, das habe er schon in der Sowjetunion erleben müssen. »... Und auch getan?« fragte ihn direkt Robert Lehmann. Er konnte nicht ausweichen und sagte: »Ja, wenn es keinen anderen Weg gab.«

Nach dieser Sitzung ging es so weiter bei jeder Gelegenheit, besonders tat sich Abusch hervor, der jede Woche Berichte verlangte, damit er sie Stoph vorlegen konnte. Aber das war nun schon nicht mehr wesentlich, denn anderes stand auf dem Spiel. Das seit 1945 einigermaßen funktionierende Bündnis zwischen Partei und Intelligenz wurde gebrochen. Es mußte nur noch ein Anlaß her, um diesen Vorgang zu begründen. Gerade als die Beerdigung Apels war, wurde mir ein Tonband Wolf Biermanns, auf dem auch Manfred Krug unvertonte Texte sprach, zugespielt. Doch ich konnte es nicht zu Ende hören, ein Termin in der finnischen Vertretung, an dem ich teilnehmen mußte, kam dazwischen. Dort wurde mir übel, ich trank einen Whisky, um dem Unwohlsein zu begegnen, aber meine Frau und ich mußten uns verabschieden, es ging mir immer schlechter. Die Ärztin untersuchte mich, und tief im Bauchraum spürte ich einen kleinen Schmerz. Eine Stunde später lag ich auf dem Operationstisch. Als ich meinen Jenenser Studienfreund Dr. Kirsch sah, beruhigte er mich. Doch der seit Tagen perforierte Blinddarm hatte den Bauchraum entzündet, es stand schon auf Messers Schneide.

So erlebte ich den Generalangriff auf das Bündnis mit der Intelligenz auf der Intensivstation. Der Fahrer brachte mir die Zeitungen, und so konnte ich mir einen Reim machen. Es gelang mir jedoch nicht, das Haus zu verlassen. Auf dem Gang erwischte mich eine Ärztin und schleppte mich zurück ins Bett. Dieser Vorfall wurde gemeldet, und am Abend kam Rodenberg auf einen Besuch: »Es ist besser, daß du nicht da bist, die Stimmung ist feindlich, ich soll dir von Walter (Ulbricht) sagen, du sollst dich in aller Ruhe auskurieren, bevor du wieder zur Arbeit gehst.«

Das gerade würde ich nicht tun. Sobald es möglich sein würde, wollte ich den größten Schaden verhindern, jedenfalls wieder eingreifen, so es beschlossen wird.

Die Operationswunden waren noch nicht verheilt, so fuhr ich über Weihnachten nach Thüringen. Der Arzt in Brotterode versorgte mich täglich. Auf dem verschneiten Kleinen Inselsberg machten wir unsere Wanderungen, die Kinder liefen Ski, so gut es ging. Und an einem kleinen Beispiel merkte ich, wie tief die Wunden bluteten, die das 11. Plenum 1965 geschlagen hatte. Gisela hatte ein kleines Büchlein mit, das sie als Lektorin für eine DDR-Ausgabe vorbereiten sollte: »Drei Mann in einem Boot, vom Hunde ganz zu schweigen«, eine kleine, heitere Geschichte, von den Vieren, die eine Themsefahrt unternehmen. Das würde wohl auch nicht erscheinen können, nach diesen Beschlüssen, hatte man ihr im Verlag gesagt. So nutzte ich die Abende, um ihr das Gutachten zu schreiben mit dem Haupttenor, die leichte Art zu schreiben sei selten und in der DDR fast unbekannt.

Vor der Abfahrt nach Thüringen hatten mich einige Kollegen noch in der Wohnung besucht. Robert Lehmann, nach dem Tode Erich Wendts mein Staatssekretär, als ZK-Mitglied auf der Tagung anwesend, antwortete auf meinen Vorwurf, warum er nicht gesprochen hätte, das sei nicht möglich gewesen, die Feindschaft war zu groß. Günter Witt, der Filmverantwortliche, hatte den Spagat versucht und Selbstkritik geübt, aber alles hatte nichts geholfen. Selbst Christa Wolf, Kandidatin des ZK, hatte nichts erreicht. Man wollte nicht hören, aber warum?

Die beiden kulturpolitischen Linien, von denen Kurt Hager auf dem 11. Plenum sprach, bedeuteten ja nichts anderes, als daß wir die ständigen Reglements mißachtet und eine eigene Linie entwickelt hatten, die sich auf die aktive Unterstützung der Künstler, nicht auf ihre Drangsalierung gründete. Anders gesagt, wir nahmen die gelegentlichen Aufforderungen zur Mitarbeit bei der aktiven Gestaltung des Sozialismus ernst und entwickelten dazu eigene Ideen und eine normale Atmosphäre.

Ulbricht aber und seine Leute sahen im intellektuellen Potential der Partei und der sozialistischen Sympathisanten eine Gefahr, ihnen steckte das latente Mißtrauen gegen jede Art von selbständigem Denken außerhalb der vorgegebenen Dogmen aus den Moskauer Jahren noch in den Knochen. So schlugen sie zu, als sie glaubten, die äußeren Angriffe auf die DDR könnten bei innerer Diskussion über die freiere Gestaltung des Sozialismus, über Reformen seiner Strukturen in der DDR, zu einer Zersetzung führen. Es war die alte Angst vor dem Petöfi-Kreis, und so schlugen sie ohne Rücksicht auf Verluste zu. Eine starke Kritik brauchten sie nicht zu fürchten.

Es begann die tiefste Krise zwischen der Partei und einer einflußreichen Bevölkerungsgruppe seit dem 17. Juni 1953 – damals der Arbeiterklasse, jetzt der Intelligenz. Trotz mancher Versuche, die Spannungen zu entschärfen, ist das nie mehr gelungen, denn auch sie waren nicht rückhaltlos offen und von grundlegender Selbstkritik geprägt. Honecker hielt auf dem 11. Plenum die Hauptanklage gegen die Intelligenz, eine Kette von Unterstellungen und falschen Beschuldigungen, Verleumdungen und Gemeinheiten. Wer einmal tief beleidigt worden ist, faßt danach kein Vertrauen mehr. Da half auch kein Hinweis auf die Äußerungen Bundeskanzler Erhardts, der die kritischen Schriftsteller »Pinscher« nannte. Die Macht, welche angeblich mit dem Geist ein Bündnis eingehen wollte, trat ihn jetzt mit Füßen.

Die folgenden Änderungen im Kurs der Sowjetunion auf eine neue, äußerst kostspielige Rüstungsrunde unter Einbeziehung der DDR bedeuteten eine erhebliche Belastung, deren Ausmaße noch nicht berechnet werden konnten. Auf jeden Fall wurden der feinmechanische Maschinenbau und die Elektronik bei Zeiß in Jena und Dresden auf Rüstungsproduktion zu großen Teilen umgestellt, andere Betriebe folgten. Die Gelder aus den Investitionsmitteln flossen nun in die bodenlose Kriegsindustrie, der Wohnungsbau und die anderen sozialen Probleme mußten wieder einmal hintenan gestellt werden, das würde erhebliche Spannungen mit der Bevölkerung bedeuten, der man gesagt hatte, nach dem Schließen der Wege durch die Mauer würden die Schäden wegfallen. Dieses Wort konnte nun nicht eingelöst werden, noch größere Lasten waren die Folge. Und um diese Stimmungen zu artikulieren, wurden Wortführer, Schriftsteller, Journalisten und Filmleute an die Kandare gelegt, deshalb zeigte man ihnen die Machtinstrumente.

Nach den Neujahrstagen 1966 kam es zu einer Aussprache bei Hager, dem Sekretär für Kultur, Bildung und Gesundheitswesen im ZK, der auf dem Plenum gesagt hatte, das Ministerium hätte eine andere, parteiferne Linie eingeschlagen, gewissermaßen eine Gegenkonzeption entwickelt. Er verlangte, daß die Wurzeln aufgedeckt würden. In einer Parteiaktivtagung solle darüber diskutiert werden. Robert Lehmann (der dann den Kulturfonds übernahm und später Vorsitzender der Volkssolidarität wurde) gab den Bericht. Die Diskussion beschäftigte sich, eigentlich ratlos, mit organisatorischen Fragen, es kam der Punkt, wo man von mir die Richtung hören wollte. Ich sagte zum Schluß, wir würden nach dem Protokoll Punkt für Punkt der Kritik ansehen und die sachliche Substanz prüfen. Sollte sich herausstellen, daß sie stimme, würden die Fehler korrigiert, wenn nicht, würden wir unseren Standpunkt weiterhin vertreten. Es könne nicht alles falsch gewesen sein, was an geistiger Bewegung emporgesprudelt sei. Man müsse ja auch weiterhin noch erhobenen Hauptes sagen können, wo man seinen Arbeitsplatz habe. So gingen wir auseinander, wissend, man würde uns weiter jagen.

An einem dieser Tage fand im Staatsratsgebäude ein Neujahrsball der Regierung statt. Gisela hatte keine Lust zu feiern, aber ich fuhr doch mit ihr dorthin. Frau Honecker tanzte mit ihrem Schauspieler, aber im allgemeinen war keine besonders heitere Stimmung. In einer Ecke saß Karl Maron, der Innenminister, bekannt für seine neuen und scharfen Witze, die er gern und gut erzählte. Wir setzten uns zu ihm und lachten wenigstens darüber. Plötzlich setzte sich Erich Honecker zu uns und sagte, auf mich gezielt: »Siehst du, Karl, sie lassen die Konterrevolution herein und dann müssen wir die Polizei einsetzen, um die Kultur zu schützen.« Ich antwortete, daß es eine gute Zusammenarbeit zwischen uns und der Polizei immer gegeben hätte, es sei so mancher Diebstahl aufgeklärt worden. Eine Konterrevolution sähe ich nicht, die meisten Beulen am Helm kämen von Kämpfern aus den eigenen Reihen. Nun war alles klar.

Bald darauf wurde ich zu Stoph bestellt. Er warf mir Sabotage an den Beschlüssen des 11. Plenums vor. Als ich darauf fragte, ob es noch gelte, daß Saboteure erschossen würden, meinte er, nein, ich solle eine andere Arbeit bekommen. Im Vorzimmer wartete schon der Leiter des Aufbau-Verlages, Klaus Gysi, er war bereit, mein Amt zu übernehmen, obwohl er bei der Übergabe noch so tat, als ob er meinen Kurs, den er für richtig hielt, fortsetzen wolle. Aber das ging natürlich nicht, er war für das Gegenteil engagiert worden, und so fragte er entwaffnend, ob ein Minister eine Gasheizung genehmigt bekäme. Ich konnte nur antworten: Er bestimmt. Er blieb bis 1973 am Molkenmarkt.

Als ich nach Hause kam, war ich erleichtert. In den nächsten Jahren wäre ich zerbrochen worden, denn wie lange kann ein Mensch einen starken Druck auf seine Überzeugungen aushalten? Ich war ihn los, es war vollbracht, das dachte ich jedenfalls damals. An der intellektuellen Barbarei brauchte ich glücklicherweise nicht mehr teilzunehmen.

Sprachlos

Nach einer intensiven Pause von der nunmehr überwundenen Ministertätigkeit fühlte man sich zuerst erleichtert und dann bald überflüssig. Es kommen Freunde, und mancher will verstehen, kann aber nicht, weil er selbst zu sehr eingefangen in die Strukturen ist. Einmal stand jemand, dessen Vater es ähnlich ergangen war, vor meinem Wochenendgrundstück, kam aber nicht herein, und übers Gartentor meinte er wichtig: »Wenn ich schon einmal Fehler machen muß, dann mit der Partei und nicht gegen sie.« Solcherart sind die selbst verordneten Beruhigungspillen. Es kamen aber auch andere, unerwartete Gäste. Ein paar Meter neben mir wohnte der Schriftsteller Paul Wiens. Er meldete sich bald nach der Bekanntgabe meiner Abberufung und schlug einen Skatabend, gemeinsam mit Franz Fühmann, vor. Ich wußte, daß beide gute und leidenschaftliche Skater waren und hielt seinen Vorschlag für eine Art, Teilnahme und Sympathie zu bekunden. Franz Fühmann schätzte ich als Schriftsteller, den ich aber nur flüchtig kannte, er erschien mir immer als ein ambivalenter Charakter, wenn er auf Sitzungen etwas sagte, meistens kritisierte.

Die beiden kamen, und es ergab sich natürlich, daß die Skatkarten liegen blieben und ein Gespräch in Gang kam. Dabei wunderte ich mich nicht, daß sie beide noch viel stärker als ich die Entscheidungen und den Ton des 11. Plenums für unmöglich, ja katastrophal hielten, daß die Parteiführung so sinken konnte! Sie erzählten von Protestbriefen Fritz Cremers und Telefonaten Helene Weigels mit Hager. Helene Weigel hatte mir einen Brief geschrieben, in dem sie ihre Empörung ausdrückte. Beide Schriftsteller waren nicht aus Skatlust, sondern, wie sich später herausstellte, im Auftrag des Staatssicherheitsdienstes gekommen, meine Gedanken zu erforschen und weiterzugeben. Gisela kam als erste auf die Idee, daß die Sache nicht echt sei. Niemals hätten sie in früheren Jahren Interesse an einer Skatrunde gezeigt, nunmehr wollten sie jede Woche kommen. Wie das?

Nachdem ich, von ihr ermuntert, das Verhalten beider genauer beobachtete, stellte ich immer mehr fest, daß sie beiläufig, aber zielgerichtet fragten, wie ich dieses oder jenes beurteile. Ich wurde jedoch immer wortkarger, und schließlich stellte ich die

Runden nach drei oder vier Abenden ein. Heute weiß man, daß beide für Mielke gearbeitet haben.

Meine betreuende Ärztin im Regierungskrankenhaus war Frau Prof. Helga Wittbrodt, die Direktorin. Als ich mich zu Kontrollen meiner Operationswunden bei ihr meldete, sagte sie Ende Februar zu mir, ich hätte doch jetzt Zeit, man müsse sowieso die beiden Sängerknötchen auf meinen Stimmbändern abtragen, das könne man doch jetzt tun. Bereits im November hatte es einen Versuch des HNO-Arztes gegeben, doch er hatte es nicht vermocht, sie zu entfernen, es sei eine Schwierigkeit vorhanden, sie einfach anzugehen. Daher machte sie jetzt den Vorschlag, ein zweites Mal in Narkose zu operieren. Polypen müßten entfernt werden.

Im März ging ich deshalb ins Krankenhaus, mir wurde gesagt, daß ein besonders erfahrener und qualifizierter Operateur, Herr Prof. G. aus dem Militärlazarett in Bad Saarow, dazu verpflichtet worden sei. Es wunderte mich, daß er vor der Operation nicht einen Blick in meinen Hals geworfen hatte, ich bekam ihn gar nicht zu Gesicht. Als ich aufwachte, standen vier Ärzte an meinem Bett, ich erkannte erst langsam, daß meine Atemröhre aufgeschnitten war. Zwar hatte man die Polypen entfernt, doch die beiden Stimmbänder waren durch Verletzung funktionsunfähig. Ich war stimmlos. Auch durch neue, stärkere Gaben von Antibiotika wollte die Wunde nicht heilen, es kamen neue Komplikationen hinzu.

In der Wende wurde ich noch einmal im Regierungskrankenhaus untersucht, der damals dort amtierende HNO-Chef sah sich die Akte und dann meinen Hals an. Er verstand nicht, was vorgegangen war. Die Voruntersuchungen waren eindeutig. Der Kehlkopf nicht abnorm, der Bericht der Operation fehlte, die dafür frei gelassene Seite war bis 1990 weiß geblieben. Auch mein heutiger HNO-Arzt kann sich ein solches Vorgehen nicht erklären. Einmal, als ich noch kraftlos im Krankenhaus lag, besuchte mich mein Operateur. Er trug eine neue Uniform mit Generalsbiesen, er war befördert worden.

Stimmlos betrat ich meine neue Arbeitsstätte, den Verlag Neues Leben in Berlin-Mitte, Markgrafenstraße/Ecke Leipziger Straße. Der Verlag gehörte der FDJ, die ihn gegründet hatte, unterstand aber verwaltungsrechtlich dem Ministerium für Kultur und damit der Hauptverwaltung Verlage und Buchhandel. Der Zentralrat des Jugendverbandes hatte dann ein Mitspracherecht, wenn seine Interessen unmittelbar berührt waren. Einmal im Jahr beriet sein Sekretariat den Plan, aber sonst hatte mir Horst Schumann, der damalige 1. Sekretär, Handlungsfreiheit zugesichert, die der Verlag auch dringend brauchte. Mein Vorgänger hatte einen Autoritätsverlust erlitten, weil er Alkoholprobleme hatte, er mußte, obwohl bis dahin angesehener Mitarbeiter im Zentralrat, abgelöst und behandelt werden. Im Zuge der darauf folgenden ideologischen Überprüfungen waren mehrere kontrollierende Brigaden eingesetzt worden, die Bewußtseinslücken bei Lektoren und Autoren festgestellt hatten.

Manche Autoren wollten deshalb den Verlag verlassen und zu einem anderen wechseln. Und so kam die erste Machtprobe, wie sie kommen mußte. Ein Instrukteur des Zentralrates meldete sich an und verlangte Auskünfte von mir, die ihn meiner Meinung nach nichts angingen. Er regte sich furchtbar auf, als ich ihm das sagte. Nun war die Probe fällig. Ich rief Horst Schumann an und verlangte, er solle den Jugendfreund zurückziehen oder ihn als Verlagsleiter einsetzen. Einer von uns sei überflüssig. Schumann verstand, sagte ihm ein paar Worte durchs Telefon, und erbost ging der Junge durch die Ausgangstür. Von nun an hatte ich einigermaßen Ruhe, vor allem aber die Lektorate.

Wie es sich für einen Verlag, der vor allem Literatur für junge Leute herausgibt, gehört, waren die meisten Mitarbeiter sehr jung. Der Jugend wurden damals wenig Hemmnisse in den Weg gelegt, die Lektoren kamen durchweg gut ausgebildet von den Hochschulen.

Gisela, seit unserer Übersiedlung nach Berlin ebenfalls dort beschäftigt, mußte den Verlag leider verlassen, weil es nicht erwünscht war, daß Eheleute im gleichen Betrieb zusammenarbeiteten, wovon einer gar der Chef war. Sie fand einen Platz im Verlag Das Neue Berlin, wo sie Kriminalgeschichten redigieren mußte, was sie auch für eine ehrenwerte Arbeit hielt. Wieder mußte sie ein Opfer bringen für mich, und sie tat es klaglos.

Das 11. Plenum hatte die erwünschten Folgen. Viele der für die Herausgabe bearbeiteten Manuskripte wurden von den Autoren zurückgezogen oder von der Hauptverwaltung gestoppt. Die

Mitarbeiter für Kinder- und Jugendliteratur, die ich aus meiner Tätigkeit im Ministerium nicht persönlich kannte, erwiesen sich als kollegiale Leute, die es mir erleichterten, mich in den nicht von der Sache, aber vom konkreten Ablauf her ungewohnten Beruf einzufinden. Aber sie scheuten anfangs jedes Risiko. Zu stark wäre die Kritik geworden, wenn sie ein Manuskript zu großzügig beurteilt hätten. Besonderen Wert legten sie deshalb auf die sogenannten Außengutachten. Ein vom Verlag unabhängiger Germanist, Slawist oder Literaturkritiker, jedenfalls ein Kenner der Literatur mußte zum Lektoratsgutachten ein vom Verlag bezahltes Gutachten beisteuern. Wenn beide im wesentlichen übereinstimmten, war das Zensurverfahren, Druckgenehmigung genannt, recht einfach. Eines Tages kam dann ein gestempelter Vordruck zurück, womit die Genehmigung für eine bestimmte Auflagenhöhe und die notwendige Papierfreigabe erteilt war. Da die neuen Titel bereits im Jahresplan beschrieben waren, wurde zugleich die Plantreue bestätigt. Erforderliche Ausnahmen, Änderungen usw. waren aber, wenn sie augenscheinlich Verbesserungen bedeuteten, möglich.

Die am meisten umkämpfte Position, die Auflagenhöhe, war ein Mittel, die Autoren an die Kandare zu nehmen, entschied sie doch über die Höhe des Honorars. Aber da waren tatsächlich materielle und Kapazitätsgrenzen gesetzt. Die meisten Besuche der Autoren im Verlag galten dem Gespräch über das zu erwartende Einkommen und damit der Nachauflage. Der Verlag war das einzige funktionierende Bindeglied zwischen dem Staat, dem freien Autor und dem Schriftstellerverband. Es war zwar für die Anerkennung als Schriftsteller gut, wenn man Mitglied oder Kandidat des Verbandes war, zwingend vorgeschrieben aber war es nicht. Ein Verlag konnte unabhängig davon jedermanns Texte veröffentlichen, wenn er das für richtig hielt und die Zensur das Manuskript genehmigte.

In den Jahren nach dem 11. Plenum entwickelte sich im Verlag, unter den Lektoren, zwischen Lektoren und Autoren eine eigentümliche Art der Verständigung über das, was gedruckt werden könnte oder aussichtslos erschien. Die Thematik wurde nach heißen Eisen abgeklopft. Kritische Stoffe fielen teilweise unter den Tisch und wurden für bessere Zeiten zurückgestellt, und das alles hatte zusammen mit der intelligenzfeindlichen Situation in der Gesellschaft zur Folge, daß das Angebot an substantieller Literatur erheblich zurückging. An Neuerscheinungen gab es in einem großen Verlag wie unserem ein oder zwei Titel, welche diskutabel waren, alles andere gehörte in die Kategorie des gewiß notwendigen Lesestoffes, vor allem der klassischen Abenteuerliteratur und der sehr gefragten sogenannten Mädchenbücher. Zahlreiche Übersetzungen erschienen außerdem. In allen diesen Sparten gab es genug für uns zu tun, aber es befriedigte uns nicht, die gesellschaftskritische Literatur der Gegenwart schien nicht mehr geschrieben zu werden. Das Schicksal des Films »Spur der Steine«, nach dem Roman von Erik Neutsch, in der Regie von Frank Beyer, der nach organisierten Protesten in verschiedenen Kinos abgesetzt wurde, sollte noch einmal deutlich machen, daß das 11. Plenum kein Ausrutscher, sondern ernst gemeint war.

In diesen Jahren erfreuten wir uns dennoch an gelungenen Büchern und setzten alles daran, sie schnell zu veröffentlichen. Und es ging immer wieder darum, Autoren zu gewinnen.

Als Erich Loest aus dem Zuchthaus Bautzen, wo er eine siebenjährige Haftstrafe wegen angeblicher konterrevolutionärer Gruppenbildung verbüßen mußte, 1964 entlassen wurde, übergab er dem Verlag seinen autobiographischen Roman »Der Abhang«. Loest hatte vor seiner Haft im Neuen Leben mit Abenteuerheften debütiert. Nun erhielten wir eine reife Arbeit über den Kampf einer slowakischen Partisaneneinheit gegen eine deutsche SS-Formation, die zur völligen Vernichtung der deutschen Truppen und ihres Protagonisten führt. Leider ist dieser, meiner Meinung nach bedeutende Abrechnungsroman mit Krieg und Faschismus zu wenig beachtet worden. In der DDR sicher wegen des mißliebigen Autors, im Westen aus thematischen Gründen. Das Thema war angeblich nicht mehr gefragt. So lauteten jedenfalls die Antworten, wenn wir das Buch westdeutschen Verlegern anboten.

Eines Tages meldeten sich Klaus Sommer und Bernd Jentzsch, beide Lektoren im Verlag, mit einem Anliegen so recht nach dem Geschmack junger, ernsthafter Lektoren. Sie hatten, auf welchem Wege auch immer, ein Tonband erhalten, auf dem Mikis Theodorakis, offensichtlich in einem Versteck, Verse von Jannis Ritsos sang und dazu den Rhythmus auf den Tisch klopfte. In der seit 1967 erscheinenden Lyrikreihe »Poesiealbum«, die für 90 Pfennige jeweils einen Dichter in guter und kluger Auswahl mit einer extra dafür geschaffenen Grafik, in diesem Fall von Ronald Paris, an die Kioske brachte, sollte diese besondere Arbeit schnell als Sonderheft erscheinen. Mit Mühe wurde ein Übersetzer aufgetrieben, der eine Interlinearübersetzung zustande brachte. Ein Musikwissenschaftler der Humboldt-Universität schrieb die Noten auf, die beiden Lektoren schufen die Nachdichtungen, Graphiker und Hersteller verhandelten mit den Druckereien und nach ein paar Tagen wurde das Heft ausgeliefert. Junge Leute des Landes, parteinehmend gegen die Unterdrückung der griechischen Demokraten durch die Militärjunta, zeigten großes Interesse. Es mußte schnell nachgedruckt werden, und am Ende waren fast 50 000 Exemplare dieses ungewöhnlichen Lyrikheftchens verbreitet. Etwas ähnliches gelang später noch einmal, als wir den Bericht »Das Stadion« über den Staatsstreich des Pinochet in Chile gegen die demokratische Regierung von Allende in wenigen Tagen übersetzten, auf Zeitungspapier druckten und damit als erste einen authentischen Bericht des der Junta entflohenen Journalisten Sergio Villegas über die faschistischen Verbrechen veröffentlichten.

Wo es über innere Probleme aussichtslos erschien, sich zu äußern, wandte sich der Verlag den Geschehnissen in anderen Ländern und Regionen wie Afrika, Amerika, Vietnam, Sibirien oder den Nachbarländern zu. Überhaupt waren die Lektoren in keiner Weise Literaturbeamte, wie heute gesagt wird, sondern sie kannten sich auf ihren Gebieten gut aus und arbeiteten aus innerer Einstellung zur Literatur und zur sozialistischen Idee.

Bisher war die Rede von der Belletristik. Im zweiten Lektorat des Verlages, dem gesellschaftswissenschaftlichen, wurde die FDJ-Literatur, Ratgeber für Heranwachsende und der bekannte Band »Weltall – Erde – Mensch« herausgegeben. Jeder Teilnehmer an der Jugendweihe erhielt das gut ausgestattete Buch. Es war eine Institution, sollte weltanschauliches Grundwissen verbreiten, wurde aber leider zu wenig gelesen. Als wir dahinterkamen, versuchten wir mehrere andere, jugendgemäßere Bücher zu entwickeln, die anders, jugendnäher geschrieben waren, doch es war nicht möglich, von dem dozierenden Stil wegzukommen. Zu festgefahren waren die Vorstellungen aus der Jugendzeit der

Ulbricht und Honecker. Allerdings wurde jedes Jahr am Inhalt geändert, einmal war es die Weltraumüberlegenheit der Sowjetunion, die berechtigt aufgenommen wurde, ein andermal die Bezwingung der Weiten Sibiriens. Aus einem populärwissenschaftlichen Buch, das sehr wohl seine Berechtigung hatte, wurde eine Propagandaschrift mit dem jeweils aktuellen Thema. Und dennoch, wenn man heute in Wohnungen kommt, steht es immer noch im Regal, und niemand kommt auf den Gedanken, sich davon zu trennen. Es hat einen nahezu legendären Ruf, gegen den die Nachfolgebände nie ankamen.

In den Jahren von 1966 bis 1970 mußte ich mich an diese und meine gesundheitliche Situation gewöhnen. Es ist schon ein niederschmetternder Gedanke, wenn man feststellt, dazu als einer, der immer gern gesungen hat, daß man nicht mehr sprechen, nur noch wispern und röcheln kann. Was ist zu tun? fragte ich mich immer wieder. Wie willst du deinen Lebensunterhalt verdienen, wenn du nicht mehr verstanden wirst? Im Verlag zeigte man für meine Schwierigkeiten nachsichtiges Verständnis, aber ich litt unter dieser Situation. Wenn die Kollegen auf unseren Betriebsfeiern und -ausflügen schmetterten: »Das neue Leben muß anders werden« oder meinen Leib- und Magenhit »Tochter Zion, freue dich ...«, war ich so niedergedrückt, weil ich nicht mitsingen konnte, daß mir der ganze Tage verleidet war. Auf einem solchen Ausflug erkannte ich, daß ich doch noch eine andere Chance hatte. Ich mußte meine russischen Sprachkenntnisse aufpolieren. Also begann ich zu übersetzen. Ich nahm zunächst, was ich bekommen konnte, die »Prawda« oder ein Kinderbuch, einen landwirtschaftlichen Fachtext oder eine Reportage, es war im wesentlichen eine Frage des Vokabulars. Mußte man häufig im Wörterbuch nachsehen, kostete das Zeit.

In jeder freien Minute, auch sonntags und im Urlaub, begann ich zu übersetzen. Ich fragte bei der Hauptverwaltung, ob es möglich sei, im eigenen Verlag von mir übersetzte Texte herauszubringen, und als die Genehmigung kam, übersetzte ich von Jakow Lenzman, dem führenden sowjetischen Religionshistoriker, der unter Stalin umgebracht worden war, »Die Entstehung des Christentums«, eine seriöse Schrift, für suchende Jugendliche, die nicht mit allgemeinen pastoralen Phrasen zufrieden sind, gedacht. Fern jeder Bibelforscherei stellt Lenzman mit der Entwicklung der Geschichte des Christentums und des Stoffes auch die marxistische Auffassung von Religion dar. Als sich der westdeutsche Peter Hammer Verlag für die Arbeit interessierte, wollte er natürlich mehr über den Autor wissen. Ich bemühte mich, bei der Akademie der Wissenschaften in Moskau seine Vita zu erhellen, stieß aber auf kalte Ablehnung. Statt Aufklärung wurde ich zu Haid, meinem Intimfeind, bestellt, der mich mit der eigentlich überlebten, aber üblichen Unterstellung fragte, warum ich mich in innere Angelegenheiten der sowjetischen Wissenschaft einmischen wolle. Mein westdeutscher Kollege wird sich gewundert haben, warum ich nicht das einfachste an Fakten über den Autor liefern konnte. Verbrechen des Stalinismus wurden allgemein seit 1956 zugegeben, wenn sie aber konkret zutage traten, wurden sie vertuscht. Das Buch allerdings erlebte mehrere Auflagen und wurde auch in der Kirchenpresse diskutiert. Als ich mich daran beteiligen wollte, ließ der Redakteur des Kirchenblattes von Potsdam das nicht zu.

Trotzdem, der Ausgang dieser Unternehmungen war ja meine Stimmlosigkeit. Es mußte noch einen Weg geben, meinen Hals in Ordnung zu bringen, und so fuhr ich nach Jena. Frau Professor Albrecht, die Chefin der HNO-Klinik, genoß allerbesten Ruf. Entsetzt stand sie vor den Folgen der an mir verübten Operation. Sie wollte nicht glauben, daß der bekannte Operateur dieses Ergebnis hinterlassen hatte. Ihrem Vorschlag, auf operativem Wege alles noch einmal anzugehen, mochte ich nicht zusagen, die Chancen standen durchaus nicht positiv. So stellte sie mich Herrn Professor Siegert vor, einem Phoniater von Rang. Im Gegensatz zu ihr glaubte er etwas zu hören, was nichts weiter bedeutete, als daß er mit einer Behandlung beginnen wollte. So quartierte ich mich für vier Wochen in Jena ein und kam unter seine Fuchtel. Seine Sprechübungen, in langen Spaziergängen auf dem Schlachtfeld von Napoleon und Preußen 1806 immer und immer wieder eingeprägt, in mehreren Behandlungen täglich kontrolliert, brachten schließlich einen Erfolg, an den ich nicht mehr geglaubt hatte. Es rührte sich die Stimme, nach Jahren war ich dann soweit, daß ich Vorträge vor einem größeren Auditorium halten konnte, ohne ein Mikrofon zu benutzen. Bei aller Dankbarkeit zu den Jenenser Ärzten bleibt immer noch in schwierigen Situationen die Angst, die Stimme würde versagen.

Nach der Wende mußte ich klären, ob ich den Ursachen für die schwere Beschädigung nachgehen sollte. Aber wie beweist man einen schlimmen Verdacht? So kam ich zu dem Beschluß, meine Lebensjahre nicht mit dem Jagen nach Klärung zu verbringen, sondern die Dinge gelassen zu nehmen, eben so, wie sie jetzt sind.

Der Verlag Neues Leben unterhielt Beziehungen mit dem sowjetischen Jugendbuchverlag »Molodaja gwardija« (Junge Garde). Wir tauschten unsere Programme aus und trafen uns auf Tagungen der Verlage sozialistischer Länder, in Moskau oder Berlin zu Gesprächen. Dabei wurden gemeinsame Bücher oder Studienaufenthalte von Autoren im jeweils anderen Land vereinbart. Die Ergebnisse sollten beiderseitig publiziert werden. Bei einer dieser Reportagefahrten war ein erfreuliches Ergebnis zu verzeichnen: Brigitte Reimann fuhr mit einer FDJ-Delegation durch Sibirien und schrieb einen problemreichen Bericht, wobei jedoch die Anerkennung des Enthusiasmus beim Bau der sibirischen Großvorhaben überwog. Das Buch erschien unter dem Titel »Das grüne Licht der Steppe«.

Anders bei Rainer Kirsch. Sein kritischer Bericht erfreute zwar uns im Verlag, aber da der sowjetische Koautor, ein eingebildeter Fatzke, sich falsch gezeichnet und überhaupt die Probleme der Umweltpolitik übertrieben dargestellt sah, beschwerte er sich beim Zentralrat der FDJ. Das wucherte zur Katastrophe aus. Der Bericht von Kirsch durfte nicht gedruckt werden, den Verlag und damit mich fragte man nach der Haltung zur Sowjetunion, eine hochnotpeinliche Frage.

In solchen unangenehmen Angelegenheiten standen immer Parteiversammlungen ins Haus, in welchen, oft im Beisein von Mitarbeitern übergeordneter Leitungen, Kritik und Selbstkritik geübt werden sollte. Erfahrene Parteisekretäre taten nicht mehr als notwendig und schlossen die Sache mit einem Protokollvermerk ab. Es konnte aber auch geschehen, daß sich die Parteikontrolle einschaltete, wenn ihr die beschlossenen Maßnahmen nicht streng genug erschienen. Dann begann alles noch einmal von vorn.

Bei einer Sitzung im Sekretariat des Zentralrates der FDJ, bei der unser Themenplan auf der Tagesordnung stand, erschien Horst Schumann eine Auflage für ein Buch, das für Pionierleiter bestimmt war, zu gering, er wollte statt 5 000 Exemplaren, die wir schon für fast zu hoch hielten, 40 000 Exemplare gedruckt haben. Das Buch war fast ohne Gewinn kalkuliert, um es überhaupt absetzen zu können. Ich rechnete schnell nach, nannte den Preis und fragte, wohin ich die 35 000 Exemplare, die er wolle, liefern sollte. So war es natürlich nicht gemeint, ich soll sie verkaufen. »Dann bleibt es bei der Auflage, ich bin verpflichtet, keinen materiellen Schaden anzurichten, und der würde in erheblichem Maße eintreten.« Das verstand Schumann, und es blieb der einzige Versuch, direkt in die Verlagsgeschäfte hineinzureden. Als wir zurück in den Verlag gingen, fragte ich den Ökonomen, wie er entschieden hätte. Aus verlegerischen Gründen stimmte er zu, aber aus disziplinarischen Gründen hätte er »Jawohl« gesagt. Das gefiel mir, und ich berichtete darüber in der nächsten Leitungssitzung und kritisierte zugleich alle Versuche, um keine Differenzen mit dem Zentralrat zu bekommen, falschen Bestrebungen nachzugehen.

Außerdem ist das ein Beleg, daß zu jeder Zeit sehr genau kalkuliert, hart bilanziert und abgerechnet wurde. Es gab durchaus einen Markt, und Auflagen wurden sehr differenziert festgelegt. Über die Hälfte der Titel waren, auch durch niedrige Preise bedingt, unrentabel, wurden aber im Verlag selbst durch Titel mit hoher Auflage gestützt. Ein völlig normaler Verlagsvorgang. Subventioniert wurde der Verlag nur in den Gründerjahren.

Zu den vielen Kriterien, die zu beachten waren, kam in immer stärkerem Maße die Erhöhung der Exportquote ins KA (Kapitalistisches Ausland). Mit dem regulären Sortimentsexport war die Summe nicht zu schaffen, wir bemühten uns daher um sogenannte Mitdruckauflagen. Durch Geschäftsreisen und Kontakte während der Buchmessen in Frankfurt und Leipzig bauten wir diese für die westdeutschen Verlage durchaus interessanten Geschäfte aus und bestritten aus den meist graphisch aufwendigen Bänden, mit den modernen Nacherzählungen alter Sagen und Märchen, die wir herstellten, die Valutaplanerfüllung. Mit der Zeit war diese Methode perfekt eingespielt, mit den hauptsächlichen Partnern tauschten wir unsere Planentwürfe aus, nahmen auch von ihnen vorgesehene Titel in unser Programm und stellten sie bei uns her. Dieser Handel zum gegenseitigen Vorteil war zugleich ein, wenn auch geringer, Beitrag zum kulturellen Austausch zwischen den beiden Teilen Deutschlands.

Die Preise der Jugendbücher, wie der Bücher in der DDR überhaupt, lagen für den Käufer sehr günstig. Das war eine bewußte Politik, jedermann sollte die Möglichkeit haben, Bücher zu kaufen oder unentgeltlich zu entleihen, auch wenn sein Geldbeutel gering bemessen war. Das Buch war Lebensmittel, wie ich oft verkündete.

Es gab genug zu tun im Verlag, die Literaturgruppen wurden von der Ausstattung her profiliert, das alles machte Spaß und war auch voller Risiken, denn Fehler auf diesem Gebiet ziehen materielle Verluste nach sich. Aber unsere Künstlerische Redaktion verfügte über befähigte Mitarbeiter, die professionell am Bild des Verlages arbeiteten und viele herausragende Buchgestalter und Graphiker zur Mitarbeit gewannen.

Unzufrieden war ich zutiefst über den geringen Spielraum, der den Autoren verblieb. Zwar gab es Signale, daß es lockerer würde, aber wir trauten dem Frieden nicht. Und in der Tat, um fast jedes ernstzunehmende Buch wurden Diskussionen in Gang gesetzt, ob es auch den imaginären Normen entsprach. Das war für die Autoren nicht angenehm, sie nahmen fundierte Fachkritik hin, aber da auch diese in der DDR zur damaligen Zeit genormt war, will heißen, einer von der Kulturabteilung des ZK herausgegebenen Sprachregelung unterlag, machte sich Kritikerschelte breit. Sie war aber nur eine Stellvertreterdiskussion, gemeint war die nach wie vor unveränderte Zensur. Es war unter den Verlegern ein offenes Geheimnis, daß in der Hauptverwaltung die nicht genehmigten Manuskripte immer zahlreicher wurden, aber die Zahl nicht übertrieben wurde. Vieles kam gar nicht erst dahin, und oft blieb es bei einer Streichung einiger Stellen.

Je mehr der Einfluß Ulbrichts sank, desto größere Möglichkeiten konnte sich ein Verlag ausrechnen. Auf die Dauer aber mußte der unhaltbare Zustand ein Ende nehmen, auch die Mehrheit der Mitarbeiter der Hauptverwaltung verstand sich nicht als Zensoren und war oftmals bereit, die Bedingungen für die Druckgenehmigung vorher auszuhandeln.

Beim Übergang der Macht von Ulbricht auf Honecker wurden plötzlich vier Verleger zu Klaus Gysi gerufen, vom Aufbau-Verlag, vom Mitteldeutschen Verlag, vom Verlag Volk und Welt und vom Neuen Leben ich. Auf einem langen Tisch lagen viele Manuskripte. Gysi verlangte, wir sollten vom nächsten Tag an die Geschäfte für einige Zeit an unsere Vertreter geben und uns der Beurteilung dieser Manuskripte widmen. Jeder erhielt einen Packen, jedoch nicht diejenigen aus seinem Verlag. Es handelte sich um bislang zurückgehaltene Texte, deren Klärung Honecker verlangt hatte. Damit war klar, daß ein neuer Wind wehte. Offiziell sind die Beschlüsse des 11. Plenums zwar nicht zurückgenommen worden, aber die Lage war unhaltbar geworden, die Praxis sollte sich ändern. Es handelte sich um sehr unterschiedliche Arbeiten, auf meinem Stapel lag »Das Impressum« von Hermann Kant, seit langer Zeit vom Aufbau-Verlag eingereicht, nun schnell genehmigt.

Wir vier hielten uns nicht lange damit auf, Begründungen für die Druckgenehmigung zu liefern, das wurde auch gar nicht erwartet. Man wollte nur eine andere Instanz gegen die Hauptverwaltung einsetzen und sich auf den verknöcherten Bürokratismus der Mannen um den Leiter der Hauptverwaltung, Bruno Haid, berufen können. Damit war auch das Schicksal Haids besiegelt, der unwirsche, grobe Unterdrücker des geistigen Lebens wurde zurückgezogen, es schien so, als ob eine neue Zeit anbrechen würde. Alles wurde leichter, und ein freierer Wind bahnte sich an. Honecker wollte seinen Kurs deutlich von dem des altersstarren Ulbricht absetzen. Auf dem VIII. Parteitag waren neue Töne zu hören, schon vorher war geäußert worden, daß es keine Tabus mehr für die Kunst geben solle, aber auch dieser Standpunkt war nicht durchdacht. Was wie ein forsches Wort klang, war natürlich undurchführbar, ist es auch heute und in jeder Gesellschaft. Die jeweiligen Werte müssen geschützt sein, wenn die Gesellschaft sich bewahren will.

Die Diskussion, heute zum Beispiel noch mehr denn damals, über die durch die Medien verbreitete Gewalt zeigt gerade, daß sich die Verfasser brutaler Geschichten, in denen die Helden rücksichtslos morden und die Würde des Menschen mit Füßen treten, sich gerade auf die Freiheit der Kunst berufen.

Was tun? Wir hielten uns an die Brechtschen Regeln über die Freiheit der Kunst, allerdings bestand die Gefahr einer Ausuferung gar nicht, man mußte nur Vertrauen zu den Schriftstellern und Künstlern haben. Einer der Prüfsteine war der aufs äußerste angegriffene Stefan Heym, mit Biermann zusammen eine geistige Gefahr für den real existierenden Sozialismus.

Stefan Heym kam eines Tages mit seinem biographischen Roman über Lassalle in den Verlag. Schnell waren wir uns einig, und es mußte sich jetzt zeigen, was die tabulose Linie wert war. Wider Erwarten ging alles gut, die Druckgenehmigung flatterte ins Haus, aber man fand, daß der Jugendbuchverlag doch nicht der richtige für die Arbeiten von Heym sei. Seine Beziehungen zu List in Leipzig hatte er abgebrochen, nun wurde der Verlag der Liberaldemokratischen Partei »Der Morgen« als sein Stammverlag gefunden. Da er als Autor sehr beliebt war und über eine beneidenswert große Lesergemeinde verfügte, wurde es für den vergleichsweise kleinen Verlag immer schwieriger, ihn gut zu bedienen – hier ging es schlicht um Papierkontingente.

Außerdem war der Zankapfel, sein Roman über den 17. Juni 1953, »Fünf Tage im Juni«, längst nicht vom Tisch. Der Verlag »Der Morgen« meinte, er sei nicht der richtige Herausgeber. Heym solle sich an die Gewerkschaften wenden. Dieser Vorschlag war zu dümmlich, als daß er ernstgenommen werden könnte. Es ging um eines der großen Tabus in der Innenpolitik der DDR, um die Beurteilung der Ereignisse von 1953, die den jungen Staat an den Rand des Abgrunds gebracht hatten. Nicht die Schilderung an sich, sondern die Erinnerung an das Datum war suspekt.

Als Heym zu mir kam und das Manuskript auf den Tisch legte, konnte ich ihm sagen, daß ich es bereits gelesen hätte. In einem Kopierverfahren von primitiver Sorte hatte er es in hunderten von Exemplaren längst verbreitet und an Beteiligte mit der Bitte verschickt, man solle ihm doch sagen, was es an seiner Darstellung zu bemängeln gäbe, er wolle so authentisch wie möglich sein. Einer der Adressaten war der damalige Kreissekretär der SED von Buna, Gerhard Frost, inzwischen 2. Sekretär der Bezirksleitung Halle, der mir das Exemplar gab. Er hielt den Roman für wahrhaftig und verstand nicht, warum er nicht erscheinen solle. Und damit hatte er recht, den eine klarere Darstellung hätte sich die DDR-Führung gar nicht wünschen können. Heym schrieb nur das, was in offiziellen Verlautbarungen mehr oder weniger freiwillig bekanntgemacht wurde. Die Frage nach der Rolle der Gewerkschaften als Korrektiv im Staat war richtig, aber unangenehm, denn inzwischen hatten sie noch weniger zu sagen als 1953.

Ich versprach, die Sache zu klären, so es überhaupt möglich sein würde. Stephan Hermlin schrieb ein Gutachten, eine unserer Lektorinnen ebenfalls und machte Vorschläge für die Verbesserung der Handlungsführung und kleinerer Unachtsamkeiten, wie sie in jedem Manuskript eben vorkommen. Mit den beiden Gutachten fuhr ich zu Stefan Heym, und er erklärte sehr laut, ich solle darauf achten, daß er abgehört werde. Ich erwiderte ebenso laut, daß dächte ich mir, daher würde ich laut und deutlich sprechen, damit die Kollegen vom Konsum (MfS) keine Schwierigkeiten hätten. Er kenne nun die Meinung des Verlages, möge sie bedenken, ich würde dann weiter auf Tour gehen. Bald darauf kam der Anruf, er sei dankbar für unsere Hinweise, und er wäre ja dumm, würde er sie nicht berücksichtigen.

Daraufhin reichte ich die Druckgenehmigung ein, ich hatte dazu noch einen Wink von der im ZK zuständigen Mitarbeiterin Lucie Pflug bekommen, daß Honecker keine Schwierigkeiten sähe. Kaum hatte ich den Hörer aufgelegt, erschien in meinem Zimmer Herr Dr. Hopf vom C. Bertelsmann Verlag. Er wäre bei Heym gewesen, dieser hätte ihm von den Verhandlungen mit mir berichtet, und er schlüge vor, gemeinsam zu Mittag zu essen, um sein Interesse mit unserem abzustimmen. Meine Antwort war, ich hätte bereits gegessen, es gäbe zwar noch keinen schriftlichen Vertrag, aber ich wäre bei Heym im Wort und er bei mir, was einem Vertrag gleichzusetzen ist. Das sah Herr Dr. Hopf auch so, blieb aber bei seinem Vorschlag mit dem Essen, zumal Stefan Heym im Auto auf uns warte. Ich meinte, daß der Verlag zu jeder Zeit bereit sei, mit C. Bertelsmann einen Vertrag über eine Lizenzauflage und einen Mitdruck abzuschließen, aber das sei leicht auf dem üblichen Wege zu regulieren, im übrigen wünschte ich guten Appetit.

Heym schreibt in seinem »Nachruf«, er hätte befürchten müssen, daß ich »als treuer Sohn der Partei« vom Vertrag zurücktreten würde, wenn es verlangt worden wäre. Das ist eine Ausrede. Ich wollte, daß das Buch erschien und damit natürlich ein verlegerisches Geschäft starten. Nachdem alles geklärt war und ich mir noch den Zorn des Nachfolgers von Bruno Haid, Klaus Höpcke, zugezogen hatte, der meinen Plan nicht billigte, ließ mich nun Heym im Stich und vergab die Rechte für den Westen an C. Bertelsmann. Das Buch hat damit eine recht gute Verbreitung gefunden und der Autor sich viel Geld verdient, aber es muß hier der Redlichkeit halber gesagt werden, daß die DDR dabei war, das über sein Buch verhängte Verdikt aufzuheben. Die von unserer Lektorin in bester Absicht ausgearbeiteten 8 Hinweise für eine Verbesserung des Manuskripts als Zensurbedingungen zu betrachten, ist unkorrekt, zumal sie Punkt für Punkt berücksichtigt worden sind. Außerdem kürzte Heym Handlungsstränge, die in Westberlin spielten, sehr stark.

Es war nunmehr für uns nicht zumutbar, die Rechte für die DDR bei C. Bertelsmann zu erwerben. Man muß auch auf sich halten. Der Zufall hatte es gewollt, daß die Interessen der DDR, mit Heym Frieden zu schließen, und die Interessen des West-Verlages, den aufmüpfigen Heym als Bürgerrechtler zu vermarkten und das Verbot seines Romans als Werbung zu benutzen, aufeinander trafen. In solchen Fällen siegt meistens das materielle Interesse, wie sollte es auch anders sein. Man sollte in den heutigen Diskussionen aber nicht übersehen, daß die Ursachen und Wirkungen solcher Vorgänge oft verschlungen und einfache Wahrheiten nicht zu haben sind.

Der letzte Skandal ist jedoch unübertroffen, nämlich der Versuch, die Rede des Alterspräsidenten des Bundestages, Stefan Heym, nicht im Bulletin des Bundestages abzudrucken. Als er dort in moderater Gelassenheit seine Rede, der sich jedermann demokratischer Haltung anschließen konnte, begann, wird er vor den bei der konservativen Koalition gezogenen überheblichen, beleidigten Mienen nicht nur nicht erschrocken sein, sondern auch an die blasierten Gesichter auf dem 11. Plenum gedacht haben.

Eine besondere Pflicht, Aufgabe und interessante Begegnungsstätte für Verleger war die Buchmesse in Frankfurt am Main. Zwar wurde jedes Jahr die Frage gestellt, ob es sinnvoll sei, daß rund vierzig DDR-Verlage ihre Vertreter dorthin schickten, was ja Kosten in harter Währung verursachte, aber letztlich blieb die Präsenz, an der weltgrößten Buchmesse teilzunehmen, auch wenn Geschäfte davor oder danach abgeschlossen wurden. Die Kontakte und Begegnungen waren meistens nützlich. Es blieb die Bestätigung bereits früher angebahnter Verbindungen und

Verträge und der Versuch, neue Partner zu gewinnen und auf zukünftige Geschäfte hinzuarbeiten. Aber kaum eine Messe verlief ohne politische Ereignisse. Eines guten Morgens erschien am Stand des Staatsverlages die Kriminalpolizei und beschlagnahmte das Braunbuch, in welchem die ehemaligen Nazis und deren Karrieren in der BRD festgehalten waren. Das Buch war schon während der ganzen Messe umlagert gewesen, Studenten und Schüler schrieben Passagen ab, hohe Bestellungen gingen ein. Am letzten Messetag die Beschlagnahme. Sie erfolgte etwa 15 Minuten vor der Eröffnung, die Kollegen strömten zu ihren Ständen. Auf einem Hocker stehend, protestierte der Direktor des Staatsverlages. Sofort bildete sich eine Traube, und viele Verleger äußerten ihren Unmut über die Konfiszierung. Als Vorsitzender des Verlegerausschusses des Börsenvereins begann ich sofort, einen Massenprotest zu organisieren. Einem linken Verlag, der über ein Kopiergerät verfügte, übergab ich einen relativ allgemein gehaltenen Protest. Junge Leute verteilten die Blätter an alle erreichbaren Stände, Verleger hängten sie an die Wände, es wurde diskutiert. Das Buch war gefragt, und obwohl noch einige Exemplare vorhanden waren, wurde es jedoch nicht weitergegeben, sondern der Verlag verwies an die Frankfurter Sortimenter. Wir wollten vermeiden, gegen eine Verfügung des Oberstaatsanwaltes zu verstoßen.

In Gesprächen mit der Messeleitung und dem Börsenverein der BRD bat ich um demonstrative Unterstützung, und gleichzeitig setzten wir gegen Mittag eine Pressekonferenz an. Als der Vorsteher des Börsenvereins der DDR, Heinz Köhler vom Bibliographischen Institut, gerade dabei war, den Inhalt des Buches zu erläutern, stürmte der Vorsitzende des westdeutschen Verlegerausschusses, Herr Dr. Siegfried Unseld, heran und setzte sich dazu. Empört verlas er den Text, den ich ausgearbeitet hatte, als Stellungnahme des Frankfurter Börsenvereins. Damit ging die Pressekonferenz zu Ende, eine bemerkenswerte Veranstaltung antifaschistischen Protestes. Nachmittags baten wir den Oberstaatsanwalt, Herrn Dr. Bauer, darum, die Beschlagnahme aufzuheben, die Prüfung könne doch nicht solange dauern, außerdem seien die Sortimenter beunruhigt, wenn sie das Buch geordert hatten, ob sie es verkaufen dürften. Er sah uns drei, Heinz Köhler, den Direktor des Staatsverlages und mich etwas belustigt an und sagte dann: »Aber, junge Genossen, habt ihr denn nicht bemerkt, daß wir am letzten Tag gekommen sind? Heinrich Lübke (der in diesem Buch belastet wird) ist schließlich unser Bundespräsident, ein wenig müssen wir schon reagieren. Im übrigen unterstütze ich jede antifaschistische Haltung. Ob der Verkauf verfolgt wird, ist aus der Beschlagnahme des Ausstellungsexemplars nicht abzuleiten. Seid unbesorgt, und das Buch nehme ich mir heute abend mit nach Hause, die Prüfung nehme ich selber vor.«

Damit waren wir entlassen, der aufrechte Antifaschist Dr. Bauer hatte uns gezeigt, wie man die Zwänge des Amtes mit politisch sauberer Grundhaltung durchaus verbinden kann. Am Abend erzählte ich meiner Wirtin, Lore Wolf, von dieser Begegnung. »Er ist eine Ausnahme. Wenn er nicht durch seine Vergangenheit unangreifbar wäre und daher auch als Staatsanwalt gern vorgezeigt wird, wäre er schon längst zurückgezogen worden. Das ist aber hier in Hessen nicht so einfach. Bisher haben sie es nur mit uns Kommunisten gewagt, denn wir sind nur eine kleine Gruppe, werden verteufelt und ausgegrenzt.«

Diese mutige Frau hatte ein schweres Leben hinter sich. Zwölf Jahre wurde sie gejagt, von Land zu Land, von Zuchthaus zu KZ. Auf dem Todestransport nach Bergen-Belsen machte sie durch eine berühmt gewordene Aktion die alliierten Flieger darauf aufmerksam, daß der Eisenbahnzug mit gefangenen Frauen beladen war. Sie kreuzte die Arme und steckte sie, soweit es ging, durch die schmale Luke. Die Jagdflieger, die den Zug bereits angreifen wollten, ließen davon ab, umkreisten den Transport, bis die Wachmannschaften das Weite suchten und die Frauen auf offener Strecke befreit wurden.

Nach der Rückkehr in ihr geliebtes Frankfurt betreute sie die Stelle für Rückkehrer und Emigranten. In ihrer kleinen Wohnung waren Wolfgang Langhoff, Hans Mayer, Stephan Hermlin, Hermann Axen und viele, viele, die entweder in die Ostzone weiterzogen oder im Westen leben wollten. Niemand wußte, wie sie es machte, die hungrigen Männer zu verpflegen. Sie war einst Kurier der Roten Hilfe und später der KPD gewesen, sie hatte immer geholfen. In Paris schrieb sie Anna Seghers »Das siebte Kreuz« mit der Maschine ab, kümmerte sich um die Kinder, wenn Anna im Café Seite um Seite füllte, blieb zurück, als es den Seghers gelang, mit Hilfe von Jeanne Stern nach Spanien zu entkommen, und als die Gestapo sie faßte, wurde sie ins Frauengefängnis bei Kassel eingeliefert. Ihre große Sorge blieb die Tochter, die bei den Großeltern aufwuchs. Der Tag der Befreiung war zugleich der Tag der Zusammenführung mit ihrem Kind.

Ihre Ehe war in den langen Jahren zerbrochen. Ihr Mann, ein Autosattler, lebte völlig isoliert in der Schweiz auf einer Alm und stellte Koffer mit doppelten Böden für den illegalen Transport her. Nach 1945 lebte er in Dresden, sie zog auch dorthin, kam aber mit den Verhältnissen in der DDR nicht zurecht. Ihr Freiheitssinn widerstrebte der Parteidisziplin, das ergab folgerichtig erhebliche Differenzen, und so zog sie zurück nach Frankfurt, wo sie in einer Eineinhalb-Zimmer-Wohnung hinter dem Zoo wohnte. Wenn die Löwen brüllten, lachte sie und sagte: »Meine Freunde, die Kapitalistenfresser.« Zur ihrem 80. Geburtstag kamen viele Gratulanten, auch einige politische Gegner, denen sie nach 1945 geholfen hatte, und nickten mit dem Kopf, als Emil Carlebach seine Glückwunschrede begann: »Wenn wir ein antifaschistisches Stadtparlament hätten, wärest du spätestens heute Ehrenbürgerin der Stadt Frankfurt geworden.«

An diesem Abend übergab sie mir einige Aufzeichnungen über ihren Lebensweg und sagte, daß das Original Anna Seghers hätte, die es prüfen wolle. Ich fuhr nach Adlershof, und Anna Seghers gab mir den Text mit ihren Notizen. Sie selbst konnte eine Bearbeitung nicht vornehmen, viel war nicht daran zu tun. Eine junge Lektorin übernahm das Manuskript und stellte behutsam dann die Druckfassung her. Als ich Anna die Druckfahnen zur Lektüre gab, versprach sie ein Vorwort und sagte, sie hätte die Arbeit gern selber übernommen, so wie sie es auch bei Jan Petersen getan hätte, als er auf dem Pariser Schriftstellerkongreß als Mann mit der schwarzen Maske erschien und ein Manuskript aus Deutschland geschmuggelt hatte: »Unsere Straße«. Während seines Aufenthaltes in Paris hatte sie es mit ihm überarbeitet.

Die Freundschaft Annas und Lores war nicht spannungsfrei, aber ein Beispiel für die Solidarität der Frauen in tiefer Not. Nach der Befreiung, als die Post wieder funktionierte, schickte Anna aus Mexiko ein Paket mit guten Sachen an die Adresse »Lore Wolf, Frankfurt«, und das Paket kam an. So wurde die Freundschaft wieder erneuert, sie besuchten sich gegenseitig, und Lore übernahm als alte Illegale so manchen Auftrag Annas, von dem der DDR-Zoll nichts wissen sollte. Sie kaufte Bücher und schickte sie an eine sichere Adresse und regelte so manches Private mehr. Ohne Frauen wie Lore Wolf funktioniert die menschliche Gesellschaft nicht, sie sind das Beste an ihr, sie binden, anstatt zu trennen, sie lieben unvoreingenommen und überwinden manche Enttäuschung, wenigstens äußerlich.

Der Wechsel von Ulbricht auf Honecker hatte nicht nur altersbedingte Gründe. Sicher, Ulbricht wurde immer halsstarriger und übernahm sich als Städtebaumeister, ließ in Leipzig und Potsdam noch Kirchen sprengen, doch der eigentliche Grund seines Abgangs lag darin, daß er die Folgen der westlichen Ostpolitik nicht mehr begriff. Der »Wandel durch Annäherung« brachte neue ideologische Gefahren mit sich, denen Ulbricht nicht mehr gewachsen war, und so bat eine Gruppe von Politbüromitgliedern in einem Brief an Breshnew um die Zustimmung zum Führungswechsel. Ulbricht wehrte sich dagegen, flog selbst noch einmal nach Moskau, aber er erhielt keine andere Antwort. Nun mußte Honecker einige populäre Maßnahmen ergreifen, wozu neben dem höheren Konsumangebot auch der forcierte Wohnungsbau und eine Befriedung des Verhältnisses zu den Kunstschaffenden gehörten. Diese leichte Liberalisierung der Kulturpolitik hielt allerdings nur bis zur nächsten Krise, die mit der Ausbürgerung Biermanns (1976) einsetzte.

Nach dem VIII. Parteitag der SED (1971) belebte sich die Kulturlandschaft und begleitete die dringend notwendig gewordenen Beschlüsse zur Verbesserung der sozialen Lage. Das Wohnungsbauprogramm begann in aller Breite. Um die großen Städte herum zeigten sich überall die Typenbauten nach der im Westen anzutreffenden Art der Schlafstädte. Bei aller Kritik, die heute daran geübt wird, versorgten sie aber nicht nur junge Ehen mit kostengünstigen Wohnungen, der Quadratmeterpreis lag bei 80 oder 90 Pfennigen. Dazu kam der Ausbau des Erholungswesens, das Netz der FDGB-Ferienheime wurde erweitert, die Kosten für einen Ferienplatz durch Betriebs- und Gewerkschaftszuschüsse niedrig gehalten, überall war eine Atmosphäre des Aufschwungs festzustellen, was die Schriftsteller sehr spürten.

Die Stoffe wurden offener und in ihren Konflikten deutlicher dargestellt, zumal jetzt auch größere Hoffnung bestand, ihre Texte zu drucken. So bemühte sich der Verlag, die Erzählung von Werner Heiduczek »Mark Aurel oder Ein Semester Zärtlichkeit« als modernes Buch für Mädchen zu deklarieren, um das mehrmals abgelehnte Manuskript, das uns als interessante und widerspruchsvolle Arbeit aufgefallen war, durch die Zensur zu bekommen. Heiduczek, von den Querelen zermürbt, hatte sich in ein Pfarrhaus an der Elbe zurückgezogen und lachte nur bitter über unseren Optimismus. Aber: das Buch erschien 1971 und erlebte mehrere Nachauflagen, und das sprach sich herum. Vor allem jüngere Autoren kamen zu uns, nachdem sie nicht mehr befürchten mußten, daß der Zentralrat alle Ansätze zerstörte. Dafür gab es zwei Gründe. Einmal hatte es geheißen, daß die Literatur die Widersprüche des Lebens behandeln und zu ihrer Lösung beitragen soll. Für die Gestaltung der Widersprüche waren die Autoren immer, wie sollte auch sonst eine Handlung entstehen? Und zum anderen war bereits 1967 an der Spitze der FDJ ein neuer erster Sekretär erschienen, Günter Jahn. Wir hatten in Jena zusammen studiert, und so kannten wir uns. Nach einer gewissen Zeit meldete ich mich bei ihm und sagte ihm unumwunden, daß ein FDJ-Verlag in allen Belangen vorangehen müsse. Das sei bisher nur in ökonomischer Hinsicht der Fall. Der Verlag ernähre zwar zu einem Teil die FDJ, doch sie zeige sich recht unfreundlich gegenüber den Schriftstellern, die gerne hätten, daß man mit ihnen spräche, sie berate und vor ihnen offen die Probleme und die Situation des Landes und auch international erläutere.

Günter Jahn hatte sich informiert. Er anerkannte, daß der FDJ-Verlag inzwischen stabilisiert war und die Krisen, die jedesmal mit dem Wechsel der Verlagsleiter – es waren mehr als ein Dutzend gewesen – auftraten, nunmehr überwunden waren. Der Verlag, 1946 ohne Autoren begonnen, verfügte jetzt über einen beträchtlichen Autorenstamm und erweiterte sich nach wie vor, bis er zu einem der größten deutschsprachigen Buchverlage wurde. Sein erstes Buch, »Wie der Stahl gehärtet wurde«, von Nikolai Ostrowski, Stephan Hermlins »Die erste Reihe«, die Bücher von Jurij Brezan, Joachim Wohlgemuth und Karl-Heinz Jakobs gehörten fest zur DDR-Literatur und wurden regelmäßig aufgelegt, neue Erfolge traten dazu. Daher sah Jahn das Gespräch als eine Art gegenseitiger Orientierung an und rechnete auf unsere Mitarbeiter bei der notwendigen Reformierung der FDJ.

Ihn bedrängten andere Sorgen als uns. Die Jugend hätte zu wenig Möglichkeiten zu ihrer Entfaltung, die Schläge 1965 gegen die FDJ und das Verhalten junger Leute seien noch nicht überwunden, er bemühe sich, einen jugendgemäßen Arbeitsstil der zahlreichen FDJ-Funktionäre zu erreichen und kurbelte dazu verschiedene Kampagnen und Wettbewerbe in den Betrieben und auf dem Lande an. Da er mich kenne, hätte er Vertrauen zu mir und überließe dem Verlag die literarischen Belange. Wenn er gebraucht würde, käme er, aber im übrigen wäre er für Arbeitsteilung. Er bezeichnete unsere Lyrikreihe »Poesiealbum« als vorbildlich und kritisierte, daß die Singebewegung nichts ähnliches hervorgebracht hätte, sie leide noch immer unter dem 11. Plenum.

Dieses stille Abkommen schützte uns vor ungerechtfertigten Angriffen und wurde auch von der Hauptverwaltung Verlage und Buchhandel im Ministerium für Kultur bemerkt. Wenn sie den Zentralrat für Intrigen oder Stimmungsmache gewinnen wollte, wurde sie nun dort abgewiesen. Die Verhältnisse hatten sich gewendet. Der neue Zustand setzte sich erst langsam durch, dann aber begriffen auch die Lektoren, daß wir in spannungsfreier Beziehung zum Auftraggeber arbeiten müßten, und als größere Sicherheit und Rückhalt vorhanden waren, lief auch die Titelentwicklung besser. Eines der großen vom Verlag und vor allem von Cheflektor Walter Lewerenz geförderten Unternehmungen war die Arbeit am Roman »Franziska Linkerhand« von Brigitte Reimann. Wie oft verzweifelte sie an den Realitäten in Schwarze Pumpe und in Hoyerswerda, wie oft mußte sie wieder aufgerichtet werden. Sie hatte einen der großen Stoffe in der Hand, den Neubau einer ganzen »sozialistischen« Stadt, gesehen durch die Brille einer jungen Architektin, die in den Widerspruch von Ideal und Wirklichkeit gerät. Wir ermunterten sie, wissend, daß die Schwierigkeiten noch kommen würden. Doch das Wunder geschah, als sie das Manuskript auf dem Krankenbett – sie schrieb bis zu ihrem Ableben, konnte es aber nicht völlig beenden – an uns gab mit dem Wunsch, daß Walter Lewerenz es im Sinne ihrer Handlung abrunden möge, beeilten wir uns, sofort die Ankündigung auf der Leipziger Messe zu veröffentlichen, beantragten die Druckgenehmigung und erhielten sie auch, schlossen einen Lizenzvertrag mit einem Münchener Verlag, und das kritische, aufwühlende Buch, in das sie ihr Herzblut gegeben hatte, erschien in Ost und West.

Nach meiner Maßregelung im Jahre 1966 hatte ich einen neuen Beruf, den des Verlegers, mit Hilfe meiner Kollegen neu erlernt und gern ausgeübt. Der Verlag war im Aufwind, seine geschäftlichen Angelegenheiten geordnet, sein Profil geformt, das Neue Leben spielte in der Verlagslandschaft der DDR erfolgreich mit. Die früher üblichen Kampagnen gegen den Verlag waren eingestellt, der Einfluß der Zensur zurückgedrängt. Eine ähnliche günstige Arbeitssituation hatte ich noch nie gehabt. Es blieb mir Zeit, auf eine Forderung zu reagieren, die Kurt Hager auf einem Messerundgang in Leipzig in einem Gespräch mit Fred Rodrian, dem Leiter des Kinderbuchverlages, und mir stellte. Er schimpfte auf die trockenen Gesellschaftswissenschaftler, die nicht zu schreiben verstünden, ihre langweiligen Episteln lese die Jugend nicht, die beiden Verlage sollten helfen, gesellschaftliche Zusammenhänge zu erhellen. Ob wir dazu Autoren hätten?

Rodrian zeigte auf mich. Ich hätte die Dinge studiert, ich könne klar differenzieren und was der Argumente mehr waren. Hager drängte ebenfalls, und so wurde mir sofort verordnet, ein Buch über den Kommunismus zu schreiben. Der Hintergrund dafür war eine von Honecker forcierte Diskussion, der die Sozialisten in der DDR zunehmend in der Öffentlichkeit als Kommunisten bezeichnete. Bei solchen Reden, hauptsächlich vor der Jugend, ballte er die Faust zum Gruß, als ob die SED die frühere KPD wäre. Dieses war nicht unproblematisch, da das Zeichen der SED die verschlungenen Hände in Anlehnung an das alte Arbeitersymbol war, nicht aber die geballte Faust. Während Pieck, Grotewohl und Ulbricht sich auf die Arbeiterfunktionäre aus der Zeit von vor 1933 stützten, baute der jüngere Honecker auf eine Mannschaft aus seiner FDJ-Zeit. Auch die von Ulbricht bevorzugten Mitglieder des Nationalkomitees Freies Deutschland stellte er in die zweite Reihe, eine Traditionslinie in der KPD, die über Krasnogorsk ging, lehnte er ab, das Nationalkomitee wurde als Ausnahmesituation für ein antifaschistisches Bündnis begründet, um Hitler zu schlagen und den Krieg vorzeitig zu beenden, geachtet, aber nicht als zur Tradition gehörig betrachtet. Honecker stützte sich auf die Antifaschisten aus den Konzentrationslagern und Zuchthäusern, und hier besonders aus Brandenburg, wo er selbst gesessen hatte.

Eine Episode, die sich in späteren Jahren (1985) abspielte, mag das erhellen. Im Fernsehen sollte ein Film über die Insassen des Zuchthauses Brandenburg und ihre Tätigkeit beim Aufbau der antifaschistisch-demokratischen Ordnung entstehen, und deshalb wurde eine Drehgenehmigung beim Innenministerium beantragt, da die Haftanstalt Brandenburg-Görden mit Häftlingen belegt war. Der Verantwortliche für den Strafvollzug im Ministerium des Innern lehnte das ab. Ich fuhr hilfesuchend zu Max Frenzel, dem Vorsitzenden der Gemeinschaft ehemaliger Häftlinge in Brandenburg. Sofort nahm er den Telefonhörer und ließ sich mit Erich Honecker verbinden. Alle Zwischenstationen schalteten durch, nachdem der Name Frenzel genannt wurde. Nach wenigen Augenblicken war Honecker am Apparat, erkundigte sich nach dem Ergehen von Max Frenzel und seiner Frau und fragte nach dem Begehr. Knapp schilderte Frenzel die Ablehnung durch das MdI, Honecker lachte und sagte: »Der ist nur zu faul, die Zellen freizumachen und die Häftlinge umzuquartieren. Verlaß dich drauf, die Sache geht in Ordnung.«

Max Frenzel sagte nach dem Gespräch zu mir: »Er betrachtet mich immer noch als seinen Parteisekretär. Wenn ich ihm im Zuchthaus einen Auftrag gab, im Vorzimmer des Arztes ein Treffen zu organisieren, ging das unbedingt in Ordnung. Schade, daß er heute keinen Sekretär hat, der ihm sagt, wo es langgeht.« Dieses offene Wort erstaunte mich, und Frenzel stellte es nachträglich als einen Scherz hin. Ich war noch nicht in der Redaktion angekommen, da war die Zustimmung des Innenministeriums schon da. Bei nächster Gelegenheit, es war in einer Drehpause, fragte ich Max Frenzel, ob man nicht Gorbatschow als den Parteisekretär Honeckers betrachten könne, aber er winkte nur ab und sagte: »Da stimmt was nicht, sie finden keinen guten Draht.«

Anläßlich des 40. Jahrestages der Befreiung des Zuchthauses Brandenburg durch die Rote Armee fand eine Kundgebung in Brandenburg statt. Auf der Tribüne saß auch Robert Havemann, der im Zuchthaus eine bedeutende Rolle als Informator gespielt hatte, denn er verfügte über einen selbstgebauten Radioapparat. Seine Frau stand neben ihm. Unzufrieden über die ungenügende Auswertung des XX. Parteitages der KPdSU war der eigensinnige

Havemann mit der Parteiführung der SED durch offene Kritik an ihrer Haltung und ihrer mangelnden Reformfreudigkeit aneinandergeraten. Er wurde ins Abseits gestellt. Zur Feier aber hatten sich ehemalige Häftlinge, die im Zuchthaus mit ihm zusammengearbeitet hatten, darum bemüht, daß er nach Brandenburg käme. Charles Deway, Präsident der Staatsbank, fuhr zu ihm und erreichte eine Zusage. Frenzel meinte jedoch, daß es sehr schwierig sei, sich mit Havemann zu unterhalten, er akzeptiere andere Meinungen nicht und sei nur ein Spiegelbild seiner früheren Gefolgschaft zu Stalin. Man hätte es ja oft, daß sich die Umgedrehten als nicht wandlungsfähig zeigten. Mein Einwand, Havemann sei schließlich der einzige Häftling aus den Zuchthäusern, der vor dem Kriegsverbrechergericht in Nürnberg ausgesagt habe und schon aus diesem Grund besonderen Respekt verdiene, wurde damit beantwortet, daß alte Verdienste nur zählten, wenn sie in der Gegenwart bewiesen würden.

Aus diesem Holz waren standhafte Kommunisten. Wer ausscherte, und sei es aus gutem Grund, stellte sich außerhalb der Partei. Dessenungeachtet bin ich jedoch der Meinung, daß einige die Verurteilung und den Hausarrest Havemanns nicht gebilligt haben. Andere betonten, daß sich ihr Gefährte aus lebensbedrohenden Zeiten in den Mittelpunkt einer gegen die DDR gerichteten Kampagne stellte. So verschwartet waren Meinungen und Gegenmeinungen bei den Gründern der DDR, eine Schwäche der Linken überhaupt.

Im Verlag hatte ich noch eine andere Beobachtung gemacht. Der neue Leiter der Hauptverwaltung, Klaus Höpcke, früherer ND-Kulturredakteur, der immer über die neuesten Wendungen der Parteilinie Bescheid wußte und die passenden Argumente für Schwenks und Schwankungen zur Hand hatte, arbeitete anders als der mürrische Haid. Er hatte den Ehrgeiz, bei strittigen Manuskripten Kollegen des Autors in die Beurteilung einzuspannen. Dieter Schubert, Autor in unserem Verlag, hatte uns ein Manuskript übergeben, das bei Höpcke Zweifel erregte. Wir wurden zu einer Besprechung bestellt. Schubert, Lewerenz und ich waren uns einig: Wir lassen uns auf keine wesentlichen Änderungen ein. Als wir bei Höpcke saßen, erschien für uns unerwartet Erwin Strittmatter. Er hatte das Manuskript gelesen und zerriß es in der Luft. Junge Autoren, die Strittmatter verehrten, wußten von seiner Schwäche, andere Arbeiten vernichtend zu kritisieren, das hatte er schon als Leiter der Arbeitsgemeinschaft Junger Autoren in Potsdam getan. Ich protestierte dagegen, daß die Hauptverwaltung einem anderen Kollegen ein Manuskript übergeben hätte und dieser den Richter spielen solle. Das sei gegen das übliche Verfahren. Höpcke meinte, Strittmatter sei wie ein Außengutachter zu betrachten. Der inzwischen dazugekommene Vorsitzende des Berliner Schriftstellerverbandes, Günter Görlich, auch Autor unseres Verlages, wandte sich empört gegen Höpcke und dessen Methoden.

Görlich brachte die Wendung in diesem Gespräch, er legte sich mit Strittmatter und Höpcke an und verweigerte sich, in einem staatlichen Verfahren als Zensor gegen Kollegen zu fungieren. Er ging daraufhin, und auch wir verließen die Sitzung, nachdem wir die Erwartung ausgesprochen hatten, bald die Druckgenehmigung zu bekommen. Würde man heute nach den konkreten Gründen der Beanstandungen fragen, so erschienen sie lächerlich und in höchstem Maße beckmesserisch. Das wußte auch Klaus Höpcke, aber er probierte auf den Schultern der Autoren und Verlage aus, wie weit sie manipulierbar waren. An diesem Vormittag wußte ich, daß man sich aus dem Dunstkreis solcher demokratisch genannten Manipulationen entfernen mußte. Bei nächster sich bietender Gelegenheit wollte ich die Arbeit wechseln, allerdings würde es schwer werden, denn ich gehörte zu den »Beschlußkadern«, das heißt jede Änderung ihres Einsatzes mußte beschlossen werden, bei mir vom Sekretariat des ZK.

Nalepastraße

In dieser Situation erreichte mich während einer Dienstreise in Leipzig der Anruf von Rudolf Singer, dem Vorsitzenden des Staatlichen Komitees für Rundfunk, in dem ein Angebot lag. Er wollte mich so bald wie möglich sprechen. Wir verabredeten, daß ich auf der Rückreise vorbeikommen würde. Das war leichtsinnig von mir, denn ich war durch einen Infekt stimmlich so geschwächt, daß ich kaum zu verstehen war. Wir machten unsere Witze darüber, damit seien ja wohl die besten Voraussetzungen für eine Arbeit im Hörfunk gegeben, nichts zu hören und zu verstehen. Aber gerade darum ging es: Ich sollte in seinen Stall wechseln, in den Rundfunk, worunter man in der DDR den Hörfunk verstand. Hörfunk und Fernsehen arbeiteten unter getrennter Leitung, denn aus früher einem wurden zwei selbständige Komitees, die von der Abteilung Agitation des ZK der SED angeleitet wurden.

Rudolf Singer war ein guter Weggenosse aus meiner Zeit in Halle seit 1958. Er arbeitete dort als Chefredakteur der Bezirkszeitung »Freiheit«, eines vielgelesenen und auflagenstarken Blattes. Nach dem Verbot der KPD in Westdeutschland war Singer 1956 in die DDR gekommen. Einmal in der Woche trafen wir uns bei Sekretariatssitzungen in der Bezirksleitung der SED. Seine Beiträge waren ausnahmslos kenntnisreich, treffend, und er zeigte Haltung: Eines Tages stand die Bestätigung einer Parteistrafe auf der Tagesordnung. Ein Genosse hatte in einer Auseinandersetzung Singer als einen »typischen jüdischen Intellektuellen« bezeichnet. Es ging nun darum, ob diese zweifellos zutreffende Bemerkung gehässig gemeint war und damit antisemitisch. Rudolf Singer – da Mitglied der Bezirksleitung, wurde die Angelegenheit dort behandelt – ging aus dem Raum, er bat vorher, die Sache nicht allzu hochzuspielen. Auf diese Weise erfuhr ich von seiner Herkunft.

Im allgemeinen erfuhr man gar nicht, ob jemand Jude war oder nicht, rassische oder religiöse Herkunft war Privatsache, kein Fragebogen enthielt eine dementsprechende Frage, kein Dokument bescheinigte in dieser Hinsicht einen Status. Als der fragliche Punkt behandelt wurde, forderte Bernard Koenen einen

Sekretär, Max Dankner, auf, sich zu äußern. Aber auch er weigerte sich, seine jüdische Herkunft spiele keine Rolle. Auf diese Weise erfuhr ich davon, daß mein Türnachbar wegen seiner jüdischen Herkunft verfolgt und in Nazihaft gewesen war. Seine kommunistische Weltanschauung kam noch »erschwerend« hinzu. Er hatte vor 1945 Schreckliches durchgemacht.

In der Nazizeit lebte Rudolf Singer in der Schweizer Emigration, arbeitete für die KPD und nach 1943 im Nationalkomitee Freies Deutschland in der Schweiz für dessen Vorsitzenden Wolfgang Langhoff, den Schauspieler und Regisseur, KZ-Häftling aus dem Börgermoor und späteren langjährigen Intendanten des Deutschen Theaters in Berlin. Mit dieser politischen Erfahrung in seinem Bewußtsein gehörte er zu dem Personenkreis, der aus der westlichen Emigration kam und nach der Affäre Noel H. Field zunächst nur im »zweiten Glied« eingesetzt werden durfte. Das hatte sich inzwischen geändert, denn in den sechziger Jahren wurde er zum Chefredakteur des »Neuen Deutschland« ernannt und bald darauf zum Leiter der Abteilung Agitation des ZK der SED. Aber seit 1971 formierte Honecker seine Mannschaft neu, und Singer ging zum Rundfunk als Chef aller Sender der DDR. Seine freundliche Art mit den Mitarbeitern umzugehen, unterschied ihn vom harten Gerhart Eisler, der den Hörfunk geprägt und dominiert hatte.

Rudolf Singer wurde allgemein Rudi genannt, was durchaus nicht respektlos gemeint war. Er brachte es fertig, jeden Tag auf die Minute pünktlich am Arbeitsplatz zu sein. Man mußte immer damit rechnen, daß er um 7.45 Uhr anrief, um zu fragen, was denn auf der durch ADN gemeldeten Tagung, die um 10.00 Uhr zum Beispiel in Gera eröffnet werden sollte, zu erwarten sei. Die Redakteure des Hörfunks, die mir durch den Verlag bekannt geworden waren, zeigten sich höchst erfreut über den geistig regsamen und medienerfahrenen Chef. Singer suchte einen neuen Kulturchef, der in der Lage war, die etwas komplizierte Struktur der Sender zu überblicken und auf sie Einfluß zu nehmen. Außerdem sollte dieser Mann als Chef der Hauptabteilung Funkdramatik die umfangreichen Hörspielprojekte verantworten. Das wäre dessen Hauptfunktion. Singer erwartete eine genaue Planung und plangetreue Produktion der fast zweihundert Stücke vom Kinderhörspiel über das Feature und den Krimi bis hin zum großen Abendhörspiel. Auf diesem Gebiet besaß der Rundfunk der DDR große künstlerische Qualität und Tradition.

Es ging ihm aber gar nicht um das Hörspiel in erster Linie. Die Diskussionen über den Hörfunk im Verhältnis zum inzwischen dominierenden Fernsehen waren leidenschaftlich entbrannt. Ich sagte ihm, daß daran viel Wahres und auch viel Unwahres sei. Würde man die Hör-, Lese- und Sehgewohnheiten der Bevölkerungsgruppen analysieren, so käme bestimmt ein hohes Gewicht des Hörfunks heraus, zumal die Zeitungen nach Honeckers Leitung nur zum Teil lesbarer geworden seien. Und dort läge die Überlegenheit des Rundfunks, er könne unaufwendig in jede Frage hineinstoßen, der technische Aufwand sei sehr gering, die Mitarbeiter qualifiziert und motiviert.

Singer war ein wenig skeptischer, er überschaute das mögliche Spektrum besser als ich, aber gab dann doch zu, daß die Sendeminuten rund um die Uhr besser hörfunkgemäß genutzt werden könnten. Die Kultur sollte dabei wieder einmal helfen, wo die nackte Politik nicht hinreichte. Während die Redaktionen Nachrichten und Außenpolitik alle Sender bedienen mußten, besaß jeder von ihnen eine Kulturredaktion. Für diese vielen Mitarbeiter brauche er Anregungen und vor allem eine sichere Hand bei der Anleitung durch das Komitee. Nur er war den Intendanten gegenüber weisungsberechtigt, alle Pläne konnten sich nur durch ihre Überzeugungskraft durchsetzen. Andererseits waren die leitenden Mitarbeiter der Sender natürlich für gute Vorschläge dankbar, denn es herrschte durchaus Wettbewerb zwischen ihnen um das beste Programm. Die heute vermuteten, ausschließlich zentralistischen Anordnungen sind eine der vielen Zwecklegenden über die DDR von Leuten, die dort nicht gearbeitet haben und nach vorausgewählten Akten Weisheiten von sich geben.

In dem Gespräch im Frühjahr 1975 ging es auch um meine Maßregelung im Jahre 1966 und meine stimmliche Belastung, denn im Hörfunk müsse ich, wenn auch nicht täglich, so doch ab und zu vor dem Mikrofon sitzen. In diesem Punkt sei er zuversichtlich, eine Stimme mit eigenem Ausdruck sei besser, als geglättete Sprecher, die man mit kultiviertem Ton dauernd höre. Wegen der Entscheidung von 1966, nach dem 11. Plenum des ZK 1965, sei man inzwischen der Meinung, daß die Reaktion wohl überzogen gewesen sei. Daraufhin meinte ich, daß man es den Betreffenden doch hätte sagen können, mit mir hätte noch niemand gesprochen. Er deutete an, daß Honecker, der die gröbsten Ausfälle gegen die Intellektuellen zu verantworten habe, sich bestimmt nicht öffentlich korrigieren würde, inzwischen sei er Generalsekretär. Ich solle aber sein Angebot durchaus als ernstgemeint ansehen. Auch der zuständige Sekretär des ZK, Werner Lamberz, billige es. Bliebe noch zu klären, ob meine Familienangelegenheiten in Ordnung seien.

Diese Frage hatte ich erwartet, denn in der Tat ging meine Ehe, nachdem die Kinder aus dem Haus waren, immer weniger gut. Es war, als ob alle Widersprüche dieser Welt sich in die kleinste Gemeinschaft, die Ehe, geschoben hätten. Dazu kam, daß mein Einfluß auf die Kinder immer geringer wurde, angeblich seien meine Anforderungen an sie zu groß, und in einem quälenden Jahresendurlaub, in dem ich, um einen Termin zu halten, den halben Tag übersetzen mußte, fiel die Entscheidung. Gisela und die Kinder fuhren ab, ich selbst nahm meinen Urlaubsmonat, den ich noch zu bekommen hatte, um zu arbeiten. In Schierke saß ich vormittags hinter der Schreibmaschine und stieg nachmittags auf die Bretter, um die einsamen Waldwege entlangzuziehen. Dabei lernte ich Margot kennen, eine Apothekerin aus Sachsen, und wir fanden uns sympathisch und verlebten den Urlaub – mit Ausnahme der Arbeitszeiten – gemeinsam. Plötzlich erschien alles gelöst, leicht, froh. Als der Urlaub zu Ende ging, dachten wir beide, daß für eine ernste Bindung alles zu wenig fundiert sei, dazu noch bei einer ständigen Entfernung zwischen Berlin und Karl-Marx-Stadt. Jeder hatte sein Arbeitsfeld, eine Wochenendehe wollten wir nicht. Hätten wir damals doch nicht so theoretisch gedacht, sagen wir heute, wo wir verheiratet sind, nach mehr als einem Jahrzehnt Umweg.

So stand ich nach der Scheidung von Gisela vor der Frage, wie noch einmal von vorn beginnen. Eine neue Frau erschien, Germanistin, und erheblich jünger als ich. Doch die bekannten Fragen, ob es geraten erscheint, den Altersunterschied zu ignorieren, wurden von uns vom Tisch gewischt. Eine Wohnung war das schwierige Problem. Eigene Initiative war gefragt, und so zogen wir in ein halb verlassenes Haus, renovierten eine Zwei-Zimmer-Wohnung und begannen unter schwierigen Umständen unser Zusammenleben. Unser Sohn wuchs dort auf, und wir fanden freundliche Mitmenschen, die uns nachbarschaftlich halfen. Das alles erzählte ich Rudi Singer, und er sah keinen Hinderungsgrund für eine leitende Arbeit im Rundfunk.

So schien alles auf gute Weise ins Lot zu kommen. Der neue Familienstart, die Beendigung der ständigen Schwierigkeiten mit der Hauptverwaltung und ihrem agilen Leiter und die Eroberung eines neuen Arbeitsgebietes mit neuen Anforderungen. Die neue Etappe im Leben schien sich gut anzulassen. Die Überraschung war perfekt, als ich Eva Maria, meiner Frau, davon berichtete.

Gesagt, getan, beschlossen, und die neue Aufgabe erwies sich als angenehm und anspruchsvoll. Ohne viel Gerede, auf Zuruf verstanden sich alle, meist hochgebildete Mitarbeiter. Sitzungen wurden kurz gehalten, die Aktualität der Sendungen bestimmte den Arbeitsrhythmus in weit höherem Maße als in allen anderen Medien. So kam es darauf an, die Qualität der Beiträge zu erhöhen, vor allem Vorproduktionen zu garantieren, weil dafür mehr Ruhe und weniger Termindruck vorhanden war.

Dieses anscheinend produktionstechnische Problem war aber in Wirklichkeit substantieller Art. Nach dem Beispiel des RIAS, des stärksten Konkurrenzsenders, waren Programme weitgehend in Magazinform gebaut, nur die Schwerpunkte änderten sich jeweils nach der Zielgruppe der Hörer. Der Ablauf jedoch verlief im Wechsel von Wort und Musik. Der Anteil der Musik am Programm wurde genau beobachtet, er sollte nicht weniger als 66 Prozent betragen, aber die Wortredaktionen verschoben ihn immer wieder zu ihren Gunsten. Der Vorteil der Magazine lag auf der Hand, sie ermöglichten Themenvielfalt und gebotene Kürze, ihr Nachteil lag darin, kompliziertere Zusammenhänge zu vernachlässigen. Das verleitete die Hörer, die längere Wortbeiträge wünschten, auf die dritten Programme der Stationen westlich der Grenze auszuweichen, wo sie besser bedient wurden. Aus diesem Grunde hatte Radio DDR ein zweites Programm eingerichtet, das die Intellektuellen als Zielgruppe hatte. Dieses Programm sollte schärfer profiliert, interessanter durch Mitarbeit namhafter Wissenschaftler und Künstler, zum Prestigeobjekt des Rundfunks ausgebaut werden.

Damit sollte ich beginnen. Der Intendant ließ mir freie Hand. Die Redakteure der Kultur- und Wissenschaftsredaktionen arbeiteten erwartungsvoll mit. Es fragte sich aber, wieweit unser Spielraum in der Praxis tatsächlich vorhanden war. Es war erstaunlich, wie unter den Bedingungen der Enge in vielen Medien auf diesem Programm erregende Fragen gestellt und diskutiert wurden. Bald sprach sich die größere Freiheit herum, und Radio DDR II hatte keine Autorensorgen mehr.

Konnte man eine ähnliche Situation im Hörspiel erreichen, war eine meiner Fragen, obwohl gerade die Funkdramatik eine hohe Qualität hatte, von den Mitarbeitern her bestimmt. Sie alle litten unter den kulturpolitischen Schwankungen wie die Mitarbeiter der Verlage auch, alle hätten gern mehr Spielraum für neue Themen gehabt. Dabei verfügte das Hörspiel, im Unterschied zu den Theatern und auch dem Fernsehen über Mittel, schnell und in guter Besetzung zu reagieren. In der Praxis konnte der Sendeplan immer geändert werden, wenn es sich um Aktualisierungen und Reaktionen auf politische Vorgänge handelte. Das Hörspiel hat vielen Schriftstellern, die im Konflikt mit der ideologischen und kulturellen Linie geraten waren, Arbeits- und Darstellungsmöglichkeiten gegeben. Einerseits stand das Hörspiel nicht im Mittelpunkt der Aufmerksamkeit, die ZK-Abteilung konzentrierte sich bei der Fülle der Sendungen auf direkt politische Sendungen und schätzte die Zahl dieser Hörer eher gering ein, andererseits waren die Stoffe in den meisten Fällen dem Leben der Gegenwart entnommen, spielten in den Betrieben und Dörfern, galten also als in Übereinstimmung mit den Forderungen der Führung befindlich.

Das war jedoch oft nicht der Fall. Existentielle Fragen der Menschen wurden aufgerollt, dramatische Schicksale gezeigt, die es eigentlich im Sozialismus nicht geben sollte. Dazu kam die Produktion der Abteilung Internationale Funkdramatik mit einem großen Angebot, das fast immer in gegenseitigen Vereinbarungen fixiert war und oft mit Regisseuren ausländischer Stationen realisiert wurde, nicht nur aus sozialistischen Ländern, sondern auch aus dem westlichen Ausland. Sie waren von den Produktionsbedingungen in der Nalepastraße durchweg begeistert, verfügte der DDR-Rundfunk doch über einen der modernsten Hörspielkomplexe in Europa. Alle, auch die raffiniertesten Klänge, konnten hier hervorgebracht werden. Für die Nachtproduktionen stellten sich auch die besten Schauspieler der Theater gern zur Verfügung. Hörspielarbeit galt für sie als ehrenhaft, obwohl man damit nicht reich werden konnte. Außerdem kamen sie hier an Rollen, die sie an ihren Theatern vermißten. Eines Tages kam der Text des beliebten kasachischen Autors Tschingis Aitmatow, »Der Aufstieg auf den Fudschijama«, ins Haus. Die Geschichte enthält einen Konfliktstoff, über den zu reden, selbst nach der Tauwetterliteratur, ein in der Sowjetunion bisher bewahrtes Tabu brach. Ehemalige Kriegsteilnehmer versammeln sich zu einem Traditionstreffen. Sie begehen es mit der Besteigung ihres Fudschijama, einer Bergwanderung. Doch einer fehlt. Er hatte, als die Rote Armee die Landesgrenzen überschritt, um die Wehrmacht nach Berlin zu jagen, den Standpunkt vertreten, daß die Aufgabe des Verteidigungskrieges erfüllt sei. Weitere Opfer seien unnötig, der Feind verjagt, jetzt müsse Frieden geschlossen werden. Die damalige Diskussion fand im Kreis der Kameraden vertraulich statt, doch einer von ihnen muß den Freund verraten haben. Er wurde abgeholt und nicht wieder gesehen. Nun fällt der Verdacht auf jeden. Das Treffen gerät zu einer Selbstabrechnung, und am Schluß steht ein durch Übermut begangenes Verbrechen. Jemand tritt einen Stein los, der eine Lawine auslöst und am Fuße des Berges einen unbeteiligten Menschen erschlägt. Mit diesem Symbol von Ratlosigkeit und dem Bekenntnis der Schuld, nicht nach dem verhafteten Kameraden gesucht zu haben, wird der Zuhörer entlassen. Die Verbrechen der Geschichte lassen die Gegenwart nicht los.

Peter Groeger, ein subtiler Regisseur unserer Hauptabteilung, nahm sich der Sache an, und nach der Produktionsfreigabe durch mich begann die umfangreiche Arbeit. Wir wußten, daß es Schwierigkeiten geben könnte, eine Drei-Stunden-Produktion im Programm unterzubringen, und es ging ja nicht um die Sendezeit allein. Das Stück wurde zwar produziert, doch nicht gesendet. Bei einer Besprechung im Zentralkomitee wurde Rudi Singer ungewöhnlich scharf kritisiert, wie der Rundfunk es wagen könne, ein solch brisantes, auch für die Sowjetunion nur ausnahmsweise genehmigtes Stück senden zu wollen. Er solle postwendend dafür sorgen, daß alle Beteiligten gerügt und die Bänder verschlossen würden. Als er sich mit Hinweis auf die Veröffentlichung des Buches und der damit zweifelsfrei genehmigten autorisierten Fassung vom Verlag Volk und Welt berief, gab man ihm eine Antwort, die bald darauf zur gängigen Praxis werden und für weitere Unsicherheit sorgen sollte. Eine Freigabe in einem anderen Medium, zum Beispiel für ein Buch, bedeute noch nicht die generelle Freigabe für die ganze DDR. Eine relativ kleine Auflage diene zur Information der Fachleute und wissenschaftlichen Interessenten, die Veröffentlichung in einem Massenmedium dagegen erreiche große Kreise und müsse daher anders betrachtet werden. Das träfe selbst unter den unterschiedlichen Verhältnissen auch auf Rundfunk und Fernsehen zu.

Ich antwortete Singer, damit sei der Willkür Tür und Tor geöffnet: Ein sowjetisches Stück, in Moskau aufgeführt, in der DDR gedruckt, dürfe aber nicht gesendet werden, obwohl es zweifellos ein Problem behandele, daß die Menschen beider Staaten berühre, wer solle das noch verstehen? Doch er winkte nur ab. Als wir zusammen die Treppe hinuntergingen, um ziemlich deprimiert das Haus zu verlassen, sagte er in kurzen Worten, das Verbot gehe auf eine Übereinkunft von Hager mit seinem sowjetischen Partner zurück. Die DDR spiele dieses Stück von Aitmatow nicht, die Sowjetunion dafür das Stück von Plensdorf »Die neuen Leiden des jungen W.« auch nicht. Und wie bestellt kam Achim Becker, der Parteisekretär des Senders, aus seinem Zimmer. Auch er hatte eben eine Abreibung erhalten, war ziemlich sauer und kündigte an, er würde mit der parteimäßigen Diskussion des Hörspiels in der Parteiorganisation beginnen. Die Winde hatten sich merklich abgekühlt.

Es gehört zu den Merkwürdigkeiten dieser Jahre, daß zwar bis zur Erschöpfung diskutiert wurde, die Konsequenzen aber milder ausfielen. In den Parteiversammlungen wehrten sich die Genossen, es lag immerhin der Verdacht auf Antisowjetismus im Raum, aber wie konnte Aitmatow antisowjetisch sein, war er doch Abgeordneter seines Republik-Sowjets? Die Anwürfe drehten sich im Kreis und wurden schließlich beigelegt. Doch immer bleibt von diesen Affären etwas übrig, manch ängstliches Gemüt, das sich Verdächtigungen nicht aussetzen wollte, beschloß im stillen, weniger zu wagen, und darin lag der eigentliche, verderbliche Erfolg der Traktation auf Gemüt, Gewissen und Parteidisziplin, daß weniger Engagement für Erweiterungen des Spielraums für die Kunst zu spüren war. Mancher zeigte Lustlosigkeit, ja Lethargie, wenn es um persönlichen Einsatz gehen mußte. Trotzdem war in den siebziger Jahren Knebelung nicht mehr so einfach, das Selbstbewußtsein bei vielen war gestärkt. Rückfälle wie im Fall des »Fudschijama« allerdings zerrten an den Kräften. Heute wird schon erkannt, daß das geistige Leben Widerstände, Konflikte, Attacken benötigt, um sich zu reiben und lebendig zu bleiben. Aber das ist leicht gesagt, wenn persönliche Konsequenzen nicht zu befürchten oder gering zu veranschlagen sind. In der DDR gab es nur eine Arbeitsstelle für Rundfunkredakteure, eben die Nalepastraße, und wer hier entlassen wurde, hatte sehr große Mühe, in seinem Beruf eine neue Stelle zu finden. So schwankten fast alle zwischen der leichteren Anpassung und der schwereren Aufgabe, die Gesellschaft voranzubringen.

Und noch eine andere Beobachtung konnte man in diesen Jahren machen. Die politische Leitung erkannte den Kulturredakteuren wohl zu, daß sie, um kreativ zu bleiben, manchen ungewöhnlichen Schritt gehen mußten.

Trifft man heute Mitarbeiter des Rundfunks, so trauern viele der schöpferischen Atmosphäre in der Nalepastraße nach. Dieses erstaunliche Phänomen in der sonst langweilig und dogmatisch erscheinenden Medienlandschaft der DDR bedarf einiger Erklärungen. Der eine Grund liegt in der erheblichen Selbständigkeit der Redaktionen und Sender. Die Struktur war für die praktischen Belange des Hörfunks gebaut und mußte auf die Eigeninitiative der Mitarbeiter setzen. Die Redaktionsleiter gaben die Sendungen frei, jeder Leiter hatte einen Stellvertreter, der über die gleichen Rechte verfügte, einer von beiden mußte immer anwesend sein. Die Mitarbeiter kannten sich genau, und jeder kannte die Stärken und Schwächen des anderen. Eine Spezialisierung war möglich und erwünscht. Der Arbeitsgegenstand, die Sendung, war das Kriterium für alle anderen sekundären Angelegenheiten, persönlicher Einsatz war nicht nur gefordert, sondern gehörte auch zum Ehrenkodex des Stalls, aus dem man kam.

Der zweite Grund lag in der unter Singer klugen Art der Führung. Zuerst wurde Anerkennung, dann Kritik geübt, letztere mäßig und sachkundig. Er forderte seine Leiter auf, die Belange des Kollektivs zu beachten, wußten wir doch alle, daß ein wirksames Programm von dem Zusammenwirken verschiedener Faktoren abhing und eigentlich eine Komposition darstellte. Daher wurde jede zweckdienliche Idee aufgegriffen und umgesetzt;

wenn sie noch nicht ausgegoren war, arbeitete man weiter daran. Und schließlich bot der Hörfunk für begabte Journalisten vielgestaltige Möglichkeiten: von der Meldung bis zum Feature verfügte unser Medium über alle Nuancen der journalistischen Arbeit. Seit der Zeit in der Nalepastraße habe ich nicht wieder eine fast selbstlos zu nennende Arbeitssituation angetroffen. Es soll hier nicht ein Bild paradiesischer Zustände gezeichnet werden, tägliche Querelen waren ebenso anzutreffen wie Fälle von Faulheit, aber man kannte seine Pappenheimer und pflegte einen offenen Ton. Obwohl natürlich bekannt war, daß überall Informanten eingebaut waren. Sie besaßen oftmals ein gewisses intellektuelles Niveau und standen unter gleichen Arbeitsbedingungen wie jeder andere. In der Regel erkannte man sie am geheimniskrämerischen Geruch.

Zu meinem 50. Geburtstag, Anfang des Jahres 1977, erschien zur Gratulation der Abteilungsleiter für Agitation im ZK, Heinz Geggel, fand Zeit für ein Gespräch, das sich gleich am langen Tisch mit mehreren Freunden entwickelte. Er fragte, warum, unter prinzipiell gleichen Bedingungen, in der einen Institution sich eine erfolgreiche Arbeit entwickele, an der anderen aber nicht. Jeder wußte, worauf er anspielte. Mein Vorgänger war ans Fernsehen berufen worden und leitete dort seit einiger Zeit den Bereich Dramatische Kunst, eine große Abteilung mit Hunderten von Mitarbeitern und einem großen Produktionsvolumen, erheblich größer als das der DEFA. Seit Ulbrichts Zeiten sollte das Fernsehen vorangehen und mit vorbildlichen Werken Millionen Zuschauer in Ost und West erreichen. Je näher man aber an die Probleme der Gegenwart kam, desto schwieriger gestaltete sich die Praxiswiedergabe, die Erfolge ließen nach.

Es entspann sich eine lange Diskussion, die darauf hinauslief, daß es im Sozialismus durchaus nicht gleich sei, wer an der Spitze von Betrieben stünde, die Rolle der Persönlichkeit wäre nicht verstanden worden, obwohl eines der ersten Bücher der internationalen Sozialdemokratie von Plechanow sich mit diesem Problem beschäftigt habe, allerdings unvollkommen, und seitdem habe sich die einseitige Betrachtung, daß Volksmassen die Geschichte vorantrieben, nicht geändert. Sie könnten es nur tun, wenn herausragende Persönlichkeiten ihre Sprecher seien. Dieses Verhältnis ausgewogen zu gestalten, sei eine Kunst, die in der

DDR nicht beherrscht würde. Man glaubte oft, wenn eine Position mit einem anderen Mann besetzt würde, ginge alles besser, wenn der aber einen unausbleiblichen Fehler mache, würde er gesteinigt. Geggel widersprach nicht, er wirkte eher nachdenklich, gar nicht forsch, wie er im allgemeinen beschrieben wird. Als er ging, sagte eine Berliner Schnauze: »Jetzt bist du dran!«, und alles lachte.

Ich fragte Singer bald danach, was der Besuch zu bedeuten hätte, und er antwortete ganz konkret darauf: »Ich habe gerade einen Anruf bekommen, du sollst dich bereithalten, in den nächsten vierzehn Tagen in einem Gespräch mit Werner Lamberz deine Ansichten über die Leitung der Dramatik im Fernsehen vorzustellen. Am besten, du schreibst das auf. Ich bedaure das, aber es wird wohl nach Adlershof gehen.« Am nächsten Wochenende, Anfang Februar 1977, besuchte ich meinen Vorgänger im Fernsehen und versuchte zu erfahren, wie es ihm ergangen sei. Ab und zu hatten wir uns zwar gesehen, bei den Sitzungen der Kulturkommission des Politbüros, doch nie war bei diesen Gelegenheiten Zeit und Ort, um diffizile Fragen zu besprechen. Manfred E. sagte nur, daß er sich freue, wieder in die Nalepastraße zurückzukehren, war aber nicht in der Lage, die wirklichen Umstände der Arbeit beim Fernsehen zu schildern. »Du mußt dir das Gegenteil vom Hörfunk vorstellen«, war seine genaueste Beschreibung. Was sollte ich damit anfangen?

Das Gespräch beim Sekretär des ZK der SED, Werner Lamberz, fand dann statt. Mitte Vierzig, wirkte Lamberz auf alle, die mit ihm zu tun hatten, sehr dynamisch, und er kam gleich zum Thema: Er wollte wissen, warum es im Fernsehen immer wieder Schwierigkeiten gäbe und beschlossene und gewünschte Entwicklungen sich nicht einstellten. Wir debattierten. Offensichtlich hing das Problem mit den entstandenen Strukturen zusammen.

Während im Hörfunk es objektiv unmöglich war, eine Ein-Mann-Leitung zu praktizieren, versuchte der Vorsitzende des Fernsehens, Heinz Adameck, genau das, wie in den Gründungsjahren Anfang der fünfziger Jahre, zu veranstalten. Inzwischen sei aber ein großes, ausgebautes Unternehmen entstanden mit umfassender Eigenproduktion, vielen Auslandsverbindungen und angegliederten Produktionsbetrieben. Die Redaktionen verantworteten bereits erhebliche Finanzmittel, sie erschienen aber nicht in überschaubaren Einzelabrechnungen, sondern zumeist am Ende der Produktion als Summe, die nicht mehr zu ändern war.

In der Thematik hätten es die Fernsehdramaturgen nicht weniger schwer als alle anderen. Die Gegenwart tendiere weniger zu dramatischen, eher zu prosaischen Auffassungen, wirksam sei auf dem Bildschirm wie im Kino jedoch nur starke Dramatik. Da Kräfte am Werk waren, die Wirklichkeit geglättet darzustellen, könnten eigentlich nur historische Stoffe genommen werden, und viele wären von der Sowjetunion bereits in den früheren Jahren gedreht worden. Der Kampf um eine Neuerermethode in der Produktion sei eben in der Regel zähflüssig und oft nicht interessant genug darzustellen. Da Liebesaffären und andere private Angelegenheiten bis auf Tändeleien jugendlicher Helden so gut wie ausgeblendet blieben, erschiene das gesellschaftliche Leben langweilig und grau.

Andererseits waren unter den DEFA-Filmen der Jahrgänge 1965/66, die verboten wurden, die besten Arbeiten voller starker, dem Sozialismus immanenter Konflikte. Ich vertrat daher den seit Lessing unumstrittenen Standpunkt, daß der der Handlung innewohnende Konflikt und seine Lösung durch Tod oder Happy-End die Leute interessiere, nicht die agitatorischen Deklamationen von Brigadieren oder Parteisekretären, wie sie derzeit gewünscht würden. Darunter leide auch das Kino seit dem großen Aderlaß. Die ideelle Decke sei zu kurz, die Autoren ratlos, und nur die wenigen Stammschreiber, von Adameck mit für damalige Zeiten hohen Monatszuwendungen als Angestellte des Fernsehens behandelt, würden die Lage schönen. In Wahrheit gäbe es keinen Nachwuchs, und wer auf sich hielte, schriebe nicht für das Fernsehen.

Warum das so sei? Die Restriktionen, die Hereinredereien seien für viele nicht zumutbar, nur wer sich in großer Finanznot befände, ginge auf einen Vertrag ein. Jede etwas ungewöhnliche Fabel würde zerredet, umgebogen, zum Gegenstand von Sitzungen gemacht. Warum der Rundfunk nicht unter Autorenmangel litte? Ganz einfach, dort würde es eben anders praktiziert, die Mitarbeiter seien durchweg sicher, daß besonderer Einsatz auch anerkannt und nicht bestraft würde. Im Fernsehen liefen zahlreiche bis zur Demütigung kritisierte Dramaturgen verunsichert herum.

Ein weiteres Kapitel sei die unsinnige Nebeneinander-Existenz von DEFA und Fernsehen. Anstatt eine große leistungsfähige Film- und Fernsehproduktion aufzubauen, saßen bei der DEFA gut bezahlte, fest angestellte Regisseure arbeitslos herum, manchmal jahrelang, das Studio trat mit 15 Kinofilmen im Jahr auf der Stelle.

Damit war ein Thema berührt, das nur im ZK entschieden werden konnte. Die DEFA unterstand der Abteilung Kultur, das Fernsehen der Abteilung Agitation, und jede Abteilung auch einem anderen Sekretär. Niemand wollte seinen Bereich verkleinern, und somit blieb alles beim alten. Auch Lamberz fragte sofort, bei welchem Sekretär diese einheitliche Film- und Fernsehproduktion angesiedelt werden solle und lachte, als er sich vorstellte, die entscheidende Sitzung über diese Frage fände wirklich statt, und die Leitungen müßten sich eingestehen, daß eine eigene Filmproduktion für das Kino eigentlich überflüssig und nicht bezahlbar sei, wenn man nur die Besucherzahlen in den Kinos ernst nähme. In die alten Schuppen würde sowieso nichts mehr investiert, die wenigen modernen Neubauten fielen gar nicht ins Gewicht.

Und wie wirst du mit Heinz Adameck zurechtkommen? Das war die schwierigste Frage, lag gerade dort mein Hauptproblem. Adameck hatte das Fernsehen nach den Anforderungen des ZK aufgebaut, in jedem Falle linientreu geleitet, kannte (fast) jeden Mitarbeiter, wobei ihm seine frühere Tätigkeit als Kaderleiter im Rundfunk zugute kam. Sein Gedächtnis funktionierte über Jahre hinaus, wen er einmal gesprochen hatte, den vergaß er nicht und erinnerte sich genau an das Gespräch. Die Leitung, das Staatliche Komitee für Fernsehen, war nach seinen Wünschen zusammengesetzt, kaum einer, der nicht in irgendeiner Weise von ihm abhängig war, es gab keinen Fall, daß – außer dem ZK – jemand Kritik geübt hätte. Der Parteisekretär des Fernsehens, einem Kreissekretär gleichgestellt, nahm an allen Sitzungen des Komitees teil und nickte ab. Mit dieser Art der Leitung würde ich meine Schwierigkeiten bekommen, und daher wolle ich nicht zusagen, die Funktion zu übernehmen. Ich sähe zwangsläufig Reibungen voraus. Adameck hielt sich auch auf dem Gebiet der Fernsehdramatik für einen Fachmann, er griff häufig, wie mein Vorgänger bestätigte, in die Belange des Bereiches ein, damit wären die Unstimmigkeiten und Konflikte vorprogrammiert. In diesen hausgemachten Komplikationen lägen die Ursachen für die Schwächen des Fernsehens auf diesem Gebiet. Dazu käme, daß seine Frau literarische Arbeiten für das Fernsehen einrichtete, die aber nur durch den hochbezahlten Einsatz guter Regisseure einigermaßen sendefähig geworden seien. Über diese häusliche Verbindung sei er immer gut über Interna unterrichtet, die selbst der zuständige Leiter nicht kennen konnte. Ständige Intrigen waren die Folge.

Lamberz sagte, meine Meinung decke sich mit seiner, er werde anweisen, daß die Frau des Vorsitzenden nicht mehr in dieser Weise beschäftigt werde. Die Nachteile seien zu groß, es würde sich für sie etwas anderes finden. Im übrigen hätte ich freie Hand. Damit griff er zum Telefon und sagte Adameck, daß er mit mir gesprochen habe, daß er wünsche, Adameck solle sich nicht mehr in die Angelegenheiten der Kunstproduktion einmischen, die Verantwortung trüge ich. Gäbe es erhebliche Meinungsverschiedenheiten, würden sie an seinem Tisch ausgetragen. Adamecks Frau würde, wenn sie wolle, woanders arbeiten. Es sei Schluß zu machen mit der ewigen Fehlhaltung zu den Belangen der dramatischen Kunst.

Am anderen Ende der Leitung versprach Adameck, daß sich Lamberz darauf verlassen könne. Er würde genauso verfahren, seit langem sei es sein Wunsch, mit einem erfahrenen Leiter dieses Bereiches zusammenzuarbeiten. Er warte geradezu darauf, daß er entlastet würde. Er kenne mich seit langem, endlich sei eine Lösung gefunden worden, mit der er einverstanden sei usw. Lamberz schloß das Telefonat mit der ernsten Bemerkung: »Wenn es diesmal wieder schiefgehen sollte, steht deine Funktion zur Disposition.«

Zum Abschied sagte ich Lamberz offen, daß diese Schlußbemerkung nicht die beste Startbedingung für mich sei. Ich wolle Adameck völlig vorurteilsfrei entgegentreten, ob das nun von seiner Seite auch so sei, bezweifle ich. Doch Lamberz lachte und sagte, Adameck sei diszipliniert und würde sich daran halten, dessen sei er gewiß. Und auch an meine Disziplin appellierte er, es ginge um das wichtigste Massenmedium der DDR, und das sei kein Pappenstiel.

Der Hinweis auf die erwartete Parteidisziplin gehörte zu solchen Kaderaussprachen, er bedeutete, daß man auch weiterhin den durch die Beschlüsse vorgezeichneten Weg gehen würde. Es war in der DDR fast gar nicht möglich, an einer Karriere zu basteln, wie es heute vermutet wird. Warum sollte ich eine Arbeit aufgeben, die mir gefiel, in der ich gern meine Ideen und Kräfte einbrachte, um mich einem ungewissen, mit allerlei Belastungen versehenen Abenteuer auszusetzen? In solchen Fällen lockte kein Geld, die Bezahlung war nicht sehr viel besser, das konnte der Anreiz nicht sein. Als Genosse, ich war immerhin über dreißig Jahre Parteimitglied, ging es, von Ausnahmefällen abgesehen, immer um die Erfüllung von Aufgaben, aus diesen Gründen wurden Versetzungen vorgenommen, bei Versagen oder bei Erfolgen. Im Hörfunk existierten gewisse Freiheiten, die man zu schätzen erst lernt, wenn man sie nicht mehr hat. Gut, ich war diszipliniert, nun aber mußte ich auch substantiell etwas ändern. Was wäre geschehen, wenn ich abgelehnt hätte? Ich hätte ernsthafte Gründe vorbringen müssen. Das hätte ich getan, aber Lamberz hätte sie bestimmt ausgeräumt, seine Entscheidung war längst gefallen. Als ich nach dem Gespräch im Rundfunk ankam, rief mich Adameck sofort an und sagte, daß er sich über den Entscheid freue und an ihm solle eine gute Zusammenarbeit nicht scheitern. Ob mir das Werner Lamberz gesagt hätte? Er hatte.

Berlin-Johannisthal

Das Fernsehgelände der DDR bestand aus den beiden Teilen Adlershof und Johannisthal, dazwischen, auf dem ehemaligen Flugfeld, lag das Gelände des Wachregiments »Feliks Dzierżyński«. Am Namen erkannte man schon, daß die »bei Felix« dienenden Soldaten dem Ministerium für Staatssicherheit unterstanden. Seine Kasernen und sonstigen Gebäude waren nur durch die Rudower Chaussee vom Fernsehzentrum getrennt.

Die politischen Abteilungen und verschiedene Redaktionen sowie Senderäume des Fernsehfunks der DDR lagen in Adlershof. Man sah dem Gelände an, daß es sporadisch gewachsen war. Die technischen Abteilungen brachte man in neuen, festen Räumen unter, die Redaktionen mußten sich jahrelang mit Provisorien begnügen. An die Stelle von Holzbaracken traten sogenannte Billigbauten, die jeglichen Komfort vermissen ließen. Geschlossene Lösungen, wie beim WDR oder SWF, kompakt oder als Campus, wären natürlich auch möglich gewesen, aber die DDR besaß nie das Geld für solche Investitionen, und so wurde immer angeflickt. Neben den Kasernen bestimmt noch am südlichen Rande der Großhandel für Kohle und andere Brennstoffe das Bild. Niemand vermochte den Zustand zu ändern, obwohl die damit verbundene Staubbelastung den elektronischen Geräten nicht förderlich war.

Der Bereich Dramatische Kunst hatte seinen Platz in Berlin-Johannisthal, am Rande eines alten Flugfeldes, dem späteren Tobis-Film-Gelände. Hier war auch das wichtige Synchronstudio der DEFA untergebracht. In der DDR wurden prinzipiell alle ausländischen Filme synchronisiert, Untertitel waren nur in den ersten Jahren üblich. Neben diesem Studio standen einige Steinbaracken, die Redaktionsräume der Dramaturgen. Mit Produktionsstäben, Kameraleuten, Ökonomen und anderen Mitarbeitern verfügte der Bereich über 450 Angestellte. Die Regisseure kamen fast ausschließlich aus den eigenen Reihen. Die elektronische Aufnahmetechnik in den angeschlossenen Studios unterstand der Deutschen Post.

Mit Ausnahme der DEFA-Auftragsproduktionen, die jährlich zwischen 30 und 40 Millionen Mark lagen und dazu beitrugen, daß die Kapazitäten in Babelsberg ausgelastet wurden, stellte das Fernsehen alles selbst her. Diese sich in der DDR herausgebildete Selbstversorgung hatte ihre Vor- und Nachteile. Die Vorteile aber überwogen. Bei der ständigen Unterbilanzierung hätte die Abhängigkeit von Fremdfirmen zum Chaos geführt. Bei allen Schwierigkeiten, die heftig beklagt wurden, hat sich dieses System dennoch bewährt.

Die Grundstruktur des Senders in Adlershof beruhte, wie auch die der Nalepastraße, auf dem allgemeinen Vorbild des Rundfunks, der BBC in London. Etwa auf gleiche Weise waren Sendeplanung und Ablauf aufgebaut, gegliedert nach den Bereichen Tagespolitik (Nachrichten), Publizistik (umfassendere Probleme) mit Reportagen und Magazinen, Sport und Unterhaltung, Schulfernsehen und Auslandsstudios oder -aufnahmegruppen und eben die Dramatische Kunst, das heißt die Produktion von Fernsehspielen und -filmen. Dazu kamen, wie überall, die Stabsabteilungen. Die Leitung des voll ausgebauten Senders, dessen Struktur etwa mit dem ZDF verglichen werden kann, erwies sich als das eigentliche Problem.

Die Hauptproblematik bestand in der Informationspolitik. Die politische Lesart und Sprechregelung dafür wurde in den Donnerstagssitzungen, der sogenannten Argumentation, bei der Abteilung Agitation im ZK der SED festgelegt und am gleichen Tag an alle Medien weitergegeben. Am Freitag erfolgte die Information der Redaktionen, ergänzt durch Festlegungen der Komiteesitzung, die am Dienstag stattfand. Dieser Rhythmus war fest eingeschliffen und wurde fast niemals geändert. Er garantierte den Gleichstand der Information bei allen politischen Mitarbeitern. Wenn auch nicht alle wichtigen Informationen an jedermann gelangten, so gehörten die Fernsehleute doch zu den am besten unterrichteten Leuten in der DDR. Allerdings besaß dieses System für die Leitung den Nachteil, daß bei offensichtlichen Lücken die Mitarbeiter unbequeme Fragen stellten. Sie traten immer häufiger auf, wenn sich das Politbüro über innere und äußere Probleme noch keine Meinung gebildet hatte, und deshalb wurde zu internationalen Fragen von der Abteilung Agitation des ZK nicht selbständig argumentiert. Die Tagesmeldungen, wenn sie besonders brisant erschienen, liefen über den Tagesdienst direkt an die Leitung der Aktuellen Kamera, manchmal auch mit vorgegebenen Texten. Dann konnte man davon ausgehen, daß sie von höchster Stelle, also von Honecker selbst, abgesegnet oder gar formuliert worden waren. So hat er in einen vorgegebenen Kommentar über die Fluchtwelle über Ungarn nach Österreich die bekannten Worte »... und wir weinen ihnen keine Träne nach« geschrieben, und der diensthabende Kommentator, Olaf Dietze, der so etwas nie von sich aus gesagt hätte, mußte diesen Satz vorlesen, und ihn traf der Zorn der Zuschauer völlig unberechtigt. Vielleicht hätte er sich weigern sollen, aber so waren die Journalisten nicht erzogen.

Das in solchen Fällen am meisten benutzte Argument hieß: »... aber du mußt doch einsehen!« Die Einsicht in die Notwendigkeit, zugleich die Definition für Freiheit aus marxistischer Sicht, beherrschte die Köpfe vieler Mitarbeiter. Wenn man etwas nicht einsah, erweckte man Zweifel an seiner Verbundenheit zur DDR oder gar Schlimmeres, man ging vielleicht den ersten Weg zum Ketzer oder gar zur Gegenseite.

Das war die Situation, als ich in die Johannisthaler Baracke zog. Alles war dort vom Primitivsten, die Einrichtung noch aus den Gründertagen mit gelegentlich angeschafften neuen Stühlen. Wer jemanden treffen wollte, orientierte sich auf dem langen Korridor, man erfuhr sofort, wo wer zu finden war. Der erste, der mir begegnete, war ein damals sehr bekannter Macher, Heinz Nahke. Als Chefredakteur der Zeitschrift »Junge Kunst«, die einen guten Ruf, aber kaum Leser hatte, ließ er im August 1961 ein Titelblatt drucken: »Schmelzt ein die Kanonen, schießt mit Zitronen!« Die Forderung war an den Westen gerichtet, schlug aber auf Nahke zurück. Die Zeitschrift wurde eingestellt, Nahke ging zum »Forum«, ein diskussionsfreudiges Blatt der intellektuellen Jugend, durch die Vorabdrucke neuer Literatur bekannt. Als Klaus Hilbig das Kulturmagazin im Fernsehen übernahm, wurde er sein Nachfolger und setzte die freimütige Linie der Zeitung fort. Sein etwas späterer Übergang in den Bereich Dramatische Kunst beruhte auf einem merkwürdigen Irrtum.

Zur Auswertung der Zweiten Bitterfelder Konferenz 1964 waren auch einige Journalisten ins Politbüro geladen, darunter Heinz Nahke. Erich Mückenberger, damals 1. Sekretär der Bezirksleitung Frankfurt/Oder, berichtete von Schwierigkeiten auf der Baustelle in Schwedt, denen der Schriftsteller Helmut

Hauptmann ausgesetzt war, als er eine Reportage schreiben wollte. Nahke schaltete sich ein und berichtete, daß die Reportage von seiner Zeitung zum Abdruck vorbereitet würde. Ulbricht verstand etwas falsch und hielt Heinz Nahke für den Schriftsteller. Das Durchsetzungsvermögen gefiel ihm, und er wandte sich spontan an Adameck mit dem Vorschlag, der natürlich eine Anweisung war, »den Genossen Hauptmann, der hier so überzeugend berichtete«, als Chef der Fernsehdramatik einzusetzen. Dazu muß man wissen, daß der erste Angriff auf die Dramatische Kunst nach dem Mauerbau bereits 1963 erfolgte, als zwei Sendungen des Fernsehens, »Monolog für einen Taxifahrer« von Günter Kunert und die Fernsehoper »Fetzers Flucht« von Jean Kurt Forest und Günter Kunert, Regie Günter Stahnke, in aller Stille, aber ohne Diskussion abgesetzt wurden. Seitdem schlummerte, trotz öffentlicher Gunstbezeugungen für das wichtigste Massenmedium, der Argwohn gegen seine künstlerischen Produktionen bei Ulbricht.

Nahke wurde also an Ort und Stelle etabliert, obwohl er keinerlei Erfahrung mit dem komplizierten Medium besaß. Als die Sitzung beendet war, machte ich Adameck darauf aufmerksam, daß er anständigerweise Ulbricht auf seinen Irrtum hinweisen müsse, es wäre ja noch alles reparabel, aber er antwortete nur: »Ein ausgezeichneter Vorschlag, der Mann hat verstanden, was nottut, und ich nehme ihn.« Mit seinem journalistischen Gespür fand Nahke in dem großen Stapel der Manuskripte die gewünschten heraus, produzierte sie schnell unter Hintenanstellung bereits geplanter Produktionen, so daß sie bald auf dem Bildschirm zu sehen waren. Doch seine anarchischen Eingriffe in das feine Geflecht der Produktionen brachte die Programmplanung in Unordnung. Der Wundermann wurde zurückgestuft, ein Systematiker aus dem Verlagswesen, Heinz Sachs, der Cheflektor des Mitteldeutschen Verlages, wurde für die Gesamtverantwortung geholt. Doch solche Einbrüche zu reparieren dauert sehr lange, und als er auf dem besten Wege dazu war, kam ein Unglück in der Familie dazu, er betrieb seine Ablösung und ging wieder in den Verlag nach Halle zurück. Auf den Buchmessen hatten wir oft unsere Stände nebeneinander, er erzählte mir von den Verhältnissen im Fernsehen, was mir eine Warnung hätte sein sollen.

Zurück zur ersten Begegnung auf dem Korridor in Johannisthal. Heinz Nahke berichtete wirres Zeug über die Verhältnisse in der Baracke, doch ich wollte mich nicht schon am Anfang von seiner Sicht der Dinge abhängig machen. Würde ich seinem Drängen nachgegeben haben, wieder ein »ganz wichtiges Stück« bevorzugt einzusetzen, wäre dasselbe geschehen, was vorher zur Verzweiflung von Heinz Sachs eingetreten war. Und dennoch hatte Nahke das Gespür für das Gewünschte, man erwartete eben vom Leiter, daß er es fertigbrachte, die Stücke mit dem sicheren Beifall aus dem ZK bevorzugt zu produzieren, denn der Druck auf die »bewußtseinsstärkenden«, unterstützenden, ideologischen Schritte war groß, wozu hatte man schließlich das teure Instrument, für das man immer neue Geräte einführen mußte.

In diesen Widersprüchen befand man sich ganz schnell, aber trotz aller Versuche, waren sie schwer abzubauen. Etwas vereinfachend gesagt, verlangte man von diesem Bereich flotte Unterhaltung, leichte Kost und schwere Geschütze, sogenannte Straßenfeger, die weite Kreise der Bevölkerung an den Bildschirm zwangen. Es hatte eine goldene Zeit gegeben, in der das möglich war, aber sie war lange vorbei, und es lagen auch keine entsprechenden Stoffe vor. Allerdings wurden sie verlangt, und in den Planvorgaben standen oftmals unrealistische Hoffnungen, die mit bekannten Autorennamen verbunden waren. Da das Medium Fernsehen in seiner Anfangsphase auf den Film und das Theater angewiesen war, bestand schon bald die berechtigte Forderung, einen eigenen Autorenstamm aufzubauen, der in schöner Regelmäßigkeit bedeutende Vorlagen abliefern sollte. Das weitere sollten dann die Regisseure und bekannte Schauspieler vollbringen. So wurden von einem mäßig talentierten Schriftsteller, dem aber bei Tagungen immer die richtigen Worte einfielen, eine Reihe von kleinen Episteln eines Meisters Falk, seiner Kunstfigur, produziert, in denen besonders komisch wirkte, daß dieser Mechanikermeister mit einer dementsprechenden Mütze auf dem Kopf von dem bekannten Schauspieler Wolf Kaiser, dem Macki Messer aus der Engelschen Inszenierung, gegeben wurde. Ihm traute man alles mögliche zu, nicht aber einen Meister, der Weisheiten über die sozialistische Produktion abgab.

Die Forderungen nach einem Typ wie Meister Falk, nur viel besser, wurden immer wieder erhoben. Anscheinend starb der Wunderglaube nicht aus, eine ganze Bevölkerung sei auf diese

Weise manipulierbar, die Dinge günstiger zu sehen, als sie in Wirklichkeit lagen. Dieser Forderung sah auch ich mich dauernd gegenüber, und als wir das Stück eines sowjetischen Autors spielten, in dem auf realistische Weise die Verhältnisse in einem Betrieb gezeigt wurden, hieß es: »Aber so doch nicht! Welch ein Bild entsteht von der Sowjetunion?« Doch in den siebziger Jahren war es noch nicht so einfach, öffentliche Kritik an sowjetischen Arbeiten zu üben.

Hinter all diesen Gaukeleien stand die große Befürchtung, der Biermann-Bazillus würde sich weiter ausbreiten. Die Parteiführung war froh, den unbequemen Sänger abgeschoben zu haben, hatte aber nicht damit gerechnet, daß sich zahlreiche Künstler mit dieser Abschiebung nicht einverstanden erklärten, also dafür waren, daß kritische Stimmen geduldet werden müßten. Noch während ich beim Hörfunk arbeitete, geschah der bekannte Vorfall, daß nach dem Konzert Biermanns im Ruhrgebiet seine Ausbürgerung von führenden Schriftstellern kritisiert und eine Rücknahme des Beschlusses verlangt worden war. Noch am Abend, gleich nach dem Konzert, rief mich Singer an und verlangte die Instruierung aller Kulturredakteure, daß sie zahlreiche unterstützende Stimmen für die Ausbürgerung Biermanns in den Sendungen des nächsten Tages einholen sollten.

Wir versammelten uns um 24.00 Uhr des gleichen Abends, und als ich in dürren Worten erteilte Weisungen weitergab, waren alle der Meinung, daß die Situation damit um keinen Deut besser würde. Alle kannten seine Lieder, alle fanden sie interessant, nicht jeder war ein glühender Anhänger des Mannes, der einst mit der FDJ-Liedbewegung verbunden war. Ich hatte zweimal mit ihm in meiner Eigenschaft als Minister gesprochen, recht freimütig. Er sagte mir ohne Scheu, daß er sich für einen modernen Heinrich Heine halte und wie dieser seine Lieder genau arbeite. Was leicht klänge, wäre das Ergebnis schwerer Arbeit. Das sah ich auch, sagte ihm aber, daß sein Katakombendasein auf die Dauer zur Schwächung führen würde. Ich schlüge ihm eine Versuchstournee vor, bäte ihn aber, scharfe Angriffe zu unterlassen, um den Plan nicht zu gefährden. Er wollte es überdenken, aber beim zweiten Gespräch zeigte sich, daß er befürchtete, seinen Nimbus als Sänger des Untergrunds zu verlieren, die Mystifikation war ihm mehr wert. Nun aber war aus einem Konzert, in dem er alle Register gezogen hatte, eine Weichenstellung geworden, unter der alles andere leiden sollte.

Honecker hatte das bekannte Wort, daß es bei sozialistischer Grundhaltung keine Tabus geben sollte, zurückgenommen, denn eine sozialistische Grundhaltung war Biermann nicht abzusprechen, wenn sie auch teilweise anarchistische Züge trug. Widersprach sie den Brechtschen Forderungen? Brecht fordert die völlige Freiheit des Buches, Theaters, Films, der Musik und der bildenden Kunst mit einer Einschränkung: »Keine Freiheit für Schriften und Kunstwerke, welche den Krieg verherrlichen oder als unvermeidbar hinstellen, und für solche, welche den Völkerhaß fördern.« Biermann propagierte weder Krieg noch Völkerhaß, er war also ein dem Sozialismus immanenter Kritiker. Doch anstatt sich mit seinen, manchmal auch krausen, Ideen zu beschäftigen, wurde er verboten und ausgebürgert. Die alte sowjetische Praxis aus den Nachkriegsjahren, die dem Sozialismus den Vorwurf einer faschistoiden Haltung zu kritischen Geistern einbrachte, feierte Auferstehung. Der Kritiker wurde totgeschwiegen und damit aus der Gemeinschaft ausgestoßen. Viele Künstler fanden den Weg zu westlichen Medien. In diesen Tagen sagte jemand: »Mag er doch die Bourgeoisie zersetzen, und nicht uns.« Als ich ihm antwortete, daß die Bourgeoisie alle seine Angriffe schlucken und durch Nichtbeachtung wirkungslos machen werde, meinte er, das eben könnten wir nicht tun.

Der Sozialismus dachte der Kunst und den Künstlern mindestens die Rolle von Hohenpriestern und religiöse Impulse zu, das aber war nicht gerechtfertigt angesichts der aufklärerischen Traditionen des Marxismus. Wenn Schriftsteller oder Maler es auch vermögen, einen guten Gedanken wesentlich wirkungsvoller auszudrücken als ein gleichdenkender, einfacher formulierender Mensch, so wird der Gedanke dadurch nicht anders, weder schärfer noch tiefwirkender. Das Subjekt, der Empfänger, muß die andere Seite der Beziehung bewältigen durch eigene geistige, will heißen emotionale und rationale Arbeit. Und wegen dieser Wechselbeziehungen ist die teilweise überhöhte und dann wieder ungerechtfertigt verteufelte Rolle von Künstlern und Kunstwerken kulturpolitischer Unfug, der sich auf die Dauer immer negativ auswirken muß.

So beherrschte die Biermann-Affäre im weitesten Sinn die Gemüter. Zu den Befürwortern der Petition an die Parteiführung gehörte neben dem bekannten Kreis führender Künstler und Schriftsteller auch so mancher, der es nicht gewagt hat, sich in der Öffentlichkeit anzuschließen, weil er nicht unabhängig war, aber genauso dachte. Das wußten auch die Parteiführung und die Fernsehleitung, und so konnte es geschehen, daß einfache, wenig problembehaftete Filme und Manuskripte lange und überheftig diskutiert wurden. Die interne Beurteilung der Arbeitsergebnisse war nicht unwichtig, hingen doch davon zwar nicht der Arbeitsplatz, jedoch Prämien und andere Anerkennungen ab. Es gab zensurenähnliche Einstufungen und damit verbundene Geldprämien. Bei der Leitung angesehene Regisseure oder Schauspieler wurden manchmal in einer Art Privataudienz beim Vorsitzenden empfangen und nutzten die Gelegenheit, ihre Wünsche zu äußern. In einer Wirtschaft, die für begehrte Güter, Wohnungen oder Autos Wartelisten und Zuteilungsschecks ausgab, waren die Künstler, die ein neues Auto brauchten oder eine Reise ins kapitalistische Ausland unternehmen wollten, auf die Fürsprache des Vorsitzenden angewiesen, und dieser hielt seine Möglichkeiten im dunkeln, damit er frei darüber, nach seinem Gutdünken, verfügen konnte. So macht man sich Leute abhängig, wenn keine überprüfbare Ordnung existiert. Diesen Zustand heute »Privilegien der Künstler« zu nennen ist unzutreffend. Nie galten solche Regelungen für »die Künstler«, sondern eher für einige, und das nach nicht kontrollierbaren Kriterien, wovon Wohlverhalten wohl das wichtigste war, um seinen momentanen Marktwert zu erhöhen.

Es mehrten sich die Fälle, daß über die kulturelle Wirklichkeit der DDR in westlichen Zeitungen debattiert wurde. Offene Briefe oder Artikel, die in der Ostpresse nicht gedruckt wurden, machten die Runde und gelangten, gewollt oder nicht, in den Westen, wo man sie dann in der Presse wiederfand. Ein solcher Fall war der Brief des Schriftstellers Franz Fühmann, der mit mir so gern Skat spielen wollte, an den Leiter der Hauptverwaltung Verlage über die Behandlung der immer wieder geforderten Gegenwartsliteratur. In der Tat hatte diese Forderung sich als Bumerang erwiesen. Schriftsteller, die sich dem Thema stellten, stießen zwangsläufig auf die Probleme der Wirklichkeit. Schrieben sie realistisch darüber, mußten sie mit dem geschönten Bild der Führung kollidieren, ein ewiger Konfliktstoff. Fühmann wollte seinen Brief in einer Zeitung, ich glaube im »Sonntag«, veröffentlichen, doch die Redaktion lehnte ab. Eines Abends erschien er in meiner Wohnung und fragte, was ich meine, wenn er den Brief der »Zeit« in Hamburg zur Veröffentlichung geben würde.

Ich riet ihm ab, und zwar aus der einfachen Überlegung, wenn alle ihre Konflikte außerhalb der DDR austragen wollten, würde der Spielraum hier nicht erweitert, das Gegenteil würde eintreten, er würde noch enger werden, und was bliebe dann für die wenig Namhaften und wenig Bekannten? Wenn er es so meine, wie er schreibe, solle er auch dafür einstehen.

Ich erinnerte ihn an die Versammlung des Schriftstellerverbandes im Roten Rathaus, in der man sieben seiner Kollegen ausgeschlossen hatte, die es auf sich nahmen, außerhalb des Verbandes zu wirken. Von der Publikation völlig ausschließen könne man sie nicht. Meine Frau Eva Maria, die Mitglied des Verbandes war, nahm an der Versammlung teil. Sie hatte mir berichtet, wie es da zugegangen war. In den letzten Reihen saßen die Angestellten des Verbandes, und als es zur Abstimmung kam, merkten sie sich die in ihrem Feld sitzenden Gegner des Ausschlusses oder diejenigen, die sich der Stimme enthielten. Unter diesem Druck hatte auch sie für den Ausschluß gestimmt, sah sie doch keine Chance für eine andere Entscheidung. Schwache Menschen passen sich eben an. Und so tat es auch Fühmann. Er zog sich auf meine Position zurück, behielt sich aber vor, den Brief in einer späteren Sammlung seiner Arbeiten zu publizieren. Da ich darauf sowieso keinen Einfluß ausübte, konnte es mir gleich sein.

Kaum war diese merkwürdige Angelegenheit ausgestanden, kam eine neue auf mich zu. Einer der im Jahre 1966 gemaßregelten Künstler, Frank Beyer, ein Regisseur der DEFA, war nach Dresden an das dortige Schauspieltheater geschickt worden. Nach Ablauf der »Probezeit«, also der Bestrafung, durfte er wieder Filme machen, gehörte aber nunmehr dem Ensemble des Fernsehens an. Es galt der Grundsatz, daß ein Bestrafter nicht wieder an seinen alten Arbeitsplatz zurückkehren durfte. Beyer, froh, wieder Regie führen zu können, drehte eine Serie und noch eine, und dann sah man ihn auch wieder in Babelsberg arbeiten. Seine Stoffe aber spielten immer in der faschistischen Vergangenheit, andere bekam er nicht angeboten. Es liegt auf der Hand, daß ein Künstler, der sich nicht erschöpfen will, nicht dauernd die gleichen Zeitumstände und Konstellationen behandeln kann, und so forderte er mit Recht von uns, seinem Betrieb, daß er Gegenwartsstoffe angeboten bekam. Für einen Meister wie Beyer kamen nur große Stoffe in Frage, diese aber lagen nicht vor. Er fühlte sich nicht ausreichend, entsprechend seiner Erfahrung gefordert.

Da rief mich eines Tages der Redakteur der theoretischen Filmzeitschrift an, ob ich den »Offenen Brief« Frank Beyers kenne. Er fordere darin die Aufhebung des Widerspruchs zwischen Wort und Tat und vermutete, ihm würde gegen seinen Willen Gegenwartsstoff vorenthalten. Er bezog sich wahrscheinlich auf einen Besuch, den die Abteilungsleiterin Regie und ich bei ihm gemacht hatten. Wir schlugen ihm eine Reihe von Stoffen vor, er lehnte aber alle ab, obwohl sie durchaus Qualität besaßen, weil keiner an die Gegenwart, was er wörtlich meinte, herankam. Ein neuerliches Gespräch mit Frank Beyer, dessen Vorgesetzter ich schließlich war, zeigte eine feste Position bei ihm. Er sei in einem Alter, in dem er jetzt, in der Mitte des Lebens, seine Meinung in die Diskussion über die Art und Weise des Zusammenlebens der Menschen im Zeichen einer neuen Moral einbringen wolle. Ich bat ihn, seine Absicht, den Brief im Westen zu veröffentlichen, wenn er hier nicht erscheinen konnte, und das war uns beiden natürlich klar, aufzugeben, denn es würde bedeuten, ein zweites Mal seine Arbeit zu verlieren und sie hier nie mehr entsprechend seiner Leistungskraft zu erhalten.

Er ließe sich auch nicht in den Westen komplimentieren, denn hier sei er zu Hause, und aus vielen, auch sehr privaten Gründen, wolle er hier leben und arbeiten. Wir kamen zu keinem Abschluß und vertagten uns, am besten wäre es, wenn wir als Nachbarn von Wochenendgrundstücken einmal zu einem ruhigen Spaziergang kämen. Aber dazu kam es nicht, denn Heinz Nahke, der den begabten Autor Klaus Poche betreute, meldete sich an und teilte mit, daß Poche einen großen Gegenwartsstoff geschrieben habe. Er und Beyer seien sich schon einig, doch sie wollten ihn bei der DEFA machen, er sei vor allem für das Kino geeignet. Dieser Meinung war ich zwar nicht, als ich das Buch las, aber darüber kann man immer streiten, denn gute Stoffe will man nicht gern an die Konkurrenz geben. Die DEFA hatte das Buch von Poche auch schon, aber eine Entscheidung war nicht gefallen, denn Poche war ein freier Schriftsteller, er konnte seine Bücher anbieten, wem er wollte.

Über die Feiertage um den 7. Oktober, dem Gründungstag der DDR, waren meine Familie und ich für einen Kurzurlaub in den Thüringer Wald gefahren. Kaum angekommen, erreichte mich ein Anruf von Adameck, daß am Montag früh beim Direktor der DEFA, Mäde, eine Konferenz über die Abstimmung zwischen uns und der DEFA stattfinden werde, ich solle mich einfinden. Eine solche Konferenz fand immer gegen Ende des Jahres statt, schließlich gab es eine Reihe von Berührungspunkten, freie Kapazitäten etwa, was einem unerwarteten Weihnachtsgeschenk gleichkam. Die Sitzungen wurden immer gut vorbereitet, aber diesmal war das nicht geschehen. Ich fuhr also schon am Sonntagnachmittag wieder ab, kam in einen Stau vor dem Hermsdorfer Kreuz, dabei in einen Unfall und demolierte den Dienstwagen.

Am Montag stellte sich heraus, daß außer Mäde und dem Chefdramaturgen Jürschik nur noch Beyer, Adameck und ich zusammen waren. Es ging ausschließlich um den Stoff von Klaus Poche: »Geschlossene Gesellschaft«. Beide Chefs, Adameck und Mäde, hatten die Anweisung bekommen, die Sache schnell und zugunsten Beyers zu regeln, wobei auch die Angelegenheit des »offenen Briefes« beigelegt werden sollte. Nachdem Beyer seine Position noch einmal unmißverständlich dargelegt hatte, erklärte Adameck, daß er vollkommen einverstanden sei, den Stoff im Fernsehen mit eigenen Kapazitäten zu produzieren. Die DEFA war damit sehr zufrieden, erkannten die beiden Chefs doch sehr wohl die Brisanz des Stoffes. Auf der Rückfahrt fragte ich Adameck, ob er denn das Szenarium gelesen habe. Er verneinte. Das sei nicht mehr möglich gewesen, er habe den Hinweis bekommen, mit Beyer nicht noch einen Fall aufzubauen, der sich gegen die DDR wenden würde. Das genüge ihm.

Damit war die Entscheidung für die Eigenproduktion gefallen, die Arbeiten begannen. Alles schien wieder einmal auf eine Beruhigung der Lage hinzudeuten, denn was anders konnte diese Regelung bedeuten als ein Einlenken der Leitung? Frank Beyer zählte zu den Unterzeichnern der Petition zugunsten Biermanns, und diese Personen wurden kaltgestellt. Einen weiteren Eklat aber schien man nicht zu wollen, konnte man sich nicht leisten.

Wieder eine Atempause, wieder eine Möglichkeit für große Kunst auf dem Bildschirm? Da Beyer die Entscheidung für das Fernsehen respektiert hatte, auch er wollte keine weitere Zuspitzung, mußte Adameck ganz sicher sein, daß Werner Lamberz hinter seiner Zustimmung stand.

Nach dieser wichtigen Entscheidung für den ganzen Bereich gestalteten sich die Arbeitsbedingungen etwas leichter. Wir diskutierten die mittelfristigen Vorhaben für den gesamten Bereich, von der literarischen Adaption bis zur Sendereihe »Der Staatsanwalt hat das Wort«. Immer wurde dabei betont, daß die Vorhaben einen Bezug auf die gegenwärtigen Probleme der Gesellschaft haben müßten. Kunst um der Kunst willen sei nicht unser Weg, man könne sich sehr viel Schönes vorstellen, aber die Zeiten seien nicht danach. Im Gegenteil, Konfliktschärfe und professionelle Meisterschaft gingen immer zusammen, wenn ein Erfolg sich einstellte. Die Mitarbeiter, gut gebildet und versiert, hörten das nicht ungern, hatten aber ihre eigenen Erfahrungen. Wie lange würde das halten? Und nach diesem Leiter käme, wie bisher immer, ein neuer, die Hauptsache blieb, trocken unter dem Regen davonzukommen. Als ich einmal solche Ansichten und Flurgespräche hörte, sagte ich dem Schwätzer, wenn Zynismus ein Kündigungsgrund wäre, hätte er heute seinen letzten Arbeitstag gehabt.

Das Programm zog in seiner Qualität etwas an, es zeigte sich, daß die Macher durchaus in der Lage waren, gute Fernsehkunst zu liefern. Die heutigen Programme von ARD und ZDF, ORB, B1 usw. zeigen häufig unsere Filme, sie haben Sinn, Unterhaltungswert, waren von gediegener Schauspielkunst und wuchsen hin und wieder zu Sonderleistungen, etwa in dem Zweiteiler »Fleur Lafontaine« nach Dinah Nelken, in welchem Hilmar Thate und Angelika Domröse in Paraderollen brillierten. In einer Serie über die Befreiungskriege standen zum erstenmal in der DDR wieder die historischen Figuren dieser Zeit im Blickpunkt, eine Leistung guter Qualität mit politischem Witz, eine Einführung in die vernachlässigte Preußengeschichte für ganze Jahrgänge der jüngeren Zuschauer. Noch war die DDR kein total stehendes Gewässer.

Die theoretischen Diskussionen trugen erste Früchte, würden sie auch schmecken, und wem? Es zeigte sich bei jedem Stoff, daß es immer um den Konflikt als ästhetischen Wert ging. Das war für die Dramaturgen keine neue Erkenntnis, aber sie hatten, jedenfalls was Gegenwartsstücke betraf, damit böse Erfahrungen gemacht. In einer Diskussion im Komitee über eine interessante Arbeit, »Über sieben Brücken mußt du gehen«, bemerkte ich, daß Adameck und auch Schnitzler unter dem Begriff »Konflikt« reale gesellschaftliche Konflikte verstanden. So weit, so gut, aber es kam die Forderung, diese Konflikte und Widersprüche künstlerisch zu verdichten, zuzuspitzen. Sofort regte sich die politische Wachsamkeit Adamecks und Schnitzlers, und sie polemisierten gegen jeden kritischen Stoff, weil sie Schwierigkeiten mit dem ZK befürchteten, und davon gab es wahrlich genug. Als ich zu einer Klärung ansetzte, stand eine Wand von Unwissenheit im Raum, und die Chefs wollten nicht über diese Brücke gehen. Die anwesenden Gäste, Autor, Dramaturg und Regisseur, berichteten anschließend ihren Kollegen darüber, so daß die schlimmsten Witze über die Komiteekonflikte die Runde machten und die ideologischen Wächter bloßstellten. Das aber verschärfte wiederum deren Aversionen gegen unseren Bereich. Eine verteufelte Lage.

So kam es zur Beratung unseres Jahresplanes 1978 bei Lamberz. Ich hatte auf die beiden Eckpfeiler Problemschärfe bei der Zielstellung und Meisterschaft bei der Produktion gebaut und argumentierte, daß auf andere Weise ein bedeutender gesellschaftlicher Einfluß auf die Bevölkerung nicht gewonnen werden könne. Leichte, nicht seichte, Unterhaltung müsse auch sein, sei aber mehr die Angelegenheit des dafür arbeitenden Bereichs, der davon mehr verstünde. Bei uns müsse die soziale Wirklichkeit in den Mittelpunkt, wie anders käme sonst eine Identifikation zustande. Lamberz hatte über diese Zusammenhänge noch nicht genauer nachgedacht, blickte ein wenig hilfesuchend zu seinem Mitarbeiter Eberhard Fensch, der im ZK fürs Fernsehen unmittelbar zuständig war. Dieser nickte ihm zu, und der Plan war gerettet in seiner fast hundert Titel umfassenden Vielfalt. Für den Plan des übernächsten Jahres war als Ausblick eine Adaption des Romans von Brigitte Reimann »Franziska Linkerhand« und damit ein handfester Stoff über die Entstehung einer sozialistischen Stadt, als Bild stand Hoyerswerda vor ihr, erwähnt. Adameck bat, dieses Projekt noch nicht zu bestätigen. Lamberz aber tat so, als ob er nicht verstünde und meinte, wenn man langfristig vorbereite, könne das doch nur der Qualität zugute kommen. Das sei Angelegenheit der Redaktion und kümmere ihn nicht. Auch das war geschafft.

Eine solche Komplikation hatte ich mit der Planung im Hörfunk nie gehabt. Die einzelnen Redaktionen verteidigten ihren Plan, alle sahen, daß es einige bemerkenswerte Stoffe gab, aber sie wurden nicht hochgespielt, wußte man doch, daß noch alles anders kommen konnte. Zahlreich waren und sind die Unwägbarkeiten in der Kunst. Es galt aber das Prinzip der Verantwortung des stofführenden Dramaturgen. Dieser wiederum war gehalten, bei unerwarteten Schwierigkeiten, die zu einer Terminverschiebung größeren Ausmaßes führen konnten, seinen Chef zu informieren. Das klappte, aber im Fernsehen wurde alles zu einer Schwierigkeit, hingen doch die realen Planungen der nachfolgenden Gewerke von unserer plangetreuen Arbeit ab. Handelte es sich um einen historischen Stoff, waren die materiellen Ansprüche noch höher geschraubt. So lief der Witz durch die Baracke, daß der beste Film von zwei Personen handeln sollte, als Spielort sei eine alte Küche vorzusehen, aber es müsse spannend und wenn möglich lustig zugehen.

Während die Hauptabteilung Funkdramatik völlig selbständig die ihr angestammten Sendeplätze verantwortete und ihren Spielplan gestaltete und dafür auch die erforderlichen Einrichtungen hatte, redeten im Fernsehen viele Instanzen mit, die langfristige und kurzfristige Planung, der Export, die Produktionsorganisation, die Werkstätten, besonders die Kostümschneiderei, die Finanzplanung und viele andere mehr. Doch der Autor wurde nach wie vor vernachlässigt, seine Arbeit wenig geachtet, wenn man von den vier oder fünf Stammschreibern absah, von denen allerdings kaum noch etwas kam, wenn man ihre hehren Worte überhörte. Es mußten deshalb Schritte unternommen werden, neue Kräfte an das Fernsehen zu binden. Für einen jungen Autor, der mit jeder Mark rechnen mußte, waren die Honorare für einen Film ungewöhnlich hoch. Doch obwohl sie lockten, gab es verschiedene Schwierigkeiten, mit Entwicklungsdramaturgen an Stoffen zu arbeiten, weil man Eingriffe in die Substanz fürchtete oder annahm, die Dramaturgen seien eine Art ideologischer Aufpasser. Das sollten sie zwar sein, aber der größere Teil nahm seinen Beruf durchaus künstlerisch ernst und führte einen Stoff behutsam und ohne ihn zu beschädigen, wenn auch hier und da Filmhandwerk manchmal Veränderungen erforderlich machte. Es ist seit dem Aderlaß 1965/1966 und 1976/77 eigentlich nie mehr gelungen, eine neue Autorengemeinde des Fernsehens zustande zu bringen, so daß die Zahl der trächtigen Titel immer gering blieb, zumal auch in den anderen sozialistischen Ländern immer weniger für uns zu entleihen war. Eine Ausnahme bildete die Tschechoslowakei, aus der die überaus erfolgreiche Serie »Die Frau hinter dem Ladentisch« wie ein Geschenk kam.

Ich nahm mir vor, auf eine langfristige Arbeit zu setzen, denn mit der Brechstange konnte man in einem solchen Betrieb nichts erreichen. Es war schon hilfreich, wenn kontinuierlich gearbeitet wurde, fieberhafte Erschütterungen vermieden werden konnten, und im übrigen galt für alle Mitarbeiter: »Shakespeare dringend gesucht!« (So hieß ein Stück in den fünfziger Jahren.)

In dem täglichen Auf und Ab brach 1978 ein folgenschweres Unglück in die Bemühungen, einen attraktiven Spielplan aufzubauen. Werner Lamberz war während eines Besuchs bei Gaddafi in Libyen am 6. März 1978 ums Leben gekommen. Er war mit dem Abteilungsleiter für internationale Arbeit des ZK, Paul Markowski, im Hubschrauber geflogen, der in der Luft explodierte. War es ein Attentat, wie vermutet wurde? Wem galt es? Die genauen Umstände sind nie ans Licht gekommen, obwohl eine libysche Untersuchungskommission beim Politbüro ihren Bericht abgegeben hat. Die Motive werden wohl ewig verborgen bleiben. Vermutungen, der als Kronprinz Honeckers gewünschte Lamberz sei auf diese Weise aus dem Spiel genommen worden, scheinen mir überzogen. Lamberz war kein Intrigant. Er wußte, wie in der Partei Nachfolgefragen geregelt wurden, nämlich gar nicht, oder wie bei Ulbrichts Ablösung, als es nichts mehr zu vertuschen gab und Breshnew, der eigene Alterserscheinungen nicht verbergen konnte, zustimmen mußte. Honecker war erst wenige Jahre am Ruder, und der aus der FDJ kommende Lamberz hatte die Medien in seinem Sinne gesteuert. Es sind auch nie Konflikte zwischen den beiden bekannt geworden.

Für das Fernsehen bedeutete der Tod des jüngsten Mitgliedes des Politbüros einen herben Einschnitt, für mich eine Katastrophe. Der dritte Mann aus der Verabredung über meine Arbeit war nicht mehr unter den Lebenden, und damit fehlte der Kopf des damaligen Trios, von dem einer nur widerwillig mitspielte. Und wie befürchtet, begannen die Eingriffe in die Arbeit unseres Bereichs. Immer häufiger wurde die ideologische Wachsamkeit angemahnt, plötzliche Attacken wegen irgendwelcher Nichtigkeiten nahmen zu. In der unabhängig von den betreffenden Leitern tagenden Kaderkommission, eines der Herrschaftsinstrumente des Vorsitzenden, beschäftigte man sich mit Personalstrukturen im Bereich. Ich verlangte daraufhin die Ansiedlung der Personalbearbeiterin in meinem Büro.

Eines Tages wurde ich zu einer Besprechung eingeladen, am Tisch von Adameck saß der Abteilungsleiter im ZK, Heinz Geggel. Adameck begann mit dem Vorwurf, ich wolle ihn in seiner Entscheidungssouveränität beschneiden, ich arbeite selbstherrlich und höre nicht auf ihn, wenn er mir gute Ratschläge oder Anweisungen gebe. Es war also soweit. Ich wies die Anwürfe zurück, erinnerte an den Trümmerhaufen bei meinem Arbeitsantritt, den er zu verantworten habe, und beharrte auf der vereinbarten Entscheidungsfreiheit. Als Antwort darauf behauptete er, ich wolle ihn verdrängen und selbst Vorsitzender werden. Das war nun völlig aus der Luft gegriffen, denn kein vernünftiger Mensch konnte sich in der DDR um eine solche »Karriere« bemühen. Als ich Beweise verlangte, kam natürlich nichts, aber bei Geggel war diese Intrige hängengeblieben. Er forderte uns auf, sachlich zusammenzuarbeiten, doch Adameck behauptete weiterhin, dazu sei ich nicht bereit. Mir war klar, daß Geggel dem neuen Sekretär im ZK, Joachim Herrmann, berichten würde, und dieser müßte einen Unruheherd im Fernsehen vermuten. Es sah für die nächste Zeit nicht gut aus, der Vorsitzende wäre nicht so weit gegangen, wenn er nicht die Absicht gehabt hätte, meine vereinbarten Rechte zu beschneiden.

Der an die Stelle von Lamberz getretene Joachim Herrmann war seit den Anfangszeiten der DDR ein getreuer Gefolgsmann Erich Honeckers. In diesem Sinne war er sehr viel besser überschaubar als Werner Lamberz, dem eigenständiges Denken und selbständiges Handeln in den üblichen Grenzen, die von keinem übersprungen werden konnten, zu Recht nachgesagt wurden. Herrmann begann beim »Start«, einer sehr interessanten Jugendzeitung. Als diese dann aufgelöst und die »Junge Welt« zur Tageszeitung des Zentralrats der FDJ erkoren wurde, ging er als Chefredakteur dorthin und machte alle politischen Wendungen mit. Er selbst schrieb wenig, aber er kannte alle Welt und zog die Strippen. So kam er durch die Kurven, die einen Zeitungsmann in der DDR durchaus zum Verhängnis werden konnten. Allerdings besaß die »Junge Welt« einen gewissen Lesewert für die Jugendlichen, pflegte sie doch einen jugendfrischen Ton und verfügte über Rubriken, in denen Auskünfte Jungen und Mädchen gleichermaßen interessierende Fragen der Liebe und des Geschlechtslebens auf gutem Niveau gegeben wurden. Ab und zu nahm sie Partei für falsch behandelte Lehrlinge oder Schüler, kämpfte mit ihnen gegen unverständige Bürgermeister oder Zeltplatzwarte, hatte die beste Sportseite und mischte sich auch in brenzliche politische Fragen ein, was aber erst nach dem Abgang Herrmanns geschah.

So galt die »Junge Welt« in der gleichgeschalteten Presse als eine Ausnahmeerscheinung, und Herrmann durfte mit der Rükkendeckung Honeckers in der Sonne stehen. Nach einem Zwischenspiel in einem Staatssekretariat für westdeutsche Fragen, das aber bald aufgelöst wurde, bot er die genügende Sicherheit, das Flaggschiff der SED-Presse, das »Neue Deutschland«, für seinen Herrn auf dessen Kurs weiter zu steuern. So lag es nur in der Logik der Dinge, wenn dieser Mann in die Zentrale geholt wurde. Dabei war die politische Situation schwieriger und komplizierter geworden.

In den letzten Regierungsjahren Breshnews erstarrte die sowjetische Politik nach innen und nach außen. Seine beiden alten und schwerkranken Nachfolger, Andropow und Tschernenkow, waren gar nicht in der Lage, daran etwas zu ändern, wenn es auch Andropow, gestützt auf den Sicherheitsapparat, versuchte, so blieb es doch nur bei Ansätzen. Der einzige Vorteil in diesen Jahren bestand darin, daß sich am Rande der Beerdigungen von Tito und den Moskauer Sekretären anscheinend die Berührungsängste zwischen den beiden deutschen Regierungen etwas abbauten. Genaueres aber erfuhr man nicht, was bedeutete, daß es keine wesentlichen Fortschritte gegeben hatte. Und dennoch wäre es der richtige Zeitpunkt gewesen, eine neue, auf Konföderation gerichtete Deutschlandpolitik auszuarbeiten und schrittweise zu praktizieren, zumal die DDR die Schuldentreppe hinunterfiel. Alle erforderlichen Daten lagen der Plankommission vor. Der

Vereinigungsprozeß hätte vor sich gehen oder zumindest beginnen können. Jeder kleine Anfang wäre ein Brückenkopf dafür gewesen.

Nun wird dagegen eingewandt, daß die beiden Großmächte nicht soweit gewesen seien. Gewiß, ihr Großmachtdenken war am schwersten zu ändern, aber sie standen in Kontakt miteinander. In Westdeutschland existierten Dutzende von Institutionen für Ostpolitik, die über Publikationsmöglichkeiten verfügten. Die BRD-Botschaften, besetzt mit gut ausgebildeten Diplomaten, stellten gewiß Analysen zusammen, die Geheimdienste ebenso. Natürlich konnten sie nicht auf die wenigen Oppositionellen in den Kirchenräumen und Hinterhofwohnungen setzen, das war keine Kraft im politischen Sinne, aber mit den gut geschmierten Computersystemen wären die Trends der Wirtschaft und der Politik durchaus zu berechnen gewesen. Heute schiebt man alles auf die sogenannten »Fenster«, die drei Monate im Frühjahr 1990, in denen die Sowjetunion angeblich nur bereit gewesen sei, der Vereinigung zuzustimmen. Seit dem Antritt Gorbatschows – allerdings erst 1985 – war klar, daß er abrüsten mußte. Seine großartigen Initiativen waren die Überraschung dieser Jahre, aber innenpolitisch hatte auch er kein Konzept. Die einseitige Abrüstung stellte den Westen vor große Probleme, aber erleichterte auch der NATO, aus ihren Belastungen besser herauszukommen. Bis heute hat sich das Militär mit dem Verweis auf die nach wie vor bestehende Gefahr aus dem Osten nicht zu durchschlagenden und die Lasten der Menschheit nennenswert erleichternden Reduktionen bereit erklärt. Daran sieht man, wie lange solche gravierenden Umschaltprozesse wirklich dauern und wie eng Militärwesen, Wirtschaft und Politik mitunter verwoben sind.

Ist es also Besserwisserei, heute, fünf Jahre nach der Wende, die damaligen Versäumnisse zu beklagen? Allerdings ist es wohl notwendig zu sagen, daß Politik im Zeitalter der Atomwaffen die Fragen nicht vor sich herschieben und Scheinargumente erfinden darf. Alle Schuld wird sich auf Erden rächen, das ist bekannt. Die Macht, mit der man sich am meisten beschäftigen sollte, die Erblast der Sowjetunion, ist doch nicht in erster Linie ein Umweltproblem, entstanden aus veralteten Erdölleitungen oder nicht beseitigten Folgen von Atomtests oder -unglücken, sondern nach wie vor ein Riesenreich, verwaltet von einem Mann. Gab es früher noch eine mehr oder weniger funktionierende KPdSU, mit der man rechnen mußte, Leitungen, die ihr Gebiet beherrschten, so breitet sich unter heutigen Bedingungen mehr und mehr die Anarchie aus. Wenn eines Tages eine Militärjunta den Alkoholfreund abgelöst haben wird, hat sich das Experiment, Rußland nach dem amerikanischen Präsidentschaftsmodell zu regieren, erledigt. Ein solcher Weg ist ohne Ansätze von Demokratie überhaupt nicht gangbar. In Rußland aber wagte man es. Nun finden dauernd Konferenzen, gegenseitige Besuche mit den altbekannten Bruderküssen, Festessen und diplomatische Initiativen statt. Was wird da überhaupt besprochen? In jedem kleinen Land achtet man auf die Menschenrechte, und das ist sehr wohl richtig. Man kann sie aber nicht auf die möglichen Verstöße gegen sie reduzieren. Das erste Menschenrecht ist nach 1989 die Freiheit, nicht die Anarchie, die im Mutterland ihrer Theoretiker, Bakunin und Kropotkin, nicht ohne Anhänger ist, wie die Ausbreitung der immer wieder zitierten Russenmafia beweist.

Größere gesellschaftliche Veränderungen zeichneten sich bereits Ende der siebziger Jahre ab. Aber die Meldungen über die nach wie vor schlechte Versorgung in der Sowjetunion, die Vertragsuntreue im Wirtschaftsleben, die ausbleibenden Rohstofflieferungen, obwohl weitgehend unter den Teppich gekehrt, machten in der DDR die Runde und stellten das Land, das seit 1965 auf eine funktionierende Wirtschaftsverflechtung ausgerichtet war, vor unlösbare Aufgaben. Und so kam es, daß ein Scharlatan wie Günter Mittag seinem Generalsekretär, dem sowjettreuen Erich Honecker, einreden konnte, daß durch Umorganisation der volkseigenen Betriebe zu übergroßen Wirtschaftskombinaten die überall vorhandenen Reserven an Arbeitsproduktivität gewonnen werden könnten. Er kommandierte mit diesen Kombinaten wie mit Militärdivisionen. Außerdem führte Mittag die funktionierenden Großkonzerne des Westens ins Feld. Doch diese entschieden ihre Einsätze auf eigene Rechnung, in einer sozialistischen Wirtschaft jedoch bedeutet jeder administrative Eingriff in den Plan das Zerreißen des ohnehin nur geflickten Netzes.

Die überalterte Politbüromannschaft traf sich einmal in der Woche zu den Routinesitzungen, die meisten wickelten lustlos die Tagesordnung ab, froh, ohne Tiraden von Mittag davongekommen zu sein. Durchgreifende, systemkräftigende Beschlüsse wurden nicht mehr gefaßt. Es lag nun in der Aufgabe des Agitationssekretärs, diese Welt als die beste der Welten hinzustellen. Da die führenden Journalisten sowieso gut über die wahren Verhältnisse informiert waren, interessierten sie sich nur noch für die Bocksprünge zu ihrer Vertuschung, oder sie hörten aufmerksam zu, wenn seriöse Leiter, zum Beispiel der Staatssekretär Beil aus dem Außenhandel, Klartext sprachen. Man konnte darauf warten, daß dem Abschluß eines solchen Vortrags die Anweisung folgte: »Genossen, das bleibt unter uns und ist nur zu eurer persönlichen Information bestimmt.« Wie soll ein Mann der Öffentlichkeitsarbeit mit solcher Schizophrenie umgehen? Die Disziplin siegte zwar, aber er gab es seinen Mitarbeitern weiter, wenn auch mit dem gleichen Zusatz. Doch je mehr Menschen von einer Sache wissen, desto schwerer ist es, sie zu verheimlichen, da helfen auch die strengsten Methoden nicht, die ein Wachhund Herrmanns in der Agitationsabteilung einführte. Das Schattenboxen nahm immer groteskere Formen an.

Es ist nur verwunderlich, daß die hochbezahlten BRD-Politik-Institute in dieser Zeit mehr und mehr von der Stabilität der DDR ausgingen, was sie heute nicht mehr wahrhaben wollen. Dafür zetteln sie, um ihre Unentbehrlichkeit zu beweisen, irgendwelche Kampagnen an und veranstalten Prozesse mit Leuten, die nach damaligen Gesetzen gearbeitet haben, berichten im Stile von Hetzjagden über diesen und jenen Fall, der morgen schon wieder vergessen ist. Leute, welche über die Mauer springen wollten, mußten damit rechnen, daß sie erwischt wurden, Leute, die ausreisen wollten, wußten, daß sie ihren immobilen Besitz hierlassen mußten. Das wußte in der DDR jeder. Heute wird so getan, als ob ihnen damit Unrecht geschehen ist. Aber es liegt auf der Hand, es ging nur das eine oder das andere, und das auch erst nach der Konferenz von Helsinki. Wer heute Unterhändler dafür bestrafen will, trifft die Falschen. Der teure BRD-Justizapparat soll jetzt dafür genutzt werden, den Mangel an Fachpersonal zur Bekämpfung der Abzockerei im Osten, der Bandenkriminalität, der Wirtschaftsverbrechen usw. zu beheben.

Diese Jahre, nennen wir sie Übergangsjahre von einer erhofften Entwicklung zum Besseren zur sichtbaren Krise, waren bestimmt vom Realitätsverlust der Führung, vom Selbstbetrug.

Nach dieser Betrachtung zurück zum Fernsehen: Der mit Frank Beyer vereinbarte Film »Geschlossene Gesellschaft« von Klaus Poche war inzwischen weit gediehen und wurde besprochen. Dafür gab es ein untrügliches Anzeichen. Der Pressemann des Innenministeriums hatte sich das Drehbuch geben lassen, weil unser Produktionsleiter zwei Polizeifahrzeuge mit Blaulicht, einen Krankenwagen und eine Straßensperrung beantragt hatte. Der Genosse Twarog sagte mir, daß ihm das Buch nicht gefiele und er daher den Antrag nicht befürwortend weiterleiten wolle. Ich entgegnete, das würde zur Folge haben, daß wir auch die Polizeifilmstreifen, noch heute unter »Polizeiruf 110« sehr beliebt, auf ihren Realitätsgehalt untersuchen würden, was sicher die Ablehnung so mancher Sendung zur Folge hätte, denn wenn Konflikte und Widersprüche in der Gesellschaft scharf dargestellt würden, dann im Polizeiruf. Wenn er die Mannschaften und Autos nicht stellen könne, müßten wir sie von der Requisite anfertigen lassen, was erheblich teurer würde. Er war ein treuer Polizist und wollte nicht um jeden Preis Ärger, so lenkte er ein. Außerdem wußte er, daß ich seinen Chef Dickel kannte und befürchtete wohl einen Rüffel wegen dieser Lappalie. Doch mir war klargeworden, wie empfindlich bestimmte Kreise reagieren würden. Unsere Dramaturgin Eva Nahke dagegen hielt das Buch für die größte Leistung seit Diderot, wie sie in ihrem Gutachten schrieb. In solcher widersprüchlichen Konstellation würde wahrscheinlich die Polizei siegen und die Aufklärung verlieren.

Denn um einen aufklärerischen Streifen handelte es sich, das hatte auch der Genosse Twarog erkannt, den ich sicher noch besonders erzürnt hatte, weil ich das Gespräch damit beendete, mit solchem Quark solle er mich in Zukunft zufrieden lassen. Dabei war mir entgangen, daß Twarog übersetzt nichts weiter als Quark heißt. Jedenfalls stellte die Polizei die Wagen, und die Dreharbeiten konnten weitergehen.

Der Stoff behandelte eine Ehekrise zwischen zwei DDR-Bürgern, die in abgeschiedener Urlaubseinsamkeit, in dem Haus eines Freundes und seiner Familie, ausspannen und dabei ergründen wollen, was untergründig bei ihnen nicht mehr stimmt. Zwei Intellektuelle, ein Ingenieur und eine Erzieherin, reflektieren allein über die DDR, denn die Freunde erscheinen nicht, wahrscheinlich sind sie in den Unfall, den beide auf der Hinfahrt beobachtet haben, verwickelt. Aber sie klären die Frage nicht, sondern wenden sich ihrem Innenleben zu. Der Nachbar, ein etwas wunderlicher alter Mann, hilft dem verhaltensgestörten Kind, das auf die Krise der Eltern auf seine Weise reagiert, mit allerlei phantasievollen Zaubereien, er weiß, wie man im kalten Vorfrühling einen reich tragenden Apfelbaum findet. Kurzum, die Krise eskaliert, beide werfen sich unwiderlegbar an den Kopf, daß der jeweils andere die Schuld daran trägt, aber was sollen sie am Ende denn tun? Sie fahren nach dieser Seelenfrustration in der langen Schlange der »Wartburgs« und »Trabbis« in ihr Hochhaus in der Leipziger Straße zurück, aus dem sie die Mauer, das Springer-Hochhaus, den Checkpoint Charly sehen können und die Terra incognita Westberlin. Das überzeugende Spiel von Jutta Hoffmann und Armin Müller-Stahl, beide aus vielen Filmen und Fernsehspielen bekannt und vom Publikum geliebt, zwingt den Zuschauer in seinen Bann. Zwei DDR-Bürger, deren Krise nur die Äußerung der DDR-Krise ist, zwei eigentlich gesunde Menschen, die nach der offiziellen Lesart zukunftsfroh in die sozialistische Welt schauen müßten, sind mit dem Eis der Entfremdung überzogen, haben sich von ihrer Gesellschaft gelöst und in ihr Inneres verkrochen. Aber man weiß am Schluß, das Schneckenhaus kann bei nächster Gelegenheit zertreten werden. Wodurch und durch wen?

Zur hohen Schauspielkunst kam die meisterliche Regie. Wenn eine Rangordnung einmal aufgestellt werden wird, welche TV-Filme und -Spiele ihrem kulturellen Auftrag nachgekommen sind, dann gehört der Film »Geschlossene Gesellschaft« dazu. In den wenigen Kritiken, in den vielen Diskussionen in Partei- und Verbandsversammlungen aber erwähnte niemand, daß der Titel von Jean Paul Sartre stammt, der damit die Kleinbürgergesellschaft im Kapitalismus meint, eine Gesellschaft, in der sich nichts mehr bewegt, in der jeder Ausbruchsversuch aus ihr zum Zusammenbruch führen muß, wenn diese Gesellschaft nicht konsequent verlassen wird.

Wir haben es in diesem Film also mit dem Problem der Entfremdung der Menschen zu tun, das seit Hegel und Marx beobachtet worden ist. In sozialistischer Zeit wurde es in der sogenannten Kafka-Diskussion, die sich um die Arbeiten von Garaudy und Goldstücker entspann, ein für allemal erledigt, wie man dachte. Doch nun, nach über zwanzig Jahren Kafka/Poche im Fernsehen? Es gab also doch Entfremdung, und zwar nicht nur des Arbeiters von seinem Arbeitsgegenstand im Kapitalismus, während der sozialistische Arbeiter diese Spaltung natürlich überwunden hätte, sondern nun auch Entfremdung der Intelligenz von ihrem Staat. Versagt sich die mit hohen Kosten ausgebildete Führungsschicht?

Das müßte in den Analysen des Sektors Medien so oder ähnlich geklungen haben und rief alle Tugendwächter auf den Plan, und anstatt die Wirklichkeit zu prüfen, war natürlich der Kopf, der mit ihr zusammenstieß, schuld daran. Die Berichte des IMV »Lorenz«, eines Dramaturgen und gelegentlichen Schreibers von Manuskripten der schönfärberischen Art, eines Mannes, der vom Theater Halle gehen mußte, weil er als faul galt, zeigen sich aber auf der Höhe der geforderten Information. Er beschrieb Seite um Seite gegen mich; man ist heute erstaunt, wenn man die Akte liest, daß er für seinen Fleiß nur 300,00 Mark Prämie von Oberstleutnant Unrath, dem Leiter der Abteilung XX/7, bekam. In Erweiterung zu seiner Informationstätigkeit nahm er auch Einschätzungen vor und riet zu Maßnahmen gegen mich und Beyer.

Der Verlauf der Arbeiten an dem Film, von der Entscheidung Adamecks, ihn zu drehen, ohne das Buch gelesen zu haben, bis zur Sendung, ist ein Spiegel der verfahrenen Situation des Landes. Man wollte Beyer in der DDR halten, schließlich hatte er ihr Ruhm und Ehre eingebracht, war in der ČSSR, in Barrandov, ausgebildet worden, galt als der fachlich kompetente Filmregisseur der jungen Generation, und war es auch. Und bisher waren alle seine Filme große Erfolge gewesen. Nun aber stellte sich heraus, daß er mit Poche an die Wurzeln der politischen Situation ging, und wieder entstand ein bedeutendes Werk. So mußte man es senden, entgegen zahlreicher Stimmen im Fernsehen. Auch ich dachte, daß es besser sei, ihn zu dem vorgesehenen Zeitpunkt nicht zu zeigen, sondern ihn zu verschieben, denn die liegengebliebenen Manuskripte oder Filmrollen hatten schon einmal, 1970, zu einer kurzen Erleichterung der Situation geführt. Das aber hatte Herrmann nicht vor.

In einer Parteikonferenz trat er in einer Weise auf, daß man ihn nur ablehnen oder ihm zu Füßen liegen mußte. Seine dummdreiste Argumentation erweckte zuerst Erstaunen, dann aber war klar, er lobte die Führungskraft des ZK-treuen Vorsitzenden und rief dazu auf, sich hinter ihn zu stellen. Er rechnete mit Adameck, der würde ihn bei der notwendigen Festigung der Reihen nicht im Stich lassen. In dieser Rede machte er den Fernsehleuten klar, daß diese Institution methodisch anders geleitet werden müsse, Vorbild sollten die Kombinate der Wirtschaft sein. Allgemeines Erstaunen, aber sofortige Zustimmung durch den Kreissekretär Schäfer, der, wie Adameck, eifrig Treue des Kollektivs gelobte und versprach, sich der Weisheit der Wirtschaft zu versichern. Die Reform genannte organisatorische Umschichtung der Kräfte führte dazu, daß wirklich einige Leute aus der Wirtschaft an leitender Stelle eingesetzt wurden, aber natürlich von dieser Art ideologischer Produktion keine Ahnung hatten und darin, sich anpassend, untergingen. In diesen Jahren begann auch der Niedergang des Fernsehens. Die Sendungen der »Aktuellen Kamera« wurden zur reinen Hofberichterstattung degradiert, die politischen Magazine der Publizistik zur problemlosen Aneinanderreihung von irgendwelchen Vorkommnissen.

Herrmann hatte das Fernsehen in wenigen Wochen auf das Niveau gebracht, das seiner Schönungsauffassung entsprach, schließlich brachte nur er es fertig, bei sinkender Wirtschaftskraft, den Rundgang Honeckers auf der Leipziger Messe im »Neuen Deutschland« mit 35 Fotos, die seinen Meister bei Standbesuchen zeigten, zu illustrieren. Der Personenkult ist immer ein untrügliches Zeichen für Niedergang. Man mag es kaum glauben, den Bereich Dramatische Kunst forderte er zu leiten wie die »Aktuelle Kamera«. Zuerst hielt ich das für einen launig gemeinten Versprecher oder ein mißlungenes Bonmot, aber er meinte es ernst. Dabei ist kaum etwas Gegensätzlicheres denkbar als Nachrichtengebung und Filmproduktion. In seiner nicht gespielten Einfalt dachte er daran, die Wirkung der aus den zwanziger Jahren bekannten Agitprop-Gruppen, also politisches Straßentheater, für den immer gewünschten Bewußtseinsschub mit den Mitteln des Fernsehens neu zu beleben. Ich war bisher nicht ängstlich gewesen, doch das würde die Hölle werden.

Inzwischen hatten sich die von mir hintenan gesetzten Stammschreiber bei ihm beschwert, ich würde sie nicht genügend beachten, was nichts anderes heißen konnte, als sie zu hofieren, denn ernsthafte Arbeiten legten sie nicht mehr vor, nur Absichtserklärungen. Das war nicht verwunderlich, standen sie doch genau wie die anderen vor den unlösbaren Problemen der Wirklichkeit, gewiß sahen sie noch viel mehr, da sie in mehreren Leitungen saßen, vom Filmverband bis ins ZK. Alle verfügten über einen Namen, da sie sich in den entscheidenden Jahren dem neuen Medium zugewandt hatten. Wichtige Werke waren auf der Grundlage ihrer Geschichten entstanden, aber auch sie wußten nicht, wie man die Wirklichkeit so drehen konnte, daß sie schön realsozialistisch aussah. So stagnierten sie, kassierten aber trotzdem. Zum neuen Schwenk auf alte Verhältnisse gehörte es, daß Herrmann diese verdienten Fernsehautoren, Sakowski, Wogatzki, Egel, Bengsch und Görlich, einlud, damit sie ihre Beschwerden gegen mich vortragen und er ihre Privilegien bestätigen konnte. Sie bemängelten, daß ich ihre Bezüge genau ansehen würde, ihren Leibdramaturgen das süße Nichtstun vorrechnete und überhaupt ihnen nicht gewogen war. Zur Ehre Günter Görlichs sei gesagt, daß er sich in keiner Weise beschwerte, sondern die zuverlässige Arbeit des Bereichs hervorhob, was wunder, denn er hatte auch seine vertraglichen Verpflichtungen immer erfüllt. Herrmann bestätigte die Pfründe. Der Etat des Fernsehens müsse es hergeben, daß die immer treuen Genossen sich ihren großen Plänen in Ruhe widmen könnten. Er hatte seine Hausmacht gestärkt, aber genutzt hat es nichts, denn außer einer schwachen Adaption, die sehr teuer war und die Leute langweilte, ist nichts Bereicherndes auf den Bildschirm gekommen.

Der Zufall wollte es, daß just in diesen Tagen die erste Koproduktion zwischen der Schweiz und dem DDR-Fernsehen fertiggestellt wurde. Es handelte sich um eine Verfilmung der Novelle von Gottfried Keller, »Ursula«. Sie beschreibt das Leben zur Zeit der religiösen Umbrüche und Kriege, stellt das naiv-urchristliche Leben einer Sektengemeinschaft gegen die borniert-fanatische Bilderstürmerei eines Zwingli. Ein guter Stoff, der durch die Verbindung von Hoffnungsgläubigkeit, Religionsfanatismus und Kriegsgreuel eine Existenzfrage der Menschen behandelt: Wie soll man leben in dieser widersprüchlichen Zeit? In dieser jahrelang als DEFA-Auftragsproduktion gedrehten Arbeit spielten unter der Regie des renommierten Egon Günther viele bekannte

Schauspieler aus der DDR mit, die Hauptrolle des Mädchens wurde von einer beeindruckenden Schweizer Schauspielerin gegeben. Dieser qualitätsvolle Film geriet ebenfalls in die Schußlinie, obwohl er große Filmkunst darbot, wenn man von einigen Längen absieht. Vordergründig wurden die freizügigen Szenen in der Sekte beanstandet, die aber weder obszön noch mißverständlich waren, die Kritik galt in Wirklichkeit dem pazifistischen Geist der Novelle, die, in Bilder gesetzt, Schauer des Entsetzens über die Rücken jagte: Der deutsche Feuerwerker zerschießt die schönsten Renaissancevillen am Comer See, nach der Schlacht von Kappeln liegen die jungen Männer wie Vieh getötet auf dem Feld, das junge Mädchen findet seinen Liebsten unter den Schwerverwundeten und desinfiziert seine Wunden, indem es sein Wasser darüber abschlägt, bevor es ihn nach Hause schleppt. Es ist sinnlos, im Namen einer Religion oder anderen Ideologien den anderen totzuschlagen. Diese Botschaften, ihr Aufruf nach Toleranz, mußten geradezu die Furcht vor der ideologischen Koexistenz verstärken. War das schon die Zersetzung auf dem Bildschirm? Die geschlossene Gesellschaft im historischen Kostüm?

In der anberaumten Parteiversammlung des Bereiches lauteten die Anklagen auf alle Sünden, die ein Genosse an der ideologischen Front begehen konnte. Zwar nahm die Versammlung meine im Stile einer kleinen Rechenschaft über meine Tätigkeit gehaltene Rede mit demonstrativem Beifall auf, aber das Urteil war längst festgelegt. Am nächsten Morgen tagte das Komitee, am Abend sollte die Sendung »Geschlossene Gesellschaft« in der zweiten Abendachse, um 21.30 Uhr, erfolgen. Das Komitee forderte Adameck auf, den Film abzusetzen, er aber lief dauernd ans Telefon und kam dann wieder mit der Meinung: »Ich habe mich entschlossen, den Film zu senden.« Allgemeines Unverständnis. Warum hatte man sich drei Stunden lang, einer nach dem anderen, die unmöglichsten Anklagen hervorlocken lassen, daß der Film nahezu staatsgefährdend sei, wenn jetzt die Sendung doch noch erfolgte? Wozu dann die Aufregung?

Die Komiteemitglieder wußten nicht, außer Adameck und seinem Stellvertreter, Dr. Leucht, daß bereits vor Wochen der Leiter der vorhergehenden Sendung, Hans-Joachim Wolfram, entgegen allen Gepflogenheiten, aufgefordert worden war, seine

Sendung mit Kuriositäten aus dem Alltagsleben, die Sendung gibt es heute noch, zu überziehen, solange er mochte. Das bedeutete, er mußte neu planen und ergänzen. Das tat der Gute dann auch, so daß sich die nachfolgenden Sendungen verschoben. Danach wurde ein Film von der Leipziger Dokumentarfilmwoche aus »aktuellem Anlaß« eingeschoben, der Film von Frank Beyer verschob sich wiederum. Erst spät abends ging diese bedeutende Arbeit auf Sendung. Die Senderegie dieses wohl einmaligen Fernsehabends hatte der hohe Sekretär aus dem Politbüro selbst übernommen. Er saß im Zimmer des Vorsitzenden, schrieb oder korrigierte die Texte für die nicht informierte und daher verwirrte Programmsprecherin. Das Publikum war ratlos, denn wer interessiert und informiert war, durchschaute die Farce, wer aber früh zur Arbeit mußte, schaltete bereits nach der lustigen Sendung oder nach dem Dokumentarfilm ab, und das war schließlich der Zweck der Übung. Herrmann und sein von da ab ihm getreuer Adlatus Adameck hatten eine Schlacht geschlagen, gewonnen hatten sie nicht. Im Gefolge dieser beschämenden Vorgänge war das Maß voll, Frank Beyer, Klaus Poche, Armin Müller-Stahl, Egon Günther, Jutta Hoffmann und mancher andere, nicht direkt Beteiligte, verließen ihren Staat, der sie nicht mehr brauchte und aus ihnen Kretins machen wollte. Nicht alle zogen um, aber alle suchten und fanden Arbeit im Westen. Die Politik des »aus den Augen, aus dem Sinn« schaffte nach der Methode der Ausbürgerung nunmehr eine neue Situation. Wer gegen den Stachel löckte, konnte, wenn er wollte, jetzt leichter ausreisen, zum Teil auch mit doppeltem Paß versehen. Der Aderlaß war nicht zu stoppen, die Besten der in der DDR aufgewachsenen Künstlergeneration versagten ihre weitere Mitarbeit.

Wieder wirkte meine Ablösung auf mich wie eine Befreiung. Adameck bekam eine Rüge, ich wurde im Fernsehen belassen, da ich so besser zu kontrollieren war. Man wußte nur noch nicht, welchem parteifrommen Leiter man mich unterstellen sollte. Meine Nachfolge trat der bisherige Leiter der »Aktuellen Kamera«, mein Studienkollege und Freund Erich Selbmann, an. Herrmann meinte es ernst mit der Leitung des Bereiches Dramatische Kunst nach der Art einer Nachrichtenredaktion.

Im Großen Haus am Werderschen Markt hatte mein erneutes Eintreten für die Künstler des Bereiches hohe Wellen geschlagen. Nachdem – ähnlich wie 1965 die DEFA-Filme – der Film »Geschlossene Gesellschaft« vor dem Sekretariat des ZK vorgeführt worden war, stand fest, ich hatte zum zweitenmal den Angriffen des Klassenfeindes nachgegeben und war damit dem Opportunismus verfallen.

Nach meiner Ablösung wurde die gesamte fertiggestellte oder begonnene Produktion geprüft und neu bewertet. Besonders sowjetische Stücke hatten es schwer, ins Programm zu kommen, weil sich in ihnen eine Freimütigkeit, Offenheit der Betrachtungsweise und der sozialen Beziehungen zeigte, die schweren Dinge des Alltags wurden beim Namen genannt, und es wurde deutlich, daß der große, ruhmreiche Arbeiter-und-Bauern-Staat immer noch große Probleme zu lösen hatte. Die Dimensionen und Fragestellungen hatten allerdings mit der heutigen Lage nichts zu tun. Da aber die Kunst sehr empfindsam auf gesellschaftliche Vorgänge reagiert, konnte man damals das große Beben schon ahnen. Diese Spiele verschwanden aus dem Plan, man wollte den einfachen Krimi und etwa die Späße und Verwicklungen etwas spinnerter Leute, die sich in einem Ferienheim die Tage vertreiben. Daran war nur eines realistisch, sie soffen bei jeder Gelegenheit.

Nach der Ansicht der Produktionen folgte nun die Betrachtung der Planvorhaben. Dabei fiel besonders die Arbeit an dem Projekt »Franziska Linkerhand« nach dem Roman von Brigitte Reimann auf. Für die Verfilmung hatte sich seit langem Frank Beyer interessiert. Damit war es jetzt zu Ende. Die DEFA hatte sich ebenfalls dem Stoff zugewandt und einen anderen Regisseur damit beauftragt. Die als gut bezeichnete Adaption erwies sich nach ihrer Uraufführung Anfang 1981 als Kinoflop und ist auch nie im Fernsehen der DDR gezeigt worden. Kritische Betrachtung der Bauplanungen und der Baupraxis galt als Kritik an dem Versprechen Erich Honeckers, das Wohnungsproblem bis 1990 zu lösen, was sich zunehmend als unrealistisch erwies.

Kurz vor seinem freiwilligen Tode hat mir der langjährige Bauminister und ehemalige Kabinettskollege, Wolfgang Junker, sein Herz ausgeschüttet und bestätigt, daß er, die Bauakademie und eigentlich alle Fachleute nicht für das Bauen auf der grünen Wiese waren, sondern bereits kostengünstige Technologien entwickelt hatten, um die verfallenden Innenstädte zu modernisieren. Doch wer nur diese Frage aufwarf, galt bereits als ein Abtrünniger. Er bedauerte, diesen falschen Weg aus Parteidisziplin mitgegangen zu sein.

Joachim Herrmanns Visionen von einem widerspruchsfreien Fernsehen ergriffen nun auch die anderen Bereiche. Überall Mißtrauen, und es zeigten sich alle möglichen Schwätzer, die in prinzipieller Weise ihre Treue zur Sache, zum Fernsehen und ihre Unentbehrlichkeit bekundeten. Die andere Stütze des Abendprogramms, der Bereich Unterhaltung, hatte es auch nicht leicht. Hier wurden alle Texte besonders unter die Lupe genommen, standen sie doch meist im Zusammenhang mit Sketchen oder Conférences und sollten zum Lachen verleiten. Aber auf wessen Kosten? Die Heiterkeit als Abstraktum wurde immer wieder gefordert, doch in dieser Form gibt es sie nicht. Wird sie konkret, trifft sie Mißstände oder Gestrige. Wo sind solche Zustände oder Personen im Sozialismus angesiedelt?

Man konnte darauf warten, daß nach einem unterhaltenden Abend irgendwelche Leitungen oder Vorstände Beschwerden anbrachten, Berufsgruppen oder die Geflügelzüchter, denn alle wollten darauf bestehen, daß ihre Arbeit oder Tätigkeit für den Sozialismus unentbehrlich sei und daher nicht von Komikern herabgesetzt werden dürfte.

In der Tat hatte jede Sparte ihren Ehrbegriff, wollte nützlich sein, bezeichnete Entgleisungen Einzelner als atypisch. Worüber sich mancher heutige Politiker freuen würde, ließ die Satiriker grausen. Es gab natürlich immer etwas aufzuspießen, aber es mußte vorsichtig, nachsichtig und ehrfürchtig geschehen, so daß Wortsendungen immer weniger wurden, die artistischen Darbietungen oder Schlagerschnulzen immer häufiger. Die goldenen Zeiten und Stärken der drei Dialektiker, die aus Rostock, Köln und Berlin kamen, waren dahin. Der Künstler, der durch den Kessel Buntes führte, hatte zwar einen ordentlichen Anzug an, aber etwas Ordentliches zu erzählen bekam er nicht zugestanden, es war etwa so, wie es bei der Sendung »Wetten, daß ...?« heute im ZDF ist. Es ging um nichts, außer um eine Repräsentation erstaunlicher Leistungen an sich.

Das änderte sich auch durch Publikumslieblinge nicht. Helga Hahnemann, eine erstaunlich vielseitige Künstlerin, ließ ihre Texte immer im Unbestimmten, in den Nebenstuben der menschlichen Seele, die ihr eigene scharfe Zunge zeigte sie nicht mehr. Sie war gewarnt durch den Vorfall bei der Einweihung des neuen Friedrichstadtpalastes. Als der intelligente Conférencier O. F. Weidling ein paar Schwächen aufspießte und dabei das Mißfallen des obersten Wirtschaftlers Mittag erregte, war der Teufel los. Die »Auswertung« genannte kritische und selbstkritische Kampagne führte schließlich dazu, daß O. F. sie nicht überstand. Der Wortwitz war nach diesen Erfahrungen ein sicheres Feld für Selbstmörder, und wer wollte das schon sein? Rigoros wurde alles unterdrückt, was nur die Möglichkeit hergab, eine eigene Meinung zu äußern. Die Sendungen wurden uniformiert, uninteressant, man wußte schon, was gesagt werden mußte und richtete sich danach. So blieb es bis zur Wende.

Und was sollte ich tun? Im Alter von über fünfzig Jahren stand ich ein zweites Mal vor einem Scherbenhaufen, es wurde Zeit, sich um sich selber zu kümmern. Da ich vorerst nicht beschäftigt wurde, weil nicht klar war, was mit mir konkret geschehen sollte, beschloß ich, ein altes märkisches Bauernhaus, besser die Kate eines Kossäten, die völlig heruntergekommen war, zu kaufen und instandzusetzen. Jeder DDR-Bürger weiß, daß es ein Abenteuer war, solch ein Vorhaben auf eigene Rechnung zu beginnen. Immer blieb die Frage offen, wie man am Ende dastehen würde. Kredite gab es zwar, aber man mußte Sicherheiten bieten, und ich konnte nicht einmal sagen, was ich zukünftig verdienen würde.

Mit Hilfe eines LPG-Bauern und seines Sohnes, der Maurer lernte, begann das Wagnis am Silvesterabend 1978, als Sturm, Glatteis und Riesenschneewehen das neue Jahr einläuteten. Ein gutes Omen, fand ich, innerlich jedoch nach wie vor unruhig. Das Wichtigste beim Bauen war, daß man das notwendige Material fand. Es gab auch für den individuellen Bedarf manches zu kaufen, aber man mußte wissen, wo. Eine große Scheune nahm alle Bretter und Zementsäcke auf. Ich mußte alles aus dem besser versorgten Berlin anfahren, das Fahrzeug lieh ich mir von einem

Gastronomen, der nebenbei einen LKW-Fuhrbetrieb unterhielt und einen Mann beschäftigte, der gern auch eine Fahrt in seiner Freizeit unternahm, was sein Chef nicht wissen durfte. Mit Hilfe dieses Chauffeurs kam an manchem Wochenende eine Fuhre wertvollsten Materials an, denn bei dem langanhaltenden Winter lagerte im Baustoffgroßhandel so manche Rarität, zum Beispiel Bretter aus Karelien, die den weiten Weg durch Schnee und Eis gut überstanden hatten, jedoch zusammengefroren die Lagerhallen des Holzhandels blockierten. Dort war man froh, daß einer kam, und ich konnte kaufen, soviel ich wollte. Meine zur einfachen Kate passenden Holzausbauten verdanke ich dem eisigen Wind.

Das Dorf hatte keine zentrale Wasserversorgung, seit den Nachkriegsjahren kämpfte man aber darum. Nun rührte sich eine sogenannte Feierabendbrigade der Wasserwirtschaft und begann, die auseinanderliegenden Häuser mit Wasser zu versorgen. Der Zustand mit den Hausbrunnen war bedrohlich geworden, denn der überreichliche Dünger, wegen der notwendigen hohen Ernten jedes Jahr ausgebracht, griff das Grundwasser an. Der Bürgermeister besorgte Geld, die Arbeiter zogen Rohre, und Karfreitag bekamen wir eine Zuleitung gelegt. Den Dorfbewohnern schien es wie ein Wunder. Einer meiner Nachbarn sagte zu mir: »Seit Sie hier sind, bekommen wir sogar sauberes Wasser«, und er wollte mir nicht glauben, daß ich daran keine Verdienste besaß. Doch typisch war seine Meinung schon, man glaubte überall, daß Vitamin B (Beziehungen) notwendig sei, wenn etwas zustande kommen sollte. Die Feierabendbrigade bekam nach Abschluß der Arbeiten noch Schwierigkeiten mit dem Staatsanwalt, sie hatte wohl Material aus dem Bestand ihres Betriebes entnommen und nicht in vollem Umfang abgerechnet.

Die Beziehungen, die man mir nachsagte, hatte ich jedoch nicht, aber der Anschein hatte schon Bedeutung. Das Haus durfte ich kaufen, weil niemand aus dem Kreis der Wohnungssuchenden des Dorfes die Ruine haben wollte. Nach vier Wochen Aushang im Kasten der Gemeindeverwaltung erlaubte der Rat der Gemeinde den Kauf, und ich konnte beginnen.

Im Gegensatz zu heute war die Genehmigung ein leichtes. Der Bürgermeister und ein fachlich gebildeter Mann unternahmen die notwendige Ortsbegehung, verlangten eine technische Zeichnung der geplanten Umbauten, die mir ein Bauingenieur anfertigte, und mit einem »grünen Stempel« war die Genehmigung erteilt. Ein Rechtsanwalt erledigte die Verhandlungen mit der Erbengemeinschaft, die Eintragung in das Grundbuch, und mit der Verkaufshandlung auf dem Notariat waren Haus und Grundstück und etwas Wald mein Eigentum. Das Ackerland bewirtschaftete die LPG, wie hätte ich das auch besorgen können? Eine heute unvorstellbar niedrige Summe, nämlich 6 300 Mark, wurden vom vereidigten Schätzer angesetzt, einerseits ein Beispiel für den Zustand des Gebäudes, andererseits für die niedrigen Bodenpreise. Gewiß, die Kaufsumme war gering, aber die Kosten für den Ausbau durften nicht zu teuer werden, denn mehr als 15 000 Mark bekam ich von der Sparkasse nicht kreditiert.

Ich wurde im Fernsehfunk, meinem Arbeitgeber, gefragt, wie ich mir meine weitere Zukunft vorstelle. Anfangs war ich davon ausgegangen, daß man mich außerhalb des Fernsehens beschäftigen würde. Arbeit mußte man bekommen, doch da ich sogenannter Nomenklaturkader war, lag die Entscheidung nicht bei mir. In eine hohe Reihe würde man mich nicht stellen. Zu meiner Überraschung ergab die Aussprache, daß ich im Fernsehen verbleiben sollte. Zwei oder drei Möglichkeiten wurden erwogen, am meisten sagte mir der Aufbau einer Arbeitsgruppe im Bereich Publizistik zu, die sich nun stärker historischen Themen zuwenden sollte. Darunter wurde zuerst nicht die Geschichte im ganzen, auch nicht die neuere oder neueste Geschichte der Arbeiterbewegung verstanden, sondern fast ausschließlich die Traditionen der revolutionären Arbeiterbewegung, also die deutschen Linken in der SPD, die KPD, der antifaschistische Widerstandskampf und die Geschichte der SED.

Jahrestage und Jubiläen bestimmten stark das geistige Leben der geschichtsbewußten DDR, es sollte gezeigt werden, daß sie auf einem historischen Fundament stand, wie und unter welchen Verhältnissen die Arbeiterbewegung gekämpft hatte und die Errungenschaften der DDR ins Bewußtsein gerückt werden. Sehr viel Spielraum ergab sich aus dieser verengten Aufgabenstellung nicht, aber bei näherem Hinsehen stellte sich heraus, daß außer den Spielfilmen mit hohem Aufwand, großen Kapazitäten und Kosten, der Dokumentarfilm sich zu wenig mit historischen Vorgängen beschäftigt hatte. Das ergab sich aus seinem Verständnis, Zeitbeobachter zu sein, und andererseits aus der Schwierigkeit, daß bei wichtigen Ereignissen vergangener Jahrzehnte – es handelte sich im wesentlichen um unser Jahrhundert – eine Kamera nicht oder nur selten dabei war. Aber es gab Archive.

So begann ich mit der Sichtung der kurz nach dem Krieg und in den ersten Jahren der DDR entstandenen Dokumentarfilme, als sie noch den realen Atem dieser Jahre besaßen. Dabei kam der Gedanke, sie wieder zu zeigen, um ins Bewußtsein zu rufen, daß einfache Menschen, ohne Wissen von zentralen Beschlüssen oder Anweisungen, den Aufbau angepackt und nicht danach gefragt hatten: Was bekomme ich dafür? Wo es möglich war, trieben wir sie auf und redeten über die nun historisch gewordenen Filme und Vorgänge. Das ging nicht allzu gut, denn die betreffenden Personen waren in der Zwischenzeit schon ins Rentenalter gekommen, die Jungen von damals schwer zu finden, die Fragestellungen zum Teil historisch gelöst. Und außerdem stand unsere Sendung am Montag auf dem zweiten Programm gegen den alten Film auf dem ersten.

Das war also nicht der Weg, Geschichtliches zu verbreiten. Die Arbeitsgruppe erweiterte sich um drei Mitstreiter. Wir entdeckten den Quasi-Dokumentarfilm. Seine Aussage mußte der Überprüfung ohne Abstriche standhalten, aber wo kein Filmmaterial zu finden war, mußte Ersatz geschaffen werden durch Ortstermine, Interviews mit Zeitzeugen, Fototricks und der gleichen Hilfsmittel mehr. Die Publizistik verfügte nicht über hochwertige elektronische Kameras, sondern arbeitete mit der guten alten Ariflex, einer unverwüstlichen 16-mm-Filmkamera. Die Aufnahmen waren durch den Filmrollenwechsel etwas umständlicher, der Schnitt aber oftmals eleganter.

Die Themen standen im Plan, wurden aber hin und wieder geändert. So kam etwas kurzfristig der Auftrag, zum 85. Geburtstag des sowjetischen Kundschafters Richard Sorge eine Sendung zur besten Abendzeit vorzubereiten. Was konnte dahinterstekken? Sorge hatte den bevorstehenden Krieg gegen die Sowjetunion an Moskau unter Einsatz seines Lebens gemeldet, war aber von Stalin nicht beachtet, ja gehässig beurteilt worden. Über diesen Fall gab es eine Reihe von Veröffentlichungen, ein Spielfilm mit Thomas Holtzmann lief in den sechziger Jahren zur Rehabilitierung, aber die ganze Wahrheit, vor allem die bewußte Dekonspiration durch die sowjetische militärische Aufklärung war nicht bekannt, und die es wußten, sprachen nicht darüber. Wir erfuhren einiges durch Professor Erich Correns, der als Jugendfreund Sorges für ein Interview gewonnen wurde, aber nicht bereit war, vor der Kamera zu diesem heiklen Punkt zu sprechen, obwohl er sich bemühte, die Wahrheit zu erfahren.

Wir fragten weiter und trafen auf die Schriftstellerin Ruth Werner, die ich noch aus meiner Verlegerzeit kannte. Sie hatte Sorge in China als junge Kundschafterin kennengelernt, war natürlich, wie manche junge Damen, in ihn verliebt gewesen. In Wien stießen wir auf seine letzte Geliebte, die Pianistin und Cembalistin Eta Harich-Schneider, die zwar ein wunderbares Charakterbild zeichnete, aber über seine Kundschaftertätigkeit nichts wußte. Sein Funker, Christiansen-Clausen, war sehr wortkarg, ebenso ein Kollege, der in Mukden die Funkstrecke unterhalten hatte und gerade aus einer dreißigjährigen sibirischen Verbannung zurückgekehrt war. Auch ihm saßen die Bedrohungen noch in den Knochen. Glück hatten wir beim Kramen in den alten Archiven. Aus den Beständen der Reichsfilmkammer waren 1945 Kisten in das sowjetische Beutelager gekommen, jetzt aber wieder in die DDR zurückgeschickt worden. Sie waren noch so, wie sie aus Japan 1944 im Zuge eines Kulturabkommens nach Deutschland gebracht wurden, die Filmdosen noch original verschlossen.

Mit Hilfe meines Dolmetschers damals aus Japan, Dr. Jürgen Berndt, inzwischen zum Professor für Japanologie und Lehrstuhlinhaber an der Humboldt-Universität avanciert, sahen wir uns die Rollen an und stießen auch wirklich auf japanische Aufnahmen vom Besuch einer Delegation von Wehrmachtsoffizieren, die als Instrukteure bestellt waren, von Naziführern und auch von diplomatischen Abenden beim Botschafter Deutschlands, Dr. Ott. Wir hofften, auf den Bildern Richard Sorge zu entdecken, aber er hatte sich wohl nach Art der Spione entfernt, als die Kameras auftauchten. Die Atmosphäre dieser Jahre in Tokio konnten wir jedoch gut wiedergeben.

Trotzdem fehlte eine Menge Filmmaterial, um unsere Aussage zu belegen. Wir gewannen daher den Journalisten und Schriftsteller Harald Hauser, um im Studio mit verbindenden Texten das Thema abzurunden. Als wir mit den Proben begannen, kam nicht nur unser Moderator, sondern auch ein Herr des Ministeriums für Staatssicherheit, der sich als unser Fachberater vorstellte.

Mir war klar, daß das MfS ein Interesse daran hatte, seinen Säulenheiligen Richard Sorge in das richtige Licht zu rücken und dafür zu sorgen, daß kein falsches Wort in die Wohnstuben geriet. Er kannte bereits mein Manuskript und fand es angemessen. Der Genosse L. kam aus der Presseabteilung, ich hatte ihn bereits manchmal auf dem Gelände gesehen, wußte ihn aber nicht einzuordnen.

Fachberater gehörten zu den Begleiterscheinungen der Fernseharbeit. Diese Leute kamen aus Ministerien, Instituten oder Hochschulen. Wer einen Film drehte, war gut beraten, einen geeigneten Fachberater zu gewinnen und vorzuschlagen. Man konnte Glück haben und davon profitieren, im gegenteiligen Fall bekam man zusätzliche Schwierigkeiten durch Unkenntnis der Fernsehspezifika, meistens wollten sie den Text noch anreichern, was in der Regel falsch war. In diesem Fall handelte es sich aber um einen kenntnisreichen Offizier, der sich völlig sachlich verhielt, keine Erklärungen abgab oder Unbilliges verlangte, er saß im Studio und hörte zu, mischte sich aber nicht ein. Später, beim Schnitt, kam er vorbei und sah zu. Obwohl er auch als Zensor anwesend war, benahm er sich doch völlig locker und ging uns nicht auf die Nerven. Da er wohl der Direktion Bescheid gesagt hatte, ging die Abnahme ohne Einwände über die Bühne. Es genügte, daß ein Vertreter des MfS die Sendung gebilligt hatte, also war sie in Ordnung.

Für einen Fernsehmitarbeiter, besonders in meinem Falle, war es geradezu eine Arbeitsvoraussetzung, daß er nicht in einen Streit mit dem Außengutachter geriet. Doch oft kam es bei Abnahmen zu Meinungsverschiedenheiten mit der Bereichsleitung, besonders in der Publizistik. In diesen Gesprächen konnten der Vorgesetzte, der Bereichsleiter oder sein Stellvertreter Schnitte oder andere Veränderungen vor der Sendung anordnen, die unbedingt auszuführen waren. Wenn sie aber offensichtlich ungerechtfertigt waren, gab es einen Beschwerdeweg, doch der war mit Spannungen oder nachträglichen Diskussionen unerquicklicher Art verbunden.

Durch meine neue Arbeit lernte ich einen sehr verzweigten Kreis von Menschen kennen, waren doch auch die Themen, die unsere Redaktion zu bewältigen hatte, so vielfältig wie die Geschichte. Sehr viele Widerstandskämpfer, den meisten Leuten kaum bekannt, berichteten über ihre wahren Erlebnisse und Auffassungen und bewiesen damit, daß der Widerstand sehr viel mehr Gesichter hatte, als bislang in den Schulbüchern stand. Immer wieder stieß ich neben mutigen Arbeiterfunktionären, die zum Teil über elf Jahre ihre illegale Betriebsgruppe leiteten, wie der Metallarbeiter Hans Fruck, späterer Stellvertreter des Leiters der Aufklärung, Markus Wolf, oder die Kurierin der III. Internationale, Charlotte Bischoff, die unerkannt bis zuletzt in Berlin gearbeitet hat, auch auf Menschen aus dem bürgerlichen und adligen Lager.

Es lag auf der Hand, daß sich unsere Gruppe mit den wichtigsten Zielvorstellungen der Vordenker für ein friedliches, antifaschistisches Deutschland aus diesen Reihen beschäftigen mußte, und wir stießen auf die Dokumente des Kreisauer Kreises, als wir uns mit dem linken Sozialdemokraten und Pädagogen Adolf Reichwein beschäftigten. Frau Reichwein half uns, den Weg zu der in den USA lebenden Witwe James Graf Moltkes zu finden, und so beschlossen wir, gemeinsam nach Kreisau zu fahren. Leider war Gräfin York nicht in der Lage mitzukommen, aber sie gab uns in Berlin ein Interview. Mit der Fahrt nach Kreisau und den Dreharbeiten im und um das verfallene Schloß begann die Beschäftigung mit der Thematik des 20. Juli 1944. Die DDR und ihre Darstellung des Widerstands stand den Verschworenen des Militärs und des Adels, der Kirchen und der rechten Sozialdemokraten immer mit Skepsis gegenüber. Beide Gruppen, die Kommunisten und die Militärs, waren vor 1933 durch Welten getrennt, es konnte sich in der kommunistischen Emigration niemand vorstellen, daß aus diesen Kreisen ein ernsthafter Widerstand gegen Hitler entstehen würde. Außerdem war auch nichts darüber bekannt, und in Wirklichkeit bestand der eingeweihte Kreis der Verschwörer aus nicht viel mehr als 200 Personen.

In der Komintern setzte man auf die Umerziehung der Offiziere und Soldaten in den sowjetischen Antifalagern, baute sie nach 1945 in die Verwaltungen und Parteien der DDR ein, aber mit den diffizilen, damals auch noch unerforschten Verflechtungen einer in der Theorie nicht vorgesehenen Adelsopposition um Henning von Tresckow und Claus von Stauffenberg beschäftigte man sich nicht, wobei man berücksichtigen muß, daß Forschungen darüber damals nicht vorlagen. So geschah es, daß es in

Leipzig zwar eine Goerdelerstraße gab, aber die Stauffenbergstraße wurde wieder umbenannt. Konfusion je nach Bildungsstand und politischem Willen, eine klare Linie fand zu jener Zeit noch niemand. Wir fanden sehr interessante Zusammenhänge, wie die Fäden zur ersten Begegnung der Berliner Sozialdemokraten und Kommunisten seit 1933 liefen. Walter Schmidt, der Verbindungsmann von Zeiß zu Reichwein, konnte sie lückenlos benennen. Gräfin York zu Wartenburg erzählte, wie Wilhelm Pieck sie 1945 gebeten hatte, die Versorgungsstelle für Verfolgte des Naziregimes im Magistrat von Berlin aufzubauen, Gräfin Moltke schilderte eine Wahlversammlung in Kreisau, als ihr Mann alle dazu aufrief, so wie er, Thälmann zu wählen, denn wer Hindenburg wähle, gäbe Hitler seine Stimme und damit dem Krieg. Erstaunlich – Moltke stimmt für Thälmann? Das paßt in kein Bild. Es wäre sehr schön, wenn auch die heutigen Parteien und ihre Sprecher ohne Scheuklappen urteilen würden. Vielleicht sollte Frau Laurien, fromme Christin, den letzten Brief von der hingerichteten Widerstandskämpferin Käthe Niederkirchner lesen, bevor sie über Stalinisten und Dogmatiker eifert.

Inzwischen wurden diese Filme des DDR-Fernsehens bekannt. Einige westliche Anstalten kauften die Filme, auch westdeutsche Blätter, darunter die »Frankfurter Allgemeine«, rezensierten anerkennend. Die Generäle Olbricht und Tresckow wurden vorgestellt, neben Pieck und Grotewohl stand Adolf Reichwein, Domprobst Lichtenberg wurde ebenso gewürdigt wie Pfarrer Delp und seine evangelischen Kollegen von der Kirchengemeinde St. Annen in Dahlem.

Wie gesetzmäßig stieß unsere Arbeit auf verschiedene Widerstände. Als wir mit den Vorbereitungen zum 50. Jahrestag der Hitlerschen Machtergreifung (1983) begannen, kam Ende August 1982 die Anweisung, die Arbeit einzustellen, es würde eines solchen Tages nicht gedacht. Unvorstellbar für Historiker, und ich wurde bei meinem stellvertretenden Bereichsleiter vorstellig, diesen Unsinn nicht mitzumachen. Er war der gleichen Meinung wie ich, aber an die Weisung gebunden, so daß er nur diabolisch reagieren konnte: »Du wolltest doch jetzt in Urlaub gehen. Leg die Rollen in den Schrank. Wir unterbrechen, und dann, wenn der Unfug aufgehoben wird, haben wir schon etwas liegen.«

Als die großzügigen Planungen der westlichen Anstalten mit langen Serien, »Europa unter dem Hakenkreuz« und ähnliches, bekannt wurden, kritisierte Honecker die Fernsehleitung und verlangte Abhilfe. Nun waren wir die Rettung, holten die begonnenen Arbeiten heraus und bereiteten die vier Sendungen »Hitler und das Ende von Weimar« vor, die auch im Januar 1983 liefen und mit dem Teil »Sie retteten Deutschlands Ehre« am 30. Januar abschlossen. Es war uns gelungen, die Vielfalt des Widerstandes zu zeigen und klarzumachen, daß es unter dem Galgen nicht darauf ankommt, welche Differenzen man vorher gehabt hat.

Es wäre undenkbar gewesen, daß eine Haltung, die wir überwunden glaubten und an deren Überwindung wir tatkräftig mitgearbeitet hatten, den deutschen Widerstand zu splitten, heute wieder auftritt, nur von rechtskonservativer Seite. Die Angriffe auf den kommunistischen Widerstand durch einen Sohn Stauffenbergs, auf das NKFD und die Taktik der Einheitsfront sind nur reaktionär zu nennen und einfache Repliken auf die frühere DDR. Als wir 1988/89 den »Stauffenberg-Film« des DDR-Fernsehens drehten, erfuhren wir von der Familie freundliche Unterstützung und auch Lob für das Ergebnis. Fünf Jahre danach – der Film wurde 1989 in der DDR und 1990 in der ARD ausgestrahlt – liegen die Verhältnisse plötzlich anders? Es ist erfreulich, daß sich Historiker nicht ins Bockshorn jagen und auch die zuständigen Politiker sich nicht auf diesen Abrechnungsweg drängen ließen, so wie sie bei der Eröffnung einer Ausstellung am 20. Juli 1989 schon einmal erste Attacken zurückgewiesen haben.

Es hatte sich eingebürgert, daß in jedem Jahr eine Sendung zum 20. Juli in den Plan aufgenommen wurde. Das weckte Erwartungen, und wir bekamen freie Hand, uns auch der Person des Attentäters, Claus von Stauffenberg, zu nähern. Dabei konnte es nicht darum gehen, ein weiteres Mal die Ereignisse im Jahre 1944 darzustellen, das war bereits im zweiteiligen Fernsehfilm der ARD von Joachim Fest, »Walküre«, geschehen, besser konnte man es nicht machen, der Aufwand für dieses Dokumentarspiel entsprach sicherlich dem eines Spielfilms. Und trotzdem blieb ein Rest. Wie kam der Sohn eines Hofmarschalls und einer Hofdame der Königin von Württemberg dazu, eine Bombe zu legen? Wie war überhaupt diese Art von Widerstand zu bewerten?

In der marxistisch-leninistischen Revolutionstheorie ist die Frage des Attentats als Kampfmittel dargestellt. Anarchistische Anschläge sind zwar verständlich, aber blicken erfolglos auf ein Ziel, kosten unnötige Opfer in den Reihen der Revolutionäre und werden daher von Marxisten abgelehnt. Sie geben den Herrschenden lediglich neuen Anlaß, brutaler gegen ihre Gegner vorzugehen. Daher konnten die Parteihistoriker dem Vorgehen Stauffenbergs nicht uneingeschränkt zustimmen. Doch zu einem Zeitpunkt, als der Moloch Krieg immer neue Divisionen verschlang, war vielleicht ein Maß erreicht, das mit normalen Begriffen nicht mehr zu fassen war. Ist in diesem Falle nicht doch ein Attentat gerechtfertigt? Urteilt man vom Ergebnis des unzulänglich vorbereiteten und abgewickelten Tatvorgangs, so hat sich alles bewahrheitet, was dazu gesagt worden ist. Die Opfer der sofort einsetzenden Verfolgung waren weit höher, als die Zahl der unmittelbar Beteiligten und zum Tode Verurteilten. Von der Ermordung Ernst Thälmanns bis hin zur Sippenhaftung unschuldiger Kinder sind wahrscheinlich 8 000 Menschen dem Rachefeldzug zum Opfer gefallen.

Aus diesen Gründen war Stauffenbergs Tat in der DDR umstritten, aus anderen Gründen also als im Westen. Dort ging es um die soldatischen und christlichen Auffassungen von Eidbruch und Verrat am Obersten Kriegsherrn, Tyrannenmord und ähnliche Fragestellungen, die verursachten, daß die Taten der Verschwörer erst spät ihre Würdigung erfuhren. Heute hat sich das Blatt gewendet, und mancher möchte gern, daß diese Tat als der einzige Höhepunkt des deutschen Widerstandes gegen Hitler angesehen wird.

Bei der Konzeption unseres Films durften wir uns weder von der einen, noch von der anderen Version leiten lassen. Die Ideologie eines jungen Adelsvertreters, der die »naturgegebenen Ränge« behalten will, und eines Generalstabsoffiziers, der mit den Mitteln der Mathematik feststellen konnte, wann Deutschland besiegt sein würde, ergab schließlich unser Bild des Attentäters, des Täters im georgianischen Sinne.

Erwartungsgemäß stieß unser Vorhaben mit dem Untertitel »Stauffenberg – 13 Bilder über einen Täter« und das Herangehen an den Stoff auf besondere Aufmerksamkeit unseres Bereichsleiters, eines Dogmatikers wie er im Buche steht, und er wies neben anderen Veränderungen an, den Untertitel zu streichen.

Doch im Frühjahr und Frühsommer 1989 hörte man nicht mehr diese Art Unverschämtheiten, die Änderungen wurden nicht vorgenommen, der Film lief ohne seine Schnitte.

Mit Louis Ferdinand Prinz von Preußen verband mich eine gute Bekanntschaft, die zu einer Freundschaft wurde, seit dem Jahre 1987. Bei der Planung für das Berlin-Jubiläum reichte ich den Vorschlag ein, über die Verbringung der Sarkophage der Preußenkönige Friedrich Wilhelm I. und Friedrich II. von der Garnisonskirche nach der Burg Hechingen eine Reportage zu drehen mit dem Ziel, ein Plädoyer für ihre Rückkehr nach Potsdam zu halten. Niemand nahm an, daß dieses Vorhaben genehmigt würde, doch im Herbst 1986 bekam ich den Auftrag, eine genauere Ausarbeitung anzufertigen. Die Recherchen begannen, und es wurde bekannt, daß bei der Beisetzung auf der Burg der Chef des Hauses Hohenzollern eine Erklärung abgegeben hatte, daß eine Rückkehr nach Potsdam erst erfolge, wenn die »Einheit in Frieden und Freiheit« hergestellt sei.

Dieser vor Jahren abgegebenen Auffassung wollte ich mich nicht anschließen. Die Burg im Schwäbischen hatte zur Zeit der beiden Könige keinerlei Beziehungen zu Potsdam gehabt und war eine verfallene österreichische Kaserne. Es lagen testamentarische Erklärungen von Friedrich II. vor, daß er beim Schloß Sanssouci begraben sein wollte, wozu noch vor dem Schloßbau ein Grab gemauert worden war. Für den Fall eines Kriegstodes waren Vorschriften für die Generäle abgefaßt, die besagten, wie die Überführung dorthin vorzunehmen sei. Mit diesen Dokumenten, die im Original im Staatsarchiv Merseburg lagen, machte ich mich vertraut und holte mir vom Staatssekretär für Kultur, Kurt Löffler, die Vollmacht, dem Prinzen vorzuschlagen, als aktiven Beitrag zur Annäherung der beiden deutschen Staaten einer Überführung der Sarkophage zuzustimmen und Details zu besprechen. Kurt Löffler fragte den Vorsitzenden des Festkomitees, ob ich eine Einladung der Familie Hohenzollern zu den Feierlichkeiten in Berlin aussprechen dürfte. Honecker stimmte zu, und mit diesen Vollmachten versehen fuhren wir am 24. Januar 1987 auf die Hohenzollernburg.

Das Gespräch in der Burgwohnung des Prinzen, der mit Kaiserliche Hoheit von seiner Umgebung angeredet wurde, obwohl seit Weimar die Führung fürstlicher Titel verboten war, zeigte zu Anfang ein verständliches Erstaunen für unser Vorhaben. Doch das Argument, daß die beiden Könige nach Potsdam gehören, wurde angenommen, mit Interesse auch die Unterlagen aus dem Testament und den Befehlen. Es stand dagegen, daß die Mauer noch nicht gefallen war. Ich vertrat die Auffassung, daß sie nur fallen würde, wenn aktive Schritte in dieser Richtung zu erwarten seien, und eine Überführung der Sarkophage gehöre als ein erstrangiges Ereignis dazu. Die Hohenzollern gehörten nicht ins Schwäbische, sondern naturgemäß ins Preußische, ein Platz in Potsdam für Friedrich Wilhelm I. würde sicher gefunden werden. Louis Ferdinand muß gedacht haben, ich käme von einem anderen Stern. Ein Kommunist macht sich Gedanken um die Särge von Preußenkönigen.

Der Abschied von der Burg war für uns hoffnungsvoll, zwar hatte Louis Ferdinand seine früher abgegebene Erklärung nicht zurückgenommen, aber es war ihm offensichtlich angenehm, zur Jubiläumsfeier nach Berlin ins Schauspielhaus eingeladen zu werden, und meine Begründung, er sei doch der Repräsentant der ältesten Familie Berlins, die 500 Jahre in Brandenburg regiert hätte und müsse daher unbedingt dabei sein, hatte er mit einem, »Da haben Sie wohl Recht« quittiert. Ich versprach, beim nächsten Besuch die förmliche Einladung zu überbringen. So geschah es auch. Die Einladung ehre ihn, meinte er, aber als guter Preuße müsse er natürlich die Erlaubnis seines Landesvaters, er meinte Bundeskanzler Kohl, einholen und hätte sich dazu bereits angemeldet.

Dr. Kohl riet ihm, als Privatmann mit mir zu sprechen und meinen Einladungen auch Folge zu leisten, aber zu offiziellen Gelegenheiten doch besser nicht zu gehen. Ich vermute, es war ihm die Vorstellung peinlich, mit Erich Honecker gemeinsam an der Grablege der Könige stehen zu müssen, denn ich hatte darauf gesetzt, daß es bei der Feierlichkeit zu einer Verständigung des Prinzen mit Honecker kommen würde. Statt dessen sagte Louis Ferdinand wegen eines Besuches in Israel ab. Er kam aber etwas später, Anfang Oktober 1987, nach Potsdam, wurde von Generaldirektor Joachim Mückenberger und Schlösserdirektor Dr. Giersberg begrüßt und geführt, und als er dann auf der Parkbank an der Gruft saß und über den Park schaute, mag er den

Entschluß gefaßt haben, den Befehl seines größten Vorfahren zu befolgen. Ein Besuch im Marmorpalais schloß sich an, auf Anhieb fand er sein Geburtszimmer, in welchem der Parteisekretär des Militärmuseums seinen Schreibtisch hatte. Das amüsierte alle, und die beiden tranken einen Schnaps auf dieses merkwürdige Zusammentreffen. Direktor Oberst Hoffmann, der den Hohenzollern mit einer militärischen Meldung und Soldatengruß empfangen hatte, begleitete uns weiter in die restaurierten Neuen Kammern, in denen ein kleines Konzert mit Musik Friedrichs II. und auch eigenen Kompositionen des Prinzen durch Künstler des Hans-Otto-Theaters vorbereitet war. In der Friedenskirche hatte er ein weißes Nelkenkreuz in der Gruft Friedrich Wilhelms IV. und dessen Gemahlin niedergelegt, ebenso im Mausoleum Kaiser Friedrichs I. und der Kaiserin.

Voller Erlebnisse fuhren er und seine beiden Söhne nach Halensee zurück, und als wir noch in seiner Wohnung bei einem Glas Wein saßen, sagte er zu uns: »Wir alle werden es noch erleben, daß die Umbettung und endgültige Beisetzung in Potsdam erfolgt.«

Auf der Burg fand auch 1989, wie jedes Jahr, ein Wohltätigkeitskonzert statt, zu dem wir eingeladen waren, nun schon das dritte Mal. Hier hatte sich auch der neue amerikanische Botschafter, Vernon A. Walters, ein alter Haudegen des amerikanischen Geheimdienstes, eingefunden, und Louis Ferdinand stellte mich vor. Mit seinem Deutsch war es nicht so weit her, aber als ehemaliger Botschafter in der Sowjetunion sprach er ganz passabel Russisch. So konnten wir uns gut verständigen, und er sagte im Gespräch den mir damals unverständlichen Satz, daß es mit der DDR nicht mehr als ein halbes Jahr dauern würde. Ich stritt das ab, aber er blieb dabei, daß einem Staat, dem die Jugend wegliefe, keine Zukunft beschieden sei. Von heutiger Sicht aus stimmte seine Analyse auch in anderer Hinsicht. Er wußte natürlich, daß die DDR gefallen war, als die Sowjetunion den Kurswechsel vornahm, und betrachtete alles, was sich daraus ergab, nur als Folgeerscheinung. In globaler, amerikanischer Denkweise verstand er seine Position als Botschafter im Sinne der Aufgabe, dafür zu sorgen, daß es im Herzen Europas nicht zu unerträglichen Spannungen oder gar Schlimmerem kommen würde. Als alles für ihn erledigt war, fuhr er, schon nicht mehr jung, wieder nach Hause und überließ der jüngeren Generation das Heft. Er hatte sieben amerikanischen Präsidenten gedient.

Ja, warum lief die Jugend ihrem Staat davon? War seit den vier Grundrechten der jungen Generation von 1946, verkündet auf dem 1. Parlament der FDJ in Brandenburg, nicht sehr viel geschehen? Bekam nicht jeder seinen Ausbildungsplatz und nach der Lehre seine Arbeit? Ferienlager und Freizeitsport, Starthilfe für junge Ehen und Kindergeld, Kindergartenplätze und Bildungschancen für jedermann – waren das alles Selbstverständlichkeiten? Weit zurück lag die Erinnerung, als im Zuge einer Wintererholungsaktion der FDJ Mitte Januar 1951 die ersten Wintersportmeisterschaften der Jungen Pioniere in Oberhof stattfanden. Das exklusive Golfhotel wies eine Gruppe von frierenden Kindern ab und verweigerte ihnen einen heißen Tee. In der allgemeinen Empörung darüber reifte bei Erich Honecker der Entschluß, in einer spontanen Aktion das Hotel in bester Lage von den sich dort labenden Schiebern räumen zu lassen und es zum Haus der Pioniere zu erklären. Die Kinder zogen ein, nun wurden die vornehmen Betten für sie neu bezogen.

Dreißig Jahre später war aus dieser Haltung eine Führerverehrung geworden. Der Vorsitzende von damals und nunmehrige Generalsekretär ließ sich auf den häufigen Jugendtreffen, die hauptsächlich aus überlangen Demonstrationen und Aufmärschen, Massensportübungen und Manifestationen bestanden, feiern und hielt steife Reden über die Treue der Jugend zum real existierenden Sozialismus. Ein nächtlicher Himmel, erleuchtet von Armeescheinwerfern, sah ihn mit geballter Faust vor farbigem Hintergrund in seiner eingeübten revolutionären Jugendpose. Die perfekte Show organisierte der spätere Oberbürgermeister von Dresden, Berghofer, damals im Zentralrat der FDJ zuständig für Großveranstaltungen. Nun gibt es in der Jugendbewegung nichts, was der Jugend so fern ist, wie stundenlanges Warten und Hurra-Rufen und Winken bei Vorbeimärschen. Doch die schon sehr alten Politbüro-Mitglieder fühlten sich durch die gute medizinische Behandlung ihrer wertvollen Persönlichkeiten immer noch jung. Als auf einer der Feiern auf dem Friedhof der Sozialisten in Friedrichsfelde der lange Zug durch sie angeführt wurde, spielte die Musik das Arbeiterlied »Wir sind die junge Garde des Proletariats«. Man sang mit und grüßte die ausgesuchten

Spaliersteher mit jovialem Winken. Nur die Tontechniker vom Fernsehen hatten ihre Schwierigkeiten. Das Wetter war im Januar schlecht und die Stimmen recht dünn, einige bewegten nur die Lippen, es war kaum etwas zu hören. So zeigte die Aktuelle Kamera ein ziemlich makabres Bild. Ältere Herren in Pelzkleidung ballten ab und zu die Faust und piepsten, sie seien die junge Garde. Die Reaktion kam auf dem Fuß, die verantwortlichen, unschuldigen Techniker vor Ort wurden abgelöst oder gerügt.

So waren die Verhältnisse in den letzten Jahren der DDR. Wichtige Probleme, deren Entscheidung gefällt werden mußte, blieben liegen. Heute nennt man diese Entscheidungslosigkeit »das Aussitzen«, was bedeuten soll, ich bleibe auf dem Sessel, gleich ob das Knäuel unerledigter, die Gesellschaft bekümmernder Probleme immer größer, die Steuerlast immer drückender, die Arbeitslosigkeit immer quälender wird. Ab und zu kommen auf einem Parteitag, der sich nur noch darauf ausrichtet, einen Mann zu wählen – das ist in allen Parteien gleich –, von diesem ein paar markige Worte, und dann geht alles weiterhin seinen kapitalistischen Gang.

Während der Sozialismus in den achtziger Jahren in eine offene Systemkrise geriet, die vor allem durch die Schwäche der Führungsmacht befördert wurde, ist es heute der Kapitalismus, dessen allgemeine Krise an allen Ecken und Enden sichtbar wird. Die Führungsschwäche der stärksten Macht, der USA, ist nicht mehr zu übersehen. Die anderen sitzen mit im Boot und schaukeln von einem Krisenherd zum anderen. Was damals die Einmischung der Sowjetunion in Afghanistan war, ist heute die Einmischung der Amerikaner in die Probleme des Nahen Ostens. Die Muster funktionieren damals wie heute nicht, die Stagnation ist nach den Umbrüchen im Osten nicht mehr zu kaschieren. Bisher kann man noch alles auf den Kommunismus schieben, er muß als Verbalinjurie dienen, aber die Leute glauben das nicht mehr, zu viele Phraseure bedienen sich dieses »Arguments«. Die angeblich auf die christlichen Werte des Abendlandes gegründete Ordnung erweist sich als hilflos vor den elementaren Nöten der Massen, der natürlichen Umwelt, der kriegsgebeutelten Regionen, fünfzig Jahre nach der Beendigung des zweiten Weltkrieges.

Die Endzeitstimmung in der DDR ergriff die ganze Gesellschaft, das latente Unbehagen schlug in allgemeine Unzufriedenheit um, die Kritik in den Betrieben wurde gezielter, die Frage, warum längst bekannte Mißstände nicht abgeschafft würden, immer lauter, die Hilflosigkeit der Verantwortlichen deutlicher. Dagegen wurde der verstärkte Dialog empfohlen, die Partei sollte die Fragen der Bevölkerung beantworten, aber sie konnte es nicht, da sie die kritisierten Umstände nicht abschaffen konnte. Zu Pfingsten 1989 wurde noch ein Jugendtreffen verordnet. Die Jugend wollte nicht ein weiteres Mal die Reden von der Überlegenheit des Sozialismus hören, sondern nach ihren Wünschen leben, und dazu gehörte in erster Linie die Reisefreiheit. Während in den letzten Jahren den Erwachsenen manchmal erlaubt wurde, zum 70. Geburtstag von Tante Anni zu fahren, durfte die Jugend keinen eigenen Blick auf den realen Kapitalismus werfen. Ein paar Reisegruppen, bestehend aus ausgesuchten Jugendlichen, dienten nur als Augenwischerei. Doch der tägliche Blick auf die Westsender mit den schönen Werbedamen und den neusten Parfüms gab keine Auskunft darüber, in welche sozialen Verhältnisse man kam.

Egon Krenz meinte, es sei die Zeit der Wende – das Wort stammt von ihm – gekommen, als er zum neuen Generalsekretär gewählt wurde. Noch hieß es im offiziellen Text, Erich Honecker hätte aus gesundheitlichen Gründen um seine Ablösung gebeten. Im ZK aber hatte die Diskussion über die Statistenrolle seiner Mitglieder und das Versagen vor den Schwierigkeiten der Entwicklung gerade erst begonnen, als mit dem Begriff der Wende alles wieder unklar wurde. Jeder stellte sich darunter vor, was er wollte, und wendete sich, wohin er wollte. Krenz wollte die Arbeiter beruhigen und ging in die Betriebe, aber das probate Mittel half nicht mehr, die erwarteten Zustimmungen zum Aufruf, mehr als bisher zu arbeiten, fielen flau aus.

In den Tagen des September/Oktober sickerten immer häufiger Zahlen und Zustände aus den Ministerien in die Öffentlichkeit. Die Presse forderte laut die Einrichtung von Sprechern in den Institutionen, die ständig für kompetente Auskünfte zur Verfügung stehen müßten. Die Fragestellungen wurden immer schärfer, es war, als ob ein Damm bräche. In gleicher Weise drängten die Fernsehjournalisten auf die Erweiterung ihrer Berichterstattungspflicht, wer wollte diesem Druck von unten widerstehen? Zuerst half sich das ZK damit, die am meisten belasteten Leute auszuschließen. Plötzlich waren Honecker, Mittag, Herrmann und Mielke keine Parteimitglieder mehr, gegen andere liefen Parteiverfahren wegen korrupter Verwendung von Staatsgeldern für private Zwecke, meistens für Jägerei. Es wurde bekannt, daß sie sich Jagdresidenzen geschaffen hatten, dort wurde das Wild mit Futter angelockt, die Bestände über Gebühr vermehrt, und vom sicheren Hochstand oder gar vom Jeep aus schoß man auf das Wild, das extra zu diesem perversen Sinnenkitzel herangelockt worden war. Für diese Art von Jägerei war eine eigene Sonderjagdbehörde zuständig, Leibjäger mit extra Sicherheitsstatus.

Diese Enthüllungen kamen in die Volkskammer, die Abgeordneten hielten plötzlich den Mund nicht mehr, Ausschüsse beschäftigten sich mit dem abnormen Verhalten der meisten Führenden, andere Funktionäre wurden gewählt, deren Leben als unbescholten offen dalag. Nur einer verband seine neue Funktion wieder, in absoluter Verkennung des Zeitgeistes, mit anderen Machtpositionen. Generalsekretär Egon Krenz ließ sich zum Staatsratsvorsitzenden wählen und übernahm auch noch das Amt des Vorsitzenden des Nationalen Verteidigungsrates dazu, eine Triade in einer Person, eine Überschätzung der eigenen, bescheidenen Fähigkeiten, eine Fortsetzung der schlechten Gewohnheiten, alles nicht durchdacht. Die unkritische Behandlung der großen Vorsitzenden ging vorbei, und Krenz sollte das zuerst zu spüren bekommen. Zwar wurde er noch nach seiner Wahl von einer Journalistin des Fernsehens freudig begrüßt, gewissermaßen als Retter der verfahrenen Lage, doch von seinem guten Willen allein hing die ausgerufene Wende nicht mehr ab.

Es ist durchaus glaubwürdig, wenn Egon Krenz heute betont, er hätte unter den Verhältnissen im Politbüro gelitten, wäre in den entscheidenden Wochen 1989 auf Reisen und in Urlaub geschickt worden (und er hatte sich schicken lassen), er hing aber trotzdem in merkwürdiger Abhängigkeit nach wie vor an Erich Honecker, den er als sein Vorbild mehrfach bezeichnet hatte. Wenn man will, ist er dessen Weg Stufe für Stufe nachgegangen: Vorsitzender der FDJ, dann zweiter Mann im Politbüro und verantwortlich für Sicherheitsfragen und Jugendpolitik, und nun, im Herbst 1989, als nichts mehr ging, Generalsekretär der SED. Er hatte zwar gelernt, wie man in den verwickelten Dingen des politischen Lebens den Platz oben behält, doch er nutzte die politische Analyse nicht, trotz der vielen Berichte der Polizei, des MfS und der NVA, der Parteiinformation und der Gewerkschaften, die täglich auf seinen Tisch kamen.

Das Wissen über die Vorkommnisse in der Gesellschaft ist eben noch keine Analyse der Vorgänge in der Gesellschaft. Lächerlich, wenn heute ahnungslose Journalisten anhand irregulärer Vorkommnisse erstaunt tun, was es alles im Sozialismus gegeben hat, was nicht klappte, was gegen Regeln verstieß. Das war in der DDR nicht anders als in jeder Gesellschaft. Verglichen mit den Zuständen heute allerdings ging es recht ordentlich zu. Ganoven wußten meist, es hat nicht viel Sinn, wenn sie sich kriminell betätigten, denn die Bekämpfung des Verbrechens war zielstrebig und kannte keine überflüssigen Instanzenwege – anders als heute bei der beamteten Polizei.

Egon Krenz wußte, daß der Sicherheitsapparat, wenn auch zu groß, so doch rationell organisiert war. Also ließ er alles beim alten, stützte sich darauf und versuchte kosmetische Reparaturen. Zu diesen Verschönerungsoperationen gehörte auch die Umbesetzung der Leitung des Rundfunks. Im Oktober wurde ich zu ihm gerufen. Wir kannten uns schon seit der Zeit aus dem Verlag Neues Leben, als er, Sekretär des Jugendverbandes, mein Vorgesetzter war. Wir hatten nie Schwierigkeiten miteinander, er überließ die Verbindung zum Verlag einer Kultursekretärin, die aber recht harmlos war, da sie keine Ahnung hatte. Sie hatte auf den Schulen der FDJ nichts Rechtes gelernt. Die Lehrpläne dort waren theoretisch ungenügend und praktisch unbrauchbar. Verbreitet war allerdings nach wie vor der Glaube an die Möglichkeiten der Manipulation von Gedanken und Stimmungen.

Vor dem Gespräch mit Krenz gab es noch ein Kadergespräch bei Schabowski, der neuer Ideologiesekretär geworden war. Er sagte mir, daß ich die Leitung des Fernsehens übernehmen solle. Ich fragte, wie er zu einem solchen Vorschlag käme, er kenne mich doch nicht, schließlich sei ich hart gemaßregelt und diese Maßnahmen seien nicht zurückgenommen worden. Allerdings erwähnte ich nicht, daß Honecker zu meinem 60. Geburtstag einen Glückwunsch geschickt und seinen Agitationssekretär, Herrmann, beauftragt hatte, mir zu sagen, daß sich herausgestellt habe, meine Meinungen seien richtig gewesen, sowohl 1965 als auch 1978. Ich hatte ihm geantwortet, ich wüßte es, aber die anderen nicht, vielleicht solle man es öffentlich sagen. Das kam natürlich nicht in Frage, hätte es doch das Eingeständnis verfehlter Kulturpolitik bedeutet. Aber von diesen Dingen wußte Günter Schabowski nichts, er lachte, als er fragte, ob ich das »Vasenplenum« meinte. In diesem Moment mahnte jemand, die Zeit für das Gespräch mit Krenz sei heran.

Bei ihm saßen bereits die anderen, für die Leitung vorgesehenen Medienvertreter. Nach ein paar einführenden Worten appellierte Krenz an unser Parteibewußtsein und erwartete Zustimmung. Ich fragte, was sich denn ändern würde an der Politik, denn es sei für einen Fernsehmenschen vielleicht nicht unwichtig zu wissen, welche Politik gefahren wird. Was ich denn meine? Nun, wer die Zahlen zur letzten Wahl manipuliert habe, und ob es auch zukünftig bei den 99 Prozent bleiben würde, wie er zu den Vorgängen auf dem Platz des Himmlischen Friedens in Peking stehe (die er gebilligt hatte), und zum Dritten, wie er den Ausspruch, daß wir den ausreisenden Jugendlichen keine Träne nachweinten, zurücknehmen wolle. Seine Antwort war kurz: Alle diese Dinge müßten gut überlegt werden, der Sonderparteitag würde dazu Stellung nehmen. Ich übergab ihm noch ein Manuskript für eine Sendung über den Ausspruch Rosa Luxemburgs, daß die Freiheit immer die Freiheit der Andersdenkenden sei, und schlug vor, die Traditionslinie bei ihr, der demokratischen Sozialistin, anzusetzen. Auch das müsse überlegt werden, ergänzte Schabowski.

Beim Hinausgehen hielt uns noch ein Mitarbeiter an. Wir möchten doch dafür sorgen, daß in Ribnitz-Damgarten, bei der Kandidatur von Egon Krenz für den Parteitag, Berichterstatter anwesend wären. Es bestünde die Gefahr, daß er nicht die nötigen Stimmen bekäme. Als ich in Adlershof den Chef der Aktuellen Kamera anrief und ihm den Wunsch mitteilte, fluchte er nur und sagte: »Als ob das noch jemanden interessiert. Für so etwas haben wir keine Kräfte mehr frei.« Die Uhren liefen schnell im Oktober 1989.

Das gute halbe Jahr

Die Wende war zwar verkündet, aber eine entsprechende Politik nicht in Sicht. Die Hilflosigkeit der Führung setzte sich fort, bis die Bevölkerung die Wende in ihre Hände nahm. Die Leipziger Montagsdemonstrationen waren der Beginn, aber in der Zentrale der Macht als noch beherrschbar angesehen. Es ist richtig, daß Kurt Masur und einige Sekretäre der Leipziger Bezirksleitung der SED Einfluß darauf nahmen, die Eskalation durch Einsatz von Truppen zu verhindern. Masur praktizierte im Gewandhaus die Diskussion mit den Bürgern, und der Ruf »Wir sind das Volk« – oftmals von Außenstehenden völlig mißverstanden – stellte die Herrschaftsverhältnisse ideologisch wieder her. Polizei, Armee und alle anderen staatlichen Organe nannten sich Volksmacht, Volkspolizei, Volksarmee, aber der Staat war im Verständnis seiner Bürger immer noch die Macht der Arbeiter und Bauern, und die Organe dieser Macht nur ihre Instrumente. In diesem Ruf verkörpert sich der Aufschrei der Unterdrückten und Beladenen und zugleich der Aufruf zu einer neuen, volksnahen Politik, so wie sie ursprünglich konzipiert war.

Bezeichnend für die Situation der Machtorgane war es, daß nicht die Gewerkschaften, nicht die FDJ, nicht die Nationale Front und, gar nicht zu denken, die SED es waren, zur großen Berliner Demonstration am 4. November auf dem Alexanderplatz aufzurufen, sondern eine durch nichts als ihre integere Haltung und politisches Verständnis legitimierte Gruppe von Schauspielern der Theater. Sie übernahmen die Moderation, sie hielten einen Teil der 26 Reden, sie stellten Ordner und sorgten in Sicherheitspartnerschaft mit der Polizei für Gewaltlosigkeit. Termin und Ort gingen von Mund zu Mund, im Fernsehen wußte es jeder, und niemand von den dort Führenden war in der Lage, dagegen zu sprechen. Im Gegenteil, die Übertragungswagen standen neben der Bühne. Das Land nahm an der schonungslosen Abrechnung mit den Mächtigen, den Erhabenen, wie Stefan Heym sie nannte, teil. Und zum erstenmal zeigte sich auch das Fernsehen auf der Höhe seiner Aufgaben: es übertrug seit diesem Tag die wichtigen Debatten live, die Volkskammersitzungen, die Runden Tische, das Biermann-Konzert in Leipzig.

In diesen Tagen zeigte sich, daß auch die SED über eine Reihe von Kräften verfügte, die durchaus in der Lage waren, die angekündigte neue Politik zu verwirklichen. Niemand wollte als Dogmatiker, Rückständiger gelten. Bisher immer brav sekundierende Gewerkschafter stellten plötzlich die Leiter zur Disposition. In unserem Bereich rechnete eine überfüllte Versammlung mit dem selbstherrlichen, zynischen Leiter ab, seitdem war er seine verordnete Autorität los. Die Redaktionen konzipierten die Pläne neu, der Sendeplatz des lobhudelnden Schwarzen Kanals von Karl-Eduard von Schnitzler wurde von den kritischen Redakteuren beansprucht, sie stellten die Frage: »Ist Leipzig noch zu retten?«, und damit begann ein Enthüllungsjournalismus, der alle bisher respektierten Tabus aufbrach.

Doch diese Anzeichen waren noch keine Wende. Sie wäre eingetreten, wenn die Volksversammlung auf dem Alex die Redner zur Provisorischen Regierung erklärt und zum Werderschen Markt, dem Sitz des ZK der SED und zur Klosterstraße, dem Sitz des Ministerrates, marschiert wäre und die Übergangsregierung eingesetzt hätte. Es ist wohl unbestreitbar, daß damit die kleinen Oppositions- und Widerstandsorganisationen, die sich heute viel bedeutender geben als sie waren, in die Politik einbezogen worden wären und ihren Einfluß geltend gemacht hätten. Auf diese Weise wären auch die Bezirks- und Kreisorgane erneuert und von gestrigen Elementen gesäubert worden. Andererseits hätte jeder die Möglichkeit gehabt, sich voll in diese Erneuerung einzubringen. In diesem Sinne ist das kassandrahafte Wort von den Wendehälsen, das Christa Wolf dort aussprach, historisch zu früh gewesen. Es war zu erwarten, daß sich eine Menge Opportunisten nunmehr als Reformer ausgeben würden, doch das wäre das kleinere Übel und im Laufe der Entwicklung zu korrigieren gewesen, das hätten die reformerischen Kräfte wohl zu regeln gewußt. Nein, zuerst mußte man jedem DDR-Bürger, ob Funktionsträger oder nicht, die reelle Chance geben, seinen Part zu übernehmen. Das heutige Unbehagen im Osten rührt nicht allein aus den Renten-, Mieten-, Eigentumsbenachteiligungen, von der zerstörerischen Arbeit der Treuhand her, sondern aus dem Unglauben der Demokraten des Westens in die erneuernde Kraft der Demokratie im Osten. Fast alle hatten hier schon verstanden, daß der Grundfehler der DDR der Mangel an demokratischem Handeln war, und nun setzte sich an die Stelle der Scheindemokratie der DDR die ausschließlich parlamentarische Demokratie der BRD, während die Demonstranten dabei waren, ihre Forderungen an Runden Tischen durchzusetzen.

Wer erinnerte sich nicht daran, wie Ingrid Köppe die Vertreter der neuen Staatssicherheitsleitung vor laufender Kamera zur Aufgabe zwang und ein Mann aus den Reihen der Bürgerbewegung zum Regierungsbeauftragten für die Abwicklung eingesetzt wurde? Die sich ändernden Zeiten brachten auf allen Gebieten neue Sprecher neuer Forderungen hervor, die in der Lage waren, die Entwicklung zu leiten. Doch wo sind sie heute? Soweit sie in der Politik sind, haben sie sich angepaßt, sind resigniert ausgeschieden oder suchen in den Akten der Gauck-Behörde nach ihren ehemaligen Gegnern. Die einzige Partei, die Trägern der DDR Chancen eingeräumt hat, ist die CDU. Trotz anfänglicher Bedenken hat sie in ihre Politikerriege auch Ehemalige aus der DDR-CDU übernommen. Es sind nicht immer beeindruckende Personen, manche sind auch von ihrer Bedeutung zu sehr überzeugt, aber bei allen Abstrichen sind Krause, Merkel, Eggert und Co. politische Figuren, die im Sinne der CDU wirken oder wirkten. Die SPD hat von dieser Couleur nur den wortgewandten Herrn Thierse, der sich aber auf die diffusen Ost-Stimmungen kapriziert, die er wiedergibt. Doch er ist nur ein Moderator, wirklichen Einfluß auf die Politik seiner Partei besitzt er nicht. In der Wende trat er nicht in Erscheinung, brauchbare Gesellschaftskonzepte sind auch bei ihm nicht zu finden.

Diese Konstellation der Kräfte war schon im Herbst 1989 vorhanden, wenn auch nicht so klar wie heute. Bereits bei einem Friedensgebet in Neubrandenburg trugen Teilnehmer die Losung: »Nur der verändert, der umdenkt und handelt!« Genau das war die Zielrichtung für das Fernsehen. Doch mit wem sollte es arbeiten?

Seit dem Gespräch mit Krenz Ende Oktober hatte ich nichts weiter gehört, die Bevölkerung verhielt sich distanziert zu den unklaren Aussagen des neuen Generalsekretärs, daran änderte auch ein Aktionsprogramm »Schritte zur Erneuerung« nichts, dessen Diskussionsentwurf am 9. November veröffentlicht wurde. Das Neue Forum, die organisierte DDR-Opposition, wird am gleichen Tage vom Innenministerium nach wochenlanger Weigerung zugelassen, aber das alles verschluckt die geradezu unglaubliche Nachricht, die ein harmlos tuender Schabowski auf einer Pressekonferenz verliest. Er zieht einen scheinbar vergessenen Zettel aus der Tasche und verliest einen Text, daß vom nächsten Morgen an jedermann ohne Angabe von Gründen ausreisen kann. Das bedeutet nichts anderes, als die Öffnung der Mauer. Der Damm ist gebrochen, sofort sind die Übergänge belagert, und die Bevölkerung nimmt sich noch in der Nacht das Recht, in den Westen zu reisen. Das wiederum stellt, wie schon der Bau der Mauer, nun auch bei ihrem Ende die westdeutschen Politiker vor die Erkenntnis, daß sie auch auf diesen Tag nicht vorbereitet waren. Eine Fülle verwirrender, gegensätzlicher Stellungnahmen werden ausgestreut, nur der Westberliner Regierende Bürgermeister Momper findet das Wort: »Nun, Berlin, nun freue dich!«

Seit diesem Tag ist der Sender auf der Höhe seiner Aufgaben. Auch hier sind die Fesseln zerschnitten, die Journalisten stellen sich der Aufgabe, nicht nur Chronist zu sein, sondern auch die Bevölkerung mit allen wichtigen, auch widersprüchlichen Vorgängen vertraut zu machen. Nach Situationsbildern in den späten Abendstunden senden wir den ganzen Tag von den Grenzen in Berlin und den Visa-Antragstellern. Die Grenzkontrollen haben nur noch formalen Charakter, jeder geht und kommt wie er will. Der Bundeskanzler gibt der Aktuellen Kamera ein Interview, der Bundespräsident besucht die Grenzer am Potsdamer Platz, einem Ort, der früher Berliner Luft atmete, aber seit 1961 nur noch ein Karnickelacker war. Trotz der verständlichen Euphorie über den tiefen historischen Einschnitt in die Nachkriegsgeschichte fordert er von allen Verantwortungsbewußtsein und Augenmaß.

Am Montag, dem 13. November 1989, wird Hans Modrow zum Ministerpräsidenten gewählt. Er versichert, daß die Medien nicht mehr gegängelt werden und ihrer Aufgabe frei nachkommen können. Hans Modrow leitete in den sechziger Jahren die Abteilung Agitation im Zentralkomitee der SED, war also mit der Spezifik der Medien vertraut. Ich hatte ihn in meiner Ministerzeit als einen sachlichen Mann kennengelernt, auf dessen Wort man sich verlassen konnte, der nicht im nachhinein traktierte. Als 1. Sekretär der SED in Dresden erarbeitete er sich in diesem komplizierten sächsischen Bezirk eine angesehene Position, auch wegen seiner realen Art, die Dinge zu sehen und der bescheidenen Lebensführung. Obwohl es heute keiner mehr wissen will, hat er einen hohen Anteil daran, daß es um den Dresdener Bahnhof 1989 nicht zu der drohenden Konfrontation von Ausreisenden und den bewaffneten Kräften gekommen ist. Von ihm stammt die praktizierte Sicherheitspartnerschaft zwischen Polizei und Bevölkerung, ein bis dahin unbekanntes Phänomen in der Sicherheitspolitik, das sich in der Wende überall bewährte und schließlich der entscheidende Grund war, daß keine Schüsse fielen, es waren nicht die brennenden Kerzen im Abendsonnenschein. Modrow galt als oppositioneller Politiker in der SED und stand der unsinnigen Wirtschaftspolitik in den letzten Jahren ablehnend gegenüber, schützte seine Mitarbeiter und Betriebsdirektoren und mußte deshalb unglaubliche Kontrollaktionen über sich ergehen lassen.

Die oberflächliche Bemerkung, der Bezirk Dresden sei das Tal der Ahnungslosen gewesen, ist einfach falsch. Zwar gab es aus technischen Gründen (Reichweiten) kein Westfernsehen, doch die Rundfunksender waren überall zu empfangen, allen voran der RIAS. Die Stadt und der Bezirk waren nicht nur Transitland, sondern auch Besuchermagnet. Die Dresdener, ein kritischer Menschenschlag, helle und pfiffig, standen auch zur DDR-Zeit auf der Höhe, König Kurt kann heute nur davon profitieren und tut es auch.

Zu Modrows Überlegungen für sein Kabinett gehörte es auch, die Führung des Fernsehens neu zu besetzen. Das Komitee, die bisherige Ansammlung von Leitern, sollte aufgelöst werden. An seine Stelle sollte ein Generalintendant treten. Modrow rief mich an und beauftragte mich, alles für die Übernahme der Leitung vorzubereiten. Ich fragte ihn, wer mein Vorgesetzter sei. Die Antwort: Ich könne machen, was ich für richtig hielte, die Regierung würde sich in die Medien nicht einmischen. Bei Problemen sollten wir Kontakt zum Amt für Information halten, das mit einem Regierungssprecher besetzt worden ist. Im übrigen habe er volles Vertrauen in den Gang der Dinge und keine Zeit mehr für uns, er stünde vor einem Berg von Problemen.

Dieses Gespräch fand am 14. November statt. Aber die Kreisleitung der SED des Fernsehens trat erst am 21. November zurück und forderte den Ministerpräsidenten auf, schnell einen neuen Intendanten zu berufen, denn auch Heinz Adameck war zurückgetreten. Wie kurios! Der Rücktritt war die neueste Mode geworden: Das Volkskammerpräsidium trat zurück, die führenden SED-Abgeordneten der Volkskammer legten ihr Mandat nieder, also stahlen sich auch die unteren Führer aus der Verantwortung und schrieben Briefe. Die zurückgetretenen Komiteemitglieder des Fernsehens saßen in ihren Büros und wunderten sich, daß von ihnen niemand mehr etwas wollte.

Ich übernahm den Auftrag. Wenn der Generalintendant zwei Programme verantwortlich leiten sollte, brauchte er zuverlässige und selbständig handelnde, leitende Journalisten. Dieser Aufgabe widmete ich mich sogleich, zog Erkundigungen über die mir nicht persönlich bekannten Kollegen ein, sprach mit ihnen und machte mir ein Bild über ihre Fähigkeiten. Dabei kam es mir auf zwei Dinge an: Fachkompetenz und Anerkennung durch die Kollegen aus dem Arbeitskreis der Betreffenden. Besonders die moralische Seite war wichtig, denn so mancher war zu einem Radfahrer geworden und hatte den Druck weitergegeben; auf diese konnte man nicht bauen. Es gab aber auch genügend Fachleute, die sich verweigert hatten und anständig geblieben waren, auf die kam es mir an.

Ende des Monats stand die Liste. Am 30. November löste ich das alte Komitee auf. Die älteren Mitglieder, soweit sie im Rentenalter waren, gingen in den Ruhestand, andere erhielten eine untergeordnete Arbeit oder schieden aus. Manch einer suchte auch von sich aus das Weite und sitzt heute, gut dotiert, in westlichen Tele-Einrichtungen. Bei der kurzen Auflösungssitzung protestierte nur der Unterhaltungschef. Er wollte seinen Rücktritt anders verstanden wissen.

Alle hatten wohl mit dieser Lösung gerechnet, nur Karl-Eduard von Schnitzler wollte noch eine neue Sendung installieren, aber ich empfing ihn nicht. Wollte das Fernsehen sein Ansehen vor der Bevölkerung heben, sollte die Entschuldigung des Chefredakteurs der Aktuellen Kamera, Klaus Schickhelm, vor den Zuschauern über die ungenügende oder falsche Berichterstattung ernst gemeint sein, dann durfte das Flaggschiff der Verdummung nicht eine Minute mehr vor die Kameras. Obwohl ein nicht unbegabter Journalist, war er doch von Ehrgeiz und vorauseilendem Gehorsam geprägt, nutzte seine Stellung als Leib- und Magenjournalist der Partei- und Staatsführung auch gegenüber Kollegen aus und trat linientreu manchem gegen das Schienbein.

Die Fernsehmacher sahen in meiner Ernennung eine Ermunterung, auf dem begonnenen Weg fortzufahren. Die Sehbeteiligung war in den letzten Wochen ständig angestiegen, die Bewertung (der Gefallensgrad) aber blieb im kritischen Bereich. Dort lag ein Vorbehalt der Zuschauer, den es auszuräumen galt. Die Kollegen waren dazu bereit, neue Projekte im Überfluß – eine bis dahin unbekannte Erscheinung – waren in Arbeit. Nunmehr veröffentlichten wir auch die Zahlen der Sehbeteiligung in der Presse, die »Junge Welt« begann damit. Es war nicht das Ende von Geheimniskrämerei, die früheren Zahlen konnte man, von Ausnahmen abgesehen, nicht vorzeigen. Sie hätten im Umkehrschluß bewiesen, daß das DDR-Volk sich in den letzten Jahren mehr und mehr den Westmedien zugewandt hatte. Und wo hätten dafür die Gründe gelegen? Das einzugestehen, sei Erich vor.

Unsere unkonventionelle Art, Fernsehen zu machen, sprach sich auch im Westen herum. Nun kamen die Kollegen zuhauf, um uns kennenzulernen und ihren Chefs zu berichten. Auf dem Gelände sah man Wagen mit westlichen Kennzeichen, an so mancher Ecke stand eine Kamera für ein Interview mit unseren Mitarbeitern. Wir vermittelten auch ein Fernsehgespräch zwischen Hans Modrow und Michail Gorbatschow, das allerdings nicht veröffentlicht und nicht aufgezeichnet wurde. Die ersten Talkrunden mit noch unbeholfenen und zum Teil ungeeigneten Moderatoren führten die Parteivorsitzenden Gregor Gysi und Lothar de Maiziére in unsere Studios, die auch – in der DDR bislang undenkbar – nach privaten Dingen gefragt wurden und freimütig darauf antworteten.

Dann kam eine ernste Situation: Das gegenüberliegende Wachregiment »Feliks Dzierżyński« schickte eine Abordnung, die verlangte, in die Räume der Nachrichtenredaktion vorgelassen zu werden. Wir sperrten die Sicherungstore zu den Studios und das Eingangstor. Doch die Abordnung blieb bei ihrer Forderung und gab keine weitere Erklärung ab, verwies nur darauf, daß ihre Einheit auf dem Hof angetreten sei und ihre Rückkehr erwarte. Das ließ vermuten, daß die Einheit bereit war, gewaltsam einzudringen. Ich forderte daher die männlichen Kollegen, die einigermaßen handfest waren, auf, in der Café-Stube, nahe dem

Haupttor und den Räumen der Aktuellen Kamera, sich zu versammeln, um notfalls einzugreifen. Leider war die Kampfgruppe des Fernsehens durch die zurückgetretene Parteileitung aufgelöst worden, so daß ein Selbstschutz sehr schwierig war. Für den Fall einer Bedrohung, so hatte Modrow verfügt, sollten wir uns an die Volkspolizei wenden, aber das war nur eine platonische Regelung.

Die Verabredung mit dem neuen Verteidigungsminister, Theodor Hofman, im Notfall würde er Truppen zu unserem Schutz einsetzen, war auch in diesem Falle kaum zu verwirklichen. Strausberg, Sitz des Verteidigungsministeriums, bat, daß wir uns selbst helfen sollten, denn eine Konfrontation von Truppen hätte zu einer ernsten inneren Lage geführt, wenn auch nicht zu verkennen war, daß das Fernsehen einen Zentralpunkt der notwendigen Erneuerung der DDR bedeutete und daher ganz oben einzuordnen war. Doch es ging nicht mehr um Telefonate, sondern um eine sofortige Abwendung von Gefahr, denn wären die Soldaten erst einmal in den Räumen der Aktuellen Kamera, war alles zu spät. Es ist das Verdienst eines Aufnahmeteams von »Elf 99« unter dem Redakteur Jan Carpentier, das ohne große Erklärungen auf das Gelände des Wachregiments ging. Inzwischen war es schon dunkel geworden, und es konnte mit den wenigen Akkulampen keine brauchbaren Bilder geben. So gingen annähernd 800 Soldaten der Garde in den Theatersaal, und eine Vertretung des Regiments, ein Soldatenrat, stand auf der Bühne. Unser Team wurde mit lautem Beifall begrüßt, die Kamera wackelte, und als alle auf der Bühne standen, stellte sich heraus, daß auch beim Wachregiment, der Staatssicherheit unterstellt, ein selbstkritischer Prozeß vor sich gegangen war. Es ging darum, daß sie der Bevölkerung sagen wollten, auch sie seien das Volk und nicht etwa dessen Feinde. Unsere Kollegen versprachen, diese Erklärung zu senden und gingen schnell zurück an die Arbeit. Für eine vorbildlich geschnittene Sendung war keine Zeit. Wenige Minuten nach der Aufnahme wurden die Bilder gezeigt und damit ein Signal an die anderen, im Lande vorhandenen Einheiten des MfS gegeben, sich ähnlich zu verhalten.

Da ich diese Stunden miterlebt habe, glaube ich sagen zu können, daß hier ein entscheidender Wendepunkt lag. Die Revolution konnte von nun an einigermaßen sicher sein, daß ihr Verlauf auf friedliche Weise erfolgen würde. Die Garde war nicht bereit zu schießen. Drei Jahre später sagte mir ihr Kommandeur, daß er daran gedacht habe, uns zu besetzen, wagte es aber nicht, weil die Stimmung in der Truppe gegen Aktionen dieser Art gewesen sei. Die meisten, sehr intelligente junge Männer, hätten sehr wohl gesehen, welche Gefahren für ihre Heimat daraus hätten entstehen können. Als ich ihn fragte, ob er der Meinung gewesen sei, daß irgend jemand im Fernsehen bereit gewesen sei, unter militärischer Aufsicht zu arbeiten, bejahte er. Inzwischen seien ihm aber Zweifel gekommen. Natürlich wußte er, daß im Sender, an den Schaltstellen der unterschiedlichsten Art, dem MfS verpflichtete Leute eingebaut waren. Auf diese OibE (Offiziere im besonderen Einsatz) hatte er sicher gesetzt.

Daß die alte Fernsehleitung nicht mehr da war, hatte diese Leute verunsichert, ihre Kommandostruktur war nicht mehr intakt. Aber es waren noch im Oktober 1989 etwa 40 Leute mit Papieren aus dem Ministerium des Innern, zweifellos Angehörige des MfS, in untergeordnete Funktionen des technischen Bereichs eingestellt worden, wahrscheinlich eine verdeckte Kampfgruppe. Bei der Übergabe der Geschäfte durch Adameck hatte ich davon nichts erfahren. Ich verlangte kurzerhand vom Personalchef, diese Leute sofort zu entlassen, da sie eine Bedrohung darstellten, was auch ohne Widerstände geschah. Auch diese innere Gefahr war beseitigt.

Blieb noch die im Fernsehen als Hauptabteilung I installierte Truppe des Ministeriums für Verteidigung in Strausberg. Dabei handelte es sich um Offiziere älterer Jahrgänge, die sich mit der Darstellung des Militärs durch die Redaktionen beschäftigten und eine Zensur ausübten, andererseits um eine Art Fachabteilung mit der Aufgabe, die Wirkungsweise des Fernsehens unter den Bedingungen eines Atomkrieges und ähnlichen Schwachsinn zu bearbeiten. Die meisten waren nicht mehr im Hause. Ich schickte den Leiter in seine Dienststelle zurück, sollte er sich dort abwickeln lassen. Wir Mitarbeiter betrachteten diese in den achtziger Jahren in allen zentralen Organen eingerichteten Hauptabteilungen I als eine Versorgung für Offiziere, die einem aktiven Dienst in der Truppe nicht mehr gewachsen waren. Doch das war zu einfach gedacht. Sie waren eingerichtet, um zu erarbeiten, wie unter den Bedingungen eines Krieges und einer daraus resultierenden Militärdiktatur der Staat funktionieren könnte. Auch diese hochbezahlten Offiziere ließen sich problemlos nach Hause schicken.

Inzwischen war klar: Das Fernsehen ist ein Instrument der demokratischen Erneuerung. Die Zuschauer dürfen von uns genaue Recherchen, genaue Informationen und schnelles Handeln verlangen. Um bei der allgemein längerfristigen Programmplanung nicht dauernd ein Programm, bestehend aus Änderungen, zu fahren, wurde das 2. Programm neu geordnet: Mit »Elf 99« als Kernredaktion, dessen neue Aufgabe nun darin bestand, über unerwartete Ereignisse der Erneuerung ständig und direkt zu unterrichten.

Am Tag nach der unerwartet friedlich verlaufenen Begegnung mit den Soldaten führten wir das erste Interview mit Herrn Oberkirchenrat Ziegler, einem der Moderatoren des Runden Tisches, über diese neue Institution, der eine neue Autorität moralischer und organisatorischer Art zugekommen war. Unser Beschluß danach: Wir übertragen die Sitzungen des Runden Tisches direkt und in voller Länge. Später mußten wir wegen erheblicher Proteste – die Kinder warteten zum Beispiel oft vergebens auf ihren Sandmann – die Abendsitzungen unterbrechen – aber was gibt es Wichtigeres, auch für den Runden Tisch, als die Freude und Erwartung der Kinder und ihre phantastische Liebe zu diesem ernsthaft-komischen kleinen Kerl und ihren guten Schlaf. Wir erinnerten damit auch daran, daß alle Politik in diesen Tagen in Übereinstimmung mit dem friedlichen Leben der Bevölkerung kommen sollte. Und außerdem erreichten wir durch die Übertragungen aus Berlin, daß die überall im Lande entstehenden Runden Tische ein Muster mit Wert erhielten.

Obwohl es dort heftig zuging, gab es auch Stürme anderer Art, an Orten, wo vorher nie gedreht wurde: In einigen Haftanstalten entstand Aufruhr, Gefangenenkomitees bildeten sich, oftmals angeführt von intelligenten Straftätern mit langen Haftstrafen, die auf diese Weise eine allgemeine Amnestie erreichen wollten. Es mußte vermieden werden, daß ein zusätzliches Problem durch unorganisiert verlaufende Aktionen entstand. Ohne richterliche oder regierungsamtliche Beschlüsse durften sich kriminelle Elemente nicht noch durch zu befürchtende Gewaltaktionen in die ohnehin komplizierte Situation einmischen.

Unsere Übertragungen aus den Zellen der betreffenden Haftanstalten schufen auch hier Klarheit: korrekte, menschliche Behandlung der Strafgefangenen, korrekte Beachtung ihrer Beschwerden, Beendigung eventueller unzulässiger Einschränkungen ihrer Bürgerrechte. Die Forderungen der Häftlingskomitees und die Stellungnahmen der Anstaltsleitungen wurden live aus den Gefängnissen, zum Beispiel aus Rassnitz (bei Halle), übertragen, eine bisher wohl einmalige Reportageform. Auch hier zeigte sich Jan Carpentier auf der Höhe der Zeit.

Noch im Dezember bekam unser Sender eine neue Rechtsgrundlage. Die Einzelleitung war bestätigt, die Unterstellung direkt unter den Ministerpräsidenten bedeutete die Abschaffung aller Zwischenstellen, und die verordnete Bildung eines Fernsehrates sollte uns die Vorstufe zu einer öffentlich-rechtlichen Anstalt bringen. Endlich, wir waren freie Journalisten, verantwortlich nur dem eigenen Gewissen und dem Zuschauer, glaubten wir ein halbes Jahr lang.

Leider begann der Start in das neue Jahrzehnt mit einer Katastrophe. Die gute Idee, am Silvesterabend eine Direktübertragung vom gerade durch Bundeskanzler Kohl und Ministerpräsident Modrow geöffneten Brandenburger Tor, dem alten und neuen Symbol der sich anbahnenden Gemeinsamkeit der Deutschen, als Freudenfeier zu senden, ging in unkontrollierbaren Gewalthandlungen und dem gefährlichen Erklettern des Tores und der Beschädigung der Quadriga unter. Wir übertrugen trotzdem und zeigten auch, wie Rowdys triumphierend Hammer, Zirkel und Ährenkranz aus einer Fahne schnitten. Nach Mitternacht nur Scherben. Wir mußten die ausgeuferte Veranstaltung damit abbrechen. Besatzungen verteidigten ihre Ü-Wagen vor alkoholisierten Jugendlichen und wechselten zerschnittene Reifen. Schließlich stellte die Volkspolizei die Ordnung unter großen Mühen wieder her.

Der Sender benötigte Verbündete jeder Art. Daher waren uns die zahlreichen Besuche von Direktoren und Intendanten aus der BRD, die uns kennenlernen wollten, sehr willkommen. Die Herren Dr. Stolte, Tamm, Thoma kamen bereits im Dezember. Wir machten uns bekannt, und sie merkten wohl, daß wir vom Fach waren und betrachteten uns nur in der Hinsicht als Exoten, daß wir uns die Freiheit nahmen, ein absolut tagesgebundenes

Gesamtprogramm zu machen, und es war auch wirklich halsbrecherisch: Am Vormittag wußte ich meistens nicht, welches der politische Hauptbeitrag am Abend sein würde. Am beliebtesten waren zu dieser Zeit nicht die starken Unterhaltungsfilme oder sonstigen Bildbeiträge. Die Zuschauer gierten nach Information. Die Donnerstagsgespräche wurden zu einer Regelmäßigkeit, zeigten schon die unterschiedlichen Konzeptionen oder gaben schnelle Antwort auf oder über neue Fragen. Ob Altbundeskanzler Schmidt, Bischof Sterzinski, Hans Modrow, kaum jemand der eingeladenen Gesprächspartner sagte ab, es zeigte sich, im Gegensatz zu heute, daß in nationaler Verantwortung die Persönlichkeiten des öffentlichen Lebens bereit waren, sich gemeinsam der Situation zu stellen.

Daher begannen wir am Sonntagmittag mit einer Sendereihe, die zum Ziel hatte, die nationale Frage, das Verhältnis von der DDR zur BRD und umgekehrt zu behandeln: »Denken über Deutschland«. Zum Auftakt begrüßten wir Stefan Heym, Kurt Masur, Bischof Forck, Walter Janka und Manfred Stolpe.

Aber schon bei den nächsten Runden meldete sich ein merkwürdiger Mann, Abgeordneter der CDU-Fraktion in der Volkskammer, protestierte gegen irgendeine Meinung und verlangte Parteienproporz. Wir luden ihn ein, und der wilde Tiger erwies sich als ein kleiner Lobhudeler, der in einer von ihm verfaßten Broschüre über die Sehenswürdigkeiten Berlins gleich auf Seite 1 mit einer Eloge auf Erich Honecker begann. Da unser Archiv gut funktionierte, war es leicht, ihm seine eigenen Aussagen vorzulesen. Er hat uns auch weiterhin als Mitglied der Medienkommission der Volkskammer bekämpft. Neulich las man in der Zeitung, daß er als langjähriger Stasispitzel, der sich dazu selbst angeboten hatte, entlarvt worden ist. Er war in der Nachwendezeit zu einem Chefredakteur einer Potsdamer Zeitung aufgestiegen. Damals wußten wir nichts Genaues, aber der Mann roch bereits nach Provokation.

Am besten müßte es gelingen, wenn wir erfahrene und gutwillige Politiker aus der BRD, die mit der DDR bereits Kontakte hatten, einladen würden. So kamen in die nächsten Sendungen Egon Bahr und Kurt Biedenkopf, Antje Vollmer, Rita Süßmuth und Eberhard Diepgen. Ein besonderer Glücksfall für die Publizistik des Senders war die Begegnung mit Günter Gaus. Der Chef der Aktuellen Kamera, Klaus Schickhelm, sagte mir, daß er sich mit ihm verabredet hätte, um ein kurzes Interview zu führen. Ich fuhr mit und fragte Herrn Gaus, ob er nicht bei uns seine frühere Porträtreihe »Zur Person« neu auflegen wolle. Spontan sagte er zu, wir verabredeten, daß wir ihm freie Hand ließen und er kein Honorar bekäme. Wir hatten zur damaligen Zeit kaum Westgeld, das wenige benötigten wir für die Technik. Er sagte im Scherz, notfalls würde er auch zuzahlen, und so erhielten wir eine Sendereihe, die es bis heute gibt und selbst Zeitdokument ist. Er porträtierte inzwischen wohl die meisten Politiker, die die Wende beeinflußt haben.

Der Beschluß des Ministerrates verpflichtete uns zur Bildung eines Fernsehrates. Für die Regelung der rechtlichen Schritte war durch die Volkskammer und den Runden Tisch eine Kommission gebildet worden, die sich allerdings eine zu große Aufgabe gestellt hatte, alle urheberrechtlichen und strukturellen Grundprobleme, angefangen bei der Literatur über die Musik bis hin zu allen Medien, in kurzer Zeit klären zu wollen. Vom Fernsehsender arbeiteten drei Kollegen mit, Dr. Kolle, der Justitiar, Michael Albrecht, ein anerkannter Sprecher der Kollegen, und Hans Müncheberg als Vertreter des Fachverbandes. Sie berichteten von den zähen Verhandlungen und Wirrungen der Kommission. Erfreulich war die Hilfe durch Herrn Dr. Benda, der sein juristisches Wissen einsetzte, um die vielen Fragen durchsichtiger zu machen. Im Februar kam ein »Medienbeschluß« der Volkskammer zustande, die gültige Rechtsgrundlage für unsere Arbeit. Wir wurden verpflichtet, ein Statut auszuarbeiten und dem neu gebildeten Medienkontrollrat vorzuschlagen.

Bereits zwischen Weihnachten und Neujahr hatten wir Einladungen an politisch in Erscheinung getretene Kräfte der Erneuerung verschickt. Am 8. Januar 1990 saßen wir mit den Vertretern der Geladenen an einem großen viereckigen Runden Tisch des Fernsehens in unserem Studio, stellten uns vor und beschlossen, sachlich zusammenzuarbeiten, Differenzen politischer Art zurückzustellen und an anderer Stelle auszutragen. Unser Mittelpunkt waren das Programm und die Geschäftsführung des Fernsehens. Daran waren alle gleichermaßen interessiert. Ich verpflichtete mich zu einer staatsfernen Programmpolitik, das war damals die Hauptsorge aller Beteiligten. Sie glaubten noch nicht daran, daß die PDS den Führungsanspruch aufgegeben hatte. Doch das war der Fall, ich hatte in all den Wochen nur einmal einen Besuch von einem Mitarbeiter der PDS, der in einer sachlichen Angelegenheit kam und eine Auskunft wollte. Die Vertreterin dieser Partei im Fernsehrat versuchte, uns mit Kleinigkeiten zu kommen, aber sie war völlig unerfahren und wurde belächelt.

Leider entfernte sich die Arbeit des Fernsehrates von den wesentlichen Problemen. In den nächsten Tagen fiel eine weitergreifende Entscheidung, die Wahlen zur Volkskammer wurden vom Mai auf den 18. März 1990 vorverlegt. Nunmehr forderten alle auf der Wahlliste kandidierenden Kräfte eine gleichberechtigte Beteiligung am Wahlstudio des Fernsehens. Die Sendezeiten wurden geändert. Die Redaktion erarbeitete ein Programmschema und stellte den Kandidierenden frei, eigene Beiträge herzustellen oder unsere technische Hilfe in Anspruch zu nehmen. Auf jeden Fall wurde Einigkeit darüber erzielt, daß bei Verstößen gegen die Verfassungsgrundsätze als Schiedsgericht die Vertreter der Kirchen angerufen werden. Das war nur in einem Fall erforderlich, eine ultralinke Gruppe, die heute längst vergessen ist, mußte ihren Beitrag ändern. Sonst arbeitete das Wahlstudio, das aus der bereits im Dezember gegründeten Wahlredaktion hervorging, professionell und ohne Beanstandungen. Wir hatten bewiesen, daß wir keinerlei Manipulationen zulassen. Die ersten freien Wahlen seit 1946 waren von unserer Verantwortung her einwandfrei verlaufen.

Über die Bildung des Fernsehrates war ich recht froh. In dieser komplizierten Lage war mir jeder Rat und jede Unterstützung willkommen. Herr Dr. Stolte hatte vorgeschlagen, daß wir uns an dem Dreierpaket »3sat« beteiligten sollten. Das konnte für uns nur vorteilhaft sein, denn wir gewannen dadurch eine neue Möglichkeit, bisher kaum vertretene Programmfelder aus Österreich und der Schweiz kostenlos zu gewinnen und konnten im Gegenzug unsere Sendungen vorstellen und damit auch unsere Rolle im Erneuerungsprozeß bekanntmachen. Auf der Pressekonferenz in Wien merkte ich, daß die Journalisten mir nicht so recht zu glauben schienen, als ich sie auf unsere unabhängige Stellung aufmerksam machte. Aber es stimmte, wir hatten mehr Einfluß auf den Gang der Dinge als die Regierung, waren glaubwürdig geworden, weil unsere Berichterstattung sachlich und konstruktiv war.

Zu den Prüfsteinen für unsere Arbeit gehörte auch der Sturm auf die Stasi-Zentrale in der Normannenstraße. Wir hatten gerade davon erfahren, daß große Menschenmassen sich dort versammelten und dazu noch aufgefordert wurden, Steine mitzubringen. Das Team, das auf der Rückfahrt von einem Einsatz war, blieb vor Ort, ein weiteres wurde in Marsch gesetzt. In diesem Moment rief Hans Modrow an und sagte mir, daß er mit Konrad Weiß, dem Sprecher von »Demokratie jetzt«, dorthin fahren würde, um die Massen von irreparablen Handlungen abzuhalten. Wir sollten entsprechend reagieren. Es war etwa 18.00 Uhr, die AK-Sendung um 19.30 Uhr noch zu weit weg. So formulierte ich einen Aufruf der Regierung, Besonnenheit walten zu lassen, Ruhe und Ordnung zu bewahren und keine unbedachten Handlungen zu begehen. Es kam mir der Text von 1848 in den Sinn: Ruhe ist die erste Bürgerpflicht! Egal, wenn nur das Land nicht in Unruhe chaotischer Art gestürzt wird.

Für 18.30 Uhr hatte ich die Zusammenschaltung beider Programme angeordnet, der Sprecher saß im Studio, zwei Minuten vorher war der Text vor ihm, zum angeordneten Termin wurde die Regierungserklärung verlesen. Das Haus funktionierte. Später hat ein Schlaumeier die Frage aufgeworfen, daß die Aktion in der Normannenstraße eine Regierungsprovokation gewesen sei, denn woher wäre die Erklärung gekommen? In bewegten Zeiten muß der Bürogang anders verlaufen, aber die ewigen Besserwisser können sich das schlecht vorstellen. Sie urteilen nach Formalien und wollen die eigentliche Verantwortung für diese ungeklärte Provokation verwischen. In diesen Tagen arbeiteten die Geheimdienste von Ost und West bereits zusammen, das ist heute bekannt.

Am Abend setzten wir eine Gesprächsrunde an, luden einen der Organisatoren des Neuen Forum, Reinhart Schult, ein und diskutierten öffentlich, daß diese Methode, den Stasi durch Angriff auf seine Häuser auszuschalten, gar nichts bewirken könne. Die Losung: Stasi in die Produktion!, die sogar gesungen wurde, sei wahrscheinlich der richtige Weg, die gut bezahlten Offiziere nützlicher Tätigkeit zuzuführen. Wir waren damals zu optimistisch, dieses Kapitel normal erledigen zu können, indem ein Strich gezogen wird. Heute müssen einige IM-Fälle dazu herhalten, die negativen Seiten der DDR darzustellen, die Reformer in der DDR, zum Beispiel Wolf oder Modrow, sollen abgeurteilt werden, eine Schar von Staatsanwälten wühlt in Papieren, die Bevölkerung guckt irritiert zu und versteht nicht, was da geschieht, und die auf dem Felde der Täuschung nun wirklich gut ausgebildeten Führungsoffiziere wirbeln vieles durcheinander. Der eine behauptet, er hätte die Verdienstmedaille Herrn Stolpe überreicht, der andere leugnet das, wahrscheinlich lachen sich beide ins Fäustchen, denn wer Recht hat, wäre ganz einfach zu klären gewesen, aber es geschieht nicht, da höhere Interessen auf dem Spiel stehen und die Medien ihr Futter brauchen, um die DDR kleinzureden.

Bereits in den ersten Tagen der Wende wurde auch im Fernsehen versucht, eine Art Privatabrechnung einzuführen. Ein früherer Sportreporter und damaliger Redakteur lud zu einem Tribunal ein. Er baute eine Kamera auf und wollte seinen Chefredakteur anklagen. In einem Punkt hatte der Mann Recht, der Vorgesetzte war eine traurige Figur. Aber so ging es natürlich nicht, denn wenn das Schule machen würde, legte man mir den Sender lahm. Es fanden sich genug Gaffer ein, ich eilte dorthin und ließ die Kamera einpacken, gleichzeitig versprach ich, für die notwendige Klärung zu sorgen. Der Vorfall hatte gezeigt, daß es an der Zeit war, neue innere Strukturen des Senders zu schaffen. Ich regte an, die Wahl eines Personalrates vorzubereiten, ich glaube, wir waren einer der ersten DDR-Betriebe, der seine Personalvertretung gewählt hat.

Nach der Wahl stellte sich sehr schnell heraus, daß der Rat die Absicht hatte, mich zu steuern, indem er sich in viele Dinge einmischte, die ihn nichts angingen. Das ging natürlich nicht, die SED-Kreisleitung war nicht deshalb eliminiert worden, um eine neue einzurichten. Man muß natürlich zugute halten, daß die gewählten Kollegen ohne Erfahrungen waren. In die interne Betriebsversammlung, in der wir über die neuen Strukturen sprachen, war ein Mann aus dem SFB eingeschleust worden, der auch nicht ging, als ich alle Nichtangehörigen des Fernsehens bat, den Raum zu verlassen. Erst als die Diskussion begann und er meine Ausführungen gehört hatte, meldete er sich zu Wort und gab sich als Personalvertreter des SFB zu erkennen. Als ich ihn daraufhin des Raumes verwies, ging er zwar, aber nicht ohne zu versuchen, die Kollegen gegen mich aufzubringen.

Es war also soweit, die Konkurrenz merkte, daß wir den Wettlauf um die Zuschauer gewonnen hatten und mischte sich jetzt in unsere internen Probleme ein. Die Absicht bestand darin, unerfahrene Kollegen des DDR-Fernsehens zu verführen, alle im Westen nicht erreichten Forderungen in unseren Statutenentwurf schreiben zu lassen. Es kamen auch eine Reihe von Vorschlägen, immer noch weitere Räte zu installieren, eine Vertretung der Redakteure, eine weitere der Technik, alle wollten Einfluß nehmen. Wie sollte da eine Leitung noch arbeiten, entscheiden? Es hatte keinen Zweck, sich darum ernsthaft zu bemühen, verlängerten doch diese Redereien nur die Ausarbeitungszeit für das Statut. Wieder einmal hinderte der Perfektionswahn der Deutschen, daß einfach und zielstrebig gehandelt wurde. Schließlich einigten wir uns. Im Medienbeschluß war das Fernsehen zu einer »unabhängigen, öffentlichen Einrichtung« erklärt worden, die nicht der Regierung unterstellt war, sondern Volkseigentum darstellte. Man mag darüber diskutieren, ob diese Formulierung glücklich gewesen ist, aber sie sicherte uns Handlungsspielraum und wehrte Begehrlichkeiten ab. Dieser rechtliche Zustand sollte bis zur Annahme einer neuen Verfassung bestehen bleiben, dann sollte eine öffentlich-rechtliche Anstalt entstehen und der Staat wollte bis dahin die Finanzierung garantieren.

In diesem Punkte ging es uns allerdings nicht schlecht, wir erhielten von den 12 Mark Monatsgebühren für Hörfunk und Fernsehen 10 Mark, außerdem hatten wir Einnahmen aus Programmverkäufen und Dienstleistungen. Das Jahresbudget von etwa 750 Millionen Mark sicherte unsere Arbeit. Die relativ hohe Mitarbeiterzahl resultierte daraus, daß unter DDR-Bedingungen alles in eigener Regie hergestellt wurde. Die Technik, der Post unterstellt, wurde über den Etat des Fernsehens bezahlt, es gab wegen der geringen Personalkosten viel Spielraum für das Programm. Niemand wäre auf den Gedanken gekommen, Gebührenerhöhungen zu beantragen. Trotz dieser finanziellen Unabhängigkeit war uns die Passage aus dem Medienbeschluß sehr recht, mußten wir uns um die Existenz in dieser Hinsicht keine ernsten Sorgen machen.

Die Gefahren kamen aus einer ganz anderen Ecke.

Während eines Aufenthaltes in Wien meldete sich bei mir ein Bankier, Graf Matuschka, und entwickelte mir seine Theorie von der damals heiß diskutierten Privatisierung der volkseigenen Industrie. Er vertrat die Meinung, daß jedem Bürger der DDR ein Teil des Gesamtvermögens gehörte und plädierte dafür, daß dieser Teil in Volksaktien auszuzahlen sei. Mit dieser Kapitalbildung sei jeder Staatsbürger zum erstenmal wirklich Mitbesitzer am geschaffenen Eigentum, die Betriebe könnten so problemlos in die Marktwirtschaft entlassen werden und auf eigenen Beinen stehen. Dieser Mann hatte – als einer der wenigen – eine brauchbare Theorie, auf der man weiter bauen konnte. Damals war noch niemand auf den Gedanken gekommen, in ein paar Wochen die DM einzuführen, obwohl sie durch die offene Grenze längst wirkte. So lud ich ihn ein, in einer unserer Sendungen seinen Standpunkt zu erklären.

Es gehörte zu unseren Pflichten, die Bevölkerung auch über die Zusammenhänge der Marktwirtschaft zu informieren, so wie das Till Necker, der Präsident des Industriellen-Verbandes, ebenfalls in einer gerade begonnenen Reihe für Unternehmensgründer tat. Als ich nach meiner Rückkehr in einem Kreis darüber berichtete, nahm auch der Intendant des Hörfunks, Manfred Klein, daran teil. Er seinerseits teilte seinen Mitarbeitern die Ansichten des Bankiers und unsere Absicht mit, ihn zu Wort kommen zu lassen. Aus dieser harmlosen Sache wurde ein Komplott geschmiedet. Ein im Rundfunk angestellter Mitarbeiter der früheren Intendanz, der sich in der Wende als Opfer der SED hingestellt hatte, weil er vor Jahren mit Günter Mittag aneinandergeraten war und jetzt eine Schlüsselposition als Stellvertreter des Intendanten bekam, spitzte in Verdrehung der Tatsachen den Pfeil.

Ich kannte ihn nur flüchtig. Er war in einer Abteilung beschäftigt, in der die reale Hörbeteiligung ermittelt wurde und die mit der Verwaltung der Frequenzen usw. befaßt war. Wenn er durch die weiten Gänge ging, eine graue Eminenz, dachte sich jeder sofort seinen Teil. Vor längerer Zeit hat ein Führungsoffizier des MfS behauptet, ein gewisser M. sei ein Doppelagent gewesen. Dieser Herr M. informierte den Nachrichtenchef des Rundfunks, Falkner, davon, daß Klein berichtet hätte, Bentzien wolle das Fernsehen privatisieren. Falkner eilte zu Bisky, dem PDS-Mediensprecher, der in einer Sitzung war, holte ihn heraus, dieser wiederum informierte den Vertreter der SPD, einen gewissen Becker, dieser alarmierte die CDU und die Bürgergruppen, und so wurde ohne weiteres über ADN verkündet, der Medienkontrollrat unter Herrn Konsistorialpräsident Kramer aus Magdeburg billige die Handlungen des Generalintendanten nicht. Wie dringlich die Herren es hatten, zeigt, daß sie einen Kurier mit einer Einladung zu einer Sondersitzung des Medienkontrollrates in mein Dorf sandten. Doch ich kam erst am Abend – es war ein Wochenende – nach Hause, für diesen Tag war es zu spät.

Was konnte dahinter stecken? Im Fernsehrat saß als Vertreter der CDU ein junger Produktionsleiter, der Vorsitzende der Jungen Union (Ost), einer Gruppe, die bis dahin niemand kannte. Es ging das Gerücht, er sei über das Jahresende mit dem neuen CDU-Vorsitzenden Lothar de Maiziére in Burgscheidungen gewesen, und dort sei der Eindruck von ihm äußerst positiv gewesen. Dieser Stoerk kannte das Fernsehen von innen, der wäre gut als williger Intendant. So profilierte er sich in Angriffen auf die neue Leitung. Man kannte ihn im Fernsehen als begabten Fachmann und als CDU-Renommiermann, der gut einsetzbar war. Wenn es um die Bejahung des Wehrdienstes ging, wurde der junge Christ von der SED-Kreisleitung in die Schlacht geschickt. Dieser Mann war brauchbar, er mußte aufgebaut werden, so das Kalkül. Da in fachlicher Hinsicht gegen mich keine Bedenken vorgetragen werden konnten, und ich zu denen gehört hatte, die gegen die verordnete Linie aufgetreten und erheblich gemaßregelt worden waren, blieb es schwierig, von Modrow zu fordern, mich abzulösen.

Der CDU-Vorsitzende und stellvertretende Ministerpräsident, Herr de Maiziére, hatte sich in einer der im Dezember noch üblichen Abstimmungsrunden der Blockparteien beschwert, Fernsehleute würden ihm nachstellen. Er hätte von seiner Familie und von Bekannten erfahren, daß man sich nach seinem Leben und seiner Entwicklung erkundigte. Das stimmte, die Redaktion von »Elf 99« plante einen Film »Von der Bratsche bis zur ersten Geige«, in welchem der neue Mann der CDU porträtiert werden sollte, denn er war außerhalb seiner Partei nicht bekannt. Ich verwies darauf, daß es sogar unsere Aufgabe wäre, die neuen Persönlichkeiten des öffentlichen Lebens vorzustellen. Er war von dieser Auskunft nicht überzeugt, denn die jungen Fernsehleute kamen mit ihren Recherchen nicht recht voran und baten mich, die Kamerascheu der neuen Figur überwinden zu helfen. Ich versprach es, hatte aber keine besondere Hoffnung, zu verschlossen erschien mir der Rechtsanwalt aus der Friedrichstraße. Da kam nach dem Sturm in der Normannenstraße eben die Redakteurin, die mit dem Filmporträt betraut war, mit der später durch die Presse viel besprochenen Karteikarte mit dem Decknamen »Cerny« in der Hand zu mir und teilte mit, daß ihr die Karte Mitte Januar zugespielt worden sei. Sie wäre bei der Meldestelle gewesen, in der angegebenen Adresse wohne seit vielen Jahren nur Familie de Maiziére.

Ich bat sie, sehr sorgfältig und verantwortungsbewußt mit dieser Information umzugehen, aber für einen angehenden Redakteur und dazu in solchen Zeiten gab es nicht viel zu überlegen. Ich behielt mir die Abnahme des Films vor, er war mit einiger Sympathie für den Musiker und Juristen gemacht, aber an mindestens vier Stellen seine Beziehungen zum MfS hervorgehoben. Zwei Stellen ließ ich streichen, da sie mir zu dick aufgetragen und dazu noch unbewiesen waren, aber die beiden anderen blieben. Ich erwartete eine Beschwerde oder eine Forderung nach Richtigstellung, doch nichts kam. Nun also der Angriff des CDU-Jünglings. Wir sahen den Mann etwas näher an, es stellte sich heraus, daß er bereits in der Marktwirtschaft angekommen war. Als Angestellter unseres Hauses hatte er bereits eine TV-Firma gegründet und war dabei, seine aus hiesiger Tätigkeit gewonnenen Kenntnisse zu vermarkten und sich dazu noch unserer Technik zu bedienen.

Der Vorwurf, ich wollte den Sender verkaufen, wurde im neuen Medienkontrollrat auf meinen Antrag hin behandelt. Ich verwies darauf, daß es sich nur um eine Provokation handeln konnte und verlangte die Aufdeckung des Informanten. Herr Becker, als Präses der Synode der evangelischen Kirche, Herr Dr. Kramer und Herr Prälat Lange, die drei Kirchenleute im Ausschuß, verweigerten die Angabe des Namens, bestätigten nur, daß es sich nicht um Manfred Klein gehandelt hätte. Ich verlangte, daß Herr Becker, der auch in seiner Eigenschaft als Medienvertreter der SPD Mitglied des Ausschusses war, den Namen nannte; er wiegelte ab und weigerte sich, hatte sich der Herr M. doch bereits als Fachmann für DDR-Rundfunk in der Medienkommission der SPD etabliert, er war sein wichtigster Gewährsmann. Herr Becker nannte sich Kommunikationswissenschaftler, eine Spezies, die es in der DDR sicher nicht gegeben hat. Als Mann um die Fünfzig hatte er, in der Akademie der Wissenschaften angestellt, noch nicht promoviert, Arbeiten von ihm waren im Fernsehen nicht bekannt und im Archiv auch nicht vorhanden. Wir fanden nirgends etwas von diesem Autor, ein dubioser Fall, unklar, welche Kommunikationen er bearbeitet hat. Nach der Sitzung des Medienkontrollrates, die ausgegangen war wie das Hornberger Schießen, stand ich mit dem ebenfalls eingeladenen Intendanten Manfred Klein in einem Nebenzimmer und sagte zu ihm, die Sache stinke doch reichlich nach Stasi, und als wir uns drehten, um zu gehen, stand wie im schlechten Film Herr Manfred Becker hinter der Tür und hatte uns belauscht.

Der Medienkontrollrat war mehrheitlich eine Zusammensetzung integerer Persönlichkeiten aus Wissenschaft und Kultur, aus den Kirchen, Parteien und Bürgerbewegungen. In allen Fragen, die wir dort bestätigen lassen mußten, hat uns der Medienkontrollrat zugestimmt. Lediglich den Provokateur hat er nicht preisgegeben. Vielleicht weil alle in die Affäre verwickelt waren? Eine empörte Vertreterin des Neuen Forum rief sogar am Runden Tisch nach dem Staatsanwalt. Dieses Verhalten ist mir heute noch unklar. Denn es lag doch auf der Hand, daß ich keinen Sender verkaufen konnte und auch nicht wollte.

Persönliche Fragen sind nicht so wichtig, wie sie im Moment erscheinen mögen, man konnte sich schützen, und ich hatte eine tüchtige Presseabteilung. Eine weit wichtigere Angelegenheit war die Werbung. Als bekannt wurde, daß wir werben wollten, um die Valutakasse aufzufüllen, wirbelte alles um uns herum. Die verschiedensten Angebote wurden gemacht, daß man uns armen, unerfahrenen Leuten aus dem Osten doch uneigennützig unter die Arme greifen wolle. Doch wir waren nicht so naiv, wie man dachte, wir ließen keinerlei einseitige Begünstigung zu, sondern schrieben die Werbeaquisition aus. Es gingen die verschiedenen Angebote ein. Die ARD wollte uns als Werbepartner den SFB anbieten, aber es war bekannt, daß der verschuldet war und seine eigenen Werbezeiten nicht ausnutzen konnte, weil ihm die Kunden fehlten. Ein heißes Thema außerdem, weil die Leitung der ARD, Herr Intendant Kelm, mir suggerierte, ich solle doch auf der Werbung nach 20.00 Uhr bestehen, dann könnten sich die ARD und das ZDF darauf berufen.

Wir durften jedoch kein Spielball von Interessen, die von außen kamen, werden. Zwar hatte der Medienkontrollausschuß uns auch genehmigt, nach 20.00 Uhr zu werben, aber das bedeutete nicht, daß wir davon Gebrauch machen wollten. Unter den seriösen Angeboten fiel als außergewöhnlich günstig das umfassend durchdachte und finanziell für uns von Risiken freie Angebot der französischen Agentur IP auf. In den konkreten Verhandlungen bestätigte sich der Eindruck, daß es sich um erfahrene Profis handelte, die zwar das Geschäft im Auge hatten, was denn sonst, aber korrekt kalkulierten und unsere Situation verstanden. Seit dem Besuch von François Mitterand im Dezember 1989 in Berlin zeigten französische Firmen großes Interesse an unserer Entwicklung, was uns IP bestätigte. Der französische Staat war Teilhaber an der Firma. Neben den günstigen Konditionen machte diese Mitteilung meinen Entschluß aus: Wir geben der IP den Zuschlag.

Nun wetzten alle Medienhaie die Messer: Dürfen die denn das? Wiederum setzten sich im Medienkontrollrat die Kräfte durch, die uns schon immer an den Karren fahren wollten. Es wurden zwei Prüfer geschickt, die den Vertrag ansahen, ihn völlig korrekt fanden und darüber Bericht gaben. Auch diese Sorge waren wir los. Insgesamt sind bis zur Auflösung des DFF rund 400 Millionen Mark eingespielt worden, eine von uns nicht einmal erhoffte Summe. Sie sicherte die Handlungsfreiheit des Senders, half bei seiner Ausstattung, finanzierte die teuren Abwickler und baute finanziell die neuen Sender auf. Selbst die rücksichtslosen, von Bonn gesandten Conquistadores waren nicht in der Lage, den Vertrag zu lösen, er sicherte dem Rundfunk der DDR ein Jahr längeres Leben. Ich habe nur einen Fehler dabei gemacht, ich hätte ihn nicht für drei, sondern für zehn Jahre abschließen sollen, vielleicht hätten wir den DFF heute noch.

Unsere Entwicklung verlief günstiger, als ich es erwartet hatte. Über uns wurde viel geschrieben, wir bekamen in großen Zeitungen viel Raum. Der WDR ließ einen Film über mich drehen, Sendungen wurden erfreulich gut verkauft, verschiedene Anstalten brachten unsere Nachrichten in ihrem Programm. Ein Besuch in Köln beim WDR zeigte mir die Schlagkraft eines Senders, der etwa die gleiche Größe hatte wie der DFF. Lag es nicht auf der Hand, daß wir uns, solange die DDR bestand, als ODR verstanden, als dritte öffentlich-rechtliche Anstalt? Bei einer Zusammenführung der beiden deutschen Staaten, die in einigen Jahren kommen würde, das war allen klar, wären wir dann ein beachtlicher Sender der ARD. Dafür waren aber im Frühjahr 1990 keinerlei Voraussetzungen vorhanden, eine andere Medienkonzeption gab es nicht. Erfreulich auch in diesen Wochen die Solidaritätserklärungen der Kollegen aus den führenden Rundfunkanstalten der BRD. Als uns der Direktor eines Privatsenders angriff, verteidigten uns die Präsidenten der ARD und des ZDF und verurteilten die Gutsherrenmentalität des begehrlichen Unternehmers. Inzwischen hatte man sich umgesehen, erkannt, daß wir über beachtliche Werte verfügten und auf einer ziemlich großen Immobilie arbeiteten. Die Studios waren neu, die Ausrüstung modern, wenn auch nicht vom allerletzten Schrei, die Mitarbeiter motiviert. Wer ahnte schon, wie schnell sich ein Unwetter zusammenbraute.

Nach der Wahl der neuen Regierung am 18. März 1990, die von aller Welt aus dem Palast der Republik in Berlin beobachtet wurde, mischte man in der siegreichen CDU und in Bonn die Karten neu. Ich sehe immer noch deutlich vor mir, wie der künftige Ministerpräsident, Herr de Maiziére, die Nachricht aufnahm. Unsere Kameras waren auf ihn, der sich im Quartier der CDU, in einer Großgaststätte in der Nähe des Zentrums, aufhielt, gerichtet, und man kann sein Gesicht nur als entsetzt bezeichnen. Sekundenlang war ein Erschrecken abzulesen. In der großen Runde der Parteivorsitzenden war er wieder gefaßt und diskutierte selbstsicher. Die PDS fehlte, Gysi und Modrow ignorierten unsere Berichterstattung, weil sie annahmen, wir hätten alle Fernsehsender eingeladen. Das war nicht der Fall, wir hatten in erheblichem Umfang technische Hilfe geleistet. Der Wahltag war ein Beweis für unsere Leistungsfähigkeit und auch für unseren finanziellen Sinn, denn wir hatten gut verdient.

Die PDS hatte rund 15 Prozent der Stimmen erhalten, einen erstaunlich hohen Anteil. Ich hörte, daß die beiden Spitzenkandidaten nicht in der Runde erscheinen und sich demnach auch nicht bei ihren Wählern bedanken wollten, hielt das für falsch und ging in das Gebäude, in dem der Vorstand der PDS saß. Der große Saal war voll besetzt. Hans Modrow saß auf der Bühne und ließ sich feiern. Als ich ihn aufforderte, in das Studio im Palast der Republik zu kommen, lehnte er mit der Bemerkung ab, Gysi und er hätten verabredet, den Medienrummel zu ignorieren. Ich ging in den kleinen Saal, ebenfalls überfüllt, dort diskutierte Gysi mit vielen jungen Leuten über die Rolle der Staatssicherheit. Auch er lehnte ab, sich bei den Wählern zu bedanken und fragte mich statt dessen, ob ich noch Mitglied der PDS sei. Das alles geschah unter unangenehmem Gejohle und Geschrei. Ich antwortete, daß ich seit 1946 Mitglied der KPD und noch nicht ausgetreten sei. Allerdings sei ich bereits von den eigenen Leuten dreimal niedergeschrien worden. Das erste Mal am 17. Juni 1953, das zweite Mal zum 11. Plenum 1965 in diesem gleichen Saal und nun zum dritten Mal, wieder in der Machtzentrale. Als ich ging, pöbelte man mich wieder an, Bodyguards mußten mich aus dem Saal führen. Die führende Rolle spukte noch immer in den Köpfen, sie begriffen immer noch nicht, daß sie gerade wieder einmal hochnäsig und wirklichkeitsfern das Wahlergebnis ignoriert hatten, sie waren für die Mehrheit überflüssig geworden. Inzwischen hat sich das Denken auch in der PDS geändert, stärker, als in den anderen politischen Kräften, scheint mir, doch die schonungslose Selbstanalyse beginnt erst.

Ich wäre, solange ich in der Verantwortung dieses wichtigsten Mediums in der DDR war, niemals aus der PDS ausgetreten, auch wenn mir die Inkonsequenz der Wende nicht gefiel. Der Beschluß des Sonderparteitages hatte zwar eine Namensänderung zur Folge, er betonte den demokratischen Ansatz, aber alles roch noch nach reduzierter SED, wie sollte es auch anders sein. Das aber war kein Grund, wie ein Wendehals das Mäntelchen nach dem Wind zu hängen. Als ich aus der Verantwortung entlassen war, mochte ich nicht mehr den unklaren Wegen folgen und trat aus. Das bedeutet jedoch nicht, daß sich meine Auffassungen von einer gerechten, demokratisch strukturierten Gesellschaft grundlegend geändert haben.

Das große Vorhaben, eine neue Gesellschaft zu bauen, ist aus vielerlei Gründen nicht gelungen, aber es ist nicht rundweg aus subjektiver Schuld gescheitert. Es fanden sich genügend selbstlose Menschen, die sich in ihre Gründung einbrachten. Mit dem Zusammenbruch des sozialistischen Lagers sind die Probleme, die sich aus den kapitalistischen Produktionsverhältnissen ergeben, nicht gelöst. Der internationale Kapitalismus ist nicht die bessere, sondern nur die reichere Gesellschaft. Die Ausbeutung des Menschen und der Ressourcen ist weiterhin gnadenlos. Die Kriege werden nicht beendet, denn der Waffenhandel braucht Absatz. Immer noch müssen die sogenannten höheren Werte herhalten, mörderische Kämpfe zu rechtfertigen. Es gilt das Schlußwort des »Guten Menschen von Sezuan« von Brecht: Den Vorhang zu und alle Fragen offen!

Doch das ist Zukunftsmusik.

Vorerst ging es um unsere Existenz. Wir hatten den verlangten Entwurf für unser Statut ausgearbeitet, allerdings mit einer unnötigen zeitlichen Verzögerung. Bei der Diskussion in der Belegschaft kamen allerlei Illusionen auf, die sich in immer neuen Reglements äußerten, die noch hineingeschrieben werden sollten. Schließlich war es soweit, und in der letzten Sitzung des Modrow-Kabinetts wurde das Statut behandelt. Vorher hatte es den Segen des Medienkontrollrates erhalten. Auch die schwerste Hürde war genommen, der Postminister hatte der Zusammenführung von Fernsehen und Studiotechnik zugestimmt. In der Sitzung zeigte es sich, daß die Interessen dennoch hart aufeinanderstießen. Der Vizepremier de Maiziére sagte, ohne den Entwurf genau gelesen zu haben: »Das ist nicht sauber.« Diesen Jargon kannten wir. In schöner Einheit lehnten auch Herr Romberg von der SPD und Herr Wünsche von der FDP ab, nur Herr Ullmann vom Bündnis 90 stimmte zu. Ich führte an, daß wir dann wohl Staatsfernsehen bleiben sollten. Mit einer Kollegin überarbeitete ich noch den Text, er erschien auch im Protokoll, aber im Verordnungsblatt tauchte er nicht mehr auf. Die Parteien mit dem Rückhalt in Bonn wollten den Weg zum öffentlich-rechtlichen Fernsehen für uns nicht. Plötzlich wurde auch noch gefordert, daß Klein und ich die Bestätigung des Medienkontrollrates brauchten. Modrow hatte sie nicht beantragt. Als er uns berief, gab es den Runden Tisch der Medien noch nicht. Er holte das zwar noch nach, aber er hatte nichts mehr zu sagen.

Bei der Vorstellung der neuen Regierung tauchte plötzlich ein Medienminister auf. Es ging also wieder nicht ohne eine Abteilung Agitation. Der neue Mann hieß Müller, kam aus Thüringen und war dort der Chefredakteur der Kirchenpostille »Glaube und Heimat« in Eisenach gewesen. Als CDU-Mitglied unterschrieb er im Herbst 1989 einen Brief an Gerald Götting, den damaligen Vorsitzenden der CDU, man solle in der Partei doch mehr auf Selbständigkeit achten. Diese Handlung prädestinierte ihn dazu, stellvertretender CDU-Vorsitzender zu werden, und nun wurde er zum Knüppel, der alle DDR-Medien, von der Zeitung bis zum Rundfunk, erschlagen sollte. Der bieder wirkende Mann betonte bei jeder Gelegenheit, daß er sich überflüssig machen wolle, eigentlich wollte er ja gar nicht kommen. Aber das war pure Heuchelei, er nahm zielstrebig Kurs auf die Zerschlagung der Institutionen in seinem Bereich, assistiert von den Mitarbeitern des Amtes für Information. Zu seinem Stellvertreter ernannte er als Staatssekretär den schlechtens bekannten Becker, der auch geradewegs auf sein Ziel zuging. Bei einem Besuch im DFF erklärte er in schöner Offenheit: Einmal wolle man noch den »Zugriff« haben; auch hier wieder der altbekannte Jargon.

Beide Hauptkräfte der nunmehrigen DDR-Herrscher, die CDU und die SPD, verfügten über keine eigene Medienpolitik. Das übernahm für sie die Medienkommission der Bonner CDU unter Herrn Bernd Neumann. Sie erklärte kurzerhand die Mitarbeiter des Rundfunks und der Presse zu kommunistischen Elitejournalisten und forderte ihre Abschaffung. Zuerst war vorgesehen, ein Programm dem ZDF, das andere der ARD zuzuschlagen, von Ländersendern war noch nicht die Rede. Mit dieser Linie begann ein Kesseltreiben gegen uns. Herr Müller forderte, wir sollten die Länder »erahnen«, er plädierte für Länderanstalten, es gab aber noch gar keine personellen Vorbereitungen in den noch nach Bezirken strukturierten Ländern. Allerdings hatten wir seit Januar Dr. Büchel, den Intendanten des Zweiten Programms, beauftragt, in den Bezirken den Ausbau der dort vorhandenen Studios vorzunehmen. Wenn auch nicht in allen Bezirken, so verfügte der DFF doch in Dresden, Chemnitz, Halle, Rostock und Erfurt über Aufnahmegruppen, Werkstätten oder Studios, allerdings in sehr unterschiedlicher Leistungsfähigkeit und Größe. Dazu gelang es uns, für Thüringen in Gera eine Immobilie des MfS zu erwerben, ein Kulturhaus, das gerade fertiggestellt war und sich für unsere Zwecke anbot, und mit dem Hörfunk vereinbarten wir, die Bezirksstudios zu nutzen. Die Politik war aber längst nicht soweit, die Länder zu installieren, das geschah erst Ende des Jahres, und auch unsere Möglichkeiten waren noch beschränkt, da die Werbung noch nicht auf vollen Touren lief. Es ist schwer, eine Medienpolitik zu machen, wenn die Politik nicht weiß, was sie will.

In diesem Punkte unterschied sich die SPD nicht von der CDU in Bonn. Sie war nicht in der Lage zu verstehen, daß es nicht in erster Linie darum ging, den Bonner Stiefel über die Verhältnisse der DDR zu ziehen, sondern der Bevölkerung den inzwischen voll akzeptierten Sender zu erhalten. Wirklichkeitsfern dekretierten Engholm und Rau auf Foren und in Interviews in uns altbekannter Manier ihre Leitsätze. Die Weichen wurden zuerst in den Medien gestellt, der Kurs hieß: Aufhebung der DDR. Wer in der Lage war, dazu eine andere Meinung zu verbreiten, mußte weg oder kirre gemacht werden. Dazu kam das Parteiengerangel. Die LDPD/NDPD/FDP als Gruppierung beanspruchte plötzlich auch einen Vertreter im Medienbereich, und da die CDU den Medienminister, die SPD den Staatssekretär stellte, wollte sie den Intendanten. De Maiziére war froh, daß er mich auf diesem Wege wegbringen konnte und verkündete bereits im Radio, daß ich abgelöst sei. Ich ahnte es schon, aber wußte nichts davon. So erhielt ich zwar die Nachricht, aber der Nachfolger, ein Mann der NDPD, Theaterintendant in Potsdam und als immer linientreu allseits bekannt, stellte sich mir vor, was eigentlich nicht nötig gewesen wäre, denn ich kannte ihn als Mitarbeiter der Theaterabteilung des Ministeriums für Kultur aus alten Zeiten. Er benötigte allerdings die Zustimmung des Medienkontrollrates, die auch durch Intervention Müllers nicht erreicht wurde. Man kannte dort seine Pappenheimer. So blieb mir die Aufgabe, bis zu einem neuen Nachfolger kommissarisch den Sender zu verwalten, denn ich war der einzige, der im Bankverkehr zeichnungsberechtigt war. Andererseits wäre der Sender zahlungsunfähig geworden, obgleich er über ausreichende Mittel verfügte.

Eigentlich konnte ich mit der Arbeit des halben Jahres zufrieden sein. Es war eine stürmische Zeit, das Ende der DDR war abzusehen. Der DFF war entsprechend der Strategie des Anschlusses der erste VEB, der abgewickelt wurde, ein Zeichen dafür, daß wir Biß hatten. Zwar sprach die SPD noch von einem Rundfunk-Überleitungsgesetz, aber alles lachte über die hilflose Geste.

Für uns sprach bei der Bevölkerung, daß wir zuerst in Wandlitz waren und den Schock ausgelöst hatten, der heute noch nachwirkt. Wir hatten gezeigt, daß die Biedermänner öffentlich Wasser predigten und heimlich Rheinwein aus ihrem Konsum tranken.

Auch sie, die bei der alten Oma die Tasche kontrollieren ließen, wenn sie in der Friedrichstraße wieder einreiste, waren dem Warenfetischismus der Neckermänner verfallen und glaubten nicht an die Leistungsfähigkeit der DDR-Wirtschaft, statt Korn aus Nordhausen, Whisky aus Schottland, statt Pralinen aus Saalfeld, Schokolade aus der Schweiz. Es war nicht das Schwimmbassin, das jeder bessere Handwerker in seinem Keller hat, welches Aufsehen erregte, sondern die Heuchelei der Politiker und das isolierte Leben in ihrem selbstgewählten Ghetto. Ein paar Fragen von Jan Carpentier an Kurt Hager, der gerade dort spazierenging, zeigten die Hilflosigkeit des ehemals mächtigsten Ideologen.

Was bedeuteten nun noch die täglichen Morddrohungen, die ich regelmäßig mit der Morgenpost erhielt, wenn man sie abwog gegen das Ergebnis der Umfrage, ob man den DFF erhalten solle, denn fast 90 Prozent stimmten dafür. Es fand sich auch kein neuer Kandidat, der es wagte, als Intendant anzutreten. Der sich als Medienspezialist ausgebende Konrad Weiß, den man gefragt hatte, traute es sich nicht zu, wie er mir später bestätigte. Er verstand es aber gut, mir übel nachzureden und mich einen Scherenschleifer zu nennen. Warum, ist mir heute noch unklar, hatte ich doch in keiner Weise mit seinen 22 Kurzfilmen für die Kinderredaktion zu tun. Sie gingen allesamt ohne jede Beeinträchtigung durch die Abnahmen, und stolz nahm er den Ehrenpreis des früheren Vorsitzenden entgegen. Gelitten hat er bei uns nicht.

Trotz aller Diskussionen und obgleich das Urteil bereits beschlossen war, durfte man doch nicht kampflos aufgeben. In Adlershof war bisher niemand aufgetaucht, der den Henker spielen wollte. Als Ende Mai Minister Müller in den Sender kam und mich abberief, richtete in der Sitzung der Leiter niemand an ihn das Wort. Die Abberufungsurkunde hatte den gleichen Wortlaut wie früher beim Ministerrat.

Ich ging erleichtert, war doch die wichtigste Aufgabe erfüllt. Der Sender hatte seine demokratische Feuerprobe bestanden, und bei uns hatte sich kein Quisling gefunden. Der seit April als Intendant des 1. Programms arbeitende Michael Albrecht übernahm die kommissarische Leitung des Senders und amtierte bis zum bitteren Ende. Für das große Schlachtfeld mußten bewährte Leute eingeflogen werden. Mit denen habe ich kein Wort gewechselt, das blieb mir erspart.

Unruhestand

Meistens hört man, daß man im Ruhestand – bei mir war es, wie bei vielen DDR-Bürgern, der Vorruhestand – endlich das tut, was man sich schon immer vorgenommen hat. Ich weiß nicht, ob das stimmt, bei mir jedenfalls ist es anders. Ich hatte viel zu tun, überall wollte man etwas von mir, ich war plötzlich ein Zeitzeuge, gar ein »Zeuge des Jahrhunderts«, wurde zu verschiedenen Unternehmungen eingeladen und hatte dabei die Möglichkeit, mich in der neuen Bundeswirklichkeit zu orientieren. Dazu kommt, daß ich drei Filme drehen konnte. Der eine verwirklichte meinen alten Plan, die beiden Preußenkönige wieder in Potsdam zu haben. Louis Ferdinand versprach mir in einem Interview vor laufender Kamera im Sommer 1990, daß in einem Jahr der Tag kommen werde, am Todestag Friedrichs II., am 17. August, und er hielt sein Wort, was bedeutete, daß wir den Vorgang dokumentierten und das viele Hin und Her kommentierten.

Jedermann fühlte sich berufen, seine Meinung zu Preußentum und Preußenverehrung, Preußenhaß und Anteilnahme zu sagen, so daß ein Buch notwendig wurde, in dem ich die wichtigsten Standpunkte und Handlungen seit 1943 festhielt. Vorher schon hatte ich, einer Bitte Louis Ferdinands folgend, eine Biographie des größten deutschen Königs, Friedrichs II., geschrieben. Der Prinz stand der wissenschaftlichen Biographie Ingrid Mittenzweis zwar sehr positiv gegenüber, wünschte sich jedoch eine populäre Darstellung. Ich sagte ihm, daß die Kuglersche Legendensammlung heute nicht mehr möglich sei, worauf er meinte: »Dann machen Sie es doch besser!« Ich habe es versucht, und auch noch für den Schauspieler Gunter Schoß einen Monolog geschrieben, der den vielen Besuchern der Potsdamer Schlösser und Gärten eine Vorstellung vom Leben und von der Denkweise Friedrichs geben soll. Er wird ab und zu im Schloßtheater gespielt. Das neue alte Bundesland Brandenburg war in heutiger Form nur ein paar Jahre nach dem Kriege existent, die Bevölkerung weiß nicht sehr viel von ihrer Geschichte, und so fand ich es richtig, auch einen Überblick über die tausendjährige Geschichte des Landes zu schreiben, damit die Abschnitte klarer werden.

Die zukünftigen Pläne werden nicht geringer, eher größer, aber die bloße Schreibtischexistenz ist nicht nach meinem Geschmack. Daher willigte ich ein, daß mich die PDS meines Oder-Spree-Kreises als sachkundigen Bürger in den Kulturausschuß des Kreistages schickte, obwohl ich dieser Partei nicht angehöre. Etwas sachkundig in Kulturfragen bin ich vielleicht, doch wenn ich von den Sitzungen komme, wird mir oft das Herz schwer. Die Fragestellungen sind derart von den finanziellen Möglichkeiten geprägt, daß mir das Verständnis dafür abgeht. Es ist ja nicht nur Sparsamkeit gefordert, mit Recht, das kenne ich, seitdem ich arbeite, aber wie beschränkt die Mittel sind, wenn es um kulturelle Belange geht, ist nicht gerechtfertigt. Es gibt nur zwei vorrangig fördernswerte Bereiche der menschlichen Gesellschaft, Bildung und Kunst. Warum sollte der Bürger an die Überlegenheit der vereinten deutschen Politik glauben, wenn er nicht spürt, daß man nicht die Isolierung, sondern die Begegnung will, in erster Linie für die Jugend, die sich teilweise selbst überlassen bleibt und kriminell gefährdet ist?

Kommunalpolitik ist Politik für Kommunen, und Kommunikation ist der Sinn der kommunalen Gemeinschaften. Die Bevölkerung in unseren Breiten vermißt seit 1990 ausreichenden Sachverstand und dementsprechenden Einsatz der nicht geringen Mittel. Für den gesamten Sport in unserem großen Kreis ist nicht mehr staatliche Unterstützung vorgesehen wie für eine gut dotierte Planstelle in der Verwaltung. Natürlich hat es keinen Zweck zu resignieren, wir finden viel Engagement, wenn es um lohnende Ziele geht. Doch bisher hat sich noch keine orientierende Kraft gefunden, die willige Kräfte zusammenfaßt. Den Parteien wird, nicht ohne ihre Schuld, mißtraut. Der Gesellschaft fehlt es auch nicht an Medien, es fehlt ihr an einer zündenden, übergreifenden Idee.

Und hier liegt der Hase im Pfeffer. Bei allem, was durch die überstürzte Vereinigung falsch gelaufen ist – und es ist fast alles falsch gelaufen –, wiegt am schwersten, was mit den Ossis geschehen ist. Die Verniedlichung der Problematik kann nicht verdecken, daß es nicht um Ossis oder Wessis geht. Es geht um die Anerkennung der unterschiedlichen Entwicklung, um das moralische und juristische Recht, an der Gründung und Entwicklung eines Staates mitgewirkt zu haben, der sich den Sozialismus zum Ziel gestellt hatte. Zwar hat er sein Ziel nicht erreicht, die Gründe werden weit und breit besprochen, aber die Zielstellung war legitim. Seit dem Urchristentum, seit der Ketzerbewegung in der christlichen Kirche, seit Humanismus, Reformation und Bauernkrieg, seit der vorklassischen und klassischen deutschen Philosophie, seit dem Kommunistischen Manifest von Marx und Engels, seit den Parteiprogrammen der Sozialdemokratischen Partei Deutschlands, der Novemberrevolution 1918 und den Neuanfängen in Ost und West 1945 ist mit Erfolg und Irrtum, auf geraden und krummen Wegen versucht worden, unser Vaterland auf den besseren Weg zu bringen, es von Ausbeutung und Krieg zu befreien. Den Patentschlüssel dazu hatte niemand, viele Teufel standen am Weg, Washington und Moskau versuchten und praktizierten Fremdbestimmung zum eigenen Nutzen wie Rom zu Luthers Zeiten.

Die Mitschuld fast aller Deutschen an den Verbrechen, die im Namen ihres Landes an anderen Völkern begangen wurden, haben wir eingestanden und in der Friedenspolitik nach Ost und West zu tilgen versucht. Im Osten wurde zum 50. Jahrestag der Befreiung vom Nationalsozialismus durch die Alliierten nicht über Begriffe gestritten, das ist den Dienern der Nazis und ihren Gesinnungsgenossen vorbehalten. Leute, die Verderben und Tod über unsere Nachbarn gebracht haben, weisen nun als Sauberdemokraten auf deren Schwächen. Wem sollte diese Art Deutschtum helfen? Nur denen, die Demokratie in Frage stellen.

Demokratie wurde in der DDR nicht als Leitlinie des Denkens und Handelns betrieben, der Anspruch von 1945, Antifaschismus und Demokratie als Grundlage der neuen Ordnung überall anzuerkennen, erfolgte zwar verbal, in der Praxis aber galt Befehl, Beschluß, Disziplinierung. Dieser Zustand wurde in der Herbstrevolution von 1989, die nur ein paar Wochen dauerte und die Machtverhältnisse glücklicherweise auf friedlichem Wege änderte, beklagt, die dauernde Bevormundung und Entmündigung, der daraus resultierende Machtmißbrauch angeklagt. Die Hoffnungen auf Demokratie, Gleichberechtigung aller Deutschen brachen wie eine Explosion aus der oft zitierten Volksseele hervor.

Woher kommt nach wenigen Jahren die allgemeine Enttäuschung über die unbefriedigende Lage? Ist es etwa die weiterhin mangelhafte Versorgung? Nein, die Versorgung ist zuerst und in Erkenntnis ihrer politischen Wirkung stark verbessert worden, auch durch die Gelder aus Bonn für die Riesenläden auf dem Acker. Ist es etwa die Erkenntnis, daß auch die neuen Politiker nur mit Wasser kochen? Das trifft den Kern schon eher, denn sie traten mit dem Unfehlbarkeitsanspruch auf. Der Mann, der für den Osten in der Einigungskommission saß, erwies sich als ebenso stark anfällig für die materiellen Möglichkeiten einer Position wie andere mit und nach ihm. Viele der Wirtschaftshelfer, von der Treuhand bevorzugten Unternehmer, erwiesen sich als Glücksritter und sanierten nicht, sondern kassierten und verschwanden und verrieten ihre Belegschaften, die gerade neues Vertrauen fassen wollten. So mancher Beamte aus den helfenden Westländern verdient sein Geld nicht zu Recht, denn er regelt die Sorgen der Bevölkerung nicht. Förderhilfe für eine kleine Dachsanierung dauert inzwischen 5 Jahre. Wo ist das Geld geblieben?

Man könnte die Gründe für die Enttäuschung fast endlos fortsetzen, aber sie alle würden in Kauf genommen werden. Im Inneren des DDR-Bürgers schwelt die tiefe Entwürdigung seines Lebens, das er ehrlich und in gutem Glauben geführt hat. Er erfährt von verantwortungslos schwafelnden Politikern und allerlei Schreibern, er wäre in einem Jammertal und zu dumm gewesen, es zu sehen. Niemand in Brandenburg wählt Stolpe, weil er in der SPD ist. Er bekommt die Mehrheit der Wählerstimmen nicht, weil die inneren Verhältnisse der Kirche für Atheisten so interessant sind. Man sieht in ihm einen Menschen, der wegen seiner Bemühungen gehetzt wird und drückt ihm Sympathie aus. Das allerdings wird von den führenden SPD-Leuten als Zustimmung für ihre Politik ausgelegt, ein ziemlicher Irrtum, denn die Regierung hat noch nicht viel bewiesen. Die Landwirtschaft in einem Land, das für Roggen und Kartoffeln geradezu berühmt war, kann seine kleine Bevölkerung nicht selbst ernähren. Die Dorfbevölkerung lebt zum größten Teil von andern Einkünften. Die Industrie ist dezimiert, die Arbeitslosenzahlen sind unrealistisch klein dargestellt, weil sie viele Hilfsmaßnahmen ausklammern. Aber auch die ABM sind gefährdet. Wer durch die Wälder geht, weiß, wo Arbeit zu finden ist.

An der eigentlichen Regierungsarbeit liegt die Zustimmung zu einer Partei nicht. Auch in Sachsen ist der Ministerpräsident ein Ausnahmefall. Er kam ohne Aufforderung und stieg ein, als Not am Mann war. Das wird nicht vergessen, wenn dazu noch

Sachkompetenz kommt und die Verwaltung nicht einigen sich als Widerstandskämpfer fühlenden Kirchenleuten überlassen bleibt. Allerdings ist die Gratwanderung zwischen Zustimmung und Personenkult sehr gefährlich, wie die DDR-Bürger bestens wissen, und es zeigen sich bereits Anzeichen für Unsicherheiten, denn es wird mehr versprochen als gehalten werden kann, auch ein bekanntes Phänomen.

Die DDR-Bevölkerung würde einen zeitweilig unsicheren Kurs nach der Einheit durchaus verstehen, wenn sie nicht weiterhin bevormundet und gedemütigt würde. So gibt sie langsam die Hoffnung auf, als demokratisches Subjekt handeln zu dürfen, ohne daß ihr jemand von der Bonner Bescheidwisser-Truppe irgend etwas vorwirft, was sie angeblich so schlecht gemacht hat. Und sie glaubt wieder daran, daß das klassische Wort, Gesetz und Rechte würden sich wie eine ewige Krankheit fortsetzen, auch weiterhin gilt.

Es fehlt eine bewegende Idee. Um die Jahrtausendwende ist es an der Zeit, daß Deutschland seine Rolle als Frontstaat ablegt und seine Brückenfunktion zwischen Ost und West festschreibt. Es sollte auf jederart Waffeneinsatz, außer zur Verteidigung, feierlich verzichten, es sollte sich zum unbedingten Verfechter des Schutzes für die Natur, unserer Lebensquelle, einsetzen und Ruhm und Ehre für alle haben, die sich dafür schlagen. Es sollte wieder den klassischen Gedanken aufgreifen, daß der (deutsche) Mensch hilfreich, edel und gut sein soll und das Tieffurter Schloß, in dem diese schönsten deutschen Worte geschrieben wurden, zum Zentrum des Landes erklären. Und schließlich, mit der Verfassung, die diese Grundsätze aufnimmt, auch die Hymne von Brecht auf die Melodie von Haydn einführen: »Und nicht über und nicht unter andern Völkern woll'n wir sein ...«

Das alte Arbeiterlied, die »Internationale«, geschrieben nach dem Versuch, in Paris die erste Arbeiterkommune zu errichten, enthält die Behauptung und Zielstellung: »Die Internationale erkämpft das Menschenrecht!« In den Jahren der brutalen Säuberungen hat Erich Weinert in Moskau eine neue Übersetzung geschrieben. Die Internationale hatte das Menschenrecht nicht erkämpft, sondern mit Füßen getreten. Seine Zeile lautete: »Die Internationale wird alle Menschheit sein!« Man kann heute nur hinzufügen: Oder sie wird nicht sein, die Menschheit.